Wissen, Kommunikation und Gesellschaft

Schriften zur Wissenssoziologie

Reihe herausgegeben von

Hans-Georg Soeffner, Kulturwissenschaftliches Institut Essen (KWI), Essen, Deutschland

Ronald Hitzler, Fakultät 17, Sozialwissenschaften, Technische Universität Dortmund, Dortmund, Deutschland

Hubert Knoblauch, Institut für Soziologie, Technische Universität Berlin, Berlin, Deutschland

Reiner Keller, Philosophisch-Sozialwissenschaftliche Fakultät, Universität Augsburg, Augsburg, Deutschland

Michaela Pfadenhauer, Institut für Soziologie, Universität Wien, Wien, Österreich

Jo Reichertz, Institut für Kommunikationswissenschaft, Universität Duisburg-Essen, Essen, Deutschland

D1665735

Wissenssoziologie hat sich schon immer mit der Beziehung zwischen Gesellschaft(en), dem in diesen verwendeten Wissen, seiner Verteilung und der Kommunikation (über) dieses Wissen(s) befasst. Damit ist auch die kommunikative Konstruktion von wissenschaftlichem Wissen Gegenstand wissenssoziologischer Reflexion. Das Projekt der Wissenssoziologie besteht in der Abklärung des Wissens durch exemplarische Re- und Dekonstruktionen gesellschaftlicher Wirklichkeitskonstruktionen. Die daraus resultierende Programmatik fungiert als Rahmen-Idee der Reihe. In dieser sollen die verschiedenen Strömungen wissenssoziologischer Reflexion zu Wort kommen: Konzeptionelle Überlegungen stehen neben exemplarischen Fallstudien und historische Rekonstruktionen neben zeitdiagnostischen Analysen.

Anja Schünzel

„Thinspire me"

Zur Soziologie der sozialen Welt
‚Pro-Ana' im Internet

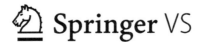 Springer VS

Anja Schünzel
Berlin, Deutschland

Zugl.: Berlin, Technische Universität, Diss., 2022

ISSN 2626-0379 ISSN 2626-0387 (electronic)
Wissen, Kommunikation und Gesellschaft
ISBN 978-3-658-42841-9 ISBN 978-3-658-42842-6 (eBook)
https://doi.org/10.1007/978-3-658-42842-6

Die Deutsche Nationalbibliothek verzeichnet diese Publikation in der Deutschen Nationalbibliografie; detaillierte bibliografische Daten sind im Internet über http://dnb.d-nb.de abrufbar.

Planung/Lektorat: Marija Kojic
Springer VS ist ein Imprint der eingetragenen Gesellschaft Springer Fachmedien Wiesbaden GmbH und ist ein Teil von Springer Nature.
Die Anschrift der Gesellschaft ist: Abraham-Lincoln-Str. 46, 65189 Wiesbaden, Germany

Das Papier dieses Produkts ist recyclebar.

*Ich widme diese Arbeit meinem Sohn
Lennart*

Danksagung

Ich möchte all den großartigen Personen und Institutionen danken, die diese Arbeit überhaupt erst möglich gemacht haben.

An erster Stelle seien meine Gesprächspartnerinnen genannt, deren Bereitschaft, ihre Erfahrungen und Gedanken mit mir zu teilen, zum Gelingen der Studie wesentlich beigetragen haben.

Ich danke Hubert Knoblauch und Michael R. Müller, welche die Untersuchung als Dissertation betreut haben, für ihr anhaltendes Interesse, die inspirierenden Diskussionen und ihre beständige Unterstützung. Auch Boris Traue möchte ich für den wertvollen Austausch und seine Ermutigung danken, die zum Entstehen und Gelingen der Studie beigetragen haben.

Besonders möchte ich Dir, Oliver, danken, für Deine wertvollen Anregungen, die gemeinsamen Auswertungsrunden und Diskussionen, Deine nicht abreißende Geduld und liebevolle Unterstützung.

Mein Dank gilt darüber hinaus allen Kolleg*innen, Freund*innen und meiner Familie, die mir mit ihrem Feedback, ihren Korrekturen und Ermutigungen zur Seite standen.

Die Arbeit wurde durch eine materielle Förderung durch das Land Berlin ermöglicht.

Inhaltsverzeichnis

Abbildungsverzeichnis

Tabellenverzeichnis

Pro-Anorexie

Ein Aufruf, der regelmäßig Social Media Sites, wie Instagram, Tumblr oder TikTok, durchzieht, sorgt derzeit unter Eltern und Pädagogen für große Sorge. Unter dem Hashtag *#skinnygirlcheck* oder *#bodycheck* rufen zumeist junge Frauen einander zur öffentlichen Präsentation ihrer mageren Körper auf. Dabei halten sie etwa die Konfektionsgröße ihrer Jeans in die Kamera oder zeigen ihre hervorstechenden Schlüsselbeine oder Hüftknochen vor. Häufig geht es bei diesen „Checks" um die Präsentation der eigenen Erfolge bei der Gewichtsabnahme, wobei ein Körperideal angestrebt wird, das sich im untergewichtigen, gar anorektischen Gewichtsbereich ansiedelt. Einige TeilnehmerInnen dieser Körperchecks haben dieses Ziel bereits erreicht, andere arbeiten noch daran. Sie hungern, erbrechen, nehmen Abführmittel oder treiben exzessiv Sport, um ihren Körper in die gewünschte, magere Form zu bringen. Die Anorexia nervosa gilt den zumeist jungen Frauen im Teenageralter, die sich an der digitalen Körperkontrolle beteiligen, dabei häufig als eine Möglichkeit so dünn bzw. mager zu sein wie etwa ihre Vorbilder heute auf Instagram oder YouTube.

Essstörungen wie die Anorexia nervosa, auf die sich die Frauen beziehen, sind keine neuen Phänomene. Bereits im ausgehenden 19. Jahrhundert beschrieben die Ärzte William Gull und Charles Lasègue die wesentlichen Charakteristika dieser Krankheit, die noch heute in den Diagnosemanualen ICD und DSM zu finden sind. Hierzu zählen zum Beispiel ein Körpergewicht, das mindestens 15 Prozent unter dem für Alter und Körpergröße erwarteten Gewicht liegt, welches durch Maßnahmen, wie etwa exzessiven Sport oder eine geringe Kalorienzufuhr, selbst herbeigeführt wird. Des Weiteren gehört zu den Kennzeichen der Anorexia nervosa eine mit fortschreitendem Krankheitsverlauf einsetzende soziale Isolation der Betroffenen. AnorektikerInnen, so die klinische Beobachtung, sondern sich im Verlauf ihrer Erkrankung zunehmend von ihrem sozialen Umfeld ab und ziehen sich in ihre ‚Hungerwelt' – ein Begriff, der sowohl von TherapeutInnen als auch von PatientInnen benutzt wird – zurück, die ein Sinnsystem mit eigener Plausibilitätsstruktur für die Betroffenen darstellt. So konnte lange Zeit von der Anorexia nervosa als einer einsamen Krankheit gesprochen werden – einmal abgesehen von dem Zusammentreffen magersüchtiger PatientInnen in speziellen Kliniken bzw. Klinikstationen zur Behandlung von Essstörungen. Dort jedoch bestimmt der therapeutische Rahmen die Form des Handelns und der Vergemeinschaftung: Die PatientInnen verpflichten sich zur sukzessiven Aufgabe ihrer Magersucht. Zusammenkünfte von AkteurInnen, die in ihrem Alltag gemeinschaftlich ihre Magersucht (aus)leben, traten öffentlich nicht in Erscheinung. Auch der ab Mitte des 20. Jahrhunderts von ExpertInnen diagnostizierte Anstieg der Inzidenz der Anorexia nervosa änderte am Bild der ‚einsamen‘ Magersüchtigen nichts. Immer noch wechselte sie dem medizinisch-psychologischen ExpertInnendiskurs zufolge allein in ihre Hungerwelt und verblieb dort, den Interventionsversuchen ihres sozialen Umfelds trotzend, in der Regel Monate oder Jahre.

Mit dem ausgehenden 20. Jahrhundert und der Entwicklung neuer internetgestützter Kommunikationsmedien erschien dieses Bild jedoch zunehmend unangemessen, um die Wirklichkeit anorektischer junger Menschen adäquat abbilden zu können. Im Rahmen dieses Entwicklungsprozesses drängte sich ein soziales Gebilde namens *Pro-Ana* in die öffentliche Wahrnehmung. Pro-Ana, das sind in erster Linie junge Frauen[1] im Alter zwischen etwa 13 und 30 Jahren, die im Internet miteinander das Ziel verfolgen, ihren Körper drastisch, d. h. bis auf die Knochen, abzumagern. Über verschiedene internetbasierte Kommunikationsplattformen wie etwa Blogs, Webforen oder Instant Messenger teilen sie regelmäßig Diättipps und -tricks, messen sich in Abnehmwettbewerben oder berichten über ihre Erfolge und Misserfolge beim Abnehmen. Ihre Gewichtsabnahme steht, wie der Suffix „Ana" bedeuten soll, unter dem Motto der Anorexia nervosa.

Die Nähe zur Magersucht, in die sich die Pro-AnorektikerInnen selbst stellen, hatte mit dem ersten öffentlichen Erscheinen Pro-Anas in den Massenmedien Anfang der 2000er Jahre einen gesellschaftlichen Diskurs entfacht, in dem das

---

[1] Auch Männer im selben Alter sind Teil des Phänomens Pro-Ana, jedoch ein vergleichsweise kleiner. In dieser Arbeit konnte aus Zeit- und Ressourcenmangel keine gesonderte Analyse männlicher Pro-Anorexie geleistet werden. Dennoch stieß ich in meinen ethnographischen Feldbegehungen immer wieder auf männliche Teilnehmer, sodass ich zumindest einen Eindruck ihrer Aktivitäten auf Pro-Ana-Websites gewinnen konnte. Diese unterscheiden sich, dem flüchtigen Eindruck nach, nicht wesentlich von jenen ihrer weiblichen Mitstreiterinnen. Auch sie streben in der Regel im Rahmen ihrer Körperprojekte einen anorektischen BMI an, nutzen dafür häufig dieselben Websites und tauschen Tipps und Tricks mit ihren weiblichen Mitstreiterinnen aus. Aus diesem Grund habe ich mich dafür entschieden, in dieser Arbeit das Binnen-I für TeilnehmerInnen zu verwenden.

Phänomen als Gefahr für die körperliche und psychische Gesundheit von Kindern und Jugendlichen gezeichnet wurde. Angenommen wurde vor allem von psychologisch und pädagogisch geschulten ExpertInnen, dass Pro-Ana sowohl ein Risiko für die Chronifizierung einer bereits bestehenden Anorexie darstelle, als auch für die ‚Infizierung' Gesunder. In Deutschland hatte der Jugendschutz im Jahr 2008 einen Bericht bezüglich der jugendgefährdenden Wirkung Pro-Anas veröffentlicht, in dem auch die vermutete Größe des Phänomens erstmals umrissen und Maßnahmen zu dessen Eindämmung und Kontrolle vorgestellt wurden.

Mit dem Aufkommen und der zunehmenden Verbreitung sogenannter Social Media Sites und Instant Messaging Diensten über das Mobiltelefon wurde es jedoch für den Jugendschutz zunehmend problematisch, die Aktivitäten der TeilnehmerInnen an Pro-Ana zu verfolgen und auf gefährdende Inhalte zu untersuchen. Gleichzeitig wuchs die TeilnehmerInnenzahl vor allem durch die massenmediale Aufmerksamkeit für das Phänomen weiter. Durch Internetplattformen, wie zum Beispiel TikTok, erreicht Pro-Ana heute zudem eine immer jüngere TeilnehmerInnenschaft. Dem benannten #skinnygirlcheck können dort legal bereits Dreizehnjährige beiwohnen.

Doch worum handelt es sich bei Pro-Ana genau? Durchkämmt man die Schlagzeilen etwa in Zeitungen oder Zeitschriften, entsteht schnell der Eindruck, dass es sich bei dem Phänomen schlicht um die Online-Variante der Anorexia nervosa handele. Diese Einschätzung mag für die späten 1990er Jahre noch annähernd zutreffen, fanden sich zu dieser Zeit unter dem Namen Pro-Ana noch vornehmlich AnorektikerInnen ohne Therapiewunsch im Internet zusammen. Mit steigendem Bekanntheitsgrad Pro-Anas und zunehmender TeilnehmerInnenzahl wurde das Phänomen jedoch vielschichtiger: Nicht nur AnorektikerInnen tummeln sich heute auf den bunten, bildreichen Websites Pro-Anas, sondern auch mit ihrem Körper unzufriedene Frauen (und vereinzelt Männer), die sich durch Pro-Ana erhoffen, abzunehmen, vielleicht selbst magersüchtig zu werden. Sie leiden zum Teil ebenfalls unter Essstörungen, wie etwa einer Bulimie oder der Binge Eating Disorder (vgl. etwa Eichenberg et al. 2011).

Wissenschaftlich wurde das Phänomen bisher vor allem hinsichtlich seiner potentiellen Gefahren untersucht, die es für an Anorexia nervosa erkrankte aber auch gesunde Kinder und Jugendliche bedeuten könnte. Dabei wurde die massenmediale Gleichsetzung von Pro-Ana und der Anorexia nervosa häufig übernommen. Pro-Ana galt vielen Forschenden als „Äquivalent zu offline Gesprächen zwischen Essgestörten" (Giles 2016, 320, Übers. A.S.), mit der Folge, dass in erster Linie „Schlüsse entweder über die Anorexia nervosa oder die Gesellschaft im Allgemeinen angestellt wurden" (ebd., 2016, 320). Das Phänomen *Pro-Ana* blieb auf diese Weise häufig im Dunkeln. Fragen etwa nach den alltäglichen Handlungen der TeilnehmerInnen auf Pro-Ana-Websites oder den Bedingungen des Fortbestehens des Phänomens, das nunmehr über zwanzig Jahre im Internet existiert, blieben dabei zumeist unberücksichtigt. Zudem wurden in der Regel immer nur einzelne Pro-Ana-Websites über kurze Zeiträume hinweg wissenschaftlich untersucht. Pro-Ana ist aber ein stark verzweigtes Phänomen, das sich über eine Vielzahl unterschiedlicher Websites und Websiteformate erstreckt.

Diese Arbeit widmet sich daher grundlagentheoretisch einerseits der Frage, wie sich Pro-Ana auf der Handlungsebene konstituiert, d. h. welche (alltäglichen) Aktivitäten im Zentrum des Phänomens stehen und andererseits, wie sich der Interaktionszusammenhang Pro-Ana plattformübergreifend strukturiert. Dabei ist von besonderem Interesse, wie dieser Interaktionszusammenhang vor dem Hintergrund fast ausschließlich digital erfolgender Kommunikation dauerhaft bestehen kann. Die forschungsleitende Frage lautet wissenssoziologisch pointiert: Welche soziale Form[2] bildet das Miteinander der TeilnehmerInnen aus und was ist ihr konstituierendes Moment?

Zur Beantwortung der Forschungsfrage wurde eine Webnografie durchgeführt, die mit diskursanalytischen Verfahrensschritten kombiniert wurde. Ziel der Arbeit war es, das Phänomen „in seinem eigenen Recht" (Garfinkel 1967, 1, Übers. A.S.) zu untersuchen, d. h. zunächst die Handlungen und Deutungen der TeilnehmerInnen im Untersuchungsfeld nachzuzeichnen und erst in einem zweiten Schritt diese mit wissenschaftlichen Konzepten zusammen zu bringen. Dementsprechend wurde der theoretisch-methodologische Rahmen der Arbeit gewählt. Der *Kommunikative Konstruktivismus* nach Hubert Knoblauch, der in der Tradition von Alfred Schütz, Peter L. Berger und Thomas Luckmann steht, folgt dem Postulat, dass wissenschaftliche Konstruktionen stets auf den Konstruktionen der AkteurInnen im Feld aufzubauen haben. Dies stellt einen Perspektivwechsel zu bisherigen Arbeiten dar, welche die Anorexia nervosa als psychologisches Konstrukt in den Mittelpunkt ihrer Forschung zu Pro-Ana stellten.

---

[2] Mit dem Begriff der „sozialen Form" oder auch „Sozialform" lehne ich mich lose an Georg Simmel (1992) an, der darunter bestimmte Arten von Wechselwirkungen zwischen Menschen versteht, wie Geselligkeit oder Konkurrenz, aber auch Beziehungsformen, wie etwa die Familie, die Gemeinde oder den Verein. Nur lose soll die Anlehnung an Simmel hier vor allem aufgrund der kategorischen Trennung bleiben, die Simmel zwischen Form und Inhalt der Wechselwirkungen vornimmt. So sind für Simmel etwa alle Beweggründe von Personen sich miteinander in Beziehung zu setzen, wie ihre Interessen und Zwecke, von der Form, in der sie das tun, zu unterscheiden.

Betrachten wir im Folgenden nun die Struktur der vorliegenden Arbeit, die sich in drei Teile gliedert. *Teil A*, zu dem auch diese Einleitung gehört, befasst sich in *Abschnitt 1.1* zunächst mit der Anorexia nervosa. Nachgezeichnet wird in skizzenhafter Form ihre Geschichte, wobei ein besonderes Augenmerk auf die (populär-)wissenschaftlichen Bilder über die Anorexia nervosa und deren mediale Verbreitung seit den 1960er Jahren gelegt wird. Wie gezeigt werden wird, trug letztere entscheidend dazu bei, dass aus einer seltenen, in der Öffentlichkeit weitgehend unbekannten Krankheit, eine „Modekrankheit" unter jungen Frauen wurde. In *Abschnitt 1.2* geht es schließlich um die besondere Nähe zwischen der Anorexia nervosa und Pro-Ana, die nicht nur von TeilnehmerInnen an Pro-Ana, sondern auch von Forschenden regelmäßig thematisiert wird. Handelt es sich bei Pro-Ana um einen Fluch, der chronische Verläufe der Anorexia nervosa und rapide steigende Erkrankungszahlen unter Jugendlichen befördert oder doch vor allem um eine Möglichkeit für Erkrankte, Einsamkeit und soziale Isolation zu durchbrechen? Diese Fragen bildeten einen Forschungsschwerpunkt in wissenschaftlichen Studien zu Pro-Ana.

An die Darstellung des Forschungsstands schließt sich mit *Kapitel 2 und 3* der theoretische und methodologische Rahmen an, in dem sich diese Arbeit bewegt sowie die Darstellung der methodischen Verfahrensschritte zur Analyse des sozialen Phänomens Pro-Ana. Letztere gehen auf eine eigens für das Phänomen entwickelte Methode der Analyse von Webmedien (Schünzel & Knoblauch 2017) und „Websites" (Schünzel & Traue 2019) zurück, die über vier Analyseebenen (Kontext, Sequenz, Form, Sozialform) angelegt ist, die iterativ betrachtet werden.

Teil B führt durch die empirischen Ergebnisse der Studie. Die Kapitelstruktur ist so angelegt, dass sie idealtypisch die Wege von (neuen) TeilnehmerInnen in und durch die Welt der Pro-Anorexie nachzeichnet. So werden in *Kapitel 4* die Motive von TeilnehmerInnen beleuchtet, sich Pro-Ana anzuschließen sowie der erste Kontakt mit und die ersten Schritte in Pro-Ana beschrieben. *Kapitel 5 und 6* widmen sich schließlich den Gewichtsabnahmeprojekten der TeilnehmerInnen, von der Planungsphase bis zur tatsächlichen Durchführung in unterschiedlichen Beziehungskonstellationen und an wechselnden Orten. *Kapitel 7* beleuchtet noch einmal eingehend die Interaktionsbeziehungen der TeilnehmerInnen und formuliert mit der *Parallelprojektierung* eine Theorie mittlerer Reichweite über die Sozialform Pro-Anas, die zum dauerhaften Bestehen des Phänomens beiträgt. In *Kapitel 8* wird abschließend Pro-Ana mit einem ähnlich gelagerten Fall, der FatgainerInnen-Community, kontrastiert, um zum einen bestehende Deutungen durch die neue Perspektive herauszufordern und zum anderen eventuelle neue Aspekte an Pro-Ana zu entdecken. Darüber hinaus konnte der Fallvergleich

Hinweise darauf liefern, ob die Parallelprojektierung auch im Rahmen anderer digitaler Körperprojekte, die gruppenförmig organisiert sind, auftritt oder ob sie vor allem eine Pro-ana-spezifische Sozialform darstellt. Die Arbeit schließt in *Teil C* mit einer Diskussion der empirischen Ergebnisse und einem Ausblick auf Möglichkeiten weiterführender Forschung.

Bevor wir uns nun dem sozialen Phänomen Pro-Ana zuwenden, werden wir uns zunächst, wie angekündigt, dem zentralen Thema dieser Welt widmen, der Anorexie.

1.1   Anorexia nervosa

Die Anorexia nervosa stellt im heutigen medizinischen Verständnis ein eigenständiges Krankheitsbild dar. Das war jedoch nicht immer so. Im späten 19. Jahrhundert wurde sie vor allem im Kontext der Hysterie oder der Neurasthenie genannt. Diese Einbettung der Magerkeit in ein nervliches Leiden lässt sich heute noch am medizinischen Terminus Anorexia *nervosa* ablesen. Der Arzt William Gull, der den Begriff Anorexia nervosa prägte, fasste ihn in einer frühen Definition wie folgt:

> That mental states may destroy appetite is notorious, and it will be admitted that young women at the ages named [between 16 and 23; A.S.] are specially obnoxious to mental perversity. We might call the state hysterical without committing ourselves to the etymological value of the word, or maintaining that the subjects of it have the common symptoms of hysteria. I prefer, however, the more general term ‚nervosa', since the disease occurs in males as well as females, and is probably rather central than peripheral (Gull 1997, 500-501).[3]

Bezeichnete der Terminus im damaligen psychiatrisch-medizinischen Kontext eine *nervlich* bedingte *Appetitlosigkeit*, die durch am Körper ansetzende Therapien, wie Mastkur und Bettruhe, zu behandeln war, gewannen ab dem frühen 20. Jahrhundert allmählich psychologische Erklärungsmodelle und Therapien an Bedeutung. Diese Ansätze gingen nicht mehr davon aus, dass es sich bei der Erkrankung um eine nervlich bedingte Appetitlosigkeit handelt, sondern dass die Nahrungszufuhr von den Betroffenen bewusst und kontrolliert zum Zweck der

---

[3] Die Hysterie wurde im 19. Jahrhundert vor allem als ein Frauenleiden definiert, das ursächlich auf eine Erkrankung der Gebärmutter zurückgeführt wurde. Zwar wurde später diese Annahme aufgegeben, aber ein Bezug zur Gebärmutter wurde trotzdem noch für wahrscheinlich gehalten, da die Erkrankung vor allem bei Frauen in den fruchtbaren Jahren auftrat (vgl. Duncan 1889, 973).

Gewichtsannahme verweigert wird. Die Ursachen für die selbstherbeigeführte Auszehrung wurden nun verstärkt in psychologischen und kulturellen Faktoren gesehen, wie etwa dem an der schlanken Linie orientierten Schönheitsideal für Frauen (Russel 1985). Immer häufiger berichteten anorektische Patientinnen davon, sich zu dick zu fühlen, obwohl sie bereits untergewichtig waren. Ab den 1960er Jahren prägte die Ärztin und Psychoanalytikerin Hilde Bruch dafür das Konzept der Körperschemastörung (Bruch 1962). Diese Störung, so erklärt Bruch, verursache, dass sich die anorektische Patientin selbst als übermäßig breit und dick erlebe und diese Fehlwahrnehmung dann zu einer weiteren Vermeidung des Essens und zur Gewichtsabnahme führe. Bruchs These der Körperschemastörung wurde in den Nachfolgejahren durch wissenschaftliche Studien immer wieder bestätigt, sodass sie in den 1970er Jahren Einzug in die psychiatrischen Diagnosemanuale hielt. Bis heute sind sich ExpertInnen allerdings uneins bezüglich der Frage, ob die Körperschemastörung ein Begleitphänomen oder die Ursache der Anorexia nervosa darstellt. Nach Bruch entwickelt sich eine Körperschemastörung vor allem in der frühen Kindheit: In dieser Zeit „[kann] ein Mangel der regulären Abfolge von empfundenem Bedürfnis, Signal, angemessener Reaktion und empfundener Befriedigung [...] eine schwere Störung des grundlegenden frühkindlichen Lernens auslösen, die gestörte Körperfunktionen und eine Störung des Körperkonzepts nach sich zieht" (Bruch 1962, 193, Übers. A.S.).

Andere AutorInnen sehen die Körperschemastörung eher in einem ursächlichen Zusammenhang mit bestimmten soziokulturellen Faktoren, wie beispielsweise dem gängigen Schönheitsideal. Diese Sicht wird gestützt durch die Beobachtung, dass es seit den 1970er Jahren zu einem starken Anstieg der Inzidenz der Anorexia nervosa kam, eine Zeit, in der sich das Körperideal von einer eher kurvigen Körpersilhouette – als prototypisch hierfür gilt Marilyn Monroe – zu einer sehr schlanken Statur wandelte, wie sie das Model Twiggy verkörpert.

Heute werden folgende Kriterien für die Anorexia nervosa in den medizinischen Diagnosemanualen (DSM-5 und ICD-10) aufgeführt, nach denen eine Diagnose gestellt werden kann (vgl. Tabelle 1.1).

Tabelle 1.1 Definitionen der Anorexia nervosa nach ICD-10 und DSM-5

Diagnostische Kriterien	
Internationale Klassifikation psychischer Störungen, ICD-10 (Dilling et al. 2011, 244–246)	Diagnostisches und statistisches Manual psychischer Störungen, DSM-5 (Falkai & Wittchen 2015, 463–464)

„Für eine eindeutige Diagnose müssen alle im Folgenden aufgeführten Bedingungen zutreffen:
1. Tatsächliches Körpergewicht mindestens 15 Prozent unter dem erwarteten (entweder durch Gewichtsverlust oder nie erreichtes Gewicht) oder [Body Mass Index] von 17,5 oder weniger. Bei Patienten in der Vorpubertät kann die erwartete Gewichtszunahme während der Wachstumsperiode ausbleiben.
2. Der Gewichtsverlust ist selbst herbeigeführt durch:
  a) Vermeidung von hochkalorischen Speisen; sowie eine oder mehrere der folgenden Verhaltensweisen:
  b) selbst induziertes Erbrechen;
  c) selbst induziertes Abführen;
  d) übertriebene körperliche Aktivitäten;
  e) Gebrauch von Appetitzüglern und/oder Diuretika.
3. Körperschema-Störung in Form einer spezifischen psychischen Störung: die Angst, zu dick zu werden, besteht als eine tiefverwurzelte überwertige Idee; die Betroffenen legen eine sehr niedrige Gewichtsschwelle für sich selbst fest.
4. Eine endokrine Störung auf der Hypothalamus-Hypophysen-Gonaden-Achse. Sie manifestiert sich bei Frauen als Amenorrhoe und bei Männern als Libido- und Potenzverlust. (Eine Ausnahme ist das Persistieren vaginaler Blutungen bei anorektischen Frauen mit einer Hormonsubstitutionsbehandlung zur Kontrazeption.) Erhöhte Wachstumshormon- und Kortisolspiegel, Änderungen des peripheren Metabolismus von Schilddrüsenhormonen und Störungen der Insulinsekretion können gleichfalls vorliegen.
	A. „Eine in Relation zum Bedarf eingeschränkte Energieaufnahme, welche unter Berücksichtigung von Alter, Geschlecht, Entwicklungsverlauf und körperlicher Gesundheit zu einem signifikant niedrigen Körpergewicht führt. *Signifikant niedriges Gewicht* ist definiert als ein Gewicht, das unterhalb des Minimums des normalen Gewichts oder, bei Kindern und Jugendlichen, unterhalb des minimal zu erwartenden Gewichts liegt.
	B. Ausgeprägte Angst vor einer Gewichtszunahme oder davor, dick zu werden, oder dauerhaftes Verhalten, das einer Gewichtszunahme entgegenwirkt, trotz des signifikant niedrigen Gewichts.
	C. Störung in der Wahrnehmung der eigenen Figur oder des Körpergewichts, übertriebener Einfluss des Körpergewichts oder der Figur auf die Selbstbewertung oder anhaltende fehlende Einsicht in Bezug auf den Schweregrad des gegenwärtig geringen Körpergewichts.
	[…]
	Restriktiver Typ: Während der letzten 3 Monate hat die Person keine wiederkehrenden Essanfälle gehabt oder kein „Purging"-Verhalten (d. h. selbstinduziertes Erbrechen oder Missbrauch von Laxanzien, Diuretika oder Klistieren) gezeigt. Dieser Subtyp beschreibt Erscheinungsformen, bei denen der Gewichtsverlust in erster Linie durch Diäten, Fasten und/oder übermäßige körperliche Bewegung erreicht wird.

(Fortsetzung)

Tabelle 1.1 (Fortsetzung)

Diagnostische Kriterien	
Internationale Klassifikation psychischer Störungen, ICD-10 (Dilling et al. 2011, 244–246)	**Diagnostisches und statistisches Manual psychischer Störungen, DSM-5 (Falkai & Wittchen 2015, 463–464)**
5. Bei Beginn der Erkrankung vor der Pubertät ist die Abfolge der pubertären Entwicklungsschritte verzögert oder gehemmt (Wachstumsstopp; fehlende Brustentwicklung und primäre Amenorrhoe bei Mädchen; bei Knaben bleiben die Genitalien kindlich). Nach Remission wird die Pubertätsentwicklung häufig normal abgeschlossen, die Menarche tritt aber verspätet ein. [...] *Anorexie ohne aktive Maßnahmen zur Gewichtsabnahme (Erbrechen, Abführen etc.)* Dazugehörige Begriffe: • *asketische Form der Anorexie* • *passive Form der Anorexie* • *restriktive Form der Anorexie* *Anorexie mit aktiven Maßnahmen zur Gewichtsabnahme (Erbrechen, Abführen etc. u. U. in Verbindung mit Heißhungerattacken)* Dazugehörige Begriffe: • *aktive Form der Anorexie* • *bulimische Form der Anorexie"*	Binge-Eating/Purging-Typ: Während der letzten 3 Monate hat die Person wiederkehrende „Essanfälle" gehabt oder „Purging"-Verhalten (d. h. selbstherbeigeführtes Erbrechen oder Missbrauch von Laxanzien, Diuretika oder Klistieren) gezeigt. [...] Die minimale Ausprägung des Schweregrades [der Anorexia nervosa; A.S.] wird bei Erwachsenen durch den gegenwärtigen Body-Mass-Index (BMI, siehe unten) oder, bei Kindern und Jugendlichen, durch die BMI-Perzentile bestimmt. Die BMI-Spannweiten (siehe unten) stammen aus der Klassifizierung der Weltgesundheitsorganisation (WHO) von Untergewicht für Erwachsene. Für Kinder und Jugendliche sollten die korrespondierenden BMI-Perzentile verwendet werden. Der Schweregrad kann höher angesetzt werden, um das Ausmaß klinischer Symptome, den Grad der funktionellen Beeinträchtigung und die Notwendigkeit von Kontrollen zu verdeutlichen. Leicht: $BMI \geq 17$ kg/m^2 Mittel: BMI 16–16,99 kg/m^2 Schwer: BMI 15–15,99 kg/m^2 Extrem: BMI < 15 kg/m^2"

Obwohl bereits zu Beginn des 20. Jahrhunderts die heute gültigen Symptome der Anorexia nervosa, wie etwa die Nahrungsverweigerung, ein Bewegungsdrang trotz Auszehrung und die verzerrte Körperwahrnehmung, im Wesentlichen beschrieben waren, blieb sie bis Ende des selben Jahrhunderts eine relativ seltene Krankheit, die in der Öffentlichkeit und unter MedizinerInnen weitgehend unbekannt war. Erst mit der medialen Berichterstattung über die Anorexia nervosa, die ab den späten 1960er Jahren einsetzte, kam es zu einem rapiden Anstieg der Erkrankungen, sodass nun von einer nahezu epidemischen Ausbreitung der

Anorexia nervosa gesprochen wurde.[4] Joan Brumberg konstatiert hierzu: „Obwohl sich die absolute Zahl tatsächlicher Anorektikerinnen kaum ermitteln läßt und wahrscheinlich nicht besorgniserregend hoch ist, tritt die Krankheit heutzutage häufiger auf als in jeder anderen Phase seit ihrer Entdeckung vor über einem Jahrhundert" (Brumberg 1994, 21).

Eine Schlüsselakteurin im Prozess der medialen Verbreitung der Anorexia nervosa war Hilde Bruch. Bruch verfasste populärwissenschaftliche Bücher wie zum Beispiel „The Golden Cage: The Enigma of Anorexia nervosa" (1978), zum Thema Anorexia nervosa, gab Interviews in Frauen- und Familienzeitschriften oder trug als Sachverständige zu verschiedenen populärwissenschaftlichen Artikeln über die Anorexia nervosa bei (vgl. Brumberg 1992, 142). Die anorektischen Patientinnen, die Bruch in ihren Veröffentlichungen beschreibt, „erschienen wie die Freundinnen ihrer jugendlichen und wohlhabenden Leserinnen, die sich in das ‚lähmende Gefühl der Unwirksamkeit', die elterlichen Spannungen und den Perfektionsdrang, die das Leben der Anorekterinnen prägte, hineinversetzen konnten" (Brumberg 1992, 142, Übers. A.S.). Damit bot Bruch sowohl für die ExpertInnen, als auch für die populäre Öffentlichkeit eine neue Interpretationsfolie für die Anorexia nervosa an, mit welcher der körperbezogene Kontrollzwang und die vermeintliche Appetitlosigkeit in ein neues Licht gerückt werden konnte. Die Anorexie stellte sich demnach nicht mehr als Appetitverlust dar, sondern als permanenter, zwanghafter Kampf gegen den natürlichen Hunger und die Gewichtszunahme (ebd., 143).

Neben dieser eher sachlichen Darstellung des ExpertInnenwissens über die Anorexia nervosa, gibt es auch andere stärker narrative Darstellungsformen, wie zum Beispiel die detaillierte Fallgeschichte aus der Praxis therapeutischer Arbeit, den autobiographischen Bericht oder auch den Jugendroman. Letzterer entstand vor allem im Zuge des wachsenden Konsumentenmarkts, als auch die Buchbranche und die Frauenzeitschriften die Sprache der Psychologie „dankbar auf[nahmen], in der Platz war für Theorien und Geschichten, Allgemeinheit und Besonderheit, Wertfreiheit und Normativität" (Illouz 2009, 97). Eine große Anzahl an Jugendromanen mit fiktiven Geschichten magersüchtiger junger Frauen mit einschlägigen Titeln wie „Nie mehr Keks und Schokolade" (Fülscher 1998), „Völlig schwerelos. Miriam ist magersüchtig" (Arold 1997) oder „Essen? Nein, danke!" (Stewart 1998) zeugen von dieser Entwicklung.

---

[4] Die Lebenszeitprävalenz der Anorexia nervosa wird heute als relativ stabil angesehen (Kring et al. 2019; Fumi et al. 2020). Allerdings weisen einige Studien auf eine Zunahme der Störung im Kindes- und Jugendalter hin, wobei aber unklar ist, ob es sich um einen tatsächlichen Anstieg der Erkrankung in dieser Altersgruppe handelt oder in erster Linie um eine Zunahme der Inanspruchnahme von Psychotherapie (Herpertz-Dahlmann et al. 2011, 1093).

Hier, so soll argumentiert werden, kommt dem, was Eva Illouz als „Liaison von Psychologie und Populärkultur" (Illouz 2009, 94) bezeichnet, eine besondere Rolle zu. Illouz zeichnet das sukzessive Eindringen der wissenschaftlichen Psychologie[5] zu Beginn des 20. Jahrhunderts in drei wichtige Segmente der Populärkultur nach: die Ratgeberliteratur, den Film und die Werbung (vgl. Illouz 2009, 94–101). Insbesondere über diese Medien gelang es der Psychologie, den Absatzmarkt für ihr Wissen erheblich zu erweitern. Die Ratgeberliteratur erwies sich dabei als „stabilste[.] Plattform für die Verbreitung psychologischer Konzepte" (Illouz 2009, 96), nicht zuletzt, weil das aus bisherigen Selbstverständlichkeiten herausgelöste moderne Selbst einen großen Bedarf an Rat und Orientierung in vielen Lebensfragen verspürte (vgl. auch Giddens 1991; Beck 1986). So verteilt die populärwissenschaftliche Psychologie bis heute Informationen zur Selbsterkenntnis, Rat und Hilfe zur Bewältigung persönlicher Probleme und informiert umfangreich über die verschiedensten Pathologien des Selbst. Sie berichtet beispielsweise über Krankheitsbilder, über die Zu- und Abnahme bestimmter psychischer Störungen und worauf dieser Wandel ursächlich zurückzuführen sei. Auch zum Thema Essstörungen im Allgemeinen und Anorexia nervosa im Speziellen bot und bietet sie Rat und Hilfe an. Sie vermittelt einen Überblick über Symptome, Ursachen, Verlaufsformen und therapeutische Strategien der Überwindung der Krankheit, auf dessen Grundlage die LeserIn dann ihr eigenes Handeln oder das ihr (mehr oder weniger) nahestehender Personen einer kritischen Prüfung unterziehen kann: *Erkenne ich bei mir oder anderen Symptome der Magersucht? Welche Hilfsmöglichkeiten gibt es?*

Was die Ratgeberliteratur in ihrer Gesamtheit eint, ist, dass sie der KonsumentIn ein Vokabular zur Verfügung stellt, mit der sie sich selbst beschreiben und ihre Handlungen deuten kann. Dieser Umstand wird dann interessant, wenn in Betracht gezogen wird, dass „das moderne Selbst an vielen sozialen Schauplätzen eine Eigenkreation ist – und sich seine Handlungsoptionen aus verschiedenen kulturellen Repertoires zusammensucht" (Illouz 2009, 97). Eines dieser Repertoires,

---

[5] Die Psychologie, so beschreibt es Illouz, ist ein „Korpus von Texten und Theorien, die in offiziellen Organisationen von dafür ausgebildeten ExpertInnen produziert und angewandt werden. Sie ist aber (..) auch ein Wissenskorpus, das mittels einer Vielzahl unterschiedlicher Kulturindustrien weltweit verbreitet wird; Selbsthilfe-Ratgeber, Workshops, Fernsehtalkshows, Radioprogramme mit Zuhörerbeteiligung, Kinofilme, Fernsehserien, Romane und Zeitschriften boten allesamt entscheidende kulturelle Plattformen für die Verbreitung der Therapie in der Gesellschaft und Kultur (…). Alle diese Medien waren und sind zentrale Instanzen für die Verbreitung therapeutischen Wissens, das damit zu einem wesentlichen Bestandteil des kulturellen und moralischen Universums der heutigen (…) Mittelschicht wurde" (Illouz 2009, 18–19). Damit kommt der Psychologie ein „doppelter Status" zu: sie ist „zugleich professionelle[.] als auch populäre[.] Disziplin" (ebd., 19).

so soll hier argumentiert werden, stellt die Anorexia nervosa dar, als Möglichkeit ein bestimmtes Selbst zu sein, für das bereits – und das spielt sicherlich keine unwesentliche Rolle – Lebens- und detaillierte Handlungsschablonen zur Verfügung stehen. Robert Gugutzer bezeichnet die Anorexia nervosa auch als „modisches Syndrom" bzw. als „zeit- und kulturspezifische Metapher", an der sich „die aktuellen Lebensbedingungen weiblicher Adoleszentinnen und deren Strategien, damit umzugehen, ablesen [lassen]" (Gugutzer 2005, 325). Zu diesen gehört nicht nur das gesellschaftliche Schlankheitsideal, welches Frauen in einem weitaus stärkeren Maße als Männer betrifft. Frauen erfahren auch die Offenheit der Spätmoderne, mit ihren neuen Gestaltungsmöglichkeiten für das Selbst, häufig in widersprüchlicherer Weise als Männer:

> Frauen haben zwar heutzutage die nominale Möglichkeit, einem ganzen Spektrum von Chancen und Gelegenheiten zu folgen: In einer maskulinistischen Kultur jedoch bleiben viele dieser Wege faktisch versperrt. Vielmehr sind Frauen, die diese Chancen wahrnehmen wollen, in einer deutlich grundsätzlicheren Art als Männer gezwungen, ihre alten, ‚festgelegten' Identitäten abzulegen (Giddens 1991, 106, Übers. A.S.).

Anthony Giddens hat in den 1990er Jahren eine soziologische Deutung der Anorexia nervosa vorgenommen, in der er die besonderen Lebensbedingungen in der Spätmoderne ursächlich verantwortlich für den starken Anstieg der Anorexia nervosa seit den 1980er Jahren zeichnet. Ein besonderes Merkmal spätmoderner Zeiten bestehe nämlich, so beschreibt es Giddens, in der allgemeinen Tendenz zur Kontrolle des Lebens beziehungsweise, wie Giddens es ausdrückt, zu einer „Kolonialisierung der Zukunft" (ebd., 111). Dabei versuchten Individuen ihre Lebenschancen und -risiken durch reflexive (Selbst-)Kontrolle, wie etwa Risikokalkulation oder ExpertInnenrat, zu beeinflussen. Individuen engagierten sich zu diesem Zweck typischerweise in reflexiven Selbstprojekten (ebd., 75 ff.), die auf eine erfolgreiche Selbst- und Lebensgestaltung abzielen. Diese ist jedoch in hohem Maße abhängig von alltäglichen Handlungen und Lebensentscheidungen, die Weichen für die Zukunft stellen. Die Selbstkontrolle, zu der, wie Giddens betont, auch die Kontrolle des Körpers zum Beispiel in Form von Diät und Fitness gehört, soll dieses Selbstprojekt möglichst berechenbar machen (ebd., 99 ff.). Durch derartige „Körperregime" (ebd., 102) versuchen Frauen – wie auch Männer – ihre Chancen etwa auf dem Berufsmarkt und dem Markt der Liebe zu verbessern und ein erfolgreiches Selbst zu präsentieren. Während Schlankheit und Fitness heute mit Gesundheit und Leistungsfähigkeit assoziiert werden, gilt Übergewicht hingegen häufig als Zeichen von Willensschwäche, Trägheit und Krankheit (vgl. z. B. Kreuzenbeck 2015; Thoms 2000).

Das reflexive Selbstprojekt der Spätmoderne kann aber auch, wie Giddens am Beispiel der Anorexia nervosa zeigt, eine pathologische Wendung nehmen, bei der die Selbstkontrolle extreme, gar zwanghafte Züge annimmt: Die spätmodernen Körperregime, wie Appetitkontrolle und Fitness, werden von der AnorektikerIn fortwährend radikalisiert: Sie isst immer weniger und fährt zugleich ihr Fitnessprogramm hoch. In diesen Handlungen, der straffen Kontrolle ihres Körpers, „sucht sie Sicherheit in einer Welt multipler, aber oft widersprüchlicher Optionen" (Giddens 1991, 107, Übers. A.S.). Mit diesen Körperregimen wird das Leben und die eigene Zukunft (zumindest vermeintlich) berechenbar: Jeder Tag gleicht nun dem anderen, indem feste Essens- und Sportrituale den Tag strukturieren. Das Leben wird der Zahl auf der Waage untergeordnet, die kurz- und langfristige Ziele ausgibt, deren Erreichen der AnorektikerIn flüchtige Momente des Erfolgs und der Stärke bescheren (vgl. ebd.).

In den Medien, aber auch von PsychologInnen und PädagogInnen werden AnorektikerIn typischerweise als besonders willensstarke, leistungsorientierte und intelligente Personen beschrieben, die an ihrem eigenen Perfektionismus erkranken, in allen Lebensbereichen überdurchschnittlich erfolgreich sein zu wollen. Es ist, so konstatiert Robert Gugutzer, „[v]ermutlich [...] dieser metaphorisch-symbolische[.] Gehalt [...], der dazu führt, daß junge Frauen zum Beispiel durch die massenmediale Aufbereitung dieses Phänomens überhaupt erst auf die Idee kommen, sich dieses Syndrom anzueignen" (Gugutzer 2005, 325). In dem vor allem massenmedial gezeichneten Bild der AnorektikerIn schwingt häufig auch Bewunderung und Anerkennung für deren besondere Willensstärke und Disziplin mit. AnorektikerInnen übererfüllen gewissermaßen gesellschaftlich hochgradig erwünschte Eigenschaften und zerbrechen schließlich an ihnen. Hinzu kommt, dass die Krankheitsverläufe in den Medien zuweilen beschönigt bzw. eindimensional dargestellt werden. Von den langfristigen Konsequenzen, die eine Anorexia nervosa für das eigene Leben bedeuten kann, wird vor allem in Jugendromanen in der Regel nicht berichtet. Essstörungen bedeuten zumeist lange Leidenswege, die auch mit einer absolvierten Therapie und erfolgter Gewichtszunahme nicht immer enden. Die Sorge um das Körpergewicht und damit verbundene Schwierigkeiten bei der Nahrungsaufnahme bleiben bei einigen Betroffenen dauerhaft bestehen, auch wenn ihr Gewicht nicht mehr in den anorektischen Bereich absinkt (vgl. Cohrdes et al. 2019). Größere Aufmerksamkeit erhalten in den Medien stattdessen der radikale Gewichtsverlust, das bizarre Essverhalten, bei dem häufig nur noch ein ganz bestimmtes Lebensmittel (Apfel, Stangensellerie) auf die immer gleiche Weise (z. B. erst die Schale, dann das Innere des Apfels) konsumiert wird und die Auswirkungen der Krankheit auf das Familienleben. Betrachten wir zur besseren Veranschaulichung des Beschriebenen einmal den typischen Plot eines Jugendromans zum Thema Pubertätsmagersucht, wie ihn Brumberg treffend zusammenfasst:

> Die Handlung dreht sich fast immer um ein attraktives (normalerweise 1,60 Meter großes), intelligentes Schulmädchen, dessen Eltern beide erfolgreich einem Beruf nachgehen. Selbstverständlich möchte die Protagonistin gerne abnehmen. Wie nahezu alle Mädchen in den USA will sie schlank sein [...]. Françesca, die Hauptfigur in einem der Romane, schneidet Bilder von Fotomodellen aus Zeitschriften aus und ordnet sie nach Schlankheit. Ihr Ziel ist es schlanker zu werden als die dünnste Frau auf den Fotos. In allen Anorexie-Geschichten kippt eine ganz gewöhnliche Diät irgendwann aus Gründen, die alle mit den Problemen des Erwachsenwerdens zu tun haben, in ein bizarres Eßverhalten um, das schließlich das Leben der Protagonistin völlig beherrscht. [...] In allen Romanen vergrault das Mädchen durch sein Eßverhalten seine Freundinnen, setzt seine Eltern unter Druck, macht sie unglücklich und sieht zu, wie sich alle um sie bemühen. [...] Obwohl es in allen erwähnten Romanen schließlich zur therapeutischen Intervention kommt, drücken sich die meisten um das körperliche und seelische Leid, das die Patientin nach diesem Schritt noch erwartet. Die meisten Jugendromane beschönigen die schwierige, lange und oft leidvolle Phase der Genesung. Und es kommt – abgesehen von einer Ausnahme – keine der Romanheldinnen ums Leben (Brumberg 1994, 23-24).

Der jugendlichen LeserIn wird hier ein sehr einseitiges Bild der Anorexia nervosa präsentiert: Die Romane entwerfen ein Modell der attraktiven, intelligenten, jungen Frau. Auch das soziale Umfeld der Anorektikerinnen wirkt häufig schablonenhaft. Die jungen Frauen besuchen in der Regel das Gymnasium, ihre Eltern sind beruflich erfolgreich. Der Krankheitsverlauf gestaltet sich typischerweise linear, d. h. die Gewichtsabnahme verläuft kontinuierlich und ist nicht durch ‚Rückschläge', im Sinne etwa einer zeitweisen Gewichtszunahme, unterbrochen. Zumeist hungert sich die Protagonistin im Roman auf ein drastisch niedriges Körpergewicht herunter, bevor sie in eine stationäre Therapie überführt wird. Letztere wird jedoch in der Beschreibung in der Regel ausgespart.

Auch in Fernseh- und Zeitungsreportagen zur Anorexia nervosa wird dieses Modell immer wieder bemüht, wohingegen abweichende Verläufe, etwa milde Formen der Erkrankung mit weniger drastischem Gewichtsverlust, unberücksichtigt bleiben (vgl. etwa Inch & Merali 2006). Es steht zu vermuten, dass weniger dramatische Geschichten weniger Sensationseffekte bedeuten und damit einen kleineren Kreis an LeserInnen und ZuschauerInnen. Aus dem gleichen Grund wird vermutlich auch nicht bzw. wenig über atypische Fälle der Anorexia nervosa berichtet, bei denen das Symptom des Untergewichts (BMI $\leq 17,5$) häufig fehlt.

Diese Berichte und Geschichten vermitteln ein Bild der Anorexia nervosa, das insbesondere auf Mädchen und junge Frauen – entgegen der intendierten Wirkung als Information und Warnung – auch attraktiv wirken kann. Die mitschwingende oder offen formulierte Anerkennung und Bewunderung der AnorektikerIn für ihren erzielten Gewichtsverlust sowie die Fürsorge durch das soziale Umfeld können vor allem junge Frauen in der Pubertät ansprechen, die sich unwohl in ihrem Körper und von ihren Eltern unverstanden und ungeliebt fühlen. Zudem finden sich viele Mädchen und junge Frauen in den Lebenslagen der ProtagonistInnen wieder: Sie sind im gleichen Alter, besuchen den selben Schultyp, kämpfen mit den gleichen Sorgen und Problemen wie sie. Auch Brumberg vermutet, dass „die zunehmende Zahl von Anorektikerinnen [...] auch auf die Aufmerksamkeit zurückzuführen [ist], die die Medien dieser Krankheit widmen" (Brumberg 1994, 20).

> Die Anorexia nervosa ist zum Tagesgespräch geworden, zu einer Modekrankheit für wohlhabende weibliche Jugendliche und junge Frauen [...]. Eine Psychologin, die auf die Behandlung der Anorexia nervosa spezialisiert ist, schätzte, daß etwa dreißig Prozent aller momentanen Fälle das sind, was Bruch als »ich-auch«-Anorektikerinnen bezeichnet hat. [...] Dieses Nachahmungsphänomen läßt sich nur schwer statistisch erfassen und trägt lediglich dazu bei, ein sowieso schon komplexes Problem in der psychiatrischen Epidemiologie zusätzlich zu verkomplizieren (Brumberg 1994, 20-21).

Das medial verbreitete Modell der AnorektikerIn verbindet sich, so sollte hier argumentativ nachgezeichnet werden, auf unheilvolle Weise mit der gesellschaftlichen Vorstellung über gelingende Weiblichkeit: Viele symptomatische Eigenschaften der AnorektikerIn – Selbstkontrolle, Leistungsbereitschaft, Körperkontrolle – sind radikalisierte Merkmale des sozial erwünschten spätmodernen Individuums. Vor allem die kontinuierliche Körperkontrolle und deren Resultat, der schlanke Körper, werden für Frauen medial als Voraussetzung für Schönheit, Liebe, Erfolg und Sexualität gezeichnet (Maurer & Sobal 1999). Für Männer wird das körperliche Erscheinungsbild und vor allem die Schlankheit weitaus weniger stark in den Medien akzentuiert (ebd., 213), was sicherlich dazu beiträgt, dass sich Männer (zumindest bislang) weniger häufig in Abnehmkuren engagieren.[6] Dieser Umstand bildet sich auch in der Sozialstruktur Pro-Anas ab, die sich vor

---

[6] In den letzten Jahrzehnten rückt jedoch auch der männliche Körper verstärkt in das Interesse der Medien. Das ist etwa an einer steigenden Zahl an Männerzeitschriften abzulesen, in denen Ratschläge zur Körpergestaltung, in der Regel zum Muskelaufbau, gegeben werden (Meuser 2005, 287 ff.).

allem aus jungen, adoleszenten Frauen zusammensetzt (Rauchfuß 2008; Norris et al. 2006, Eichenberg 2014).

Ab den 1960er Jahren verbreitete sich das Schönheitsideal, das den schlanken Körper idealisiert, sukzessive über die westliche Welt hinaus, wodurch es auch in Ländern wie Japan, China oder Pakistan zur allmählichen Verbreitung von Essstörungen kam (Giddens et al. 2009, 287–288; Hotta et al. 2015). Die Anorexia nervosa kommt bis heute am häufigsten „in post-industriellen Ländern mit hohem Einkommen, wie den USA, vielen europäischen Ländern, Australien und Japan" (Falkai & Wittchen 2015, 468) vor. Dort sind etwa 0,5 % der Mädchen und Frauen zwischen 15 und 35 Jahren betroffen (Punktprävalenz). Die Lebenszeitprävalenz der Anorexia nervosa liegt bei 1 bis 2 %, wobei die Angaben zur Prävalenz zwischen verschiedenen Studien häufig stark schwanken (Fumi et al. 2020; Keski-Rahkonen & Mustelin 2016). Der Erkrankungsgipfel wird bei der Anorexia nervosa zwischen 14 und 16 Jahren verortet (Holtkamp & Herpertz-Dahlmann 2002, 164) und Frauen erkranken im Schnitt zehnmal häufiger als Männer (Falkai & Wittchen 2015; Fumi et al. 2020).

1.2   Pro-Ana und die Anorexia nervosa

Nachdem wir nun einen Überblick über die Geschichte der Anorexia nervosa und ihre sukzessive Popularisierung seit den 1960er Jahren gewonnen haben, kommen wir im Folgenden auf das Webphänomen Pro-Ana zurück. Dabei soll zunächst der aktuelle Forschungsstand vorgestellt und kritisch diskutiert werden.

Die ersten Außenstehenden, die das Phänomen entdeckten und es der Öffentlichkeit vorstellten, waren die Massenmedien. Sie legten in der Folge auch die ‚Marschroute' vor, auf der nachfolgende Felderkundungen sich bewegen würden: „Sick world of Pro-Anorexia Internet Sites" (Gotthelf 2001) titelte beispielsweise die *New York Post* im Jahr 2001 mit Bezug auf Pro-Ana. Das Time Magazine erklärte im gleichen Jahr, dass nun die Anorexia nervosa wohl „High-Tech gehe" [„ Anorexia Goes High Tech "] (Reaves 2001, Übers. A.S.). Diese ersten Diagnosen über das Phänomen passten sich sehr gut ein in die allgemeinen Sorgen und Befürchtungen bezüglich der Folgen, die aus den internetbasierten Technologien erwachsen könnten und die regelmäßig die Jubelrufe über die neuen Möglichkeiten des Internets durchsetzten. Der Handlungsraum Internet war ein Novum, für den noch Normen und gesetzliche Regularien fehlten. Pro-Ana schien nun all die Sorgen und Befürchtungen der KritikerInnen der neuen Technologie zu bestätigen: Junge Menschen, in ihrer entwicklungsbedingten Verwirrtheit des pubertierenden Selbst und Körpers, schlossen sich im *World Wide Web* zusammen

und bestätigen sich in ihren Unsicherheiten und risikoreichen Verhaltensweisen, kultivierten diese sogar zu einem Lifestyle. Eine ohnehin bereits seit den
1970er Jahren beobachtete Zunahme der Erkrankungszahlen an Anorexia nervosa,
so eine verbreitete Sorge, könnte nun im Angesicht Pro-Anas zu epidemischen
Ausmaßen anwachsen. Derartige Szenarien vermutlich vor Augen, handelten Verbände, wie beispielsweise die *Association of Anorexia Nervosa and Associated
Disorders* (ANAD), rasch. Sie veranlassten Internetdienstanbieter und Webhoster
noch bevor wissenschaftliche Erkenntnisse über das Phänomen vorlagen, Pro-
Ana-Websites aus dem Internet zu entfernen, was diese (zunächst Yahoo! und
AOL) auch (unmittelbar) taten. Wissenschaftliche Studien folgten daraufhin mit
zeitlicher Verzögerung zu den ersten Ereignissen.

Zunächst waren es vor allem Forschungsarbeiten aus dem Bereich der Psychologie und Psychiatrie, die zum Phänomen *Pro-Ana* angefertigt wurden. Dies
überrascht nicht, zieht man in Betracht, dass diese „als die Referenzdisziplinen
betrachtet werden müssen, die – aus historischen und institutionellen Gründen – die Wissensgrundlage über Essstörungen legten" (Casilli et al. 2012, 122,
Übers. A.S.). Ihre Nosographie der Anorexia nervosa ist in die weltweit Anwendung findenden Diagnosemanuale DSM und ICD eingegangen. Sie stellen in
der Regel das Behandlungspersonal der Anorexia nervosa und sind daher von
epidemiologischen Veränderungen, welche diese Störung betreffen, unmittelbar
betroffen.

Weitere Disziplinen, die auf eine lange Tradition der Analyse von Essstörungen zurückblicken können, sind beispielsweise die Soziologie, Gender Studies
und Cultural Studies. Wie Casilli et al. (2012) in ihrer Übersicht über die wissenschaftliche Literatur zu Pro-Ana anführen, waren es im Wesentlichen diese
Disziplinen, die sich auch der Untersuchung des Phänomens Pro-Ana widmeten.
Dieser Umstand, hierin stimme ich mit David Giles (2016) überein, zeichnet
sicherlich mitverantwortlich für den in der bestehenden Forschungslandschaft
vorfindlichen Fokus auf Essstörungen in Studien zu Pro-Ana:

> Pro-Ana wurde weitgehend als das Online-Äquivalent zu Offline-Unterhaltungen
> zwischen essgestörten Individuen behandelt. Ich vermute, dass dies der Fall war, da
> jene am Phänomen Interessierten aus den Gesundheits- und Sozialwissenschaften
> stammten und ihr primärer Fokus eher auf Essstörungen als auf Medieninhalten per
> se lag (Giles 2016, 320, Übers. A.S.).

So unterschiedlich schließlich die Disziplinen und mit ihnen die Forschungsper-
spektiven waren, unter denen das Phänomen Pro-Ana in der Folge untersucht
wurde, so einheitlich blieb jedoch lange Zeit der gewählte thematische Fokus der

Forschung: Fluch oder Kur. Die Begriffe sind dem Titel eines „Brief Report"
(Abbate Daga et al. 2006, 68) des Eating Disorder Center der Universität von
Turin entnommen und fassen die Forschungsschwerpunkte zu Pro-Ana para-
digmatisch zusammen: Pro-Ana als *Fluch* (curse), den es einzudämmen bzw.
zu bannen gilt; Pro-Ana als Kur (cure), welche die „isolierte Anorektikerin"
(Boero & Pascoe 2012, 29, Übers. A.S.) aus ihrer selbstgewählten Vereinze-
lung befreit und noch zudem für KlinikerInnen wichtige Informationen über
die Gedankenwelt junger AnorektikerInnen verspricht, die in den zahlreichen
Pro-Ana-Websites zu finden sind.

Im Folgenden werden die genannten Bilder (‚cure' und ‚curse') über Pro-
Ana kurz vorgestellt. Dabei wird deutlich werden, dass diese Bilder thematisch
immer wieder an den aus der Essstörungsforschung bekannten Risikofaktoren der
Entwicklung und Aufrechterhaltung einer Anorexia nervosa entlang führen. Zu
diesen gehören insbesondere sozio-kulturelle Ursachen, wie das vorherrschende
(*weibliche*) Schönheitsideal und seine Verbreitung durch die Medien, die entwick-
lungsbedingte Vulnerabilität und Beeinflussbarkeit von Kindern und Jugendlichen
sowie die soziale Isolation, von der an Anorexia nervosa Erkrankte häufig im
Verlauf ihrer Erkrankung betroffen sind.

Auf die Darstellung der dominierenden Bilder über Pro-Ana folgt anschließend ein Überblick über jene Forschungsarbeiten zu Pro-Ana, welche ihren Fokus
weniger explizit auf die Anorexia nervosa legten, indem sie stärker zum Beispiel
auf die Interaktionen zwischen TeilnehmerInnen auf einzelnen Websites oder auf
die Konstruktion des Körpers in netzgestützten Gruppierungen fokussierten.

Pro-Ana als ‚Fluch'
Ein Schwerpunkt der Forschung zu Pro-Ana lag auf der Frage, wie sich eine Teilnahme an Pro-Ana auf die individuelle Gesundheit, d. h. etwa das Körpergewicht,
die Körperzufriedenheit und die Stimmungslage junger Frauen auswirke (Philipp
et al. 2018; Yom-Tov et al. 2016; Delforterie et al. 2014; Gwizdek et al. 2012;
Eichenberg et al. 2011). Dabei standen vor allem visuelle Artefakte, wie zum Beispiel Fotografien untergewichtiger Models, im Verdacht, negative Effekte auf die
psychische Gesundheit junger Frauen auszuüben. Aus diesem Grund erhielten die
unter den Begriffen *Thinspiration* bzw. *Thinspo* auf Pro-Ana-Websites firmieren-
den Fotografien von Anfang an eine besondere Aufmerksamkeit in empirischen
Studien.

Der Einfluss der am Schlankheitsideal ausgerichteten Medien auf die Körperzufriedenheit von Mädchen und Frauen wird bereits seit Mitte des 20.
Jahrhunderts diskutiert. Seit dieser Zeit hat sich das weibliche Körperideal
erheblich verändert, wie in Untersuchungen gezeigt werden konnte, in denen

beispielsweise Schaufensterpuppen, Gewinnerinnen amerikanischer Schönheits-
wettbewerbe, Frauenkörper in Frauenzeitschriften oder Laufstegmodels über die
Zeit verglichen wurden (Garner et al. 1980; Derenne & Beresin 2006). Das ideale
Körperbild wurde in den Medien immer dünner, sodass eine steigende Diskrepanz
zwischen Ideal- und Durchschnittsfigur zu konstatieren ist.

In der Essstörungsforschung wird von einem „Zusammenhang zwischen der
Anorexia nervosa und dem Betrachten von Fotografien untergewichtiger Models
und Berühmtheiten" (Yom-Tov & Boyd 2014, 197) ausgegangen, sodass Ghaznavi und Taylor (2015) erklären: „Bei Thinspiration-Inhalten, als ein Beispiel
für am Schlankheitsideal ausgerichteter Medien, kann begründet angenommen
werden, dass sie ähnliche Resultate bei ihren BetrachterInnen hervorrufen"
(Ghaznavi & Taylor 2015, 60, Übers. A.S.), d. h. hier die „Aufnahme von
essgestörten Verhaltensweisen" (ebd., 60). Damit können die im Netz zusammengesammelten Thinspiration-Bilder auf Pro-Ana-Websites, etwa Norris et al.
(2006) zufolge, als „die offensichtlichste Repräsentation des gestörten Körper-
schemas der Anorexia nervosa" (Norris et al. 2006, 446) bezeichnet werden.
Diese Annahme bestätigten Bardone-Cone und Cass (2007) in einem Expe-
riment zur Wirkung von Pro-Ana-Websites auf das Selbstwertgefühl und die
Körperzufriedenheit junger Frauen. Diejenigen Frauen, die Pro-Ana-Websites
betrachteten, zeigten im Vergleich zu einer Kontrollgruppe, denen normalgewichtige Models oder Innendesign gezeigt wurden, in beiden Aspekten eine deutliche
Beeinträchtigung. Daraus schlussfolgerten die Autorinnen, dass die Betrachtung
von Pro-Ana-Websites einen negativen Effekt auf das Selbstbild junger Frauen
ausübe.

Wie bereits in den vorgestellten Studien angeklungen ist, widmeten sich die
die meisten empirischen Arbeiten zu Pro-Ana – vor allem der ersten Jahre –
den Motiven, Verhaltensweisen und dem Gesundheitszustand von *Individuen*
(Casilli et al. 2012, 127). Zieht man hier erneut in Betracht, dass das soziale
Phänomen Pro-Ana zumeist durch die theoretische Brille der Anorexia nervosa
betrachtet wurde, verwundert diese Schwerpunktsetzung nicht. Als psychoso-
matische Störung wird die Anorexia nervosa bis heute als eine Krankheit des
Individuums behandelt, bei der biologische[7], psychische und sozio-kulturelle Faktoren ein bestimmtes ‚krankmachendes' Verhältnis eingehen. Pro-Ana als soziales
Gebilde wurde dementsprechend in erster Linie als ein individueller Kontextfak-
tor mit hohem Gefahrenpotential betrachtet. In der klinischen Praxis zeigte sich

---

[7] Eine genetische Veranlagung zur Entwicklung einer Anorexia nervosa wird in Fachkrei-
sen immer wieder diskutiert. In der Regel wird sich dabei auf Zwillingsstudien bezogen
(Gorwood et al. 1998).

nämlich, dass sich anorektische Patientinnen regelmäßig miteinander gegen das Klinikpersonal verbünden, um die therapeutische Gewichtszunahme zu verhindern. Zudem geraten sie in interne Konkurrenzkämpfe um Gewicht und Disziplin und gefährden durch diese Verhaltensweisen nachhaltig ihren Genesungsprozess (Wietersheim et al. 2010, 217–218). Ein Zusammenschluss von AnorektikerInnen *außerhalb* eines therapeutischen Rahmens, der auf Gruppenprozesse kontrollierend und moderierend Einfluss nehmen kann, wird folglich als Gefahr für Leib und Leben junger Menschen erachtet, die bereits an Anorexia nervosa erkrankt oder von Anorexia nervosa bedroht sind. Diese Befürchtungen werden durch Studien bekräftigt, in welchen der Einfluss von Peers und Medien auf essgestörtes Verhalten vergleichend untersucht wurde. Sie besagen, dass es vor allem der Einfluss der Peergroup Pro-Ana ist, der Körperunzufriedenheit und Symptome einer Essstörung bei jungen Frauen begünstigt und verstetigt (vgl. Ferguson et al. 2014, 9, 12; Gale et al. 2016).

In der Jugendforschung wird die Peergroup bis heute immer wieder als ein „Entstehungskontext von Jugenddelinquenz" (Scherr 2010, 73) und der Perpetuierung problematischer Verhaltensweisen diskutiert. Diese Sicht auf jugendliche Vergemeinschaftung scheint auch in der wissenschaftlichen Auseinandersetzung mit dem Phänomen Pro-Ana gelegentlich durch, weshalb wir dieser nachfolgend einen kurzen Exkurs widmen.

Die Peergroup gilt als die bedeutendste Bezugsgruppe innerhalb des Jugendalters. Ihren besonderen Stellenwert erhält sie unter Jugendlichen in der Regel spätestens mit dem Eintritt in die Pubertät. In dieser Zeit tritt die Familie ihren zuvor dominanten Einflussbereich sozusagen an die Peergroup ab, die fortan die Lebens- und Identitätsentwürfe der Jugendlichen in entscheidender Weise prägt. Die Peergroup wird in der Regel auf Grundlage eigener Interessen und Einstellungen, aber auch hinsichtlich begehrter Verhaltensweisen, wie etwa dem Rauchen von Zigaretten, gewählt (Hall & Valente 2007). Einmal beigetreten, kommt es in der Regel zu Anpassungsprozessen der neuen TeilnehmerInnen an die Werte, Einstellungen und Verhaltensweisen der Alteingesessenen (ebd.). Folglich, so beschreibt es die Psychologin Laura Choate, ist die Peergroup nicht nur „ein Abbild [...] dessen, was [eine Person; A.S.] gerade darstellt, sondern auch als wer sie sich zukünftig sieht" (Choate 2014, 35, Übers. A.S.). Auf Pro-Ana übertragen, ließe sich nun vermuten, dass sich nicht nur bereits an Anorexie Erkrankte zusammenfinden und sich in ihren ‚essgestörten' Verhaltensweisen, Werten und Einstellungen bestärken, sondern auch, dass die Peergroup Pro-Ana auf (noch) gesunde junge Frauen attraktiv wirkt, weil sie Wege zum gesellschaftlich hochgeschätzten dünnen Körper verspricht, sowie die Teilnahme an einem *exklusiven* sozialen Kreis. Diese Befürchtungen werden durch weitere Studien bekräftigt, die zeigen, dass insbesondere junge Frauen mit psychischen Problemen die Nähe anderer Frauen mit ähnlichen Schwierigkeiten suchen und damit ihre Probleme tendenziell verstetigen oder verstärken (Choate 2014, 35–36; Miller et al. 2009; Sontag et al. 2011).

Die Gleichaltrigengruppe, vor allem ihre informelle Form, wird nicht erst seit dem Internetzeitalter, in dem Phänomene wie Pro-Ana in die Welt gekommen sind, gesellschaftlich immer wieder problematisiert, sondern bereits im Zuge des Aufkommens moderner Jugend, in der sich neue Freiräume herausbildeten (Scherr 2010, 73). Wie Albert Scherr mit Bezug zum Beispiel auf Abels (1993) historisch zeigen konnte, wurden informelle Jugendgruppen lange Zeit als „ein vermeintlich zentraler Entstehungskontext von Jugenddelinquenz in den Blick genommen, als jenseits der Kontrolle durch Erwachsene situierte und folglich verdächtige Formen der Vergemeinschaftung und der Selbstsozialisation Heranwachsender" (Scherr 2010, 73). Dieses negative Jugendverständnis wurde zunächst vor allem für männliche Arbeiterjugendliche entworfen (Shorter 1988). Die Thematisierung weiblicher Jugend(gemeinschaften) in Gesellschaft und Forschung fand erst ab der zweiten Hälfte des 20. Jahrhunderts überhaupt statt, was auf die späte Zuerkennung des Erwachsenen- und Jugendlichenstatus für Frauen zurückführen ist.[8] Allerdings blieben für sie informelle Jugendgruppen im Vergleich zu Jungen auch weiterhin die Ausnahme, konstatierten noch Ende des 20. Jahrhunderts Müller-Heisrath und Kückmann-Metschies (1998). Mädchen, so die Autorinnen, würden eher zu dyadischen Beziehungsformen oder zu formellen Gleichaltrigengruppen tendieren, wie sie zum Beispiel Sportvereine böten (Müller-Heisrath & Kückmann-Metschies 1998, 61). Zwar waren die körperschädigenden Praktiken junger Frauen, zu denen neben Essstörungen vor allem auch das sogenannte Ritzen gehören, als Risiken weiblicher Jugend bekannt. Diese waren allerdings in der Regel nicht gruppen- oder gemeinschaftsförmig organisiert. Gemeinschaftliches abweichendes Verhalten war bis dato ein Phänomen, das insbesondere junge Männer betraf, sodass das in Erscheinung treten Pro-Anas, vermutlich gesellschaftliche ‚Problemlösungsroutinen' herausforderte. Hinzu kam, dass Pro-Ana in einem neuen Medium kommunizierte, für das ebenfalls noch wenige Handlungsroutinen etabliert waren, womit sich

---

[8] Wie Bilden und Diezinger formulieren, „hatten Frauen bis 1919 keinen Erwachsenenstatus. Bürgerliche Frauen blieben in einer Art Kind-Status, unmündig. Proletarische Frauen mußten schon als Kinder ‚wie Erwachsene' arbeiten, waren aber als Ehefrauen der ehemännlichen Gewalt unterworfen. Die rechtliche Anerkennung des Erwachsenenstatus für Frauen war ein langsamer Prozeß, der teilweise der sozialen Realität vorauseilte" (Bilden & Diezinger 1992, 203).

die „Kontrollen jugendliche[r] Gesellungsformen" (Shorter 1988, 49) unter den
gegebenen technischen Bedingungen weiter erschweren würden.

Pro-Ana als ‚Kur'

Neben Studien zum Gefahrenpotential Pro-Anas insbesondere in Bezug auf die
Gesundheit von Kindern und Jugendlichen gab es eine Reihe wissenschaftlicher
Arbeiten, welche nach möglichen positiven Effekten des Phänomens fragten, die
vor allem im Netzmedium gesehen wurden.

Das Internet galt vor allem in seinen Anfängen vielen FeministInnen als Ort,
an dem Frauen sich dem „hegemonialen Patriarchat" (Talay 2014, 30, Übers.
A.S.) entziehen und sich wechselseitig stärken und unterstützen könnten. Einige
VertreterInnen der Gender Studies erkannten in den kommunikativen Handlun-
gen der Teilnehmerinnen Pro-Anas sogar „gegen-hegemoniale Arbeit" (Day &
Keys 2008, 1, Übers. A.S.), die sich gegen „patriarchale Unterdrückung und Bio-
Macht" (Pollack 2003, 249, Übers. A.S.) wendet. So beschreibt Saskia Talay
Pro-Ana etwa als Gelegenheit der gegenseitigen Unterstützung von Anorektike-
rinnen – ganz analog zu feministischen Online-Communities (Talay 2014, 31).
Diese starke Unterstützung, die sich Frauen in Pro-Ana wechselseitig angedeihen
lassen, haben diese, so Taley, leider bisher vor allem in schädigende Verhaltensweisen investiert (ebd., 31). Viele ForscherInnen zeigten sich besorgt hinsichtlich
der körperschädigenden Praktiken der jungen Frauen und erklärten es zu ihrer
Pflicht als „besorgte Feministinnen" (Pollack 2003, 250), im Angesicht der hohen
Mortalitätsrate der Anorexie, den jungen Frauen zur Seite zu stehen. Deborah Pollack schlug beispielsweise vor, Wege zu überlegen, in denen das Medium Internet,
in dem die jungen Frauen kommunizieren, genutzt werden könnte, um gemeinsam mit den jungen Frauen „starke Stimmen" (Pollack 2003, 250) zu entwickeln,
dabei aber einen „gesunden Körper" (ebd., 250) zu behalten.

Auch im Bereich der Therapie und Selbsthilfe erkannten AutorInnen im Internet ein Forum, das sowohl von Professionellen als auch Laien genutzt werden
könnte, um etwa Informationen einzuholen oder Kontakt zu anderen Betroffenen
oder Therapieanbietern aufzunehmen (Podoll et al. 2002, 85). Die sozial positiven Effekte des Netzmediums, die Möglichkeit niederschwellig Beratung und
Unterstützung zu erhalten, wurden immer wieder auch für Pro-Ana diskutiert:

Für ihre TeilnehmerInnen können die Websites die Isolation und Einsamkeit der Anorexie lindern, indem eine Gemeinschaft auf der Grundlage von geteilten Überzeugungen und Werten geschaffen wird (Knapton 2013, 463, Übers. A.S.; vgl. auch Brotsky & Giles 2007).[9]

Allerdings plädierten die wenigsten AutorInnen dafür, die jungen Frauen in Foren, Chats und verschiedenen Bloggingsystemen sich selbst bzw. einander zu überlassen. Entwickelt wurden aus diesem Grund zum Beispiel in Deutschland Leitlinien für den Jugendschutz, anhand derer etwa die Gefährlichkeit einer Website beurteilt werden kann (Eichenberg & Brähler 2007, 269). Problematisch sei es zum Beispiel, so Eichenberg und Brähler, wenn die Anorexie als positives Identitätsmerkmal dargestellt werde. Derartige Gruppendynamiken sollten durch den Jugendschutz unterbunden werden (ebd., 270). Auch hier stand, wie zuvor für die feministische Forschung beschrieben, die Sorge und der Schutz psychischer und physischer Gesundheit junger Frauen hinter den Interventionen in jugendliche Vergemeinschaftungsprozesse.

Andere AutorInnen sahen in der öffentlich zugänglichen Kommunikation von Teilnehmerinnen an Pro-Ana eine Möglichkeit für klinisch arbeitende TherapeutInnen, Informationen darüber zu gewinnen, was ihre PatientInnen bewegt und diese dann strategisch zur Verbesserung der Therapie der Anorexia nervosa einzusetzen (z. B. Csipke & Horne 2007).

Ebenfalls wurde die starke Nachfrage nach Pro-Ana-Websites als Anlass für Überlegungen genommen, wie über das Internet Hilfs- und Kommunikationsangebote für Essgestörte geschaffen werden könnten, damit etwa junge Frauen mit gestörtem Essverhalten nicht nur in Pro-Ana eine Zuflucht oder Anlaufstelle fänden (Davis 2008).[10]

Pro-Ana und das digitale Zeitalter

An dieser Stelle soll nun noch eine Auswahl jener Forschungsarbeiten zu Pro-Ana Raum finden, welche die theoretische Kategorie der *Anorexia nervosa* nicht in ihren thematischen Fokus stellten, sondern sich vordergründig mit Fragen wie

---

[9] Häufig tendieren AnorektikerInnen im Verlauf ihrer Erkrankung zur sozialen Isolation, weshalb sich das klinische Bild der „isolated anorexic" (Boero & Pascoe 2012, 29) etabliert hat. Die Lebenswelt der AnorektikerInnen fokussiert sich zunehmend auf Körper- und Essensrituale, die sie vor ihrem sozialen Umfeld zu verbergen versuchen.

[10] Heute sind auf zahlreichen Social Media Plattformen, wie Tumblr, Pinterest oder Instagram, Warnhinweise und Hilfsangebote geschaltet, die sich öffnen, sobald nach pro-ana-typischen Begriffen gesucht wird.

beispielsweise der Konstruktion des Körpers oder der Verhandlung von Authentizität in netzgestützten Gruppierungen (Boero & Pascoe 2012) auseinandersetzten oder nach der Identitätsarbeit in Pro-Ana-Webforen (Giles 2006; Hammersley & Treseder 2007; Whitehead 2010) fragten. Da neben dem Bezug auf die Anorexia nervosa ein weiteres zentrales Merkmal des Phänomens seine Netzgebundenheit ist, ist es das Internet, das in den nachfolgend skizzierten Forschungsarbeiten das verbindende Thema darstellt.

In diesem Zusammenhang wurde etwa die Frage gestellt, wie eine Gruppierung, welche sich um eine wesentlich körperzentrierte Aktivität, die Anorexia nervosa, sozial konstituiert, mit dem scheinbaren Widerspruch umgeht, sich an einem Ort zu treffen, der als „fundamental körperlos" gilt (Boero & Pascoe 2012, 29, Übers. A.S.). Boero und Pascoe konnten zeigen, dass die TeilnehmerInnen an Pro-Ana spezifische Gruppenrituale entwickelt haben, um den Körper online sichtbar zu machen (ebd., 30). Zu diesen gehört es zum Beispiel, regelmäßig Fotografien des eigenen Körpers zu posten oder ein anorektisches „Insider"-Körperwissen mitzuteilen (ebd., 43). Letzteres etwa geschieht über das Erzählen sogenannter Schreckensgeschichten, in denen die TeilnehmerInnen über die körperlichen, emotionalen und sozialen Nebenwirkungen ihrer Körperpraktiken berichten (ebd., 48). Darüber hinaus verabreden sich die TeilnehmerInnen online häufig zu koordinierten offline-Aktivitäten, wie etwa nur Nahrungsmittel einer bestimmten Farbe über einen bestimmten Zeitraum zu konsumieren. Diese Techniken, den Körper im Internet sichtbar zu machen, dienen den TeilnehmerInnen zugleich als Möglichkeit, ihre rechtmäßige Mitgliedschaft in der Community zu beanspruchen (ebd., 46). TeilnehmerInnen, denen letzteres nicht gelingt, werden aufgrund ihrer abweichenden Performanz als OutsiderInnen bzw. *Wannarexics* erkannt und ausgeschlossen. Auch Sarah Riley et al. konnten verschiedene Formen des „body talk" (Riley et al. 2009, 355) ausmachen. TeilnehmerInnen beschreiben ihren Körper etwa in Größe und Gewicht, posten Beschreibungen darüber, was sie mit ihrem Körper anstellen und wie sich ihr Körper unter den Bedingungen des Hungerns anfühlt (ebd., 357). Durch diese Dokumentationen werden auch hier Ansprüche auf Mitgliedschaft und Anerkennung der Identität als AnorektikerIn unter den TeilnehmerInnen verhandelt.

Damit ist ein weiterer Bereich angesprochen, der in vielen Forschungsarbeiten zu Pro-Ana adressiert wurde: die Verhandlung von Gruppengrenzen in Pro-Ana. David Giles unterscheidet in diesem Zusammenhang auf Basis einer diskursanalytischen Studie zwei Ebenen der Pro-Ana-Community, auf denen Grenzarbeit stattfindet. Einerseits wird die Grenze zwischen innen und außen über das grundsätzliche Gefühl, eine Essstörung zu haben, gezogen (Giles 2006, 471). Innerhalb der Community gibt es jedoch feinere Unterteilungen, die in

Rekurrenz auf psychiatrische Klassifikationen von Essstörungen verhandelt werden: Ana (Anorexia nervosa), Mia (Bulimia nervosa), EDNOS (eating disorder not otherwise specified) (ebd., 470). Die Kategorie der „Ana" wird hierbei als die erstrebenswerteste Identität angesehen. Mit ihr wird Disziplin und Willensstärke verbunden, wohingegen Mia- und EDNOS-Identitäten diese Eigenschaften (noch) nicht durchgängig zeigen können. Sie werden in der Community vielfach als ein „vorübergehender Zustand" (ebd., 470) betrachtet, den es zu überwinden gilt auf dem Weg zur „Ana". In Bezug auf die Grenzziehung zwischen innen und außen lassen sich Giles zufolge drei Outgroups feststellen: die *normals*, die *wannabes* und die *hater*. Als „normals" gelten all jene Personen, die keine Essstörungen haben. Diese Gruppe wird weitestgehend toleriert, selbst wenn sie die Werte und Probleme der Community nicht teilt (ebd., 471). Nicht toleriert werden hingegen die „wannabes" und die „hater". Unter dem Begriff *wannabe* werden im Feld all jene AkteurInnen subsummiert, denen die geteilte Erfahrung einer Essstörung abgesprochen wird, weil sie diese als „trendy life-style choice" (ebd., 474) betrachten, dem sie für eine gewisse Zeit beiwohnen wollen. „Hater" sind Zaungäste, die sogenannte „‚flame' messages" (ebd., 467) posten, welche sich gegen Pro-Ana richten. Beide Outgroups sind den Mitgliedern der Ingroup lästig, aber als tatsächlich gefährlich werden nur die wannabes erlebt, da sie den Mitgliedern zufolge eine reale Gefahr für den Ruf der Community darstellen (ebd., 471). Diese Eindringlinge zu identifizieren und aus der Gemeinschaft auszuschließen, gilt Mitgliedern der Ingroup als eine der wichtigsten Unternehmungen, um das dauerhafte Bestehen der Gemeinschaft zu sichern. Identifiziert werden wannabes in der Regel anhand ihres mangelnden Wissens über Essstörungen, weshalb ihr eindeutigstes Kennzeichen die Suche nach Hilfe beim Abnehmen ist. Die Angst vor Eindringlingen hat in der Ingroup zu einer generellen Skepsis gegenüber neuen Mitgliedern geführt, den sogenannten „newbies". Sie müssen sich daher noch beweisen, um ein echter Teil der Gemeinschaft zu werden (ebd., 467).

Zu sehr ähnlichen Ergebnissen kommen auch Yeshua-Katz (2015), Krista Whitehead (2010) und Brotsky und Giles (2007). Sie weisen ebenfalls auf die Feindseligkeit und Aggressivität hin, mit der Outsidern, insbesondere wannabes, begegnet wird. Beobachtete Maßnahmen gegenüber wannabes sind etwa das Blockieren ihrer Kommunikation, Hass-E-Mails oder das öffentliche Anprangern (Yeshua-Katz 2015, 1354). Yeshua-Katz vermutet, dass die vorgefundene Intensität dieser Grenzarbeit in der starken öffentlichen Stigmatisierung Pro-Anas begründet liege (Yeshua-Katz 2015, 1355). Durch die Ausgrenzung der wannabes versuchten die TeilnehmerInnen sich etwa des Vorwurfs zu erwehren, sie würden die Anorexie verherrlichen und gesunde Kinder und Jugendliche zur Aufnahme essgestörter Verhaltensweisen verführen. Auch Krista Whitehead

(2010) kommt zu dem Ergebnis, dass Pro-Ana-Teilnehmerinnen sich in Techniken der Grenzarbeit engagieren, um eine kollektive Identität als „Pro-ED community" (Whitehead 2010, 602) zu etablieren. Whitehead benennt neben der bereits beschriebenen Ausgrenzung von „wannarexics"[11] (Whitehead 2010, 604), das Schalten von Disclaimern auf Pro-Ana-Homepages, mit denen Personen ohne Essstörung davon abgehalten werden sollen, die Websites zu besuchen (ebd., 603).

---

[11] Der Begriff „wannarexic" wird in Pro-Ana synonym zum Begriff der „wannabe" oder auch „wannabe Ana" verwendet.

Der theoretische Rahmen der Untersuchung

2

In diesem Kapitel werden die theoretischen Grundlagen dieser Untersuchung noch einmal expliziert. Beginnen werden wir mit dem „kommunikativen Konstruktivismus" (Knoblauch 2017), der den theoretischen Rahmen der Arbeit bildet. Er wird in Abschnitt 2.1 in seinen für das zu untersuchende Phänomen wesentlichen Aspekten vorgestellt. Fokussiert wird dabei insbesondere auf die Theorie des kommunikativen Handelns, welche für die empirische Analyse des Phänomens Pro-Ana von zentraler Bedeutung ist, bei der die Handlungen und Interaktionen der TeilnehmerInnen im Fokus des Forschungsinteresses stehen. In einem zweiten Schritt werden Konzepte der Mediensoziologie in den Rahmen einbezogen, um den medienspezifischen Aspekten des Phänomens theoretisch und empirisch Rechnung zu tragen. Der kommunikative Konstruktivismus enthält bereits eine Reihe von Anschlüssen an mediensoziologische Theorien, sodass der Einbezug hier unproblematisch möglich war. Daran anknüpfend folgt in Abschnitt 2.2 eine theoretische Reflexion der Website als zentraler Ort des Zusammentreffens der TeilnehmerInnen, die hier mit Bezug auf den kommunikativen Konstruktivismus als „kommunikatives Dokument" (Schünzel & Traue 2019) gefasst wird. Die Vorstellung der theoretischen Perspektive dieser Arbeit schließt mit Abschnitt 2.3 mit dem *Leibkörper*, ein Konzept, das im kommunikativen Konstruktivismus ein spezifisches Verständnis des menschlichen Körpers markiert.

2.1 Der kommunikative Konstruktivismus

Der kommunikative Konstruktivismus ist ein theoretischer Ansatz, der auf dem Sozialkonstruktivismus aufbaut, wie ihn Berger und Luckmann (1966; 1969) begründeten. Beide Ansätze stehen in der Tradition sowohl der Weber'schen

Soziologie als auch der Schütz'schen Sozialphänomenologie. Damit folgen sie erstens dem Postulat, dass

> die vom Sozialwissenschaftler konstruierten gedanklichen Gegenstände auf denen aufbauen [müssen], die im Alltagsverstand des Menschen konstruiert werden, der sein tägliches Leben in der Sozialwelt erlebt. Daher sind die Konstruktionen der Sozialwissenschaften sozusagen Konstruktionen zweiten Grades, das heißt Konstruktionen von Konstruktionen jener Handelnden im Sozialfeld, deren Verhalten der Sozialwissenschaftler beobachten und erklären muß, und zwar in Übereinstimmung mit den Verfahrensregeln seiner Wissenschaft (Schütz 1971b, 68).

Zweitens sehen sie das soziale Handeln als Kern des Sozialen an. Sozialität besteht für sie in der Orientierung Handelnder an anderen Handelnden (Weber 1980). Der kommunikative Konstruktivismus erweitert den Begriff des sozialen Handelns um den Aspekt der Kommunikation und macht ihn auf diese Weise der empirischen Forschung zugänglich. Sein zentrales Argument ist,

> dass alles, was am sozialen Handeln relevant ist, notwendig auch kommuniziert werden muss [...]. Jeder Versuch einer Beobachtung sozialen Handelns alltäglicher oder wissenschaftlicher Art hängt von der Tatsache ab, dass soziales Handeln erst dadurch für andere beobachtbar und erfahrbar – also zur Wirklichkeit – wird, dass es auf die eine oder andere Weise kommuniziert und das heißt [...] auch objektiviert wird (Knoblauch 2013, 27).

Der kommunikative Konstruktivismus stellt eine ausgearbeitete Theorie kommunikativen Handelns bereit, mittels derer Interaktionsprozesse, wie sie im Forschungsfokus dieser Arbeit stehen, analysiert werden können. Auch medial vermittelte Interaktionen, etwa über digitale Kommunikationsmedien, lassen sich mit ihm in den Blick nehmen, und zwar mittels des Konzepts der „Objektivierung" sozialen Handelns:

> Wenn Kommunikation stattfindet und sozial beobachtbar sein soll, dann muss sie mit einer Form der Objektivierung verbunden sein. Das können Laute, Zeichen, Bilder oder die Zuhilfenahme technischer Medien, aber eben auch körperliche Abläufe und ›Wahrnehmungsverhalten‹ sein (Knoblauch 2017, 108).

Der Begriff der „Objektivierung" bezeichnet hier den Prozess oder das Objekt, in dem soziales Handeln bzw. der am anderen orientierte subjektive Sinn kommuniziert wird, d. h. in einer Weise materialisiert wird, dass er auch für andere sozial sichtbar wird. Dabei kann es sich um den Fingerzeig handeln, der dem anderen

etwas im Raum bedeutet oder – in translokalen[1] Kommunikationssituationen –
auch um die in einem Forumsthread gepostete digitale Fotografie. Den Fingerzeig
bezeichnet Knoblauch aufgrund seiner Zugehörigkeit zum Körper des Zeigen-
den als Objektivierung. In Abgrenzung dazu werden bedeutungstragende Objekte,
wie zum Beispiel digitale Fotografien, die sich nicht mehr durch ihre Nähe zum
Körper auszeichnen, als Objektivationen bezeichnet. Beiden Begriffen gemein
ist jedoch, dass sie den Fokus sich reziprok wahrnehmender Subjekte bilden und
damit – neben ihnen – das dritte Moment im kommunikativen Handeln darstellen.
Die räumliche Distanz der Objektivationen zum Körper der Handelnden bedeutet
jedoch nicht, dass sie mit dem Körper nicht mehr in einer „[sinnlichen Bezie-
hung] durch Wirken und Wahrnehmen, Erfahren und Handeln [stehen]" (ebd.,
167). Immer noch ist es der Körper, der beispielsweise durch das Tippen auf der
Computertastatur Text erzeugt, der als objektivierte Form sozialen Handelns nun
auch für andere im Thread, Chat oder Blog soziale Sichtbarkeit erlangt. Diese
anderen nehmen den Beitrag sinnlich, das heißt ebenfalls vermittels ihres Körpers wahr und können kommunikativ auf ihn Bezug nehmen, indem sie ihrerseits
Objektivationen erzeugen, d. h. Text produzieren, Bilder oder Videos posten.

Die besondere Bedeutung der Objektivierung bzw. der Objektivationen im
kommunikativen Handeln verschiebt den Fokus der Analyse vom Subjekt bzw.
subjektiven Bewusstsein, wie es von Alfred Schütz – aber auch noch Berger und Luckmann (1966) – in den Mittelpunkt der sozialphänomenologischen
Analysen gestellt wurde, auf die soziale Relation zwischen Subjekten. Diese
Relation bezeichnet Knoblauch als „triadisch" (Knoblauch 2017, 109), da sie
die Objektivierung als wesentliches Moment des kommunikativen Handelns
miteinbezieht.

Das in der triadischen Relation aus Subjekten und Objektivierung dezentrierte
Subjekt bleibt jedoch der soziologischen Analyse weiterhin zugänglich. Hierauf
verweist der Begriff der Handlung im *kommunikativen Handeln*, der etwa subjektive Handlungsmotive und die Positionalität der AkteurInnen weiterhin mitträgt.
Die triadische Relation betont jedoch den Vorrang der Sozialität vor der Subjektivität, welcher damit begründet wird, dass Subjekte schon immer als sozialisert
zu denken sind (ebd., 70).

---

[1] Translokal meint hier, dass „soziale Einheiten, wie etwa […] Gemeinschaften, unterschiedliche Orte haben, die durch die Zirkulation von Wissen, Repräsentationen und Dingen miteinander verbunden sind" (Knoblauch & Löw 2017, 3, Übers. A.S.). Die TeilnehmerInnen an
Pro-Ana etwa befinden sich physisch an unterschiedlichen Orten der Welt, sind aber durch
ihre Websites und Webmedien über das Internet miteinander verbunden.

Ohne bereits zu weit vorgreifen zu wollen, kann an dieser Stelle konstatiert werden, dass Pro-Ana aus wechselseitigen Handlungen gebildet wird, „die Objektivierung [bzw. Objektivationen; A.S.] erzeugen und im wechselseitigen Bezug auf diese […] eine Welt teilen" (Knoblauch 2017, 84). Diese Welt weist im Fall translokaler Sozialgebilde, die sich über das Internet zusammenfinden, jedoch die Besonderheit auf, dass Handelnde einander teilweise *nur* vermittelt über ihre Objektivationen wahrnehmen und miteinander kommunizieren können. Ihre Körper bleiben, solange diese nicht mit Hilfe digitaler Fotografie, Video oder textlicher Beschreibung selbst objektiviert bzw. mediatisiert werden, für andere unsichtbar. Pro-Ana stellt damit einen soziologisch interessanten Fall dar, da sich die sozialen Interaktionen bzw. Situationen durch die anhaltend fehlende physische Kopräsenz ihrer TeilnehmerInnen auszeichnen – sie begegnen sich offline so gut wie nie.

Daher läge es nahe, für die webmedial hergestellte Welt Pro-Ana den Begriff der „synthetischen Situation" (Knorr Cetina 2009; 2012a) ins Feld zu führen. In einer synthetischen Situation erleben Handelnde einander durch den Einsatz „skopischer Medien" (Knorr Cetina 2012b, 171), d. h. etwa durch Netzwerke miteinander verbundene Computerbildschirme, als kopräsent, wodurch sie in die Lage versetzt werden, ihre Handlungen wechselseitig zu koordinieren. Die vermittels skopischer Medien hergestellte *synthetische Situation* lehnt Knorr Cetina wiederum an das Konzept der „sozialen Situation" von Erving Goffman (1964) an, welche durch die zeitliche und räumliche Kopräsenz von AkteurInnen charakterisiert ist. Skopische Medien treten dabei an die Stelle der körperlich-räumlichen Kopräsenz, die als Voraussetzung wechselseitiger Wahrnehmung und folglich für Kommunikation gilt. AkteurInnen können also translokal, d. h. an verschiedenen Orten anwesend sein und sich dennoch wechselseitig wahrnehmen und eine gemeinsame soziale bzw. synthetische Situation ausbilden. Die einzige Voraussetzung hierfür ist die Gleich*zeitigkeit* der Anwesenheit der Kommunikationspartner, wie sie etwa im Rahmen eines Online-Chats[2] realisiert ist.

Die synchrone Kommunikationssituation, die Knorr Cetina mit dem Begriff der synthetischen Situation adressiert, entspricht jedoch nicht der typischen Situation, in der sich die TeilnehmerInnen an Pro-Ana wiederfinden. Sie unterhalten in erster Linie Internet-Websites, die asynchrone Kommunikation begünstigen, wie

---

[2] Bei einem Online-Chat befinden sich Teilnehmende zeitgleich in einem Chatraum und kommunizieren miteinander schriftsprachlich oder über Video. Im ersten Fall sind die Teilnehmenden typischerweise über ihre Avatare oder Klarnamen situativ füreinander wahrnehmbar, im zweiten Fall über ihre im Video repräsentierten Körper.

z. B. den Weblog, den Bildblog, die klassische Website oder das Kommunikationsforum. Diese Websites zeichnen sich, im Gegensatz zum oben erwähnten Online-Chat, durch einen hohen Anteil an statischen, d. h. situationsüberdauernden Elementen aus. Zu diesen Elementen gehört nicht nur der Aufbau bzw. die Infrastruktur der Website, sondern auch die auf ihr verstetigten (kommunikativen) Handlungen, wie zum Beispiel Blogbeiträge. Blogbeiträge können nicht zur gleichen Zeit aufgesetzt und gelesen werden, d. h. die BlogschreiberIn und ihre LeserInnenschaft sind in der Regel nicht gleichzeitig auf der Website präsent.

Auch wenn der Begriff der synthetischen Situation, wie ihn Knorr Cetina fasst, für die Interaktionsformen, die in Pro-Ana mehrheitlich zu beobachten sind, nicht zu funktionieren scheint, lassen sich trotzdem einige ihrer Merkmale für die Analyse Pro-Anas fruchtbar machen. Das Konzept der skopischen Medien beispielsweise eignet sich gut, um die besondere Rolle der Webmedien im (kommunikativen) Handeln der TeilnehmerInnen herauszustellen. Der aus dem Griechischem stammende Begriff „-skop", so beschreiben es Einspänner-Pflock und Reichmann,

> wird [...] verwendet, wenn ansonsten nicht einsehbare, nicht beobachtbare Bereiche sichtbar gemacht werden sollen oder konstruierten Realitäten ein Bild gegeben wird, indem es auf eine Fläche in synthetischer Art, also durch Zusammenfügen von Informations-Elementen, projiziert wird (vgl. z.B. die Endoskopie, das Mikroskop etc.) (Einspänner-Pflock & Reichmann 2014, 57-58).

Genau diese Eigenschaft kommt den Webmedien in Pro-Ana zu. Sie ermöglichen es den TeilnehmerInnen, Ereignisse und AkteurInnen auf einer Plattform – ihren Computer-, Tablet- und Smartphonebildschirmen – sozial sichtbar zu machen, „die andernfalls durch räumliche Entfernung getrennt und nicht von einem einzelnen Standort aus sichtbar wären" (Knorr Cetina 2014, 43, Übers. A.S.). Die besondere Eigenschaft skopischer Medien, soziales Handeln beobachtbar und erfahrbar zu machen, bringt sie in die theoretische Nähe des Konzepts der Objektivationen, wie es weiter oben beschrieben wurde. Als skopische Medien bezeichne ich mit Bezug auf das zu untersuchende Phänomen Pro-Ana hier sowohl die Bildschirme (des Smartphones, des Tablets oder des Laptops/Stand-PCs), auf welchen die TeilnehmerInnen ihre soziale Welt *Pro-Ana* errichten, als auch die einzelnen Webmedien ((Bewegt-)Bilder, Texte, Tonspuren), aus denen sich diese zusammensetzt. Im Folgenden werden wir uns die Website, als den Ort der regelmäßigen Zusammenkunft der TeilnehmerInnen an Pro-Ana, genauer anschauen.

2.2   Das kommunikative Dokument: Die Website

Eine Website[3] stellt den übergeordneten und zumeist ästhetisch vereinheitlichten Rahmen für die Webseiten („Webpages") dar, die zumeist über eine Menüführung auf der sogenannten Homepage angewählt werden können. Häufig sind Websites multimedial verfasst, sodass sie eine Vielzahl an miteinander verlinkten Texten, Formen und (Bewegt-)Bildern enthalten, die zum Teil auch mit Klangdateien verknüpft sind. Verweise können aber nicht nur innerhalb einer Website gesetzt werden, sondern auch zwischen Websites. Diese als Hyperlinks bezeichneten Verweise geben typischerweise Auskunft darüber, „mit welchen anderen Akteuren die Urheber einer Website rechtlich, finanziell oder symbolisch verbunden sind bzw. sich verbunden sehen möchten" (Schünzel & Traue 2019, 1002).

Jede Website besitzt eine eigene Adresse, den *Uniform Resource Locator* (URL), über die sie von anderen Rechnern aus angewählt werden kann (ebd.). Diese Rechner können mobile oder ortsgebundene, digitale Endgeräte sein. In ihrer Eigenschaft als Träger prozessgenerierter Daten können Websites auch als digitale Dokumente bezeichnet werden, die „an einem geographischen Ort (oder mehreren Orten gleichzeitig) gespeichert sind und mittels eines geeigneten »Webbrowsers« an einem beliebigen geographischen Ort mit Anschluss an das Internet dargestellt werden können" (Schünzel & Traue 2019, 1001).

Websites können je nach technischem Fachwissen, zum Beispiel an Programmierkenntnissen, entweder selbst erstellt oder mittels eines Baukastensystems aus Vorlagen zusammengesetzt werden.

Anders als andere Dokumenttypen besitzen Websites aber eine „inhärent kommunikative Funktion" (ebd.):

> Websites sind typischerweise allgemein zugänglich und richten sich an einen breiten oder auch speziellen Adressatenkreis (sie können auch in einem Intranet von der Öffentlichkeit abgeschirmt sein) und stimulieren Anschlusskommunikationen (ebd.).

Websites nehmen in diesem Sinne eine Schwellenlage zwischen „archivierten und sich verändernden, »dynamischen« Dokumenten" (ebd.) ein. Auf der einen Seite registriert und archiviert die Website Handlungen, die auf ihr getätigt werden. Indem sie dies jedoch in einer öffentlich zugänglichen bzw. sozial sichtbaren Form tut, bietet sie den Besuchenden der Website die Gelegenheit, kommunikativ

---

[3] Passagen dieses Kapitels wurden bereits im Artikel „Websites" (Schünzel & Traue 2019) publiziert.

auf ihre Inhalte Bezug zu nehmen (durch Kommentare, Klicken des „Like"-Buttons, Verlinkungen, etc.) und damit das Dokument zu aktivieren bzw. zu aktualisieren. Die Website ist damit sowohl Ort für als auch Dokument von Kommunikation, weshalb sie im Folgenden als „kommunikatives Dokument"[4] (Schünzel & Traue 2019, 1010) bezeichnet wird. Kommunikative Dokumente bieten Besuchenden jedoch nicht nur die Möglichkeit eigene Beiträge zu verfassen und zu veröffentlichen, an die wiederum andere kommunikativ anschließen können. Als archivierte Dokumente räumen sie ihnen zudem die Möglichkeit ein, die dokumentierten Inhalte allein – oder gemeinsam mit anderen – am Bildschirm eines Smartphones, Computers oder Tablets zu betrachten, sie nach brauchbaren Informationen zu durchsuchen oder auch Inhalte zu kopieren bzw. herunterzuladen. Den archivierten Inhalten und dem relativ statischen Aufbau vieler Websites fällt in webmediatisierten Umgebungen zudem die Rolle zu, Besuchende darüber zu informieren, wo sie sich befinden, wie etwas gemeint oder zu verstehen ist.

Das kommunikative Dokument kann schließlich verschiedene Formen annehmen, die sich vor allem im Hinblick auf ihre Infrastruktur unterscheiden. Hier werden mit Bezug auf das zu untersuchende soziale Phänomen vor allem Infrastrukturen unterschieden, welche typischerweise von den TeilnehmerInnen an Pro-Ana genutzt oder selbst erstellt werden. Zu diesen zählen etwa die klassische Website, der Weblog, der Microblog, der Bildblog sowie das Kommunikations- bzw. Webforum. Infrastrukturen sind, wie Knoblauch betont, „[d]urch die Vermittlung mit kommunikativen Handlungen […] sozial und prozessual und damit Veränderungen unterworfen" (Knoblauch 2017, 312). Für das kommunikative Dokument bedeutet dies beispielsweise, dass seine Infrastruktur mit jeder neuen Webseite und jedem Webmedium, das auf ihm handelnd verlinkt wird, verändert bzw. aktualisiert wird. Das kommunikative Dokument wechselt demnach fortwährend, wie weiter oben beschrieben wurde, zwischen seiner Funktion als Archiv, das Kommunikation dokumentiert und seiner Funktion als kommunikative Infrastruktur, die (kommunikatives) Handeln ermöglicht, hin und her.

Pro-Ana stellt nun primär ein Geflecht von aufeinander bezogenen kommunikativen Dokumenten dar. Aufeinander bezogen sind diese dabei häufig durch technische Verlinkungen (Hyperlinks), mindestens jedoch durch ihren geteilten thematischen Fokus, das pro-anorektische Körperprojekt. Mit Anselm Strauss lassen sich soziale Gebilde, welche um eine primäre Aktivität organisiert und dabei an bestimmte Orte (Sites) und Techniken bzw. Ausübungsweisen gebunden sind, als „soziale Welten" (Strauss 1978) beschreiben:

---

[4] Der Begriff des *kommunikativen Dokuments* schließt an den kommunikativen Konstruktivismus nach Hubert Knoblauch an.

In each social world, at least one primary activity (along with related clusters of activity) is strikingly evident; i.e., climbing mountains, researching, collecting. There are sites where activities occur: hence space and a shaped landscape are relevant. Technology (inherited or innovative modes of carrying out the social world's activities) is always involved (Strauss 1978, 122).

Im Prinzip, so beschreibt es Knoblauch, sind soziale Welten jedoch allein „dadurch definiert, dass sie Grenzen aufweisen, die Teil ihrer eigenen Prozesse sind" (Knoblauch 2017, 247). Dabei müssen Grenzen nicht Resultat gezielter Grenzziehungsarbeit sein. Vielmehr können TeilnehmerInnen einer sozialen Welt auch erst in der Begegnung mit anderen Welten ihre Eigenheiten des zum Beispiel Denkens und Handelns erkennen, wodurch allererst ein Bewusstsein der Differenz entsteht (ebd., 247). Sozialweltliche Grenzen können darüber hinaus auch innerhalb der Welt selbst bestehen, etwa zwischen miteinander in Konflikt stehenden Interessengruppen, die zu Spaltungen in Subgruppen oder -welten führen können (Zifonun 2013, 241). Die empirische Untersuchung solcher Grenzen und Grenzziehungen sind integraler Bestandteil der Sozialweltanalyse und werden insbesondere in Kapitel 7 dieser Arbeit vertieft.

2.3 Der Leibkörper

Abschließend wollen wir uns nun noch einem Thema zuwenden, das in den bisherigen Ausführungen zwar immer wieder benannt, aber bisher noch keiner systematischen Betrachtung zugeführt wurde: dem Körper. Dem Körper kommt in Pro-Ana eine übergeordnete Rolle zu. Nicht nur bildet er den Anlass der regelmäßigen kommunikativen Zusammenkünfte der TeilnehmerInnen im Internet. Der Körper ist es auch, der ihren Alltag weitgehend bestimmt, indem die Arbeit am Körper andere Pläne und Lebensthemen, bspw. Hobbies, Schule, Beruf regelmäßig in den Hintergrund treten lässt.

Wir wollen uns nachfolgend zunächst der Frage zuwenden, was unter dem Begriff *Körper* aus soziologischer, genauer kommunikativ konstruktivistischer Perspektive zu verstehen ist. In einem zweiten Schritt werden wir die Rolle des Körpers im kommunikativen Handeln in den Blick nehmen.

Im kommunikativen Konstruktivismus hat sich der Begriff des Leibkörpers etabliert (Knoblauch 2017, 120). Mit diesem wird die von Plessner hervorgehobene Gleichzeitigkeit von *Haben* und *Sein* betont, jedoch als Außen- und Innenansicht des Körpers intersubjektiv gewendet. Eine Außenansicht ihres Körpers erhält eine Person dabei nicht nur im (privaten) Blick in den Spiegel oder indem sie an ihrem Körper hinabschaut, sondern auch gespiegelt im Anderen, in seinen verkörperten, d. h. objektivierten Reaktionen auf sie. Die Innenansicht des Körpers bezeichnet hingegen dessen subjektive Erfahrung, d. h. die Wahrnehmung des Körpers durch die Sinne.[5] Wie Knoblauch hervorhebt, geht die Sinnlichkeit des Körpers dabei keineswegs in der reinen Rezeption auf, „sondern muss immer körperlich verstanden" (Knoblauch 2017, 130), d. h. sinnhaft gedeutet werden. Die Sinnlichkeit zeichnet sich demnach immer auch dadurch aus, „dass sie mit Sinn behaftet ist" (ebd., 128). Die TeilnehmerInnen an Pro-Ana beispielsweise betasten ihren Leibkörper, um festzustellen, ob er an Gewicht, d. h. in der Regel an Fettgewebe, zu- oder abgenommen hat. Die Selbstberührung stellt dabei eine Strategie unter anderen dar, den Fortschritt der Gewichtsabnahme zu bestimmen, d. h. sich ein aktuelles Bild des Körpers zu machen: Fühlt sich der Körper noch weich an oder kann ich bereits die erwünschten Knochen an Schultern, Hüfte oder Brust wahrnehmen?

Die Außenansicht unseres Körpers unterliegt unter normalen Umständen, d. h. ohne den Gebrauch von Hilfsmitteln, natürlichen Beschränkungen: Im Allgemeinen können wir, wie beschrieben, allenfalls unsere Hände und Arme beim Handeln in unserem Gesichtsfeld wahrnehmen oder die Vorderseite unseres Leibkörpers beim gesenkten Blick. Die Möglichkeiten seiner Betrachtung können jedoch durch Medien, wie etwa Spiegel, Fotoapparat oder Videokamera, erweitert werden. Der Spiegel etwa fungiert als eine alltägliche „Prothese, die uns erlaubt, visuelle Reize auch dort wahrzunehmen, wo unsere Augen nicht hingelangen (am eigenen Körper, hinter einer Ecke, in einer Höhlung), und zwar mit der gleichen Stärke und Evidenz wie beim direkten Sehen" (Eco 2011, 35). Durch die fotografische Fixierung des eigenen Spiegelbildes im sogenannten „mirror shot", wie er vor allem auf Social Media Sites regelmäßig gepostet wird, wird es AkteurInnen darüber hinaus möglich, die Außenansicht auf ihren Körper mit anderen zu teilen, indem sie ihren mirror shot auf Websites hochladen.

Die Außen- aber auch Innenansicht unseres Körpers ist zudem wesentlich beeinflusst durch gesellschaftliche Diskurse, in denen ein Wissen über den Körper – etwa seinen Aufbau und seine Funktionsweise, spezifische Körpernormen und Gestaltungsmöglichkeiten – konstruiert wird. Dieses „Körperwissen" (Keller & Meuser 2011) beeinflusst die Art und Weise, in der wir unseren Körper zum Beispiel in seiner Figürlichkeit wahrnehmen – als *dicken* oder *dünnen* Körper, als groß oder klein, als schön oder hässlich – und welche Umgangsformen

---

[5] Die Innenansicht des Körpers ist jedoch ebenso durchdrungen von sozial vermitteltem Wissen. Hier grenzt sich Knoblauch (2017) von der vereinseitigenden Perspektive vieler Theorien des Leibes (z. B. Merleau-Ponty 1980) ab, welche den Leib bzw. die Subjektivität als dem Sozialen vorgängig betrachten.

wir mit ihm pflegen. Letztere gehören zu den „Körpertechniken" (Mauss 1975). Körpertechniken sind Kulturprodukte, die sich zwischen den Kulturen und auch in der Zeit unterscheiden. Sie werden im Prozess der Sozialisation von den Gesellschaftsmitgliedern erlernt, wie es Goffman hier treffend beschreibt:

> To walk, to cross a road, to utter a complete sentence, to wear long pants, to tie one's shoes, to add a column of figures – all these routines that allow the individual unthinking, competent performance were attained through an acquisition process whose early stages were negotiated in cold sweat (Goffman 1972, 293).

In diesem Sinne können auch Techniken der Gewichtsreduktion, wie sie in Pro-Ana zum Einsatz kommen, als Körpertechniken gefasst werden, allerdings als „reflexive Körpertechniken" (Crossley 2006). Reflexive Körpertechniken sind nach Crossley all jene Körpertechniken „deren primärer Zweck in der Einwirkung auf den Körper besteht, um ihn zu modifizieren, zu erhalten oder in irgendeiner Form zu thematisieren" (Crossley 2006, 105, Übers. A.S.). Crossley unterscheidet dabei Körpertechniken, bei denen ein Körper physisch durch eine andere Person bearbeitet wird, wie z. B. bei der Massage oder der kosmetischen Chirurgie, von jenen, bei der eine Person selbst an ihrem Körper arbeitet. Zu letzteren Körpertechniken zählt zum Beispiel das Jogging, bei dem „ich meinen ganzen Körper in Bewegung versetze, in dem Bemühen meine Fitness zu steigern, Fett zu verbrennen, mich in Form zu bringen und so weiter" (Crossley 2006, 105, Übers. A.S.). Reflexive Körpertechniken sind demnach vor allem Techniken der Selbstgestaltung und zwar über die Arbeit am *eigenen* Körper. Sie werden vielfach mit Bezug auf ein gewünschtes Selbst ausgewählt, d. h. es werden etwa Gewichte gestemmt, um ein Bodybuilder sein zu können oder wie im vorliegenden Fall eine radikale Diät durchgeführt, um zu einer AnorektikerIn zu werden.

Methodologie und Auswertungsverfahren

3

In dieser Arbeit wurde ein ethnographischer bzw. webnografischer Zugang zum Phänomen gewählt, der mit Verfahrensschritten der „Wissenssoziologischen Diskursanalyse" (Keller 2011) kombiniert wurde. Für die konkrete Untersuchung wurde ein eigenes methodisches Verfahren der Analyse Pro-Anas[1] entwickelt, das in Kapitel 3.3 dieses Kapitels vorgestellt wird.

Dieses Kapitel ist so strukturiert, dass es die LeserInnen zunächst ein stückweit an der Suche nach einem geeigneten Verfahren zur Untersuchung des Phänomens Pro-Ana teilhaben lässt. In Kapitel 3.1 wird also zunächst die „Webnografie" (Strübing 2006) vorgestellt, mit der die Untersuchung Pro-Anas begonnen wurde. Darauf folgt in Kapitel 3.2 eine kurze Diskussion der Besonderheiten Pro-Anas, die sich im Forschungsprozess zeigten und eine Justierung bzw. Erweiterung des methodischen Vorgehens um Verfahrensschritte der Wissenssoziologischen Diskursanalyse notwendig machten. Diese Erweiterung wurde in Kapitel 3.3 in die Form eines methodischen Verfahrens gegossen.

3.1 Webnografie

Mit der Webnografie, als einer ethnografischen Forschungsstrategie zur Untersuchung kultureller Phänomene „rund um das Internet" (Strübing 2006, 251), wurde ein Forschungsansatz gewählt, der die Untersuchung von Phänomenen in ihrem eigenen Recht ermöglicht. In ethnographischen Untersuchungen sind es nämlich, wie Knoblauch betont, die Untersuchten selbst, „die das Thema, die Situation und

---

[1] Das Verfahren lässt sich aber auch für die Untersuchung anderer webmediatisierter sozialer Welten verwenden.

© Der/die Autor(en), exklusiv lizenziert an Springer Fachmedien Wiesbaden GmbH, ein Teil von Springer Nature 2023
A. Schünzel, „*Thinspire me*", Wissen, Kommunikation und Gesellschaft,
https://doi.org/10.1007/978-3-658-42842-6_3

die Form der Untersuchung herstellen und damit vorgeben" (Knoblauch 2014, 523).

Die Webnografie orientiert sich vor allem an zwei ethnografischen Verfahren: der „multi-sited ethnography" (Marcus 1995) und der „fokussierten Ethnographie" (Knoblauch 2001).

Die multi-sited ethnography ist, wie der Name bereits vermuten lässt, eine Variante ethnographischer Forschung, die ihr Feld nicht an einem konkreten Ort lokalisiert sieht, sondern vielmehr konstituiert durch die Beziehungen zwischen Menschen, Dingen, Geschichten, denen die Forschenden nachgehen können. Dabei setzen sie in der Regel an einem Phänomen und einer Untersuchungsfrage an und „[folgen] den Zusammenhängen und Bezügen […], die sich im Ausgangsfeld im Laufe der fortschreitenden Datengewinnung und –analyse zeigen" (Strübing 2006, 264). Olwig und Hastrup sprechen deshalb auch von einem „field of relations" (Olwig & Hastrup 1997, 8).

Für die Analyse sozialer Welten eignet sich dieses ethnographische Verfahren sehr gut, da soziale Welten je nach Art ihrer Kernaktivität häufig über viele Orte verteilt sind, die sich über verschiedene Kontinente erstrecken können (Strübing 2006, 263). Vor allem die Teilnahme an internetbasierten sozialen Welten, sogenannten „mediatisierten sozialen Welten" (Krotz 2014, 25), ist räumlich, wie Strübing bemerkt, „allein auf die Reichweite der jeweiligen technischen Netze begrenzt" (Strübing 2006, 263).

Die fokussierte Ethnographie als zweites Verfahren, an dem sich die Webnografie orientiert, bezeichnet eine Forschungsstrategie, die anstelle lang anhaltender Feldaufenthalte und dem vollständigen ‚Eintauchen' in die Lebenswelt der untersuchten sozialen Wirklichkeit, auf kurze, fokussierte Feldphasen setzt. Dies ist vor allem deshalb möglich, weil sie ihre Untersuchungen auf die eigene Kultur bzw. einen Ausschnitt dieser konzentriert (Knoblauch 2001, 125). Im Fall Pro-Ana liegt dieser Fokus in erster Linie auf den Interaktionsbeziehungen der TeilnehmerInnen, die ihre Gemeinschaft ganz wesentlich über das Internet konstituieren und dort über viele Websites hinweg.

3.2 Justierung des webnografischen Vorgehens

Im Verlauf der webnografischen Feldforschung offenbarten sich zunehmend die Spezifika der Pro-Anas, die eine sukzessive Justierung des methodischen Vorgehens erforderlich machten. Ein Punkt, an dem eine Erweiterung des webnografischen Vorgehens notwendig wurde, bestand in der zwar wichtigen, jedoch für das Phänomen Pro-Ana unterbestimmten Strategie Strübings, auch den „Übergang zwischen online und offline" (Strübing 2006, 270) in den Blick zu nehmen, d. h. „die Grenzen des technischen Mediums [zu] überschreite[n]" (ebd., 271). Mit dem Begriff der *Grenze* rekurriert Strübing in seinen Ausführungen zur Webnografie auf die „Interaktivitäten" (Rammert 1999; 2008) zwischen Computern und Teilnehmern, die er videographisch zu erheben empfiehlt (Strübing 2006, 266). Während dieses Vorgehen für die Untersuchung von online-Auktionen (Strübing 2006) durchaus geeignet scheint, lässt es sich auf Pro-Ana hingegen nicht sinnvoll übertragen. Nicht nur liegt es in der Spezifik des Phänomens begründet, dass sich eine Videoaufzeichnung der Handlungen der TeilnehmerInnen am technischen Medium nicht umsetzen lässt. Zudem wäre das Resultat eine hochgradig künstliche Situation, die wenig über das alltägliche Handeln der TeilnehmerInnen auszusagen vermag.

Gleichwohl ist es wichtig für das Verständnis des Phänomens Pro-Ana, diese Interaktivitäten im Forschungsprozess zu berücksichtigen. Dies ist möglich, so möchte ich vorschlagen, durch den Einbezug der subjektiven Perspektive der Forscherin im Feld, zum Beispiel indem die Funktionsweisen von Kommunikationsplattformen, wie Bildblogs oder Video-Sharing-Plattformen selbst nachvollzogen werden. In diesem Sinne argumentieren auch Paul Eisewicht und Heiko Kirschner (2015). Allerdings sprechen sie sich in Anlehnung an die „lebensweltliche Ethnographie" (Hitzler & Honer 1988, 499; Honer 1993) für ein „existentielle[s] Engagement" (Honer 1993, 39) im Feld aus. Aufgrund der Spezifik des hier untersuchten Feldes – minderjährige TeilnehmerInnen, Krankheit als thematischer Fokus – kam eine aktiv teilnehmende, d. h. eigene Beiträge postende Rolle aus forschungsethischen Gründen nicht in Frage. Stattdessen wurde für die Teilnahme die Rolle der stillen Mitleserin und Zuschauerin gewählt, eine Rolle, die im Feld unter dem Begriff der „LurkerIn" tatsächlich existiert. Allerdings wurde dabei konsequent auf die restriktive Körperführung verzichtet, d. h. die Hungeraskese, die typischerweise von LurkerInnen praktiziert wird. Über Berichte (ehemaliger) LurkerInnen im Feld, die zum Beispiel in Forenkommunikationen und im Interview erschlossen wurden sowie durch eigene Erfahrungen mit restriktiven Diäten, wurde versucht, diese Akteurs- bzw. Handlungsperspektive dennoch nachzuvollziehen. Auch Christine Hine verweist auf die Bedeutung des aktiven Engagements mit dem Internet als reflexives Werkzeug für ein vertieftes Verständnis des Mediums. Zwar könne eine Internet-Ethnographin „nicht hoffen, die Handlungen aller NutzerInnen zu verstehen, sie könne durch ihr eigenes Handeln jedoch ein Verständnis davon gewinnen, wie es wäre, selbst NutzerIn zu sein" (Hine 2000, 54, Übers. A.S.).

Eine weitere Strategie die Grenzen des Online-Mediums zu überschreiten, die in dieser Arbeit zur Anwendung kam, stellt das Face-to-Face-Interview mit Teilnehmerinnen an Pro-Ana dar. Das Face-to-Face-Interview ermöglicht es der Forscherin die vielmals anonymisierte und pseudonymisierte Kommunikation im Web an konkrete Personen rückzubinden und sie in ihrer Körperlichkeit zu erleben, d. h. beispielsweise Hinweise zu gewinnen, ob von AkteurInnen im Netz getätigte Aussagen über etwa ihren Körper oder ihr Geschlecht auch mit deren körperlichem Erscheinungsbild im Interview übereinstimmen.

Ein derartig angelegter ethnographischer Zugang, der sowohl die online- als auch die offline-Aktivitäten im Feld berücksichtigt, vermeidet die „problematische Textbindung [...], der eine rein auf das Medium fixierte Ethnografie zwangsläufig unterliegt" (Strübing 2006, 266). Die Fokussierung allein auf die Textanalyse – bzw. sollte im Fall Pro-Anas eher von einer Analyse von Webmedien (Bilder, Texte, Videos) gesprochen werden –, verschiebt den methodischen Fokus hingegen, so konstatiert Christine Hine, in Richtung einer Diskursanalyse:

> „A textual focus places emphasis on the ways in which contributions are justified and rendered authoritative, and on the identities which authors construct and perform through their postings. This approach to ethnography suggests a discourse analytic stance" (Hine 2000, 53).

Mit Christine Hine möchte ich an dieser Stelle argumentieren, dass ethnographische und diskursanalytische Verfahrensschritte für einige Forschungsgegenstände, wie etwa dem hier vorliegenden, durchaus fruchtbar zu kombinieren sind. Beide Ansätze – Diskursanalyse und Webnografie – zielen auf die systematische Analyse übersituativer Sinnfiguren ab, jedoch mit unterschiedlichen Zugängen und Erkenntnisinteressen: Während die Ethnographie (im Internet) ihre Expertise vor allem auf dem Gebiet der (teilnehmenden) Beobachtung sieht, d. h. in der Rekonstruktion von Sinn mittels (interaktiver) Teilnahme am Feld, widmet sich die Diskursanalyse der Sinnrekonstruktion über die Analyse von im Feld vorgefundenen Dokumenten, d. h. prozessproduzierten Daten. Die Ethnographie bzw. hier Webnographie „untersucht also soziale Wirklichkeit im Vollzug" (Knoblauch 2014, 523), wohingegen die Diskursanalyse sich der Analyse der historischen Gewordenheit von Gegenwartsphänomenen widmet. Beide Zugänge zum Gegenstand tragen dem besonderen Ort, an dem Pro-Ana stattfindet, Rechnung. Websites zeichnen sich, wie in Kapitel 2.2 beschrieben wurde, zugleich durch eine historische als auch eine Gegenwartsdimension aus. Sie sind also in der Regel immer sowohl Archiv von Kommunikation, als auch Ort aktuellen kommunikativen Handelns. Das kommunikative Handeln kann dabei sowohl

diskursiv strukturiert sein, etwa wenn es das spezifische Selbstverhältnis der eigenen Gemeinschaft zu konstituieren bzw. gegenüber Dritten zu behaupten gilt. Es
kann aber auch ein persönliches Handlungsprojekt wiederspiegeln. Im Zentrum
des Interesses kann dann die Herausarbeitung zum Beispiel typischer Formen der
gelebten Subjektivierung stehen, die zwar ebenfalls diskursiv eingebettet sind,
aber durch ihre „Leibgebundenheit, Erfahrungsabhängigkeit und dem sozialisato-
rischen Eingebundensein in eine soziale Mitwelt" (Keller 2012, 104) nicht durch
den alleinigen „Blick auf Elemente der diskursiven Konstruktion" (ebd.) sinnvoll
zu verstehen und zu erklären sind.

Die Verknüpfung von Wissenssoziologischer Diskursanalyse und Webnografie
ist hier möglich, weil beide Verfahren die grundlagentheoretische Einbettung in
das interpretative Paradigma teilen. Der Bezug auf das interpretative Paradigma
und im Speziellen die Grundlagentheorie der „gesellschaftlichen Konstruktion der
Wirklichkeit" (Berger & Luckmann 1969) stellt insbesondere für Diskurstheorien
eine Ausnahme dar. Auf diese Weise wird eine (zuweilen in anderen Diskurstheorien beobachtbare) „implizierte Ontologisierung bzw. Verdinglichung der
Diskurse" (Keller 2011, 11) vermieden und eine Relationierung von Diskursen
und AkteurInnen entworfen. Wie Keller formuliert,

> bedürfen [Diskurse] der Kompetenz gesellschaftlicher Akteure, sich an diszipli-
> nären Regeln des Schreibens und Argumentierens zu orientieren und auf Ressourcen
> zurückzugreifen – jedoch nicht im Sinne des Vollzugs diskursiver Automatismen,
> sondern im Sinne einer Instruktion, eines interpretierenden, mal mehr oder weniger
> kreativen Umgangs mit den ‚nicht selbst gemachten diskursiven und gesellschaft-
> lichen Umständen', die dadurch reproduziert, produziert und transformiert werden
> (können) (Keller 2012, 94).

Die Relationierung von Diskursen und AkteurInnen bringt Keller schließlich auf
die Begriffe *Sprecherpositionen, Subjektpositionen* und *soziale Akteure*: Unter
erstem versteht Keller alle Positionen in institutionellen bzw. organisatorischen
Settings und die daran geknüpften Rollenkomplexe (Keller 2011, 216). Mit
dem zweiten Begriff werden Subjektschablonen bzw. Identitätsangebote innerhalb von Diskursen bezeichnet, die sich an soziale AkteurInnen richten und
von diesen eingenommen werden (können). Die letzte Relationierung von Diskurs und AkteurInnen fasst Keller mit dem Begriff des *sozialen Akteurs*: Soziale
Akteure beziehen sich als Individuen oder Kollektive auf die Sprecher- und
Subjektpositionen. Diese können sie (durchaus eigenwillig) realisieren, indem
sie sie einnehmen bzw. ausführen – wofür es jedoch ihrer Kompetenz bedarf
(ebd. 223). Mit diesem an die interpretativ-sozialkonstruktivistische Tradition

anschließenden AkteurInnenmodell stellt die Wissenssoziologische Diskursanalyse entscheidende Weichen für Anschlussmöglichkeiten an Analysemethoden, welche die Diskursebene unterschreiten und sich fokussiert der „Analyse von Lebenswelten, Handlungsfeldern, Handlungsweisen und Erfahrungen bzw. Erfahrungsformen" (Keller 2013, 42) widmen. Mögliche Zugänge können hier die bereits erwähnte Ethnografie (Webnografie) oder das Interview sein.

Nachdem der methodologische Rahmen der Untersuchung durch die Webnografie und die Wissenssoziologische Diskursanalyse wesentlich gesetzt wurde, soll im Folgenden nun das konkrete methodische Vorgehen expliziert werden. In diesem sind die einzelnen methodischen und methodologischen Stränge der Arbeit zusammengeführt. Eine wesentliche Rolle spielt hier das in Kapitel 2.2 vorgestellte „kommunikative Dokument" (Schünzel & Traue 2019), das nicht nur den Ort des alltäglichen kommunikativen Geschehens in Pro-Ana bedeutet, sondern auch dessen Archiv.

3.3   Die Analyse der sozialen Welt Pro-Ana

Die Untersuchung Pro-Anas ist über vier Ebenen angelegt, die iterativ bearbeitet werden: *Kontext, Sequenz, Format* und *Sozialform*.[2] Auf den ersten beiden Ebenen, Kontext und Sequenz, findet jeweils ein Samplingprozess statt, bei dem Daten zur Analyse ausgewählt werden. Die zweifache Sampling-Strategie[3] trägt der besonderen Komplexität des Untersuchungsgegenstands Rechnung, der nicht nur aus vielen verschiedenen, aufeinander bezogenen Orten (Websites) besteht, sondern auch multimedial verfasst ist. Aus diesem Grund bedurfte es sowohl einer Samplingstrategie, mit der einzelne Websites zur detaillierten Analyse ausgewählt werden können, als auch einer Strategie, wie die Website in ihrer Multimedialität und Mehrdimensionalität sinnvoll untersucht werden kann.

---

[2] Dieses Mehrebenen-Analyseverfahren wurde bereits in zwei Aufsätzen, „Videographie und Videoanalysen" (Schünzel & Knoblauch 2017) und „Websites" (Schünzel & Traue 2019), vorgestellt. Für die hier vorliegende Untersuchung wurde es jedoch an den spezifischen Forschungsgegenstand Pro-Ana nochmals angepasst.

[3] Die Sampling-Strategie lehnt sich an jene der Videographie nach Hubert Knoblauch an (Tuma et al. 2013).

3.3.1 Die vier Ebenen der Analyse: Kontext, Sequenz, Format und Sozialform

Die Untersuchung Pro-Anas beginnt auf der **Ebene des Kontexts**. Mit dem Begriff des Kontexts soll hier der interaktive Zusammenhang der unterschiedlichen Pro-Ana-Websites bezeichnet werden, die vielfach über technische Verlinkungen (Hyperlinks, Tags), mindestens aber über den geteilten thematischen Fokus der TeilnehmerInnen, das pro-anorektische Körperprojekt, aufeinander bezogen sind. Die einzelne Pro-Ana-Website ist damit stets in einen größeren Zusammenhang eingebettet, der ihren spezifischen Sinn ausmacht. Das Eingebettet-Sein der Website macht es notwendig, diesen Kontext mit zu untersuchen, um das Websitedatum verstehen zu können. Somit greifen hier Analysen der Websites und ihres *Kontexts* ineinander und legen den Grundstein für die Bildung der Sample für die Datenanalyse.

Im Rahmen der webnografischen Untersuchung des Kontexts wurden zunächst kurze Skizzen der unterschiedlichen Pro-Ana-Websites angefertigt, bei denen etwa ihre Infrastruktur und ihre Technik beschrieben wurden, die zum Beispiel als Rezeptionsvorgaben das Wahrnehmen und Handeln der AkteurInnen in digitalen Feldern orientieren und organisieren.[4] Darüber hinaus wurden erste Beschreibungen der AkteurInnen und ihrer Handlungen angefertigt, die sich auf den jeweiligen Websites bewegten. Zuletzt wurde eine kleine Zeichnung der sozialen Welt Pro-Ana erstellt, in der die bis dato eruierten Websiteformate, typischen Handlungen und Interaktionen auf und zwischen Pro-Ana-Websites festgehalten wurden. Diese Skizzen wurden im weiteren Forschungsprozess immer wieder an die neuen Erkenntnisse angepasst.

Die unterschiedlichen Websites und Websiteformate wurden zum einen durch die Nachverfolgung von durch TeilnehmerInnen gesetzter Hyperlinks ermittelt und zum anderen durch ethnographische Beobachtungen ihrer Wege durch die pro-anorektische Welt. Diese Nachverfolgung der typischen Orte erfolgte solange, bis im Sinne einer „theoretischen Sättigung" (Strauss & Corbin 1996, 159) auf keine neuen Formate mehr gestoßen wurde. Dabei wurden auch historische Formate und Websites miteinbezogen, um die Gewordenheit von Phänomenen nachzuzeichnen. Diese können heute nur noch über Internet-Archive, wie etwa die „Wayback Machine"[5], eingesehen werden. Zu diesen Formaten gehört etwa

---

[4] Boris Traue spricht in diesem Zusammenhang auch von „Grammatisierungen" (Traue 2013, 131) oder „Kommunikationsregime[n]" (ebd.).

[5] Das gemeinnützigen Projekt „Internet Archive" (www.archive.org) hat im Jahr 1996 begonnen, ein allgemein zugängliches Webarchiv anzulegen. Das Archiv kann über den Onlinedienst „Wayback Machine" eingesehen werden.

die klassische Website mit integriertem Kommunikationsforum, die in den späten 1990er und frühen 2000er Jahren einen typischen Ort der Zusammenkunft für TeilnehmerInnen an Pro-Ana bildete.

Der Nachvollzug der Wege der TeilnehmerInnen durch Pro-Ana erfolgte durch eine mehrmonatige bis mehrjährige ethnographische Beobachtung einzelner TeilnehmerInnen, welche häufig mit demselben BenutzerInnennamen und Profil auf unterschiedlichen Websites agierten oder ihre Nutzung unterschiedlicher Websites schriftlich, zum Beispiel in einem Forumsbeitrag, anzeigten. Ebenfalls wurden TeilnehmerInnen in Interviews nach ihren typischen Zugangswegen zu Pro-Ana und regelmäßig besuchten Websites gefragt. Diese Wege wurden anschließend autoethnographisch nachvollzogen. So gab ich etwa selbst bestimmte Begriffe in Internetsuchmaschinen ein, über die TeilnehmerInnen auf Pro-Ana trafen und habe von dort aus meinen Weg durch die soziale Welt genommen.

Die Webnografie Pro-Anas wurde durch einen analytischen Leitfaden bzw. ein „sensibilisierendes Konzept" [„sensitizing concept"] (Blumer 1954, 7) begleitet, das Konzept der „sozialen Welten" von Anselm Strauss (1978). Dieses eignete sich äußerst gut als Leitfaden meiner Feldforschung, da es soziale Gebilde in ihrer größtmöglichen Offenheit zum Gegenstand hat. Es bildete eine Art „Checkliste", die für wichtige Themen und Begriffe entlang der Forschungsfrage sensibilisierte. Gleichzeitig war diese Liste aber unbestimmt genug, um dem Feld für sich gerecht werden zu können, d. h. seine Eigenheiten nicht durch theoretische Vorannahmen zu verstellen.

Über die sukzessive Erschließung des Kontextes konnten schließlich erste Hinweise auf relevante Websites zur Detailanalyse gewonnen werden. Die Auswahl der Websites orientierte sich zunächst an den unterschiedlichen Websiteformaten (Weblog, Webforum, Bildblog, Webvideoplattform), die von den TeilnehmerInnen an Pro-Ana genutzt wurden. Es wurde für jedes Format in einem ersten Schritt mindestens eine Website ausgewählt, grob kodiert – notiert wurden der formale Aufbau sowie zentrale Inhalte – und in einem Logbuch festgehalten.[6] Dieses Logbuch sollte später als Sample behandelt werden, mit dem ähnliche und kontrastierende Fälle gesucht werden. Mit den ersten erhobenen Daten konnte auch die Datenanalyse beginnen, d. h. die Analyse der Websites.

---

[6] Auch hier habe ich mich an die Videographie angelehnt (Tuma et al. 2013).

Zu diesem Zweck wurden aus der Website Sequenzen bzw. Fragmente zur Detailanalyse ausgewählt, womit die **Ebene der Sequenz** beschritten wurde. Die Auswahl von Sequenzstellen innerhalb des kommunikativen Dokuments erfolgte mit Hilfe des Konzepts der „Phänomenstruktur" (Keller 2011, 248 ff.), womit die textuelle, visuelle und akustische Gestalt eines Phänomens gemeint ist, deren Elemente und Dimensionen sowie Regeln und Prinzipien, die sie konstituieren. Eine Pro-Ana-Website, mit ihrem spezifischen Aufbau und Inhalt, kann als eine solche Phänomenkonstellation oder -struktur verstanden werden. Zur analytischen Beschreibung dieser Struktur empfiehlt Keller, sich an verschiedenen Konzepten der Grounded Theory zu orientieren, insbesondere dem dreistufigen Kodierprozess (Strauss & Corbin 1996), mit dem die einzelnen Bausteine der Phänomenstruktur herausgearbeitet werden sollen. Da wir es bei einer Website aber nicht nur mit textförmigen Daten zu tun haben, wurden zu ihrer Analyse noch weitere Verfahren der Materialanalyse hinzugezogen, wie etwa die „Bildclusteranalyse" (Müller 2016).

Es wurde also folgendermaßen vorgegangen: In einem ersten Schritt wurden die Websites in ihrer Gestalt beschrieben (Corsten & Herma 2015; Reichertz & Marth 2010), wobei an die Skizzen auf der Ebene des Kontexts angeknüpft werden konnte. Festgehalten wurde hier etwa, aus welchen Elementen, d. h. zum Beispiel Bildern, Bildclustern oder Texten die untersuchte Website besteht und wie diese platziert und miteinander verknüpft sind. In einem zweiten Schritt wurden die unterschiedlichen Elemente dann einer Materialanalyse unterzogen. Je nach zu untersuchendem Gegenstand wurde für die Analyse auf unterschiedliche Verfahren und Strategien der hermeneutischen Medienanalyse zurückgegriffen.

Texte etwa wurden über die verschiedenen Stufen des offenen, axialen und selektiven Kodierens analysiert. Dabei wurden mit Hilfe einer computergestützten Analysesoftware (MAXQDA) die Dimensionen des Phänomens erschlossen, d. h. die unterschiedlichen Aussage- und Diskursbausteine herausgearbeitet.

Die Analyse von Bildern hingegen erfolgte in der Regel mit Hilfe der Bildclusteranalyse. Die Bildclusteranalyse spielt in digitalen Feldern wie Pro-Ana eine hervorgehobene Rolle, da Bilder in der Regel nicht als Einzelbilder, sondern in Form von zum Beispiel Blogs oder Alben als „Bilder unter Bildern" (Müller 2012, 130) auftreten. Diese Bildzusammenstellungen können mit Hilfe der Bildclusteranalyse durch systematische Bildvergleiche auf ihr „figuratives Prinzip" (Müller 2016, 104), d. h. die Art und Weise der Komposition und Montage von Einzelbildern, untersucht werden. Wissenssoziologisch ist hier von besonderem Interesse, wie in einem solchen Bildcluster „die Anderen, wie die eigene Person oder Gruppe thematisiert und wie sie durch das Nebeneinander vieler [...] Einzelbilder ausgedeutet wird" (ebd., 119).

Eine Skizze der Bildclusteranalyse

Typischerweise wird bei einer Bildclusteranalyse in einem ersten Schritt nach den Themen und Gegenständen gefragt, die „den bildmaterialen Stoff [bilden], aus dem ein Cluster beschaffen ist" (Müller 2016, 104), d. h. es werden markante Bildtypen aus dem Cluster herausgearbeitet.

In einem zweiten Schritt sollen die Prinzipien, nach denen diese zusammengestellt sind, untersucht werden. Zu diesem Zweck werden die Einzelbilder aus ihrer gesetzten Struktur im Cluster sozusagen herausgeschnitten und immer wieder neu arrangiert. Für die Analyse der Pro-Ana-Bilderalben und -blogs wurde in dieser Arbeit für den Prozess des permanenten Neuarrangierens die Präsentationssoftware Prezi (prezi.com) gewählt, da diese eine Art digitales Whiteboard darstellt, auf dem sich unterschiedliche Medien, wie zum Beispiel Bilder, Texte oder Videos, einfügen und frei arrangieren lassen. Durch die Nähe bestimmter Bilder und Bildtypen zu anderen wird dabei schließlich „eine von prinzipiell unzähligen Möglichkeiten ihres Gebrauchs und ihres Verständnisses kommunikativ herausgehoben" (ebd., 106).

Bildcluster erscheinen, wie andere Webmedien auch, typischerweise in webmedialen Rahmen (z. B. Weblogs oder Bildblogs), die in der Untersuchung zu berücksichtigen sind. Fokussiert wird dabei in der Regel das Wechselspiel zwischen webmedialen Rezeptionsvorgaben und Beobachtungshandlungen der RezipientInnen, das den „ikonischen Gegenstand in seiner Gestalt (und damit in seiner sozialkommunikativen Bedeutung) […] mit hervorbringt" (ebd., 120). Dieses Wechselspiel konnte in der Untersuchung Pro-Anas autoethnografisch nachvollzogen und teilweise durch Bildschirmaufnahmen fixiert werden.

Die Bildclusteranalyse wurde in dieser Arbeit um den systematischen Einbezug von Bildkommentaren – zu denen auch Hashtags zählen – erweitert, welche in Bildclustern typischerweise mit Bildern verknüpft sind. Dieser Einbezug ermöglichte es etwa allererst, die Bildblogs in der sozialen Welt Pro-Ana als eine Form des digitalen Tagebuchs zu verstehen (siehe Kapitel 5.4.1), in dem TeilnehmerInnen ihre Gewichtsabnahmeprojekte dokumentieren und kommentieren. Die Bilder, in ihrer spezifischen Komposition und Montage, stehen dort für den persönlichen Entwurf des Idealkörpers einer TeilnehmerIn.

Entscheidend für das Verständnis der Gestalt und Funktion der Bildcluster in Pro-Ana war darüber hinaus die vergleichende Analyse einer Vielzahl von Bildblogs und -alben.

Bilder kommen aber nicht nur in der Form von Bildclustern vor, sondern sind auch Bestandteil von zum Beispiel Webforenthreads oder Weblogs, wo sie typischerweise mit Texten kombiniert sind. Bilder und Texte verweisen dabei in unterschiedlicher Form aufeinander, etwa indem ein Text ein voranstehendes oder nachfolgendes Bild erläutert oder kommentiert oder ein Bild einen vorangegangenen Text visualisiert. Bilder wurden in diesen Verweisungszusammenhängen als Äußerungen bzw. Aussagen behandelt (Keller 2016), durch welche Phänomene, wie etwa der ideale Körper, in der sozialen Welt Pro-Ana hervorgebracht werden. Sie wurden bildanalytisch untersucht, um beispielsweise herauszuarbeiten, was im Bild auf welche Weise fokussiert wurde. Dabei wurden die Bildanalysen immer wieder in Bezug zu den Texten gesetzt, in welche die Bilder eingebettet waren.

Nach ersten Materialanalysen wurde mit Hilfe des Logbuchs für jedes Websiteformat nach weiteren Fällen zur Analyse gesucht. Durch diese zusätzlichen Fälle wurde es schließlich möglich, die Inhalte der herausgearbeiteten Dimensionen der Phänomenstruktur in ihrer Typik zu erfassen und zu beschreiben:

Die inhaltliche Ausführung der im ersten Schritt rekonstruierten Dimensionen kann nach dem situativ-kontextuellen Anlass eines diskursiven Ereignisses und auch zwischen Diskursen erheblich variieren. Die Wissenssoziologische Diskursanalyse zielt hier auf eine Typisierung der Gehalte, auf die Regeln oder Prinzipien dessen, was als Inhalt in Frage kommt und wie dies geschieht, nicht die summarische Zusammenstellung all dessen, was in Originalzitaten [...] gesagt wurde (Keller 2013, 48).

Websites als kommunikative Dokumente sind fortwährend durch aktualisierende Handlungen ihrer NutzerInnen, wie etwa das Setzen von Likes oder das Schreiben von Kommentaren, einer Veränderung unterworfen, sodass sich Phänomenstrukturen im Zeitverlauf wandeln.[7] Diese Veränderungen sind ein inhärenter Bestandteil

---

[7] Aufgrund der besonderen Eigenschaften von Websites als kommunikative Dokumente (siehe Abschnitt 2.2) kam der Datensicherung eine besondere Rolle zu. Eine gestern betrachtete Website kann heute bereits neue Inhalte aufweisen, alte verloren haben oder komplett aus dem Internet entfernt worden sein. Aus diesem Grund wurden Websites, die Eingang in den Datenkorpus nehmen sollten, gesichert, d. h. auf einem PC heruntergeladen und gespeichert.

der Geschichte der sozialen Welt und mussten daher in der Analyse berücksichtigt werden. Zu diesem Zweck wurden, wie weiter oben bereits erwähnt, auch ältere Versionen von Pro-Ana-Websites in die Analyse einbezogen.

Die dritte Ebene der Analyse Pro-Anas stellt die **Ebene des Formats** dar. Das Format bezeichnet den typischen Aufbau bzw. Ordnungsrahmen innerhalb eines Websiteformats, zum Beispiel eines Webforums oder eines Weblogs, der es Besuchenden erlaubt, sich ohne große Mühe in ihnen zurechtzufinden. Der typische Aufbau lässt sich dabei aus dem fortwährenden Wechsel zwischen den Analyseebenen *Kontext* und *Sequenz* herausarbeiten, bei dem Muster der Kommunikation und wiederkehrende Elemente im formalen Aufbau der Website augenscheinlich werden.

Das Format fungiert hier als eine Art Bindeglied zwischen den Ebenen Kontext und Sequenz, indem es sowohl in die *sequenzielle Struktur* der einzelnen Website als auch in ihren *externen Zusammenhang* hineinreicht. Für die Analyse Pro-Anas bedeutet dies, dass sobald der typische Aufbau einer zu analysierenden Website identifiziert ist, sich zum einen erste Rückschlüsse auf ihre kontextuelle Einbindung ziehen lassen und zum anderen auf typische Handlungen der wechselseitigen Bezugnahme zwischen den AkteurInnen auf der Website geschlossen werden kann, die Einfluss auf die sequentielle Struktur der Website nehmen.

Auf der **Ebene der Sozialform** werden schließlich die drei Analyseebenen – Kontext, Sequenz, Format – immer wieder zusammengeführt und deren (Zwischen-)Ergebnisse mit Blick auf Gemeinschaft konstituierende und stabilisierende Aspekte ausgewertet. Dabei kam dem analytischen Leitfaden bzw. sensibilisierenden Konzept der sozialen Welten erneut eine wichtige Rolle zu. Mit ihm ließen sich etwa Fragen nach der zentralen Aktivität der TeilnehmerInnen an Pro-Ana online und offline noch einmal fokussieren oder auch die unterschiedlichen Weisen diese Aktivität auszuführen. Ebenfalls konnte mit dem Konzept der sozialen Welten nach unterschiedlichen Beteiligungstypen in Pro-Ana gefragt werden, wie es Unruh (1980) vorgeschlagen hatte oder nach der „notwendige[n] Sozialisation zu einer Teilhabe an einer sozialen Welt" (Krotz 2014, 18). Auch Grenzziehungsprozesse konnten noch einmal in der Datenerhebung und -auswertung fokussiert werden, indem die Grenzarbeit der TeilnehmerInnen nach außen und im Inneren in den Blick genommen wurde.

3.4 Datenkorpus, Feldzugang und Datenschutz

Der gesamte Datenkorpus der Arbeit umfasst 32 Weblogs, 30 Bildblogs, 10 Microblogs und 18 Webforen. Hinzu kamen vier leitfadengestützte Face-to-Face-Interviews und 15 Online-Interviews mit TeilnehmerInnen an Pro-Ana sowie ethnographische Notizen.

Die unterschiedlichen Websites, über welche die TeilnehmerInnen an Pro-Ana kommunizieren und ihre Gewichtsabnahme organisieren, weisen unterschiedliche Zugänge bzw. Zugangsbeschränkungen auf. Neben öffentlich zugänglichen Websites, zu denen vor allem Weblogs und Bildblogs[8] gehören, gibt es Orte, die nur mittelbar, d. h. etwa über eine Registrierung, Bewerbung oder Einladung, zu betreten sind. Für ein vertieftes Verständnis Pro-Anas war es wichtig, auch diese semi-öffentlichen oder privaten Bereiche kennenzulernen.

Im Fall von privaten Webforen, in die nur Eingang erhält, wer sich zunächst registriert und dann an einem zumeist sehr umfangreichen Bewerbungsverfahren teilnimmt, habe ich Kontakt mit den ForenbetreiberInnen aufgenommen und mein Anliegen, zumeist über E-Mail, geschildert. Leider waren die kontaktierten ForenbetreiberInnen in der Regel nicht bereit, mir Einsicht in ihr Webforum zu gewähren. Einen Eindruck von diesen erhielt ich aber dennoch über Forenbeiträge von und Interviews mit ehemaligen Mitgliedern, die über ihre Erfahrungen mit geschlossenen Webforen berichteten.

Während sich viele private bzw. geschlossene Webforen im sogenannten ‚Clear Web‘ bewegen, d. h. über Suchmaschinen gefunden werden können, haben sich andere im ‚Deep Web‘ niedergelassen.[9] Letztere sind nicht indexiert und somit nicht über Suchmaschinen erreichbar. Sie können nur über Einladung und

---

[8] Im Verlauf meiner Untersuchung änderte etwa Instagram seine Community Guidelines, wodurch in der Folge eine Reihe von Pro-Ana-Blogs gesperrt oder – um einer Sperrung zu entgehen – in einen sogenannten privaten Modus gestellt wurden, der nur noch von der BloggerIn ausgewählten Personen einen Zugang zu ihren Blogbeiträgen ermöglicht.

[9] Meine Untersuchung bezieht sich insgesamt auf Pro-Ana-Websites, die im sogenannten Clear Web und Deep Web angesiedelt sind. Das Darknet als Kommunikationsraum wurde nicht in die Forschung einbezogen. Websites, die sich im Darknet befinden, können nicht durch konventionelle Suchmaschinen oder Browser angesteuert werden. Um sie zu betreten bedarf es eines speziellen Browsers, des Tor Browsers, mit dem das Tor Netzwerk betreten werden kann, das Verbindungsdaten anonymisiert. In meiner Untersuchung konnte ich keine Daten erheben, die auf eine tatsächliche Relevanz des Darknets für die TeilnehmerInnen an Pro-Ana hinwiesen. Diejenigen TeilnehmerInnen, die es nutzten, kauften darüber ihren Erzählungen nach in erster Linie Drogen bzw. Medikamente, welche die Gewichtsabnahme unterstützen sollen. Die geringe Bedeutung, die dem Darknet von den TeilnehmerInnen in der Regel zugestanden wird, könnte darauf zurückzuführen sein, dass bereits im Clear Web

den Versand eines Links mit der Forenadresse gefunden und betreten werden. Aus diesem Grund erfuhr ich von ihrer Existenz überhaupt erst durch ein Interview mit einer Teilnehmerin an Pro-Ana. Neue Mitglieder wurden ihren Erzählungen zufolge zumeist wochenlang, bevor sie per E-Mail eine Einladung in das Forum erhielten, auf anderen Pro-Ana-Websites beobachtet, wo so gut wie jeder ihrer Schritte und jede Äußerung registriert und im privaten Forum diskutiert wurde.

Einige Websites stellen wiederum Konglomerate aus öffentlichen, semi-öffentlichen und geschlossenen Bereichen dar. Zu diesen gehört zum Beispiel das in dieser Untersuchung aufgrund von Größe und Reichweite zentrale Pro-Ana-Webforum „MyProAna" (mpa). Zum Zeitpunkt meiner Analysen war es zu großen Teilen ohne Registrierung einsehbar. Nicht registrierten Mitgliedern blieben jedoch, wie ich im Verlauf meiner ethnographischen Beobachtungen erfuhr, eine Reihe von Funktionen des Webforums verschlossen, wie etwa die Möglichkeit Threads aufzusetzen oder zu kommentieren, das Webforum nach Themen oder Mitgliedern zu durchsuchen oder andere Mitglieder durch private Nachricht zu kontaktieren. Ebenfalls konnten BesucherInnen des Forums ohne Registrierung eine Reihe von Unterforen nicht betreten. Zum Zweck der Kontaktaufnahme mit TeilnehmerInnen an Pro-Ana und eines vollständigen Bildes des Webforums hatte ich mich schließlich unter dem Namen „Sociological Member" registriert.

Im Zuge meiner Ethnographie, die zunächst vor allem in einem täglichen Mitlesen der Forenbeiträge in unterschiedlichen Unterforen bestand, erfuhr ich, dass noch weitere Unterforen existierten, die nur für Mitglieder mit einer bestimmten Anzahl an selbstverfassten Beiträgen sichtbar und nutzbar waren. Da ich selbst, wie beschrieben, keine Beiträge postete, versuchte ich auch hier auf indirektem Weg – zum Beispiel durch Interviews mit Mitgliedern sowie dem Nachvollzug von Forendiskussionen – über diese Forenbereiche Informationen zu gewinnen. Es stellte sich heraus, dass es sich bei diesen verborgenen Unterforen zum einen um radikalere Bereiche handelte, in denen stärker gesundheitsgefährdende Methoden zum Abnehmen ausgetauscht werden und zum anderen um Bereiche, in denen sensible Daten wie Adressen oder Selbstportraits gepostet werden.

Nicht nur aber Websites stellen beliebte Kommunikationsplattformen in Pro-Ana dar, sondern auch Instant Messenger, wie WhatsApp oder Kik Messenger.[10] Da hier ein Zugang aber nur über persönliche Einladung möglich ist und die

---

und Deep Web extreme Inhalte geteilt werden können, wie Fotografien extrem abgemagerter Körper oder gesundheitsschädigende Abnehmtipps.

[10] Über diese Messenger können TeilnehmerInnen an Pro-Ana Außenstehende – und damit auch den Jugendschutz – aus ihrer Kommunikation weitgehend ausschließen, sodass auch hier ein Rückzug ins Darknet für TeilnehmerInnen zum Zweck einer ungestörten Kommunikation nicht notwendig erscheint.

Einsichtnahme eine aktive Teilnahme am Chat erfordert hätte, konnte ich diese Dienste nur mittelbar in meine Forschung einbeziehen. Meine Datengrundlage etwa zu WhatsApp-Gruppen, die in der Regel Abnehmgruppen darstellen, besteht daher in erster Linie aus Interviews mit aktiven und ehemaligen TeilnehmerInnen solcher Gruppen sowie Auswertungen von Gruppen- und Partnerschaftsgesuchen, die auf zahlreichen Pro-Ana-Websites gepostet werden.

Die unterschiedlichen Zugangsschwellen zu Kommunikationsplattformen und -bereichen in Webforen sowie die Kommunikation über Pseudonyme lassen nicht nur einen reflektierten Umgang der (auch adoleszenten) TeilnehmerInnen mit ihren Daten erkennen, sondern geben auch Einblick in ihre situationsbezogenen Privatsphäreerwartungen. Dort nämlich, wo TeilnehmerInnen von einer prinzipiellen Öffentlichkeit ihrer Kommunikation ausgehen müssen, treten sie typischerweise unter Pseudonymen auf und anonymisieren ihre Bilder. Halten sich TeilnehmerInnen nicht an diese Maßnahmen des Datenschutzes, werden sie in der Regel von anderen auf ihre zu freizügige Informationsfreigabe und damit verbundene Gefahren aufmerksam gemacht. An diesen Privatsphäreerwartungen der TeilnehmerInnen habe ich mich auch in meiner Forschung orientiert (vgl. etwa Heibges et al. 2019). So basieren meine Analysen neben Interviews nur auf solchen kommunikativen Dokumenten, bei denen von einer niedrigen Privatsphäreerwartung der TeilnehmerInnen auszugehen ist. Hierzu zählen etwa Websites, die vollständig öffentlich oder durch eine einfache, ungeprüfte Registrierung eingesehen werden können. In Bereichen Pro-Anas hingegen, wo die Privatsphäreerwartung vermutlich höher ist, wie etwa in Webforen oder SMS-Gruppen, die nur über eine Bewerbung zugänglich sind, habe ich mich um einen informed consent der Mitglieder bemüht.

Eine zusätzliche Anonymisierung der Daten war aufgrund der bereits im Feld praktizierten Pseudonymisierung und Anonymisierung der Kommunikation in den meisten Fällen nicht notwendig. Bei Bildzitaten habe ich jedoch zum Schutz personenbezogener Daten darauf geachtet, Körperbilder von TeilnehmerInnen nicht mit ihren auf Pro-Ana-Websites verwendeten Pseudonymen zu verknüpfen. In der Regel habe ich davon abgesehen, Bilder von TeilnehmerInnen, die auf von mir untersuchten Websites Mitglied waren, in diese Arbeit einzubinden. Vielmehr habe ich auf im Internet freizugängliche Fotografien zurückgegriffen, die TeilnehmerInnen als sogenannte Thinspirationen auf ihren Websites hochladen, um Beispiele für bestimmte Körperbildtypen zu illustrieren. Zitiert habe ich Bilder im Sinne des Urheberrechts als sogenannte Großzitate (§51 UrhG[11]).

---

[11] Siehe hierzu: https://www.gesetze-im-internet.de/urhg/__51.html; Zugriff: 2.12.2020.

Wie bereits mehrfach angeklungen, habe ich neben ethnographischen Beobachtungen auf unterschiedlichen Pro-Ana-Websites und Website-Analysen vier
leitfadengestützte Face-to-Face-Interviews und 15 Online-Interviews mit TeilnehmerInnen an Pro-Ana geführt. Die Online-Interviews erfolgten schriftlich über
das Forumsinterface von MyProAna. Sowohl für die Online- als auch die Face-
to-Face-Interviews kam derselbe Leitfaden zur Anwendung, der jedoch online
aufgrund der größeren Unverbindlichkeit der Kommunikation nicht immer vollständig beantwortet wurde. Alle Interviewpartnerinnen wurden im Webforum
MyProAna rekrutiert. Anfragen über andere Plattformen blieben erfolglos oder
waren aufgrund technischer Restriktionen nicht möglich, da etwa erst eine aktive
Teilnahme und gegenseitige Befreundung die Möglichkeit zu privaten Nachrichten freigeschaltet hätte. Allerdings nutzten viele Mitglieder des Webforums mpa
auch andere Websites, wie Tumblr, Instagram oder Twitter, sowie Instant Messenger, sodass ich, wie beschrieben, auch TeilnehmerInnenerfahrungen mit diesen
Websites in meine Forschung einbeziehen konnte.

Die Rekrutierung von InterviewpartnerInnen gestaltete sich insgesamt schwie-
riger, als ich dies im Vorfeld erwartet hatte. Zum einen erschwerten, wie erwähnt,
die durch die Social Media Sites voreingestellten Möglichkeiten der Kommunikation eine persönliche Kontaktaufnahme. Beispielsweise ist es auf dem
Micro-Blogging-Dienst Twitter nicht möglich, persönliche Nachrichten an NutzerInnen zu verschicken, solange das eigene Profil nicht durch wechselseitiges
„Folgen" mit dem zu kontaktierenden Profil verknüpft ist. Mit der Bekanntgabe
meines Status als Forscherin erhielt ich jedoch keine sogenannten „Follower".
Dies änderte sich auch nicht als ich den einschlägigeren Namen „ProjektAna"
wählte. Ich postete – aus forschungsethischen Gründen – selbst keine pro-ana-
typischen Inhalte, wie etwa Fotografien magerer Körper oder Motivationssprüche,
sodass niemand an einer Follower-Followee-Beziehung mit mir interessiert zu
sein schien.

Eine Besonderheit, die sich durch fast alle Interviewkontakte zog, war der
Wunsch, das Interview schriftlich zu führen. In der Regel wurde die große Scham,
den eigenen Körper zu zeigen, als Grund genannt. Die realisierten Face-to-Face-
Interviews wurden transkribiert, wobei im späteren Verlauf nur noch relevante
Ausschnitte berücksichtigt wurden.

Wege in Pro-Ana

4

Im Folgenden sollen nun die Ergebnisse der empirischen Untersuchung vorgestellt werden. Wie bereits einleitend beschrieben, sind die nachstehenden Kapitel so strukturiert, dass sie die Wege der TeilnehmerInnen in und durch die soziale Welt Pro-Ana idealtypisch nachzeichnen.

In Abschnitt 4.1 betrachten wir zunächst die typischen Motive von Personen sich Pro-Ana anzuschließen und begleiten sie dabei von ihrem ersten Kontakt mit Pro-Ana, über die initialen Schritte in der sozialen Welt (Abschnitt 4.2) bis zu ihrer Teilnahme (Kapitel 5), in deren Zuge sie schließlich ihr Weight-loss-journey entwerfen und gemeinsam mit anderen TeilnehmerInnen durchführen (Kapitel 5 und 7). Als Weight-loss-journey bezeichnen die TeilnehmerInnen häufig ihr Vorhaben, den eigenen Körper in eine anorektisch-dünne Form zu bringen. Wir werden also einen vertieften Einblick in die zentrale Aktivität der TeilnehmerInnen, ihr Weight-loss-journey, nehmen und sie dabei an den typischen Orten besuchen, an denen sie dieses durchführen.

Das Weight-loss-journey weist, wie wir sehen werden, eine Besonderheit auf, welche für den Interaktionszusammenhang Pro-Ana von entscheidender Bedeutung ist. Nicht irgendein Körper in der Umwelt wird in Pro-Ana gemeinsam bearbeitet, sondern jede TeilnehmerIn bearbeitet ihren *eigenen* Körper, sodass die zentrale Aktivität auf der einen Seite stark individualisierte Züge trägt. Auf der anderen Seite stehen die Einzelprojekte aber in einem strukturellen sozialen Zusammenhang, der hier mit den Begriffen der Parallelprojektierung und Thinspiration gefasst werden wird. Auf diesen Zusammenhang wird in Kapitel 7 ausführlich eingegangen.

Bevor wir jedoch in die soziale Welt hineinzoomen und uns den Weight-loss-journeys der TeilnehmerInnen zuwenden, wollen wir noch einmal einen Schritt zurücktreten und zunächst einen Blick auf den sozialen Anlass bzw. das übergreifende Thema werfen, das die TeilnehmerInnen im Internet regelmäßig

© Der/die Autor(en), exklusiv lizenziert an Springer Fachmedien Wiesbaden GmbH, ein Teil von Springer Nature 2023
A. Schünzel, *„Thinspire me"*, Wissen, Kommunikation und Gesellschaft,
https://doi.org/10.1007/978-3-658-42842-6_4

zusammenbringt. Denn, wie Goffman bemerkt, finden sich Personen zumeist zusammen, „um an etwas teilzunehmen" (Goffman 2009, 34).

4.1 Pro-Anorexie und Motive der Teilnahme

Wie bereits einleitend geschildert, besteht das Thema in Pro-Ana, unter dem sich die TeilnehmerInnen im Internet zusammenfinden, in der Anorexie bzw. genauer in einem affirmativen Bezug auf die Anorexie, der im Begriff „Pro-Ana" – *für die Anorexie* bzw. *für ein anorektisches Leben* – seinen Ausdruck findet. Die Anorexie ist nicht nur programmatisch bereits in den Namen der sozialen Welt eingeschrieben, sie findet sich auch in der Art und Weise, wie TeilnehmerInnen ihren Körper bearbeiten, in der Wahl ihrer Ziele und Entwürfe wieder (siehe Kapitel 5). Zudem wirkt sie in die Form, in der sich die TeilnehmerInnen sozial organisieren, hinein, wie später in Kapitel 7 ausführlich dargestellt wird.

Eng verknüpft mit dem Thema der Anorexie, wie im Folgenden gezeigt werden wird, sind die Motive der TeilnehmerInnen, sich Pro-Ana anzuschließen. Im Folgenden wollen wir uns also den typischen Motiven ihrer Teilnahme zuwenden. Hierfür ist es zunächst sinnvoll, zwischen dem Motiv, die Anorexie als Thema der Körperarbeit aufzugreifen und dem Motiv sich für diesen Zweck einer sozialen Gruppierung anzuschließen, zu unterscheiden. In die Darstellung letztgenannten Motivs werden auch Beschreibungen der typischen Zugangswege der neuen TeilnehmerInnen zu Pro-Ana einfließen.

Die typischen Motive der TeilnehmerInnen wurden im Rahmen der in Abschnitt 3.3 vorgestellten Mehrebenen-Analyse rekonstruiert. Auf Pro-Ana-Websites berichten viele TeilnehmerInnen – etwa im Zuge ihrer Vorstellung in der sozialen Welt Pro-Ana bzw. auf einer spezifischen Website – von ihrer Einstellung zur Anorexie oder ihren Beweggründen, sich Pro-Ana anzuschließen und aktiv an der sozialen Welt teilzunehmen. Diese Berichte können sicherlich nicht einfach als authentische Erzählungen behandelt werden, sondern müssen auch als Ausdruck des Wunsches nach Zugehörigkeit und Anerkennung in Pro-Ana gelesen werden. Es fällt beispielsweise auf, dass sich die Berichte häufig strukturell sehr stark ähneln: Sie sind stets eingebettet in eine biographische Erzählung einer sich (langsam) anbahnenden Essstörung, wie sie auch in den Geschichten ihrer anorektischen Vorbilder in Romanen und Autobiographien wiederzufinden sind. Um die hier präsentierte Deutung besser abzusichern, wurden daher auch die von mir geführten Interviews mit TeilnehmerInnen und andere relevante Textquellen, wie Online-Tagebücher und anderweitige Webforendiskussionen, als zusätzliche Datengrundlage herangezogen.

Mit dem Thema der Anorexie kommen die zumeist jungen Frauen in der Regel nicht erst im Zuge ihrer Teilnahme an Pro-Ana in Kontakt. Einige von ihnen berichten etwa mit einer medizinisch diagnostizierten Anorexie zu Pro-Ana gestoßen zu sein[1], andere vermuten nur, dass ihre Körperarbeit der letzten Wochen, Monate oder Jahre anorektisch sein könnte. Wieder andere verfügen über keinerlei „gelebt-erfahrene[s] Körperwissen"[2] (Keller & Meuser 2011, 9) der Anorexia nervosa, stehen dem Thema aber seit längerer Zeit interessiert gegenüber. Sie schauten etwa regelmäßig Dokumentationen und Reportagen über Anorexie oder lasen Autobiographien und Romane zum Thema, wie nachstehende Zitate verdeutlichen sollen.

Durch Zufall habe ich dann eine Dokumentation über Magersucht bei YOUTUBE gesehen – und das ganze Thema hat mich (mal wieder) so stark fasziniert. Nur dieses Mal war es anders. Dieses Mal war ich nicht fasziniert schockiert über das Thema – ich war schlicht und einfach fasziniert.

Ich habe mich davon begeistern lassen..

Nach stundenlanger Überlegung habe ich mich dann dazu entschlossen, es selbst zu versuchen.

(XxscreamxxX, „MEINE GESCHICHTE").[3]

---

[1] Auf der Datengrundlage kann natürlich nicht sicher festgestellt werden, dass es sich dabei tatsächlich um diagnostizierte AnorektikerInnen handelt, auch da der vermeintliche Ausweis einer diagnostizierten Anorexie mit besonderer Anerkennung im Feld verbunden ist (vgl. Abschnitt 7.2.1). Für die im Zentrum dieser Arbeit stehende Frage nach der sozialen Form Pro-Anas ist es von nachrangiger Bedeutung, ob eine von TeilnehmerInnen proklamierte Essstörung auch tatsächlich *medizinisch* diagnostiziert wurde. Interessanter ist, wie die TeilnehmerInnen im Feld mit derartigen Proklamationen umgehen. Es zeigte sich in meinen Untersuchungen etwa, dass sie miteinander „Ethnomethoden" (Garfinkel 1967) entwickelt haben, mit denen sie versuchen festzustellen, ob TeilnehmerInnen wahrhafte Aussagen über zum Beispiel ihre proklamierten Diagnosen oder ihr Körpergewicht machen (s.a. Abschnitt 5.4.1). So werden etwa in Bezug auf das Körpergewicht hin und wieder Fotos eingefordert, falls dieses von TeilnehmerInnen als sehr niedrig angegeben wird. Eine diagnostizierte bzw. am eigenen Leibe durchgemachte Anorexie wird zudem häufig über das Erzählen sogenannter Schreckensgeschichten glaubhaft gemacht, in denen die TeilnehmerInnen über die körperlichen, emotionalen und sozialen Nebeneffekte ihrer Essstörung berichten (Boero & Pascoe 2012, 48).

[2] Der Begriff des „gelebt-erfahrenen Körperwissens" bezeichnet nach Keller und Meuser (2011) das aus der eigenen biographischen Erfahrung des gelebten Lebens gewonnene private und intime Wissen über den eigenen Körper (ebd., 9). In Bezug auf die Anorexie kann dies etwa bedeuten, wie sich ein Körper unter den Bedingungen einer Anorexie anfühlt oder funktioniert.

[3] URL: Xxscreamxxx.blogspot.de; Zugriff: 28.11.2019.

Then at 16, I really got into wanting to loose weight, researched anorexia and the diets, restricted 500cals some days, 800 others and ate completely normally others on and off for 3 months, joined MPA, started seriously counting calories, watched a bunch of anorexia/ED oriented movies/documentary, all that stuff and lost probably 5-10kg.

(Tiff105, mpa-Thread: "Did you choose to become anorexic?")[4]

Dabei beneideten und bewunderten sie die AnorektikerInnen in den Geschichten auf der einen Seite für ihre Willensstärke und Leistungsbereitschaft, die für sie im knochigen Körper ihren materialen Ausdruck findet. Auf der anderen Seite erkannten sie in ihnen häufig Gleichgesinnte, mit denen sie nicht nur Ziele und Ideale, sondern auch biographische Erfahrungen teilten, wie etwa Hänseleien in der Schule aufgrund des eigenen Körpergewichts.

Wohingegen sich die TeilnehmerInnen an Pro-Ana also in Bezug auf ihr gelebt-erfahrenes Körperwissen der Anorexie durchaus unterscheiden, verbindet sie ihre Einstellung zur Anorexie und zum weiblichen Körper. Die Anorexie ist für die TeilnehmerInnen an Pro-Ana zum einen verkörperter Ausdruck sozial erwünschter Persönlichkeitseigenschaften, wie Willensstärke, Leistungsbereitschaft, Durchhaltevermögen, Selbstkontrolle. Zum anderen steht für viele TeilnehmerInnen die Anorexie bzw. das Körperbild der Anorexie für die Erfüllung bzw. Übererfüllung des gegenwärtigen gesellschaftlichen Schönheitsideals, von dessen Aneignung sie sich persönliche Gewinne erhoffen, wie etwa soziale Anerkennung, bessere Chancen in der Liebe, ein gesteigertes Selbstwertgefühl. Die Vorstellung des überschlanken Körpers bildet für viele schließlich auch das Fundament, auf dem sie ihre Lebenspläne errichten (siehe hierzu auch Abschnitt 5.7.2). Ohne den schönen, schlanken Körper ist für sie eine Zukunft kaum vorstellbar bzw. erstrebenswert:

does your weight hold you back on doing things? I constantly say to myself, „This isn't your life right now. everything is going to be okay when you get to your weight that you want to be and then you can start your life and life is going to be fabulous." It's like every single thing in my life is on hold until i get skinny. „I need to lose weight if i want to have a good christmas" „I need to lose weight if i want to have a good summer" […].

---

[4] URL:https://www.myproana.com/index.php/topic/1697002-did-you-choose-to-become-anorexic/?hl=documentary#entry30786570; Zugriff: 28.11.2019. Ich habe mich entschieden, Rechtschreib- und Grammatikfehler in Textdaten in dieser Arbeit nicht als solche zu kennzeichnen. Zum einen würde eine Kennzeichnung das Datum verändern. Zum anderen häufen sich in einigen Texten Fehler, sodass ihre Kennzeichnung die Lesbarkeit beeinflusst hätte.

(manage; mpa-Thread: „not until I lose weight…")[5]

You can't wear that until you lose weight.

You can't talk to people normally until you lose weight.

You can't like yourself until you lose weight.

You can't try to deem yourself „decent looking" until you lose weight. You can't have a fulfilling life until you lose weight.

^Me @ myself

Like, it is bullshit yet i believe it everytime.

(Sabitsuki; mpa-Thread: „not until I lose weight…")[6]

Wiederholt finden sich zudem Beiträge auf Pro-Ana-Websites, in denen TeilnehmerInnen beschreiben, wie sie unter dem Gefühl leiden, im Freundeskreis stets die Rolle des in ihren Augen „fat friend" einzunehmen, der sich aufgrund seiner Körperfülle weder modisch kleiden noch das Interesse von Männern auf sich ziehen kann.[7]

My three best friends who I hang out with every Friday are all way skinnier than me—one of them is 105lbs and the other is 115. I'm 160. They're both so gorgeous in every picture I take, but I just look disgusting next to them. They're both size smalls. They can find anything they want. They can wear form-fitting clothing and look amazing. They could wear the ugliest outfit ever and still look so beautiful. Then I'm over here, the fat friend, the ugly one, the eyesore in our group pictures. I hate the way I look and I just wish I could look like they do. They're small and confident and have defined cheekbones and I want that so bad. They're not addicted to food like I am, so it's no wonder they're skinny. Basically, I'm really sick of being the gross one of the group. I want to match them. Even if I was just closer to where they are I'd be happy. I wouldn't mind being a little bigger than them, being the one who's a little more average, but being just so hideously overweight fucks with me.

(yikesintheyeet; mpa-Thread: "being the „fat" friend")[8]

---

[5] https://www.myproana.com/index.php/topic/1315674-not-until-I-lose-weight/;   Zugriff: 28.11.2019.

[6] https://www.myproana.com/index.php/topic/1315674-not-until-I-lose-weight/;   Zugriff: 28.11.2019.

[7] Es steht zu vermuten, dass die TeilnehmerInnen diese Vorstellungen zu einem großen Teil aus medial-öffentlichen Körperdiskursen beziehen, wie sie zum Beispiel in Film, Fernsehen, Mode und Werbung verhandelt werden, in denen Körperbilder und -ideale fortwährend produziert und reproduziert werden. Das Bild des „fat friend", das in Pro-Ana immer wieder thematisch wird, findet sich etwa häufig in Jugendfilmen (vgl. Kozlowski 2018, 91).

[8] URL: www.myproana.com/index.php/topic/3887845-being-the-fat-friend/;   Zugriff:

Insgesamt haben viele TeilnehmerInnen an Pro-Ana das Gefühl aufgrund ihres normal- oder übergewichtigen Körpers weniger fürsorglich von ihrem sozialen Umfeld behandelt zu werden, da sie auf dieses augenscheinlich robust wirkten. Ihre inneren Nöte, wie starke Selbstzweifel, soziale Unsicherheiten oder gar Selbstablehnung und -hass, würden dabei etwa von den Eltern regelmäßig übersehen oder aber runtergespielt. Durch ihre geplante drastische Gewichtsabnahme erhoffen sie sich mehr Aufmerksamkeit und Zuneigung zu erhalten. Von diesen Wünschen zeugen zahlreiche Beiträge auf Pro-Ana-Weblogs sowie Threads in Webforen:

> I want to look like Im on the verge of death so that all the people who ignored my cries for help will regret not doing anything sooner.

(Thinner_Days; mpa-Thread: „I like looking ill")[9]

> I've been ignored and never taken care of my whole life. I definitely want my family to notice one day when I am skin and bones and know that I am sick

(idef3dsicbl; mpa-Thread: „wanting to look sick")[10]

Der magere Körper steht historisch bis heute in einem sinnhaften Bezug zur Krankheit. Den Tod symbolisierende Figuren werden häufig in Form von Skeletten oder äußert abgemagerten Körpern darstellt (Thoms 2000, 298).

Der Bezug auf die Anorexie, als einer psychosomatischen Störung, bietet den TeilnehmerInnen an Pro-Ana die Möglichkeit auch ihren (lebensphasenspezifischen) Unsicherheiten und Problemen Ausdruck zu verleihen. Ähnlich dem Burnout-Syndrom trägt auch die Diagnose einer Anorexia nervosa dabei das sozial erwünschte Leistungsethos eines (zu) hart arbeitenden Menschen in sich. Krank werden die Betroffenen in beiden Fällen, so scheint es, weil sie ein besonders ausgeprägtes Arbeits- und Leistungsethos besitzen (Davis & Scott-Robertson 2000; Schmidbauer 2012; Neckel & Wagner 2014). Dementgegen sind Krankheiten wie Adipositas, Binge Eating Disorder oder die ‚klassische' Depression mit anderen AkteurInnenbildern verknüpft, von denen auch die TeilnehmerInnen an Pro-Ana immer wieder erzählen. Sie werden häufig mit Eigenschaften wie Trägheit, Willensschwäche oder Faulheit assoziiert (Thoms 2000; Kreuzenbeck 2015).

28.11.2019.

[9] URL: www.myproana.com/index.php/topic/2831818-i-like-looking-ill/;   Zugriff: 28.11.2019].

[10] URL: www.myproana.com/index.php/topic/541194-wanting-to-look-sick/;   Zugriff: 28.11.2019.

Festzuhalten ist an dieser Stelle zunächst, dass die TeilnehmerInnen einem im Wesentlichen durch die Massenmedien gezeichneten Bild der Anorexie folgen. AnorektikerInnen werden dort häufig als überdurchschnittlich intelligente, besonders leistungsbereite und willensstarke junge Frauen dargestellt, die sozusagen an ihrem Perfektionismus erkranken (vgl. Abschnitt 1.1). Das Motiv also, die Anorexie als Thema der Körperarbeit aufzugreifen oder beizubehalten, besteht für die meisten TeilnehmerInnen in der Aneignung dieser sozial hochgradig erwünschten Subjekteigenschaften, wie Willensstärke und Disziplin sowie der Verkörperung eines Schönheitsideals, das seit den 1960er Jahren auf den überschlanken Körper zielt. Warum aber schließen sich Personen zu diesem Zweck einer sozialen Gruppierung an?

Neue TeilnehmerInnen befinden sich zum Zeitpunkt ihres ersten Kontaktes mit Pro-Ana in der Regel bereits in einem Gewichtsabnahmeprojekt, das jedoch in eine Krise geraten ist. Es lassen sich grob zwei typische Projektkrisen unterscheiden: Die erste Krise hängt häufig mit einem Gefühl der sozialen Isolation zusammen und betrifft daher vor allem TeilnehmerInnen, welche vor ihrer Teilnahme an Pro-Ana bereits Monate oder Jahre anorektisch waren. Sie wollen zumeist über den Besuch von Pro-Ana-Webforen und -Blogs ihre erlebte Einsamkeit lindern.

> Wir möchten einen geschützten Raum haben, indem wir uns offen und ehrlich über unsere Essstörung und unseren Abnehmwunsch austauschen können, ohne für verrückt oder krank erklärt zu werden. Wir wollen mit unserer Essstörung abnehmen und sie nicht los werden. Da das außerhalb des Forum kaum jemand versteht und man nicht darüber reden kann haben wir uns diesen Raum geschaffen. (Liasanya; Thread im deutschsprachigen Webforum „My Pro Ana": „Was kann ich im Forum erwarten?").[11]

Eine zweite Krise, die aus Webforenthreads und Interviews mit TeilnehmerInnen herausgearbeitet werden konnte, betrifft hingegen stärker die Handlungsebene und kann als ein permanentes Scheitern bisheriger Gewichtsabnahmevorhaben bezeichnet werden. Sie wird vor allem von Personen mit Normal- und Übergewicht berichtet, welche sich wünschen abzunehmen.

> Über die Jahre habe ich mich eigentlich permanent zu dick gefühlt, habe immer wieder versucht abzunehmen und nach zwei Kilo weniger wieder das selbe zugenommen.
>
> (Anna; Weblog „Ana and Me – Just us Two").[12]

---

[11] Das Pro-Ana-Webforum existiert heute (Stand: 5.05.2021) nicht mehr.
[12] URL: http://justmyana.blogspot.com/p/mein-korper.html; Zugriff: 28.11.2019.

Letztere versuchen ihre Krise durch Internetrecherchen nach Diättipps zu lösen, bei denen sie in der Regel zufällig auf die soziale Welt Pro-Ana treffen. Internetsuchmaschinen stellen auch für die von sozialer Isolation betroffenen TeilnehmerInnen häufig das Eintrittstor zu Pro-Ana dar. Sie suchten jedoch in der Regel nicht nach neuen Diäten, sondern eher nach anderen AnorektikerInnen, Anorexieforen oder Reportagen zum Thema Magersucht, um ihre als leidvoll empfundene Isolation zu mildern.[13]

Nach ihrem ersten zufälligen[14] Kontakt mit Pro-Ana fühlen sich einige BesucherInnen den Pro-Anas oder Anas, wie sich die TeilnehmerInnen der sozialen Welt vielfach selbst nennen, spontan verbunden bzw. solidarisch gegenüber, da sie in ihren veröffentlichten Tagebucheinträgen, Steckbriefen, Zielen und Wünschen oftmals Parallelen zu ihrer eigenen Biographie erkennen.[15] Die TeilnehmerInnen an Pro-Ana haben wie sie selbst häufig bereits viele Jahre vor ihrem eigenen ersten Kontakt mit Pro-Ana ihren Körper als zu dick empfunden und waren Hänseleien aufgrund ihres Gewichts ausgesetzt. Pro-Ana-Websites beschreiben viele neue TeilnehmerInnen aus diesem Grund als Möglichkeit „viele gute Ratschläge, Diäten und Inspirationen (oder wohl eher Thinspirationen:D)" (Joo; Weblog „Ana and Me – Just us Two)[16] zu erhalten und ihre Gewichtsabnahme nun noch einmal „mit den richtigen Waffen" (Joo; s. o.) anzugehen.

4.2   Die Erkundungsphase

Bis zum ersten tatsächlichen Post in einem Webforum oder dem Erstellen eines Blogs vergeht jedoch in der Regel einige Zeit, in der die Aktivitäten anderer Pro-Anas nur ‚still' verfolgt, d. h. mitgelesen werden. Davon zeugen zum Beispiel sogenannte „Introduction Threads" in Webforen, in denen sich neue Mitglieder

---

[13] An dieser Stelle wird deutlich, dass Recherchen nach Abnahmestrategien oder nach Stichworten mit Anorexiebezug offensichtlich häufig zu Suchresultaten führen, unter denen sich auch Pro-Ana-Websites finden. Dies konnte auch durch den ethnographischen Nachvollzug der Zugangswege der TeilnehmerInnen zu Pro-Ana beobachtet werden.

[14] Es gibt auch TeilnehmerInnen, die gezielt zu Pro-Ana finden, nachdem sie etwa durch Reportagen in Zeitungen oder Fernsehen auf das Phänomen Pro-Ana aufmerksam wurden.

[15] Nicht alle Frauen (und Männer), die zufällig auf Pro-Ana-Websites stoßen, werden natürlich zu späteren TeilnehmerInnen der sozialen Welt oder stimmen mit den präsentierten Inhalten überein. Davon zeugen zum Beispiel die Kommentarspalten auf Pro-Ana-Websites, in denen BesucherInnen ihre Bestürzung über die vorgefundenen Inhalte ausdrücken. Sie werden von den TeilnehmerInnen an Pro-Ana in der Regel als Hater bezeichnet und weitgehend ignoriert (siehe Abschnitt 7.2.1).

[16] URL: http://justmyana.blogspot.com/p/mein-korper.html; Zugriff: 6.7.2018.

der Community vorstellen. Wie nachstehend an einem Zitat verdeutlicht ist, offenbaren sie dabei häufig, schon seit längerer Zeit stilles Mitglied des Webforums zu sein, sich nun aber für eine aktivere Mitgliedschaft entschieden zu haben.

Hi all ^-^ I'm Ash, I'm 23 and have been looking around at discussions for quite some time, finally making an actual post! […]

(Ash; mpa-Thread: "Brief Intro!").[17]

Auf eine längere bzw. intensive stille Eingewöhnungsphase der neuen TeilnehmerInnen lässt zudem ihr häufig fundiertes Wissen sowohl über zentrale Begriffe Pro-Anas oder die besuchte Webforen-Community schließen, als auch über die typische Gestalt von Pro-Ana-Weblogs oder -Bildblogs.

Viele TeilnehmerInnen treten schließlich irgendwann in eine aktive Phase ihrer Teilnahme ein, womit hier das Posten eigener Beiträge (Texte, Bilder, Videos) gemeint ist. Andere jedoch verbleiben auch nach dieser Eingewöhnungsphase in der stillen Position und treten nicht oder nur selten in der sozialen Welt sozial sichtbar in Erscheinung. Es zeigte sich jedoch in Gesprächen mit stillen TeilnehmerInnen von Pro-Ana-Webforen, dass auch diese scheinbar häufig ein Weight-loss-journey durchführen, jenes jedoch nicht im Internet veröffentlichen, sondern auf ihrem privaten Laptop, Smartphone oder in einem selbstgebastelten „Ana-Buch"[18] mittels Papier und Stift dokumentieren. Auf die Rolle der stillen MitleserInnen in der sozialen Welt Pro-Ana wird in Abschnitt 5.7.1 noch einmal zurückgekommen.

Die anfängliche Phase des Erkundens kann schließlich auch als eine Probephase gelesen werden, in der die Interessierten ihre Entscheidung treffen, ob die Inhalte auf Pro-Ana-Websites und deren kommunikative Aufbereitung tatsächlich ihren Bedürfnissen, d. h. ihrer Vorstellung Körpergewicht abzunehmen, entsprechen. Einige TeilnehmerInnen berichteten zum Beispiel, von diesen zunächst abgeschreckt bzw. schockiert gewesen zu sein, sich aber zu einem späteren Zeitpunkt – Wochen, Monate oder Jahre später – schließlich doch Pro-Ana angeschlossen zu haben, etwa um schneller an Körpergewicht abzunehmen, wie im nachfolgenden Zitat aus dem Weblog „just-perfect" deutlich wird:

---

[17] URL: https://www.myproana.com/index.php/topic/3547841-brief-intro/;   Zugriff: 20.7.2018.

[18] Bei Ana-Büchern handelt es sich in der Regel um Abnehmtagebücher, in die Ziele, Pläne und Resultate des Weight-loss-journeys eingetragen werden, aber auch Motivationssprüche und Vorbilder.

Irgendwann war ich dann wieder im Internet. Ich war plötzlich auf so einer Seite. Zuerst klang alles total skurril. Ana's 10 Gebote waren für mich total krank, dieser Brief nicht nachzuvollziehen und diese „Thinspos" irgendwie anstößig. Ich zeigte meiner besten Freundin diese Seite und wir wunderten uns über all diese Mädchen und machten uns sogar ein wenig lustig.

Doch schon ein paar Wochen später, war ich selber eine von ihnen...

Dieses ganze Pro-Ana-Zeug hat mich nicht mehr losgelassen und ich habe meine gesamte Zeit auf Websites verbracht, die sich mit dem Thema Abnehmen beschäftigen.

Meine ganzen Gedanken beschäftigten sich nur noch mit dem Abnehmen und ich merkte, dass es mit Ana viel schneller geht, als mit gesunder Ernährung. (Lina; Weblog „just-perfect")[19]

Fällt die Probephase also zugunsten Pro-Anas aus, wird daraufhin zumeist der nächste Schritt der Partizipation eingeläutet, der Entwurf und die Durchführung eines pro-anorektischen Weight-loss-journeys.

In den nachfolgenden Kapiteln wollen wir uns diesen Weight-loss-journeys der TeilnehmerInnen an Pro-Ana zuwenden, die sie, wir erinnern uns, überhaupt erst haben auf Pro-Ana aufmerksam werden lassen. Wir hatten gesagt, dass TeilnehmerInnen typischerweise mit einem laufenden, aber in eine Krise geratenen Gewichtsabnahmeprojekt zu Pro-Ana stoßen, für die sie in der sozialen Welt eine Lösung erkennen. Sie finden dort auf unterschiedlichen Pro-Ana-Websites sowohl ein breitgefächertes Wissen über den Körper und Techniken der Gewichtsabnahme vor, als auch Gleichgesinnte, mit denen sie ihr Journey gemeinsam bestreiten können.

---

[19] URL: http://just-perfect.jimdo.com/über-mich/meine-geschichte/; Zugriff: 13.11.2015. Der Blog wurde inzwischen aus dem Internet entfernt und kann damit nicht mehr abgerufen werden.

Teilnahme an Pro-Ana

5

Auf den ersten, zumeist zufälligen Kontakt mit Pro-Ana und einer Erkundungsphase, in der sich Interessierte still durch die Beiträge auf unterschiedlichen Pro-Ana-Websites lesen, folgt in der Regel die aktive Teilnahme, in deren Zuge das eigene Weight-loss-journey geplant und anschließend in unterschiedlichen Beziehungskonstellationen durchgeführt wird.

Wir werden auch in Kapitel 5 die TeilnehmerInnen Schritt für Schritt durch diese aktive Phase ihrer Teilnahme begleiten, beginnend bei ihrer Registrierung und Vorstellung auf Pro-Ana-Websites (5.1). Dabei werden wir einen vertieften Blick auf die unterschiedlichen Orte werfen, an denen ein pro-anorektisches Weight-loss-journey typischerweise durchgeführt wird (Abschnitt 5.2), bevor wir uns schließlich – ab Abschnitt 5.3 – der Planung und Durchführung ihrer Journeys zuwenden.

5.1 Registrierung und Vorstellung auf Pro-Ana-Websites

Zum Zweck des Neustarts ihres Abnahmeprojekts entscheiden sich neue TeilnehmerInnen einen eigenen Account in einem Pro-Ana-Webforum, einer Social Media Site (z. B. Facebook, Instagram, Tumblr, Twitter) einzurichten oder einen Pro-Ana-Weblog zu erstellen, um aktiv an der sozialen Welt teilnehmen zu können. Das Erstellen eines Accounts dient dabei oft nicht allein der aktiven Teilnahme im Sinne des Schreibens und Veröffentlichens von Beiträgen, sondern auch um auf bestimmte technische Funktionen von Websites überhaupt zugreifen zu können. Instagram beispielsweise erlaubt es seinen NutzerInnen erst nach der Einrichtung eines Accounts anderen NutzerInnen zu folgen, d. h. sich mit diesen zu vernetzen und über deren neueste Aktivitäten auf dem Laufenden gehalten zu werden. In vielen Pro-Ana-Webforen wiederum können bestimmte Forenbereiche erst nach der Registrierung betreten bzw. eingesehen werden.

Ist ein Account bzw. Benutzerkonto erstellt, erhält die NutzerIn in der Regel die Möglichkeit ein mehr oder weniger detailliertes BenutzerInnenprofil anzulegen, in dem Selbstbeschreibungen vorgenommen werden können. Diese Profile sind häufig „in Struktur und Inhalt an kulturelle Repräsentationspraktiken wie den Steckbrief oder die Visitenkarte angelehnt" (Autenrieth & Herwig 2011, 216), sodass typischerweise „neben Name und Bild [...] soziodemographische Angaben (Geschlecht, Alter, Ort), Interessen, bisherige Erfahrungen [...] sowie Kontakte zu anderen Profilen auf der Plattform" (ebd.) vermerkt werden können.

Dieses Profil kann in der Regel von anderen registrierten NutzerInnen eingesehen werden. Die vergleichende Analyse von BenutzerInnenprofilen auf unterschiedlichen Websiteformaten machte eine starke Ähnlichkeit der Profile deutlich: In der Regel verwenden die TeilnehmerInnen an Pro-Ana NutzerInnennamen mit einem Bezug zur Anorexie oder zum Abnehmen, wie z. B. „justbeskinnnny"[1] oder „anorexicc_chick_"[2]. Einige TeilnehmerInnen erzählen zudem unter dem Stichwort „Über mich" von ihren Erfahrungen mit dem Abnehmen oder ihrer Essstörung. Andere nutzen dieses zur Angabe ihrer Körperdaten, wie Körpergröße, aktuelles Gewicht und Zielgewicht. Darüber hinaus teilen einige TeilnehmerInnen soziodemographische Angaben wie ihr Alter, ihr Geschlecht oder ihren Wohnort (Land) mit.

Typischerweise ist es aber nicht (allein) das BenutzerInnenprofil, in dem TeilnehmerInnen an Pro-Ana ihre Selbstbeschreibungen vornehmen, sondern etwa im Fall von Blogging-Sites der Profilkopf oder im Rahmen von Webforen die Signaturen (vgl. Abbildung 5.1). Es steht zu vermuten, dass vor allem Profilköpfe und Signaturen von den TeilnehmerInnen zur Selbstbeschreibung herangezogen werden, weil diese im kommunikativen Handeln stets präsent, d. h. auch für andere sichtbar sind. BenutzerInnenprofile hingegen können nur nach einem vorherigen Anklicken des NutzerInnennamens eingesehen werden, wodurch die TeilnehmerIn auf das entsprechende Profil umgeleitet – und damit kurzzeitig aus der Kommunikation herausgezogen – wird. Stärker noch als die BenutzerInnenprofile gleichen sich die Signaturen und Profilköpfe der TeilnehmerInnen: In ihnen finden sich in der Regel die Daten des Weight-loss-journeys (siehe Abbildung 5.1), d. h. zumeist das aktuelle Gewicht („CW", Current Weight), das bisher erreichte Höchst- und Tiefstgewicht („HW", Highest Weight, „LW", Lowest

---

Weight), die verschiedenen Gewichtsziele, die typischerweise in Zwischenziele und ein ultimatives Zielgewicht („UGW", Ultimate Goal Weight) aufgegliedert sind, und die Körpergröße. Darüber hinaus sind in Profilköpfen und Signaturen noch Hyperlinks zu anderen Pro-Ana-Websites oder Unterforenbereichen gesetzt, auf welchen die TeilnehmerIn ebenfalls ein NutzerInnenprofil unterhält und z. B. einen Blog schreibt.

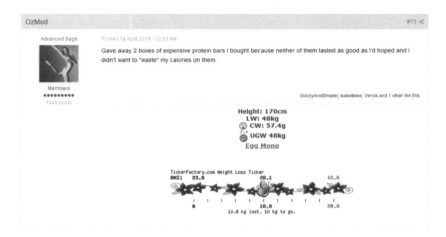

Abbildung 5.1 Forumsbeitrag mit darunterliegender Signatur (OzMed, mpa)

Ist das eigene Profil angelegt, entscheiden sich viele TeilnehmerInnen schließlich ihren ersten eigenen Beitrag in die soziale Welt Pro-Ana einzubringen. Dieser besteht häufig in der persönlichen Vorstellung auf einer Pro-Ana-Website. In Webforen ist zu diesem Zweck in der Regel ein eigenes Unterforum, die „Community Introductions", eingerichtet worden, in dem sich registrierte NutzerInnen der Webforen-Community vorstellen können. Auf anderen Websiteformaten – in der Regel Blogging-Sites – ist es typischerweise der erste Blogeintrag, der die Vorstellung in der sozialen Welt Pro-Ana markiert.

Vorstellungsposts gleichen sich in der Regel über die verschiedenen Pro-Ana-Websiteformate hinweg stark: Zumeist wird in einer solchen Vorstellung die aktuelle Krise im Rahmen der Gewichtsabnahme zum Thema gemacht, in der sich die TeilnehmerIn zum Zeitpunkt ihres Beitrags befindet und die sie zur

Teilnahme an Pro-Ana bewogen hat. Zudem informiert sie die LeserInnen typischerweise über ihre Diäterfahrungen oder ihre psychiatrischen Diagnosen, in der
Regel fokussiert auf Essstörungsdiagnosen. Aber auch depressive Erkrankungen,
Angststörungen oder Zwangserkrankungen (Ordnungszwänge, Kontrollzwänge)[3]
werden häufig genannt. Dann leitet sie die Erzählung über zu ihren Vorstellungen und Wünschen, die sie mit der Teilnahme an Pro-Ana verbindet. Im
nachstehenden Fall sucht „PrincessKMcQ" etwa im Webforum mpa nach einer
Abnehmpartnerin:

> I'm new to this world but looking for a buddy or group to help support and moti-
> vate me as I would like to do in return. I'm a newbie and at this point I fear the only
> thing that will help me loose weight is to wire my jaw shut. I'm literally like an eating
> machine and I'm desperate to stop.
>
> (PrincessKMcQ, mpa-Thread: „Newbie looking for thinspiration, motivation and jaw
> wiring please.")[4]

Zuletzt weisen viele TeilnehmerInnen ihre LeserInnen noch darauf hin, dass sie
sich sehr über Kommentare und private Nachrichten freuen würden und dass sie
hoffen unter ihnen ein paar FreundInnen zu finden.

Auf der Grundlage des Vorstellungsposts und unter Einbezug der Signatur
bzw. des Profilkopfs und des NutzerInnenprofils können andere TeilnehmerInnen zunächst entscheiden, ob sie den Aktivitäten der neuen TeilnehmerIn folgen
wollen oder lieber weiterziehen, um geeignetere PartnerInnen für das eigene
Weight-loss-journey zu finden. Als ‚geeignet' werden in der Regel TeilnehmerInnen betrachtet, die entweder dem eigenen anvisierten Ziel entsprechen und damit
als Vorbild fungieren können oder aber die gleichen Körpermaße aufweisen, um
KonkurrentInnen zu sein (siehe hierzu auch Abschnitt 5.4 und 5.6).

Mit der Entscheidung selbst aktiv und sozial sichtbar zu werden, zielen TeilnehmerInnen in der Regel also auch auf einen kommunikativen Austausch mit
anderen ab. Wie, d. h. in welcher Form dieser jedoch im Einzelnen bestehen
soll, unterscheidet sich zwischen den TeilnehmerInnen mitunter erheblich. Während einige, wie oben am Beispiel von „PrincessKMcQ" gezeigt wurde, eher

---

[3] Wie später in dieser Arbeit deutlich werden wird, spielt die Selbstkontrolle in den Körperprojekten der TeilnehmerInnen eine zentrale Rolle. Wiederholt thematisieren TeilnehmerInnen auf Pro-Ana-Websites, in vielen Bereichen ihres Lebens übermäßig stark kontrollierend
zu sein. Es gelänge ihnen jedoch nicht (durchgehend), so stellen viele häufig frustriert fest,
diese Eigenschaft auch auf ihr Essverhalten zu übertragen.

[4] URL: https://www.myproana.com/index.php/topic/3683901-newbie-looking-for-thinspira
tion-motivation-and-jaw-wiring-please/; Zugriff: 29.11.2019.

ein dyadisches Beziehungsmodell favorisieren, bei dem die PartnerInnen gleichberechtigt, d. h. in der Regel mit ähnlichen Rede- bzw. Schreibanteilen in der Kommunikation vertreten sind, wählen andere stärker selbstzentrierte Formen der Kommunikation, wie sie etwa im Rahmen von Weblogs anzutreffen sind. Letztere zeichnen sich typischerweise durch eine starke Selbstthematisierung aus, bei der die anderen TeilnehmerInnen vor allem als Publikum fungieren, vor dem das eigene Gewichtsabnahmeprojekt durchgeführt wird. Zwar wünschen sich auch TeilnehmerInnen, die sich diesem Kommunikationsmodell verschreiben, durchaus sozialen Austausch mit anderen, jedoch vor allem in der Form, dass diese das eigene Weight-loss-journey kommentieren bzw. rezensieren, sodass sie noch effektiver abnehmen können. Anzumerken ist an dieser Stelle jedoch, dass viele TeilnehmerInnen nicht nur eine Website bzw. ein Websiteformat zur Kommunikation mit anderen und für das eigene Gewichtsabnahmeprojekt nutzen. So wird oft neben der selbstzentrierten Kommunikation auf einem Weblog, regelmäßig eine Abnehmgruppe besucht, die über einen Instant-Messaging-Dienst, wie etwa WhatsApp, geführt wird und stärker reziprok ausgerichtet ist. Aber auch jene TeilnehmerInnen, die einen Weblog betreiben, nehmen in der Regel auf ‚befreundeten', d. h. verlinkten Weblogs, selbst eine Publikumsrolle ein und kommentieren und rezensieren die Beiträge anderer. Ein weiteres häufig in Pro-Ana anzutreffendes Modell der Kommunikation besteht darin, auf einigen Pro-Ana-Websites nur still mitzulesen, auf anderen aber aktiv in Form von Text-, Bild- oder Videobeiträgen teilzunehmen.[5]

Nach der Vorstellung und Registrierung auf einer bzw. mehreren Pro-Ana-Websites beginnen die meisten TeilnehmerInnen schließlich mit der Planung und Durchführung ihres Weight-loss-journeys. Bevor wir uns diese jedoch detailliert anschauen, wollen wir uns zuvor noch ihren zentralen Orten zuwenden, an denen die Weight-loss-journeys typischerweise stattfinden.

5.2 Die zentralen Orte in Pro-Ana

Pro-anorektische Weight-loss-journeys weisen in der Regel zwei zentrale Orte bzw. Aktivitätszentren auf. Diese sind erstens der geografisch-physikalische Ort, d. h. hier vor allem der Wohnort der TeilnehmerInnen und zweitens die vermittels digitaler Kommunikationsmedien erzeugten Websites, auf denen und über

---

[5] Auf die unterschiedlichen Kommunikations- und Beteiligungsformen der TeilnehmerInnen und ihre Bedeutung sowohl für das eigene Weight-loss-journey als auch für die Interaktionsbeziehungen innerhalb Pro-Anas wird in Abschnitt 5.4 und 5.6 noch ausführlich eingegangen.

welche die TeilnehmerInnen miteinander in Kontakt treten. Beide Aktivitätszentren sind dabei auf das Engste miteinander verbunden: Nicht nur dokumentieren
die TeilnehmerInnen beispielsweise ihre lokale Arbeit an ihrem Körper, d. h.
etwa ihre sportlichen Aktivitäten oder ihr Fasten, regelmäßig in der Form von Projekttagebüchern auf Pro-Ana-Websites im Internet. Sie nutzen die auf diese Weise
entstandenen Dokumente auch untereinander wechselseitig als Anleitungen und
Motivationshilfen für ihre lokale Arbeit am Körper.

Trotz der starken Verwobenheit beider Orte ist ihre Trennung zu analytischen
Zwecken an dieser Stelle sinnvoll: Zum einen konnte die Grenzziehung zwischen
online- und offline-Aktivitäten als ein im Feld relevantes Thema herausgearbeitet werden. Zum anderen traten durch den Prozess des analytischen Zuordnens
der Aktivitäten zu ihren zentralen Orten ihre Überschneidungen und Scheidungen
besonders deutlich hervor. Dabei zeigte sich auch, dass die Weight-loss-journeys
der TeilnehmerInnen auf der einen Seite hochgradig individualisierte Handlungszusammenhänge darstellen, auf der anderen Seite aber in reziproker Abhängigkeit
zueinander stehen.

Im Folgenden sollen die beiden Orte also zunächst getrennt voneinander
beschrieben werden. Fokussiert wird dabei vor allem auf ihre relativ dauerhaften, d. h. übersituativen Merkmale, wie etwa die Infrastruktur von Websites oder
das typischerweise am Wohnort anzutreffende Ensemble von Personen, wie etwa
die Familie oder der Freundeskreis, in dem sich die TeilnehmerInnen bewegen.
Diese Merkmale nehmen, so wird in den nachfolgenden Kapiteln gezeigt werden, einen wesentlichen Einfluss auf die Form, in der das Weight-loss-journey
ausgeübt wird.

Die Daten, auf welchen die nachfolgend dargestellten Ergebnisse beruhen,
wurden im Rahmen des in Abschnitt 3.3 beschriebenen methodischen Verfahrens
erhoben und ausgewertet. Die Datengrundlage bilden in erster Linie Pro-Ana-
Websites, Leitfadeninterviews (online und Face-to-Face) sowie ethnographische
Notizen. Ein direkter Zugang zum Wohnort der TeilnehmerInnen war im Rahmen
der Studie nicht möglich, zum einen, weil die TeilnehmerInnen an Pro-Ana ihre
projektbezogenen Handlungen, wie das Erbrechen oder „Bingen" („Essanfälle"),
vielfach selbst als schambesetzt erleben und diese vor Außenstehenden zu ver-
bergen versuchen. Zum anderen verheimlichen die meisten TeilnehmerInnen ihr
Weight-loss-journey an ihrem Wohn- und Arbeitsort, sodass eine teilnehmende
Beobachtung durch die Forscherin dem diskreten Vollzug der Journeys entgegen-
gewirkt hätte. Nicht nur aber erleben die TeilnehmerInnen ihre projektbezogenen
Handlungen mitunter als schambesetzt, sondern vor allem auch ihren Körper.
Auch dies trug dazu bei, dass Face-to-Face-Kontakte mit TeilnehmerInnen eine
Ausnahme blieben und sich letztlich nur vier Face-to-Face-Interviews realisieren

ließen. Diese zunächst für das Forschungsvorhaben ärgerliche Tatsache stellte sich im weiteren Verlauf der Interviews und Felderkundungen jedoch als ein wesentliches Merkmal des Feldes heraus: Die TeilnehmerInnen treffen auch einander nicht in körperlicher Kopräsenz. Ihre sozialen Beziehungen sind im Wesentlichen webmedial über Pro-Ana-Websites geknüpft.

5.2.1 Pro-Ana-Websites

In Abschnitt 2.2 wurden Websites als *kommunikative Dokumente* bezeichnet, womit auf ihre besondere Eigenschaft Bezug genommen wurde, immer zugleich Ort und Dokument von Kommunikation zu sein. Websites dokumentieren digitale Handlungen, vom Zugriff auf die Website, über das Klicken eines „Like"-Buttons bis hin zum schriftlichen Kommentar oder hochgeladenen Video. An diese Dokumente können dann andere BesucherInnen der Website kommunikativ anschließen, indem sie etwa auf den Kommentar schriftlich oder mit visuellen Medien (Bilder, Gifs, Videos) antworten. Nicht nur aber können BesucherInnen einer Website auf dokumentierte Inhalte antworten, sie können diese auch still für sich betrachten oder nach relevanten Informationen für das eigene Weight-loss-journey durchsuchen. Die Dokumente fungieren dann als eine Art pro-anorektisches Wissensarchiv, das nach Bedarf angezapft werden kann (vgl. Abschnitt 5.7.1). Den archivierten Inhalten kommt aber in webmediatisierten Umgebungen noch eine weitere Rolle zu. Sie informieren BesucherInnen darüber, wo sie sich befinden, wie etwas gemeint oder zu verstehen ist. Pro-Ana-Websites beispielsweise weisen in Bezug auf ihren Aufbau, aber auch auf ihre Inhalte einen hohen Grad an Standardisierung bzw. Konventionalisierung auf (siehe hierzu auch Abschnitt 7.2.1).

> Diese Nutzung gesellschaftlicher Typisierungen von Situationen hilft dabei, Handlungen anderer, und auch die eigenen, zu identifizieren oder sie auch anderen verständlich zu machen […]. Dieser gesellschaftliche Bestand an Situations- und Handlungstypisierungen (Rahmen) ist Ergebnis der Geschichte einer Interaktionsgemeinschaft oder besser: er besteht aus – im Laufe der Geschichte absedimentierten – Handlungsmustern und -abfolgen, die sich in dieser Gemeinschaft bis zu diesem Zeitpunkt als ,erfolgreich' (the fittest) bewährt haben (Reichertz & Marth 2010, 244).

Im Folgenden sollen die verschiedenen Websiteformate beschrieben und unterschieden werden, welche typischerweise von den TeilnehmerInnen an Pro-Ana frequentiert, d. h. aufgesucht oder selbst erstellt werden. Zu diesen zählen etwa

die klassische Website, der Weblog, der Microblog, der Bildblog sowie das
Webforum.

Klassische Websites, Kommunikationsforen und Weblogs
Die klassische Website und der Weblog unterscheiden sich in Aufbau und Funk-
tion oft nur wenig voneinander. Beide Formate verfügen in der Regel über eine
Homepage oder Einstiegsseite, von der aus über eine Navigationsleiste (ähnlich
einem Inhaltsverzeichnis) auf die weiteren Inhalte bzw. Webseiten zugegrif-
fen werden kann. Das wesentliche Merkmal, das die klassische Website vom
Weblog – und anderen Websiteformaten – unterscheidet, ist, wie ich mit Boris
Traue zeigen konnte,

> ihr vergleichsweise statischer, zeitlich relativ stabiler Aufbau und die begrenzteren
> Möglichkeiten zur Kommunikation zwischen Besuchenden und Webmastern. So steht
> Besuchenden oft allein das sogenannte »Gästebuch« oder ein Kontaktformular zur
> Verfügung, um mit dem Webmaster in Kontakt zu treten oder um mit der Website zu
> interagieren. Eine Ausnahme bildet hier das Kommunikationsforum, eine durch den
> Webmaster eingerichtete Infrastruktur für den wechselseitigen Austausch zwischen
> Besuchenden der Website, an der in der Regel auch der Webmaster teilnimmt – in
> administrativer, teilnehmender und/oder moderierender Funktion (Schünzel & Traue
> 2019, 1002).

Der oder die Webmaster eines Kommunikations- bzw. Webforums können darüber entscheiden, wer über Lese- oder Schreibrechte verfügt. Die Bandbreite
bewegt sich hier zwischen Foren, in denen auch nicht registrierte Gäste Beiträge schreiben können, bis zu solchen, in denen bereits der Lesezugriff auf
registrierte und autorisierte Mitglieder beschränkt ist (vgl. Taddicken & Schmidt
2017, 10). Eine Registrierung bietet den TeilnehmerInnen dabei die Möglichkeit, ein sogenanntes NutzerInnenprofil anzulegen, das eine mehr oder weniger
detaillierte Selbstbeschreibung erlaubt. Wie Taddicken und Schmidt bemerken,

> ist aber nicht das Profil das zentrale, die Kommunikation strukturierende Element,
> sondern der »Thread«: die chronologisch sortierte Abfolge von Nachrichten zu
> einem initialen Beitrag, einer Frage, o. Ä. Threads wiederum sind üblicherweise
> in inhaltliche Bereiche gegliedert, um die Orientierung innerhalb der vielen auf
> einer Diskussionsplattform ablaufenden Konversationen zu erleichtern (Taddicken &
> Schmidt 2017, 11).

Das Erstellen und Betreiben von Foren stellt heute durch die Verfügbarkeit weitgehend vorgefertigter Forensoftware in der Regel keine größere Herausforderung

mehr dar. Ähnlich wie das Gästebuch oder das Kontaktformular kann der Foren-
bereich mittels Navigationsleiste von BesucherInnen der Website angesteuert
werden.

Während sich die klassische Pro-Ana-Website in den späten 1990er und frühen 2000er Jahren typischerweise noch in einen öffentlichen Bereich, der für alle
einsehbar und frei zugänglich war, und einen nach außen abgeschirmten forenin-
ternen Bereich, das Webforum, untergliederte[6], findet sich diese Aufteilung heute
nur noch selten. Der öffentliche Bereich umfasste in der Regel eine Sammlung
von „Tipps & Tricks" zur Gewichtsabnahme, Definitionen zentraler Begriffe, wie
„Pro-Ana" oder „Anorexia nervosa", sowie eine Bildergalerie, in der Fotografien
magerer junger Frauen (und Männer) ausgestellt wurden, die den TeilnehmerInnen als Inspiration und Motivation zum dünn werden oder bleiben galten.
Heute dominiert auf klassischen Websites in der Regel der interne, passwortgeschützte Bereich des Webforums, in den die Inhalte des vormalig öffentlichen
Bereichs transferiert wurden (siehe Abbildung 5.2). Das Webforum ist häufig
zugangsbeschränkt, d. h. in der Regel erst nach einem erfolgreich durchlau-
fenden Bewerbungsverfahren zu betreten. Es gibt aber auch Pro-Ana-Webforen,
die zumindest teilweise öffentlich, d. h. ohne vorherige Registrierung zugänglich
sind. Schreibrechte obliegen jedoch häufig auch dort ausschließlich registrierten
Mitgliedern. Nicht registrierten BesucherInnen bleiben zudem gewisse Forenbereiche verschlossen. Im Fall von MyProAna.com betrifft dies zum Beispiel
das Thinspiration-Unterforum oder den Tagebuchbereich, in dem Mitglieder ihre
Weight-loss-journeys dokumentieren.

---

[6] Ein Beispiel für eine klassische Pro-Ana-Website ist „House of Thin", deren Webforum – und inzwischen die ganze Website – heute nur noch über archive.org zugänglich ist; URL: https://web.archive.org/web/20080912033748/http://www.houseofthin.com/
entrance/forum.php; Zugriff: 29.06.2021.

Abbildung 5.2 Pro-Ana-Webforum "Butterflies & Dragonflies United"

Diese Verlagerung der Kommunikation hinter verschlossene Webforentüren ist vermutlich eine Folge der seit den frühen 2000er Jahren in den USA und (mit kleiner Verzögerung in) Europa einsetzenden Interventionsmaßnahmen durch den Jugendschutz und Vereinen zur Prävention von Essstörungen, welche die Schließung zahlreicher Pro-Ana-Websites veranlassten.

Anstelle des Webforums oder Gästebuchs wird auf einem Weblog typischerweise ein Logbuch geführt, d. h. eine Art chronologisch geordnetes Tagebuch, das zumeist öffentlich einsehbar ist. Die Schreibrechte verbleiben in der Regel aber bei der bzw. den WebmasterInnen. BesucherInnen hingegen können Blogbeiträge allenfalls kommentieren oder „Querverweise zu eigenen Blog-Beiträgen oder anderen Web-Angeboten einfügen" (Beck 2010b, 30). Es ist zudem möglich, den eigenen Weblog mit anderen Weblogs zu verlinken und sich mittels RSS-Feed (Rich Site Summary-Feed) regelmäßig über die neuesten Beiträge auf diesen informieren zu lassen. Verlinkte Weblogs werden in der Regel in der Blogroll, d. h. einer auf der Homepage und allen Unterseiten platzierten Linksammlung zu anderen Weblogs, angezeigt. Auf diese Weise halten sich verlinkte Weblogs wechselseitig über ihre neuesten Beiträge auf dem Laufenden.

Weblogs werden in der sozialen Welt Pro-Ana vor allem als Orte der Selbstthematisierung verwendet. Zumeist dokumentiert eine TeilnehmerIn auf ihrem in der Regel mit Hilfe eines Baukastensystems eingerichteten Weblog ihr Weight-loss-journey. Baukastensysteme für Websites stellen zumeist fertige Websitedesigns, wie etwa Vorlagen für die Gestaltung des Hintergrunds oder des Layouts, bereit. Durch den regelmäßigen Zugriff der TeilnehmerInnen auf Baukastensysteme ähneln sich Pro-Ana-Weblogs in Bezug auf ihr Design in der Regel stark. Abbildung 5.3 zeigt Pro-Ana-Weblogs, die mit einem Baukastensystem des Blogging-Dienstes „Blogger.com" erstellt wurden.

In einem typischen Pro-Ana-Weblog findet sich im oberen Bilddrittel zumeist der Titel des Blogs. Darunter ist häufig ein Disclaimer oder die Navigationsleiste platziert, die der operativen Orientierung innerhalb des Blogs dient. Die Mitte des Blogs bildet schließlich den „Informationskern, also das Schaufenster zum aktuellsten Informationsfluss" (Corsten & Herma 2015, 218). Auf der rechten Blogseite findet sich häufig das Website-Archiv, in dem die Logbucheinträge nach Jahren und Monaten sortiert, gelistet sind. Häufig sind an dieser Stelle aber auch der Disclaimer, Umfragen, ein kurzer Steckbrief oder die Navigationsleiste platziert.

Nicht nur in ihrem Design gleichen sich Pro-Ana-Weblogs oft erheblich, sondern auch in ihren Inhalten: Ein typischer Weblog enthält einen Steckbrief der TeilnehmerIn, der zumeist unter der Rubrik „Über mich" oder „Ich" hinterlegt ist. In diesem informiert sie ihre LeserInnen über ihre persönlichen Körperdaten, wie Körpergröße, aktuelles Gewicht, Zielgewicht, ihr Alter sowie über ihre Hobbies. Des Weiteren beschreibt die WeblogbetreiberIn – zumeist unter der Rubrik „Meine Geschichte" – wie und warum sie zu Pro-Ana fand. Zudem finden sich auf fast allen Pro-Ana-Weblogs Sammlungen von Diäten und weitere Tipps und Tricks zum effektiven Abnehmen sowie das Logbuch, in dem das eigene Weight-loss-journey dokumentiert ist. Die Sammlungen von Diättipps werden häufig, so

Abbildung 5.3 Drei Weblogs, die mit dem Blogging-Dienst „Blogger" (blogger.com) erstellt wurden

steht zu vermuten, durch ein „Copy & Paste"-Verfahren von anderen Pro-Ana-Weblogs übernommen, da diese einander in der Regel – sogar in Bezug auf Rechtschreibfehler – gleichen.

Bildblogs
Neben Weblogs und klassischen Websites erfreut sich der Bildblog[7] in Pro-Ana einer großen Beliebtheit. Dabei wird häufig auf Onlinedienste wie Instagram oder Tumblr zurückgegriffen, in denen Bilder gesammelt und arrangiert werden können. Im Folgenden sollen die beiden genannten Onlinedienste zunächst in ihren wesentlichen Funktionen und ihrem typischen Aufbau beschrieben werden.[8]

---

[7] Die nachfolgenden Ausführungen zu Bildblogs wurden im Wesentlichen in den Jahren 2016 und 2017 angefertigt. In der Zwischenzeit haben sich einige Funktionen der genannten Onlinedienste geringfügig verändert bzw. es sind neue hinzugekommen, wie etwa auf Instagram die Möglichkeit mit befreundeten Profilen gemeinsam über die Funktion „Watch Together" Filme oder Videos zu schauen.

[8] Auch andere Bildblogging-Dienste, wie etwa Pinterest, werden in Pro-Ana genutzt und wurden in der Datenanalyse berücksichtigt. Da sich ihre Verwendungsweisen durch die TeilnehmerInnen häufig aber nicht nennenswert voneinander unterscheiden, wird in dieser Darstellung nur auf zwei in meiner Untersuchung stark frequentierte Blogging-Dienste eingegangen.

Ein **Instagram**-Blog ist in der Regel in drei unterschiedlich große Segmente unterteilt. Das erste und kleinste Segment des Blogs bildet die durch Instagram voreingestellte Navigations- und Informationsleiste. Hier findet sich das Logo von Instagram, eine Schaltfläche zum Suchen nach anderen Instagram-Blogs, z. B. über eine Stichwortsuche, sowie die Möglichkeit die Instagram-App zu installieren oder sich in einen bereits bestehenden Account einzuloggen. Das zweite direkt darunter folgende Segment, das ungefähr dreimal so groß ist, stellt den „Kopf" des Blogs dar, der das Profilbild, den Blognamen und Angaben zum Vernetzungsgrad des besuchten Blogs enthält, d. h. hier etwa die Anzahl der abonnierten Blogs sowie der AbonnentInnen. Darüber hinaus ist vermerkt, wie viele Beiträge, d. h. in der Regel Bilder[9], im Blog bisher gepostet wurden. Unter diesen Zahlen finden sich weitere Informationen zum Blog, welche die BloggerIn, wie bereits ihr Profilbild und ihren Blognamen, selbst festlegen kann.

Das letzte und größte Segment bildet die Bildergalerie, in der Bilder kachelförmig angelegt werden können. Die Kacheln – alle in gleicher Größe – sind so angeordnet, dass immer jeweils drei Bilder horizontal nebeneinander stehen (siehe Abbildung 5.4). Die Anzahl der Bilder, die in einen Blog integriert werden können, ist nahezu unbegrenzt. Während die Anzahl der Bilder im Blog frei bestimmbar scheint, sind ihrer Anordnung enge Grenzen gesetzt: Bilder können nur chronologisch in den Blog eingefügt werden. Eine nachträgliche Umgestaltung der Reihenfolge ist (bisher) nicht möglich; allenfalls können einzelne Bilder gelöscht werden. Hinter den kachelförmig angeordneten Bildern können von der BlogbetreiberIn oder ihren Gästen Textkommentare hinterlegt werden, die beim Anklicken des Bildes neben dem Bild erscheinen. Hochgeladenen Bildern, Videos und GIFs können schließlich noch ‚Hashtags' zugeordnet werden, d. h. Schlagworte, über die Beiträge mit bestimmten Inhalten oder zu bestimmten Themen in sozialen Netzwerken auffindbar werden. Viele TeilnehmerInnen versehen ihre Beiträge regelmäßig mit pro-ana-typischen Hashtags, wie #ana, #proana, #skinny, #thinspiration. Auf diese Weise können sie nicht nur ihre Zugehörigkeit zur sozialen Welt Pro-Ana ausdrücken, sondern auch ihren LeserInnenkreis beschränken. Indem jedoch vielmals Beiträge mit mehreren Hashtags gleichzeitig bezeichnet werden, von denen auch einige über den Verwendungszusammenhang Pro-Ana hinausreichen, kommt es häufig vor, dass Pro-ana-spezifische Blogs auch Außenstehenden in den Blick geraten. Verschlagwortet etwa eine TeilnehmerIn einen ihrer Blogbeiträge – neben Pro-ana-spezifischen Hashtags – mit dem Hashtag

---

[9] Es ist auch möglich, Videos oder GIFs in den Blog einzupflegen, wobei diese beim Durchscrollen des Blogs zunächst als Bilder angezeigt werden. Sie sind jedoch mit einem Kamerasymbol versehen. Erst beim Anklicken des Bildes wird das GIF oder Video dann abgespielt.

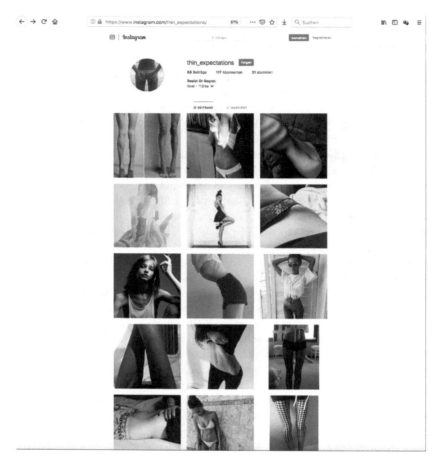

Abbildung 5.4   Ein Thinspiration-Blog beim Onlinedienst Instagram

#sport, so kann jener Beitrag prinzipiell all jenen BloggerInnen angezeigt werden, die nach entsprechendem Schlagwort gesucht haben. Somit treffen Außenstehende oft auch zufällig auf pro-anorektische Inhalte, die einige von ihnen als den „Community Guidelines" der Bloggingplattform entgegenstehend melden.[10]

---

[10] Die Community Guidelines vieler Social Media Sites verbieten in der Regel jegliche Kommunikation, die pro-ana-typische Züge trägt, d. h. etwa Profile, in denen sich Personen

Registrierte NutzerInnen können auf Instagram auf verschiedene Weise miteinander Kontakt aufnehmen bzw. ein Gespräch beginnen. Die Bildkommentierung bildet dabei zum Beispiel eine Möglichkeit der Kommunikation zwischen BlogbetreiberIn und ihren LeserInnen. Darüber hinaus können sich BloggerInnen über ein wechselseitiges Abonnieren ihrer Blogs miteinander verbinden und sich auf diese Weise über ihre jeweils neuesten Ereignisse informieren. Als dritte Möglichkeit können AkteurInnen sich zu privaten Chats zusammenfinden. Instagram bietet zu diesem Zweck ein Chatsystem an, dass sich „Instagram Direct" nennt. Über dieses System können private Textnachrichten verschickt und Videochats mit anderen Instagram-NutzerInnen geführt werden, die für Dritte nicht sichtbar sind. Zudem schlägt der Onlinedienst Instagram seinen registrierten NutzerInnen zum Beispiel auf Grundlage der Personen, denen bisher gefolgt wird, andere Blogs vor, denen sie vielleicht auch folgen möchten.

Neben Instagram ist **Tumblr** ein Blogging-Dienst, auf dem vorwiegend Bildmedien gepostet und geteilt werden. Das Teilen von Beiträgen wird in Tumblr über das sogenannte „Reblogging" ermöglicht, bei dem ein bereits geposteter Beitrag noch einmal durch eine andere BloggerIn gepostet wird; allerdings stets mit dem Verweis auf die ursprüngliche Quelle des Beitrags.

Wie bereits für den Blogging-Dienst *Instagram* beschrieben, können angemeldete NutzerInnen anderen Tumblr-Blogs folgen, um sich deren Blogbeiträge im eigenen „Dashboard", der zentralen Arbeitsoberfläche in Social Media Blogs, anzeigen zu lassen. Zudem schlägt Tumblr seinen NutzerInnen im Dashboard regelmäßig auf Grundlage der eigenen Suchhistorie und verlinkten Tumblr-Blogs andere Profile vor, denen die NutzerIn vielleicht ebenfalls folgen möchte. Neben dem Verfolgen anderer Blogs können NutzerInnen von Tumblr auch über ein plattforminternes Messaging-System miteinander in Kontakt treten, bei dem andere NutzerInnen zu privaten Chats eingeladen werden können. Ebenfalls ist es möglich Kommentare bzw. „Antworten", wie es bei Tumblr heißt, auf Blogbeiträge zu schreiben. NutzerInnen können hierbei zwischen drei technischen Einstellungen wählen, die darüber entscheiden, wer auf Beiträge antworten darf. Es ist möglich, allen NutzerInnen von Tumblr das Antworten zu erlauben oder nur NutzerInnen, deren Blog gefolgt wird oder die dem eigenen Blog seit mindestens einer Woche folgen.

---

als Pro-Ana positionieren oder einschlägige Hashtags wie #proana, #anafamily, #bonespiration sowie dazugehöriges Bild- und Textmaterial (thinspiration, bonespiration). Ein Verstoß gegen die Community Guidelines kann schließlich die Sperrung des gemeldeten Blogs nach sich ziehen.

Neben reinen Bildblogs können über den Blogging-Dienst Tumblr auch ‚klassische' Weblogs (Abbildung 5.5) entworfen werden, mit Navigationsleiste im oberen Bilddrittel und Schaufenster in der Mitte des Blogs.

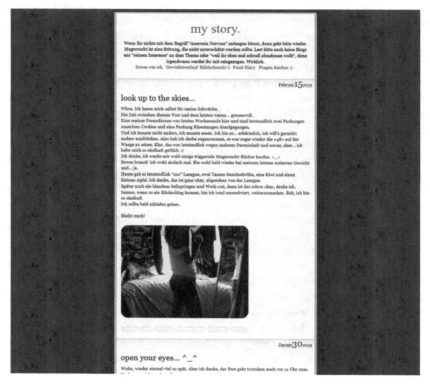

Abbildung 5.5 Tumblr-Blog im Weblog-Format

Darüber hinaus kann ein Tumblr-Blog auch in der Form eines Microblogs (Abbildung 5.6) angelegt werden, wie ihn der Onlinedienst Twitter anbietet. Entscheiden sich TeilnehmerInnen an Pro-Ana für letztgenanntes Format, posten sie in der Regel vor allem Bilder, Statusmeldungen und Motivationssprüche (sogenannte „thinlines"), folgen anderen TeilnehmerInnen und rebloggen deren Beiträge. Blogs hingegen, die im Format eines Weblogs oder eines Bildblogs (Abbildung 5.7) entworfen sind, weisen in der Regel auch inhaltliche Nähe zu

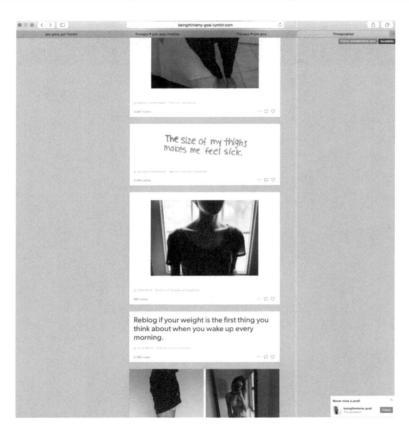

Abbildung 5.6 Tumblr-Blog im Format eines Microblogs

diesen Websiteformaten auf, d. h. etwa, dass auf Tumblr-Blogs im Weblog-Format ausführlichere Dokumentationen des eigenen Weight-loss-journeys vorgenommen werden.

Zur Bloggestaltung stellt Tumblr seinen NutzerInnen sieben Eintragstypen zur Verfügung (Text, Foto, Zitat, Link, Chat, Audio, Video), die nach eigenem Geschmack im Framework des Blogs, der sich beliebig erweitern lässt, platziert werden können. Damit bietet Tumblr die Möglichkeit, multimedial zu kommunizieren. Anders als bei Instagram können Bilder und Textbeiträge zudem – auch nach ihrem Upload – neu arrangiert werden.

Abbildung 5.7 Tumblr-Blog im Bildblog-Format

Auch bei Tumblr können Beiträgen Hashtags zugeordnet werden. Werden diese innerhalb eines Blogs angeklickt, zeigt Tumblr alle Beiträge des Blogs, die mit diesem Hashtag markiert wurden, untereinanderstehend an. Die

Blogging-Plattform Tumblr verfügt zudem, wie auch Instagram, über eine Schlagwortsuche, über die etwa durch die Eingabe pro-ana-typischer Schlagworte andere TeilnehmerInnen an Pro-Ana gesucht werden können.

Microblog

Wie die Bezeichnung Microblog bereits andeutet, handelt es sich beim diesem um eine Variante des Blogs, bei dem die Länge der einzelnen Beiträge auf wenige hundert Zeichen begrenzt ist. Der bekannteste Vertreter des Microblogs ist Twitter, der auch in Pro-Ana regen Zulauf findet (Abbildung 5.8). Als Blogging-Plattform weist Twitter eine Reihe ähnlicher Funktionen auf, wie sie bereits für die oben genannten Plattformen beschrieben wurden. Auch bei Twitter gibt es die Möglichkeit mit anderen registrierten NutzerInnen private Nachrichten auszutauschen oder diese (teil-)öffentlich durch die Verwendung der Zeichenfolge @username direkt zu adressieren.

> Durch das Verwenden der Adressierungsfunktion kann so eine Art Dialog über mehrere Tweets [Beiträge; A.S] hinweg geführt werden [...]. Die Folge @username wird jedoch nicht nur für Reaktionen und Antworten auf Tweets verwendet, sondern ist zum Teil schlicht ein aufmerksamkeitserzeugendes Mittel: Vergleichbar mit dem CC-Feld bei E-Mails (CC: Carbon Copy), das es erlaubt, eine »Kopie« der Nachricht an weitere E-Mail-Adressen zu senden (Autenrieth & Herwig 2011, 219).

Darüber hinaus kann auch bei Twitter anderen Microblogs gefolgt werden, woraufhin deren Beiträge, analog zum Dashboard bei Tumblr oder Instagram, in der „persönlichen Timeline" erscheinen. Auch das Rebloggen, das bei Twitter jedoch ‚Retweeten' heißt, findet sich hier wieder, ebenso wie die Möglichkeit Hashtags für hochgeladene Beiträge zu vergeben, wodurch sich auch hier einzelne Nachrichten inhaltlich zuordnen lassen. Hashtags werden bei Twitter jedoch, anders als etwa bei Tumblr und Instagram, direkt im laufenden Text ausgezeichnet.

Neben den beschriebenen Ähnlichkeiten mit anderen Websiteformaten, lassen sich für einen Microblog des Onlinedienstes Twitter auch eine Reihe von Unterschieden benennen. Haben NutzerInnen etwa noch keine Follower gefunden, geben sie ihre Beiträge zunächst in einen diffusen Raum von Nachrichten hinein. Bei Instagram oder Tumblr hingegen können NutzerInnen, wie auch auf einem Weblog, persönliche Blogs anlegen, in denen sie etwa über ihr Weight-loss-journey berichten. Auf Twitter hingegen besteht diese Möglichkeit nicht, vielmehr können kurze Nachrichten in die Twitter-Gemeinschaft abgegeben werden. Durch die Vergabe von Hashtags und die Möglichkeit nach Hashtags zu suchen, gelingt es NutzerInnen aber vermutlich sehr schnell, Gleichgesinnte bzw. FollowerInnen und damit KommunikationspartnerInnen zu finden.

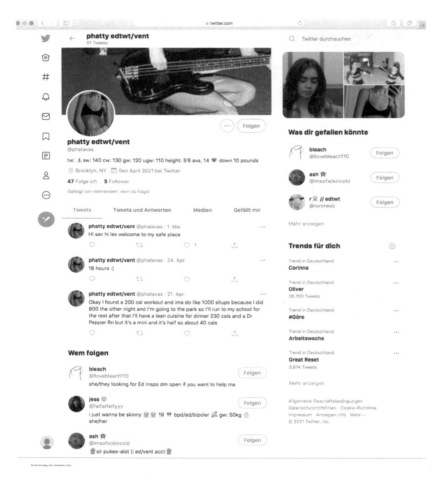

Abbildung 5.8   Pro-Ana-Mircoblog beim Onlinedienst Twitter

Instant Messenger
Etwas anders gelagert als bisher beschriebene kommunikative Dokumente sind
Instant-Messaging-Systeme. Sie werden vor allem über das Smartphone betrieben
und ermöglichen in erster Linie nichtöffentliche Kommunikation zwischen regis-
trierten und einander bekannten NutzerInnen. Instant-Messaging-Dienste, wie
WhatsApp, *Kik Messenger* oder *Skype*, bieten mobile Anwendungsprogramme

(Apps) für das Smartphone oder stationäre Programme für den Computer oder Laptop an, die sich NutzerInnen – in der Regel kostenlos – auf ihr privates Gerät herunterladen und dort installieren können. Anschließend müssen sie sich in der Regel registrieren, einen BenutzerInnennamen festlegen und ein Profil anlegen. Ist das getan, können sie mit anderen NutzerInnen dieser Software in private Chats eintreten. Kommunikativ adressiert werden können allerdings allein NutzerInnen, deren Name oder Telefonnummer der AbsenderIn bekannt sind. Aus diesem Grund kommen Chats über diese Dienste vor allem zwischen Personen zustande, die einander bereits kennen oder an anderer Stelle, etwa in einem Pro-Ana-Webforum, einladen. Instant-Messaging-Dienste sind „zwar primär für die synchrone dyadische Kommunikation […] gedacht […], [werden] aber auch asynchron und *in* Gruppen […] genutzt" (Beck 2010b, 26). Über Instant-Messaging-Dienste können in der Regel sowohl Textnachrichten als auch (Bewegt-)Bilder, Videos und Audiodateien verschickt werden.

5.2.2 Das lokale Umfeld

Der zweite Ort, an dem das Weight-loss-journey ausgeübt wird, ist das lokale Umfeld der TeilnehmerInnen, d. h. ihr Wohnort, an dem sie die Schule oder Universität besuchen bzw. ihrem Beruf nachgehen und zumeist einen mehr oder weniger engen Freundeskreis pflegen. Dem Wohnort kommt im Projektkontext eine besondere Rolle zu, weil an ihm die tatsächliche Arbeit am Körper verrichtet werden muss. Während die TeilnehmerInnen auf unterschiedlichen Websiteformaten im Internet, wie in den nachfolgenden Kapiteln ausführlich gezeigt werden wird, ihre Weight-loss-journey-Pläne schreiben, Rezeptwissen sammeln und austauschen sowie einander motivationale und handlungspraktische Unterstützung zukommen lassen, müssen sie an ihrem Wohnort das erworbene Wissen und die aufgestellten Pläne umsetzen. Dabei stellen sich den TeilnehmerInnen regelmäßig Probleme.

Ein Problem betrifft etwa das Ensemble von Personen, das im lokalen Umfeld der TeilnehmerInnen typischerweise anzutreffen ist. Anders als auf den Pro-Ana-Websites besteht dieses vor allem aus Personen, vor denen das Weight-loss-journey verborgen werden muss. Bemerken nämlich etwa Eltern, dass ihr Kind Zeichen einer Essstörung zeigt, können die TeilnehmerInnen in der Regel nicht länger wie geplant an ihrem Projekt arbeiten. Insbesondere Eltern insistieren dann oft hartnäckig auf eine Rückkehr zu einem ‚normalen' Essverhalten oder gar zu einer Inanspruchnahme von therapeutischer Hilfe. Von diesen Sorgen

zeugt etwa das nachstehende Zitat, das einem Interview mit einer TeilnehmerIn
an Pro-Ana entstammt.

> weil wenn es jemand entdeckt, kann man nicht mehr damit weitermachen, egal wie
> die Eltern dazu stehen, wenns irgendwann zu schlimm wird, kommen halt, wenn die
> Eltern das nicht machen, dann kommen halt Therapeuten oder Lehrer merken es oder,
> landen im Endeffekt im Krankenhaus und dann kommts raus (ForeverCherry; Face-
> to-Face-Interview).

Vor allem für minderjährige TeilnehmerInnen, die noch im Kreis ihrer Familie
leben, ist es mitunter eine schwierige Aufgabe, ihr Abnahmeprojekt erfolgreich voranzubringen, d. h. schnell und drastisch an Gewicht zu verlieren, dies
aber unbemerkt von Eltern und Geschwistern zu bewerkstelligen. In Pro-Ana-
Webforen und auf -Blogs tauschen TeilnehmerInnen daher regelmäßig Tipps
und Tricks aus, wie das eigene Weight-loss-journey vor Familie und Freunden
verheimlicht werden kann.

> Hi! So I have a question, I'm curious how you hide your weight loss from family or
> maybe friends? I have this problem for a while, my parents force me to eat all the time
> because of my dieting and anemia...
>
> Thanks for any help xoxo!!
>
> (crvltyx; mpa-Thread: „How to hide weight loss from family?")[11]

Aus diesem Grund wird sowohl das Weight-loss-journey als auch die Teilnahme
an Pro-Ana im lokalen Umfeld als ein gut gehütetes Geheimnis gelebt. Hierzu
gehört es, so berichten die TeilnehmerInnen auf ihren Weblogs und in Pro-
Ana-Webforen, die Onlineaktivitäten auf Pro-Ana-Websites vor den neugierigen
Blicken von Angehörigen, FreundInnen und Bekannten abzuschirmen.

> Does anyone here have any ideas how to do this?
>
> When I'm on MPA and EDC I use Chrome as a browser as my family use the same
> iPad account. if I browsed ed stuff in safari they might come across it. Hence the
> reason for chrome.
>
> When I see thinspo here I'd like to save it but I can't save to my photos as it would
> appear everywhere else. Any ideas how to do this?
>
> Thanks x

---

[11] https://www.myproana.com/index.php/topic/3900629-how-to-hide-weight-loss-from-fam
ily/?hl=%2Bhide#entry69770835; Zugriff: 2.12.2019.

(Mrs rabbit41; mpa-Thread: "How to hide thinspo on IPAD?")[12]

Was heute etwa durch das Smartphone für viele Teilnehmerinnen an Pro-Ana kein größeres Problem darstellt, konnte für TeilnehmerInnen der ersten Stunde ein durchaus schwieriges Unterfangen sein. Vielfach existierte im Haushalt nur ein Desktopcomputer, der zudem vielmals im Wohnzimmer platziert war. So war ein unbegrenzter Zugang zu Pro-Ana, wie er heute vielen TeilnehmerInnen offen steht, in den späten 1990er und frühen 2000er Jahren noch die Ausnahme. Der Zugang zum Computer musste mit Eltern, Geschwistern oder der Lebens-partnerIn geteilt werden, sodass nur ein geringes Zeitfenster am Tag blieb, in dem Pro-Ana-Websites aufgesucht werden konnten. Zudem stellte das Surfen im Gemeinschaftsraum, zumeist dem Wohnzimmer, alles andere als eine private Aktivität dar. Ständig musste damit gerechnet werden, dass andere den Raum betreten und einen Blick über die Schulter auf die Onlineaktivitäten werfen. Selbst wenn ein günstiger Zeitpunkt abgepasst werden konnte, an dem die Teil-nehmerInnen sich während des Surfens allein zu Hause befanden, mussten sie Vorkehrungen treffen, dass ihre Suchanfragen und besuchten Websites nicht mehr im Zwischenspeicher des Computers auftauchten oder private Dateien auf der Festplatte hinterlegt waren.[13] Viele TeilnehmerInnen nutzten aus diesem Grund etwa Computer der örtlichen Bibliothek, um Pro-Ana-Websites zu besuchen. Aber auch dort hatten sie stets das Gefühl, dass ihre Aktivitäten entdeckt und sank-tioniert werden könnten, beispielsweise in Form einer Mitteilung an die Eltern. Im größten internationalen Pro-Ana-Webforum, mpa, tauschen sich immer wie-der TeilnehmerInnen über ihre Erfahrungen mit den frühen Pro-Ana Jahren aus. Dabei stellen sie häufig Vergleiche zwischen ihren damaligen und heutigen Erfah-rungen mit Pro-Ana an. So schreibt etwa die Teilnehmerin *Ewe*, die ihren Account im Webforum inzwischen gelöscht hat, über ihre Erfahrungen mit dem Besuch von Pro-Ana-Websites auf öffentlichen Computern in Bibliotheken:

> It's actually like really scary when you think about it. I could've been in so much trou-ble but I went on the computers at lunch time pretty much every day. I'm pretty sure the only reason why I wasn't caught up was because the librarians really liked me because I was a good kid and didn't treat them like poop, and because all of the sites I went on probably had really harmless-sound names aha.

---

[12] https://www.myproana.com/index.php/topic/3566947-how-to-hide-thinspo-on-ipad/; Zugriff: 2.12.2019.

[13] Der „Privacy mode" etwa, mit dem eine Browser-Chronik heute zu deaktivieren ist, war erst im Jahr 2005 für den Webbrowser Safari und im Jahr 2010 für Chrome, Firefox und den Internet Explorer verfügbar.

(Ewe; mpa-Thread: "History of pro-ed internet communities")[14]

Heute besitzen die meisten TeilnehmerInnen ein eigenes Smartphone, mit dem sie in der Regel einen privaten Zugang zum Internet haben. Zudem verfügen viele zusätzlich über einen persönlichen Laptop, der ebenfalls für den Besuch von Pro-Ana-Websites genutzt wird. Das eigene Gerät schützt jedoch nicht immer und automatisch vor neugierigen Blicken anderer. Viele TeilnehmerInnen berichten, dass etwa der eigene Freund oder die Freundin, aber auch FreundInnen oder Familienangehörige hin und wieder ihr Smartphone durchblättern und sie deshalb Pro-Ana-Inhalte, wie zum Beispiel Thinspiration-Bilder, die sie als Vorbilder zur Inspiration und Motivation ihres Weight-loss-journeys sammeln, auf ihren Telefonen und Laptops in passwortgeschützte Ordner verschieben oder ihnen ‚unverfänglichere‘ Namen zuweisen, wie zum Beispiel Fashionbilder.[15] Einige TeilnehmerInnen sind sogar dazu übergegangen, gar keine Pro-Ana-Inhalte mehr auf ihren Endgeräten zu speichern, sondern diese nur noch online – auf ihrem Weblog, Bildblog oder in einem Webforum – aufzubewahren und anzusehen.

Am Wohnort, so stimmen die meisten TeilnehmerInnen an Pro-Ana überein, können das Abnahmeprojekt und die Teilnahme an Pro-Ana nur unter der Bedingung ihrer Geheimhaltung[16] gelebt werden, weil ansonsten etwa Sorgepflichtige, wie Eltern und LehrerInnen oder LebenspartnerInnen und FreundInnen, in das Projekt intervenieren würden bzw. müssten. Hier bedeutet das Geheimnis also eine Technik, ohne die, wie es Georg Simmel formuliert, „gewisse Zwecke [innerhalb eines sozialen Milieus] überhaupt nicht zu erreichen" (Simmel 2008, 185) wären. Unter einem Geheimnis versteht Simmel „das durch positive oder negative Mittel getragene Verbergen von Wirklichkeiten" (ebd., 184). Durch dieses Verbergen, das nicht ohne eine strenge Grenzziehung zwischen den in das Geheimnis Eingeweihten und den Ausgeschlossenen auskommt, ermöglicht es, das Geheimnis den Eingeweihten gewissermaßen eine „zweite[.] Welt neben der offenbaren" (Simmel 2008, 184) zu haben. Diese geheime Welt kann reizvoll sein, wie Simmel betont, nicht zuletzt aufgrund des „formal geheimnisvollen

---

[14] URL: http://www.myproana.com/index.php/topic/348635-history-of-pro-ed-internet-com munities/page-3; Zugriff: 19.12.2019.

[15] Hier zeichnet sich die typische Motivik der in Pro-Ana verwendeten Fotografien, auf die im späteren Verlauf dieser Arbeit noch mehrere Male zurückgekommen wird, bereits ab. Es handelt sich bei den Bildern häufig um Modefotografien, bei denen der magere Körper etwa durch den Bildzuschnitt besonders ins Auge fällt.

[16] Eichenberg et al. (2011) konnten über eine Befragung von TeilnehmerInnen an Pro-Ana herausarbeiten, dass etwa zwei Drittel der Befragten ihre Teilnahme vor ihrem lokalen sozialen Umfeld geheim halten.

Verhaltens" (ebd., 185), zu dem sie verpflichtet. Hierzu gehört etwa der Besuch
von Pro-Ana-Websites, aber auch das minutiöse Abwiegen von Lebensmitteln zur
Kalorienbestimmung. Das soziale Umfeld muss also permanent getäuscht werden,
beispielsweise über das eigene Essverhalten oder den gegebenenfalls mit der Zeit
immer augenscheinlicher werdenden Gewichtsverlust. Über erfolgreiche Strategien, mit denen der eigene Familien- und Freundeskreis getäuscht werden kann,
tauschen sich die TeilnehmerInnen wiederum auf Pro-Ana-Websites aus. Beliebt
sind etwa Strategien, bei denen die Nahrungsaufnahme fingiert wird, indem
etwa Geschirr mit Nahrungsmitteln beschmutzt und demonstrativ in der Küche
hinterlassen wird, um den Eindruck einer regelmäßigen Nahrungsaufnahme zu
erwecken. Nachfolgend sind exemplarisch einige solcher Strategien aufgeführt,
die im Rahmen von „Tipps & Tricks"-Listen häufig auf Pro-Ana-Weblogs
gesammelt werden:

Hiding your Habits

if you fine yourself going to a family party get a muffin just carry it around with you

put dishes in the sink leave evidence from what you have eaten

dont forget to get rid of food you was supposed to eat

dont tell people you think your fat

check the fridge when nonone is around get food leave some out so it looks like you
have eaten

dont talk about food with people

buy food people will assume you have eaten

dont show off your weight loss till you have reached your goal

(Ana-beautiful, mpa-Tread: "Ana Tips and tricks <3", Zentrierung i.O.)[17]

Hat das Geheimnis für einige TeilnehmerInnen zumindest anfänglich noch den
Reiz des Besonderen, nämlich etwas zu besitzen, von dem Andere ausgeschlossen
sind und von dessen Existenz sie nichts ahnen, verliert sich dieser Reiz vielmals
mit der Dauer des Projekts, wie mir eine TeilnehmerIn an Pro-Ana im Face-to-
Face-Interview erzählte.

[…] also am Anfang hatte es etwas von: »oh es gehört nur mir, niemand anders weiß
davon«, [...]. Inzwischen ist es eher lästig, wenn ich was verstecken muss, ich lüge

---

[17] URL: https://www.myproana.com/index.php/topic/2794169-ana-tips-and-tricks-3/;
Zugriff: 2.12.2019.

unglaublich ungern Menschen an. Und durch die Essstörung lüge ich viel, das hängt
halt einfach zusammen.

(black.coffee; Face-to-Face-Interview).

Die TeilnehmerInnen an Pro-Ana leiden also mit andauerndem Projekt darunter, sich fortwährend mittels Lügengeschichten aus Aktivitäten im Freundes- und
Familienkreis herausstehlen zu müssen. Die daraus resultierende Selbstisolation
betrübt sie in der Regel, jedoch erscheint sie ihnen zugleich als einziges Mittel,
ihr Projekt erfolgreich voranbringen zu können. Jedes gesellige Zusammensein
im Freundes- und Familienkreis, so stellen viele TeilnehmerInnen resigniert fest,
ist früher oder später mit der Aufnahme von Nahrung verbunden.

So I generally like to be alone, but on the off chance I want to go out with my friends
or go on a date, everyone thinks it is completely necessary to involve some sort of
food. Am I the only one who gets frustrated by this??

(think-skinny-be-skinny; mpa-Thread: „Why does every social gathering/ date have
to involve food...")[18]

Entweder werden Treffen im Vorfeld von Familie oder Freunden bereits als
gemeinsames Abendessen, Frühstück, Eis- oder Kuchenessen gerahmt oder aber
die Nahrungsaufnahme wird spontan bzw. nach einsetzendem Hungergefühl der
FreundInnen oder Familienmitglieder in die Treffen integriert. Vor allem die
Möglichkeit des Eintretens letztgenannten Ereignisses erzeugt bei vielen TeilnehmerInnen an Pro-Ana Angst und Besorgnis, weil eine entscheidende Säule in
ihrem Abnahmeprojekt der Essensplan darstellt, in dem genau vermerkt ist, zu
welcher Uhrzeit wie viele Kalorien täglich aufgenommen werden dürfen, um das
Projektziel in der berechneten Zeit erreichen zu können (siehe Abschnitt 5.3).
    Etwas anders verhält es sich mit Mahlzeiten im Freundes- oder Familien-
kreis, die bereits im Vorfeld geplant wurden. Zwar stellen auch diese für die
TeilnehmerInnen in der Regel ein Problem dar, weil diese sie aus ihren als sicher
empfundenen Essensroutinen herausreißen. Jedoch können sich die TeilnehmerInnen auf geplante Mahlzeiten mit anderen vorbereiten und ihren Essensplan an die
veränderten Bedingungen anpassen. Eine Möglichkeit der Vorbereitung besteht
zum Beispiel darin, die Speisekarte des zu besuchenden Restaurants vor dem
Treffen zu studieren, wie es etwa *uwumamii* im nachstehenden Zitat beschreibt,

---

[18] URL: https://www.myproana.com/index.php/topic/3547001-why-does-every-social-gat
hering-date-have-to-involve-food/; Zugriff 2.12.2019.

und sich ein Essen auszuwählen, dass möglichst niedrigkalorisch erscheint oder als solches ausgewiesen ist.

> Eating out with people is always the *worst*. I end up looking up the restaurants menu in the car on the way there because there's no way I'm going to shove greasy mystery calories down my gullet. [...].

(uwumamii; mpa-Thread: „Eating at Restaurants with Familiy/Friends")[19]

Solche geselligen Anlässe im Kreise von FreundInnen und Familie werden jedoch, wie beschrieben, von den TeilnehmerInnen in der Regel gemieden, um das Weight-loss-journey dem Plan entsprechend möglichst rasch ans Ziel zu bringen. Die Selbstisolation aus dem lokalen Umfeld erfolgt jedoch in der Regel nicht nur, um auf diese Weise das Journey ungestört durchführen zu können, sondern auch, weil Freunden und Familie als Bezugspersonen und Auslegungsinstanzen zumindest für Themen, die den eigenen Körper bzw. das Abnahmeprojekt betreffen, eine zunehmend geringere Bedeutung zugestanden wird. In Forenthreads äußern die TeilnehmerInnen immer wieder ihr Erstaunen darüber, wie die sogenannten „Normies", eine Bezeichnung, die in Pro-Ana häufig auf all jene Mitmenschen angewendet wird, die sich in einem normalgewichtigen Körper wohlfühlen oder ohne Kalorien zu zählen, einkaufen oder essen können.

> write about something you've seen a normie do that gave the anorexic side of you a heart attack
>
> my friend just sent me a photo of how she's studying for her uni course and there's a chocolate bar wedged between every 10 or so pages (in total theres about 15 bars) so she rewards herself every time she reaches one. I'm trying so hard not to judge but I know she's eaten full normal meals plus snacks today and I'm just thinking about the crazy amount of calories on top of all that in the chocolate... i feel like an awful person for judging her so much it just made me feel so sick

(l'aurore; mpa-Thread: "shit normies do")[20]

Normies können also aufgrund ihres differenten Körperwissens nicht als Ratgebende oder Vorbilder für das eigene Abnahmeprojekt herangezogen werden, es sei denn sie haben einen untergewichtigen Körper, der als Inspiration taugt.

---

[19] URL: https://www.myproana.com/index.php/topic/2505042-eating-at-restaurants-with-familyfriends/; Zugriff: 10.5.2021.
[20] URL: https://www.myproana.com/index.php/topic/2253474-shit-normies-do/; Zugriff: 2.12.2019.

5.3   Die Planung des Weight-loss-journeys

Nachdem wir nun einen Überblick über die zentralen Orte der sozialen Welt Pro-Ana gewonnen haben, wollen wir uns nun vertieft den Weight-loss-journeys der TeilnehmerInnen zuwenden.

Ein Weight-loss-journey beginnt in der Regel mit dem Entwurf eines Handlungs- bzw. Diätplans, in dem festgehalten wird, welches Gewicht, wann und mit welchen Mitteln erreicht werden soll. Dieser Plan unterscheidet sich in Bezug auf seinen Detaillierungsgrad häufig sowohl zwischen den TeilnehmerInnen, als auch zwischen den besuchten Websites deutlich. Detaillierte Tages- und Wochenpläne finden sich beispielsweise vor allem im Rahmen von Projekttagebüchern, die auf Weblogs oder in Webforen öffentlich geführt werden. Diese Websiteformate ermöglichen es den NutzerInnen aufgrund ihrer technischen Eigenschaften längere Textbeiträge zu verfassen.

Auf Blogging-Websites, wie Bildblogs oder Microblogs, hingegen werden die Projektentwürfe typischerweise weniger detailreich ausgemalt. Dort finden sich in der Regel nur die Ausgangs- und Zielgewichte des Weight-loss-journeys sowie gelegentlich an sich selbst gestellte Vorgaben, zum Beispiel wie viele Kalorien in den folgenden Tagen oder Wochen maximal verzehrt werden dürfen oder wie viele Fastentage ab sofort eingelegt werden sollen.

Ihr Ausgangs- und Zielgewicht vermerken die TeilnehmerInnen, wir erinnern uns, typischerweise (zusätzlich) in ihren Websiteprofilen, wie etwa ihren Profilköpfen auf Bildblogs oder Microblogs oder in ihren Signaturen im Rahmen von Pro-Ana-Webforen. Das Zielgewicht untergliedern sie dabei in der Regel noch einmal in eine Reihe von Zwischenzielen.

Entscheiden sich TeilnehmerInnen ihr Weight-loss-journey im Rahmen einer geschlossenen Abnehmgruppe durchzuführen, entwirft zumeist die GruppenleiterIn den Essens- und Sportplan, an den sich die Gruppenmitglieder dann zu halten haben.

In welcher Beziehungskonstellation und auf welchem Websiteformat TeilnehmerInnen auch immer ihr Weight-loss-journey planen und durchführen, sie orientieren sich typischerweise in ihrer Planung an auf Pro-Ana-Websites hinterlegten Diätplänen und Körperschablonen. Diese Pläne und Schablonen wollen wir uns im anschließenden Kapitel etwas genauer anschauen, bevor wir uns dann ab Abschnitt 5.3.2 den typischen Planungsschritten eines Weight-loss-journeys in Pro-Ana zuwenden, die in der Regel von der Vermessung des Ausgangskörpers, über den Entwurf des Zielkörpers bis zum Schreiben eines Sport- und Ernährungsplans verlaufen.

5.3.1 Pro-anorektische Baupläne des idealen Körpers

Interessierten Neuankömmlingen wird auf Pro-Ana-Websites eine ideale Vorlage des weiblichen Körpers in Form von Fotografien und Bauplänen sowie Hilfen zu deren Umsetzung in Form von Diätplänen präsentiert, die explizit an der Anorexia nervosa orientiert sind. Diese Vorlagen nutzen die TeilnehmerInnen typischerweise für die Planung und Umsetzung ihrer persönlichen Weight-loss-journeys.

Auf vielen Pro-Ana-Websites findet sich zum Beispiel ein detaillierter Bauplan des weiblichen Idealkörpers. Diesem zufolge sollen sich die Schlüsselbeine hervorheben, die Hüftknochen deutlich zu sehen sein, die Knie sollen die dickste Stelle an den Beinen bilden und die Oberschenkel eine Lücke, wenn die Füße eng zusammenstehen. Baupläne können etwa als detaillierte schriftliche Beschreibungen auf Pro-Ana-Websites eingesehen werden. Wie eine solche Beschreibung aussehen kann, veranschaulicht nachstehendes Zitat, das aus dem Pro-Ana-Weblog „Spread my Wings"zitiert wurde und den Titel „Der perfekte Körper" trägt:

*Hohe Wangenknochen

*Die Kieferknochen sind deutlich zu erkennen

*Die Augen sehen besonders groß aus

*Der Hals ist dünn und lang

*Die Schlüsselbeine stechen heraus, die Träger von Tops spannen darüber

*Auf dem Dekolleté sind leicht die Rippen zu erkennen

*Die Schultern sind spitz (oben sieht man den Knochen)

*Die Arme sind dünn, der Ellenbogen ist gaaanz knapp die dickste Stelle

*Die Finger sehen lang und "knochig" aus

*Man sieht die Adern leicht an den Armen/ Händen

*Die Schulterblätter stechen leicht hervor

*Selbst stehend sieht man die Wirbelsäule

*Der Bauch ist ganz flach

*Die Rippen stehen ein bisschen weiter heraus, als der Bauch

*Der Bauch ist leicht (ganz leicht) muskulös

*Man sieht deutlich die Hüftknochen, auch von der Seite

*Die Beine sind ganz dünn

*Das Knie ist die dickste Stelle

*Man sieht die Sehnen an den Füßen

(Weblog: „Spread my Wings")[21]

Verkörpert sehen die TeilnehmerInnen diesen Bauplan in oft stark untergewichtigen – häufig mit Anorexie in Verbindung gebrachten – Models, deren Fotos
Bestandteil so gut wie jeder Pro-Ana-Website sind (Abbildung 5.9). Diese Fotos
fungieren für sie als sogenannte ‚Thinspirationen', d. h. als *Inspiration* und
Motivation *dünn* (*thin*) zu werden oder zu bleiben.

Die Körperbilder, als textliche Beschreibungen oder Fotografien, fungieren
also zum einen als Körperschablone, an der das Weight-loss-journey ausgerichtet wird. Zum anderen werden sie von den TeilnehmerInnen als Mittel
zur Motivationssteigerung eingesetzt, mit der die Journeys erfolgreich ans Ziel
gebracht werden sollen. Auf letztere Funktion der Thinspiration-Bilder wird in
Abschnitt 5.7.2 ausführlich eingegangen.

Auch die Methoden der Gewichtsabnahme, die in Pro-Ana typischerweise zum
Einsatz kommen, sind zumeist am Krankheitsbild der Anorexie orientiert. Diese
beziehen sie aus unterschiedlichen Quellen, wie zum Beispiel Fernsehreportagen,
Spielfilmen, Ratgeberliteratur, Autobiographien oder Romanen zum Thema Anor-
exia nervosa sowie persönlichen Erfahrungen anderer Pro-Ana-TeilnehmerInnen.
Zum Beispiel in Webforen werden besonders inspirierende und motivierende
Werke häufig aufgelistet oder als Empfehlung für andere hervorgehoben, wie
zum Beispiel nachstehender Post aus einem Webforenthread zeigt.

I know the general purpose of these films were probably to evoke the opposite, but I
can't help but admire these people the way they control, their will power and all that
jazz.

[...]

This one's full of tips and tricks, which might be common knowledge on here but oh
well.

I'm a Child Anorexic BBC Documentary

(MollyLou2dog; mpa-Thread: Movies that Motivate Me)[22]

---

[21] URL: http://spreadmywingsandlearntofly.blogspot.com/2013/06/der-perfekte-korper.
html; Zugriff: 12.3.2018.
[22] URL: https://www.myproana.com/index.php/topic/79271-movies-that-motivate-me/?hl=
tricks; Zugriff: 20.7.2020.

Abbildung 5.9   Thinspiration-Bild auf dem Twitter-Account von „Smaller thighs"

Konkrete Körpertechniken, mit denen möglichst rasch an Gewicht abgenommen
oder Essanfälle („Binges") vermieden werden können, sammeln die TeilnehmerInnen zum Beispiel auf Pro-Ana-Weblogs unter der Rubrik „Tipps & Tricks",
wo sie von anderen eingesehen und übernommen werden können.

Tips & Tricks

Always overestimate your calories.

Drink ice water. 8 glasses a day will will burn about 200 calories, it also speeds up
metabolism and keeps you full.

Don't eat for 15 hours each day, it only takes 12hours for your body to start eating it's
own fat and muscles.

Smoking, as you know, curbs hunger. But it also helps with stress which is needed cause stress can cause binging.

Pour a little milk and crushed cereal in a bowl and mix around to make it look like you've eaten, take out some cereal from the box too.

[…]

(Tipps & Tricks aus dem Weblog „The Red Butterflies")[23]

Ebenfalls finden sich zumeist auf Pro-Ana-Weblogs oder in -Webforen Vorlagen für vollständige Essenspläne und Rezepte. Diese Pläne sind auf eine extrem restriktive Ernährung ausgerichtet und versprechen in der Regel einen raschen Gewichtsverlust. In Abbildung 5.10 findet sich ein Screenshot aus dem Pro-Ana-Webforum mpa, das den Diätbereich des Forums zeigt.

Beliebte Diäten in Pro-Ana sind etwa die *ABC Diet* oder die *2468 Diet*, die im benannten Forum etwa an oberster Stelle vermerkt sind. Beiden Diäten gemein ist ihre einfache Struktur. Sie arbeiten mit einer täglichen Kalorienhöchstgrenze, die von den Diäthaltenden nicht zu überschreiten ist. Ansonsten enthalten sie keine Vorgaben etwa über zu verzehrende Lebensmittel, d. h. sie stellen keinen Menüplan bereit. Die ABC Diet bedeutet ausgeschrieben Ana Boot Camp Diet (Abbildung 5.11). Der Name ist dabei nicht zufällig gewählt, sondern spielt auf die besondere Härte der Diät an. Nicht nur arbeitet sie mit einer extrem niedrigen täglichen Kalorienzufuhr. Die ABC Diet beinhaltet – anders als die 2468 Diet – zudem Fastentage, an denen gar keine Nahrung bzw. Kalorien aufzunehmen sind. Innerhalb der 50 Tage andauernden Diät sollen fünf Fastentage integriert werden.

Die 2468 stellt ihren NutzerInnen ein ähnlich niedriges Kalorienkontingent bereit. Die zu konsumierenden täglichen Kalorien finden sich bei dieser Diät bereits im Namen: Am ersten Tag sollen 200, am zweiten Tag 400, am dritten Tag 600 und am vierten Tag 800 Kilokalorien verzehrt werden. Dieser Rhythmus soll anschließend für sechs bis acht Wochen wiederholt werden.

---

[23] URL: https://theredbutterflies.weebly.com/tips--tricks.html; Zugriff: 29.11.2019.

Abbildung 5.10 Diätbereich des Pro-Ana-Webforums MyProAna (mpa)

The ABC Diet Plan

Week	Mon	Tues	Wed	Thurs	Fri	Sat	Sun
Week 1	500	500	300	400	100	200	300
Week 2	400	500	Fast	150	200	400	350
Week 3	250	200	Fast	200	100	Fast	300
Week 4	250	200	150	100	50	100	200
Week 5	200	300	800	Fast	250	350	450
Week 6	Fast	500	450	400	350	300	250
Week 7	200	200	250	200	300	200	150
Week 8	Fast	Slowly return to a normal diet					

Abbildung 5.11 ABC-Diätplan

Neben Diäten, die in erster Linie mit einer zu verzehrenden Kalorienhöchstgrenze arbeiten, werden in Pro-Ana auch Diäten geteilt, die bestimmte
Lebensmittel oder Mahlzeiten in den Mittelpunkt stellen. Zu ihnen gehören zuvor-
derst die sogenannten „Monodiäten", bei denen, wie der Name bereits vermuten
lässt, ausschließlich ein bestimmtes Lebensmittel über einen in der Regel kurzen Zeitraum (ein bis drei Tage) täglich konsumiert wird. Dies können Äpfel,
Bananen, Ananas, aber auch Schokolade sein. Dazu darf zumeist nur Wasser
getrunken werden, auf Kaffee und Softdrinks sollte verzichtet werden. Ähnlich,
aber in der Zubereitung aufwendiger, verfahren Diäten, bei denen ein bestimmtes
Gericht, in der Regel eine Suppe, über die Dauer von etwa einer Woche täglich
zu sich genommen wird. Nachfolgend ist exemplarisch für diesen Typ von Diät
die „cabbage soup"-Diät vorgestellt, welche aus dem Pro-Ana-Weblog „Starving
Daughters Starving Sons" zitiert wurde.

cabbage soup

Basically this diet involves eat as much cabbage soup as you desire for seven days.
The recipe varies slightly, but basically includes a variety of low-calorie vegetables
such as cabbage, onions and tomatoes, flavored with bouillon, onion soup mix and
tomato juice. Each day of the seven-day program has specific foods that must be eaten,
including potatoes, fruit juice, many vegetables, and on one day, beef.[24]

---

[24] Diese Diät wurde aus dem Pro-Ana-Weblog „Starving Daughters Starving Sons" zitiert.
[URL: https://starvingdaughters.weebly.com/diets.html; Zugriff: 11.09.2018]. Mittlerweile
ist der Weblog nur noch über das Internetarchiv „Wayback Machine" einsehbar.

Auch andere besonders niedrig kalorische Rezepte werden in der sozialen Welt Pro-Ana auf unterschiedlichen Websites, vornehmlich Webforen und Weblogs, geteilt. Im Webforum mpa wird etwa im Unterforum „Recipes, The Growing MPA Cook Book" eine Rezeptesammlung geführt, die ständig erweitert wird. Alle Rezepte, die gepostet werden, enthalten eine Kalorienangabe, sodass sie in den täglichen Essensplan gut zu integrieren sind. Es gibt, ähnlich wie auch auf den meisten Pro-Ana-Weblogs, Vorschläge für Frühstück, Mittag und Abendessen. Threads im benannten Unterforum sind etwa betitelt mit den Worten „eating good under 200 cals a meal" oder „0–150 cal recipes".[25]

Weitere Ratschläge zur Effektivierung des eigenen Weight-loss-journeys finden TeilnehmerInnen in der Regel in Pro-Ana-Webforen (siehe hierzu Abschnitt 5.7.1). Mittels Suchfunktion kann das Archiv jederzeit von registrierten Mitgliedern nach Tipps und Tricks für das eigene Weight-loss-journey durchstöbert werden. Die Archive in Webforen enthalten, im Gegensatz zu Pro-Ana-Weblogs, neben dem massenmedial bereitgestellten found-footage-Wissen über die Anorexia nervosa und Diäten typischerweise auch persönliches Körperwissen der TeilnehmerInnen an Pro-Ana, welches diese im Zuge ihrer Weight-loss-journeys gewonnen haben. Diesem verleihen sie zum einen Ausdruck, indem sie anderen TeilnehmerInnen Ratschläge geben, wie sie ihre Probleme im Weight-loss-journey lösen können. Zum anderen findet sich dieses Wissen in der Form von Tagebüchern, die viele registrierte Mitglieder über ihre Journeys schreiben (siehe Abschnitt 5.4.1).

Nachdem wir einen Überblick über die idealen Vorlagen der TeilnehmerInnen gewonnen haben, welche sie zur Planung und Durchführung ihrer Weight-loss-journeys typischerweise heranziehen, wollen wir uns im Folgenden der konkreten Planung ihrer Journeys zuwenden. Diese beginnt in der Regel mit der Vermessung des eigenen Körpers.

5.3.2 Die Vermessung des Körpers

Der Ist-Zustand des Weight-loss-journeys, d. h. hier in der Regel das Körpergewicht, wird von den TeilnehmerInnen über ihren gesamten Journey-Verlauf hinweg wiederholt bestimmt. Zu Beginn fungiert diese Messung gemeinsam mit dem Soll-Wert (Zielgewicht) als Basis, auf deren Grundlage das Journey initial

---

[25] Die beiden Titel sind aus dem Unterforum „Recipes, The Growing MPA Cook Book" des Forums myproana.com zitiert: URL: https://www.myproana.com/index.php/forum/154-rec ipes-the-growing-mpa-cook-book/; Zugriff: 11.9.2018.

entworfen wird. Später dient die genaue, vielmals tägliche Vermessung des Körpers der Kontrolle des Projekts sowie der etwaigen Anpassung des Plans an die tatsächlich erzielten Projektergebnisse. Dabei unterscheiden sich die Techniken der Selbstvermessung, die zu Beginn durchgeführt werden, von jenen im Verlauf des Journeys in der Regel kaum. Dies mag zum einen daran liegen, dass sich die TeilnehmerInnen im Zuge ihrer Erkundung der pro-anorektischen Welt, wie in Abschnitt 4.2 beschrieben, bereits mit dem Wissen der anderen vertraut gemacht und um die typischen Techniken der Selbstvermessung wissen. Zu diesen zählt etwa, mittels Personenwaage das aktuelle Körpergewicht zu bestimmen und/oder bestimmte Körperpartien – in der Regel Taille, Oberschenkel, Hüfte, Arme – mit einem Maßband zu vermessen. Auch das Fotografieren des eigenen Körpers vor dem Spiegel („mirror shot") in ritualisierten Posen, die den Stand des Weight-loss-journeys dokumentieren sollen, gehört zu den Techniken des Vermessens. Als ritualisiert sind diese Posen zu bezeichnen, weil zum Zweck der Vergleichbarkeit der Ergebnisse immer wieder die gleichen Posen vor dem Spiegel eingenommen werden. Nicht nur wird es den TeilnehmerInnen durch diese fotografische Dokumentation ihres Körpers über die Zeit möglich, Veränderungen ihrer Körpersilhouette zu verfolgen. Ebenfalls kann der eigene Körper bzw. das Körperbild mit dem Zielkörperbild in einen Vergleich gebracht und damit beurteilt werden, wie groß die Unterschiede zwischen beiden (noch) sind.

Eine in Pro-Ana typische Pose, mit der überprüft wird, ob sich zwischen den Oberschenkeln bereits eine Lücke abzeichnet, die sogenannte „thigh gap", gestaltet sich beispielsweise folgendermaßen: Es wird sich in aufrechter Haltung frontal vor den Ganzkörperspiegel gestellt, wobei sich beide Füße an ihrer Innenseite berühren müssen. Bildet sich nun eine von den Knien bis zum Schritt reichende Lücke zwischen den Oberschenkeln, die in Pro-Ana als Ausweis eines niedrigen Körperfettanteils gewertet wird, kann ein Fortschritt im Weight-loss-journey verzeichnet werden.

Dabei gilt die Pose jedoch nur dann als korrekt ausgeführt und die thigh gap als authentisch, wenn die Füße im Bild auch erkennbar zusammenstehen (siehe Abbildung 5.12). Dem Vortäuschen einer „thigh gap" durch sogenannte „tricky poses"[26], wie es ein Mitglied des Pro-Ana-Webforums mpa ausdrückt, wird in Pro-Ana durch Häme und Ärger begegnet, da sie nicht mehr als Vergleichsmaßstab herangezogen werden können. Als „tricky poses" gelten beispielsweise

---

[26] URL: http://www.myproana.com/index.php/topic/1005970-do-you-try-to-make-your-bodychecks-look-thinspo-y/; Zugriff: 14.12.2016. Bemerkung: Dieser Teil des mpa-Forums („General ED-Discussion") ist mittlerweile nur noch für registrierte Mitglieder einsehbar (Stand 2.12.2019).

Körperhaltungen, bei denen eine thigh gap durch eine Abwandlung der typischen Pose, etwa das leichte Beugen der Knie oder das nach außen Drücken der Knöchel, vorgetäuscht wird.

Abbildung 5.12 Body checks der thigh gap

Fotografien, welche der Kontrolle und Vermessung des eigenen Körpers dienen, werden in Pro-Ana als „body checks" bezeichnet und die ihnen zugrundeliegenden Posen häufig als „medical-like"[27], weil sie ein möglichst ungeschöntes, akkurates Bild des Körpers zeichnen sollen (siehe hierzu auch Abschnitt 5.7.2).

---

[27] URL: http://www.myproana.com/index.php/topic/1005970-do-you-try-to-make-your-bod ychecks-look-thinspo-y/; Zugriff: 14.12.2016. Bemerkung: Dieser Teil des mpa-Forums („General ED-Discussion") ist mittlerweile nur noch für registrierte Mitglieder einsehbar (Stand 2.12.2019).

Auch das Betasten des eigenen Körpers stellt eine Form seiner Vermessung dar. Hierbei werden bestimmte Körperpartien mit den Fingern abgefahren, um zu erfühlen, ob sich Knochen an ihnen abzeichnen. Typische Stellen, die dieser Prüfung unterzogen werden, sind etwa Schultern (Schulterblätter), Brust (Rippen, Brustkorb) und Hüfte (Hüftknochen).

> I do this a lot too. Not so much in public because I mostly touch my ribs while I'm lying down at home. But I also constantly touch my collarbones or squeeze the fat on my wrist or put my fingers around my wrist to see if I'm thinner yet.
>
> (lonefighter; mpa-Thread: "Constantly feeling/touching bones?")[28]

> i always flex my hands to see how much the tendons stick out, constantly pressing my elbows into my hip bones, feeling my wrist bones & collarbones, sucking in to see how much my stomach can go in when i go to the bathroom
>
> i do this all the fucking time im almost always body checking
>
> (staying asleep; mpa-Thread: "who else is constantly body checking?")[29]

Die vorgestellten Methoden des Vermessens des Körpers werden von den meisten TeilnehmerInnen unternommen und können deshalb als typisch bezeichnet werden. Ihre Körperdaten dokumentieren sie in ihren Plänen zumeist unter dem Begriff „Current Weight" (aktuelles Gewicht) bzw. „Current Stats" (aktuelle Körpermaße) oder auch „Starting Weight" (Startgewicht), wenn es sich um eine Körpervermessung zu Beginn des Weight-loss-journeys handelt.

Neben diesen vor allem auf die Körpersilhouette zielenden Körperdaten, erheben die TeilnehmerInnen auch Daten über einzelne Körperfunktionen, wie etwa ihren Energiestoffwechsel, die sie ebenfalls in ihre Planungen einbeziehen. Diese Daten erheben sie in der Regel mit Hilfe sogenannter Self- bzw. Activity-Tracker[30], die sie zum Beispiel als Armband Tag und Nacht am Körper tragen. Self-Tracker erfreuen sich im Feld einer großen Beliebtheit. Besonders häufig wird etwa auf das „Fitbit"-Armband des gleichnamigen Herstellers zurückgegriffen.

---

[28] URL: https://www.myproana.com/index.php/topic/535765-constantly-feelingtouching-bones/; Zugriff: 2.12.2019.

[29] URL: https://www.myproana.com/index.php/topic/652500-who-else-is-constantly-body-checking/; Zugriff: 2.12.2019.

[30] Auf die Verwendung von Self-trackern im Rahmen des Weight-loss-journeys wird in Abschnitt 5.6.1 nochmal detaillierter eingegangen.

I got one [Fitbit; A.S.] about a week ago and it's given me a fuck ton of reassurance about how much I'm burning vs how much I'm eating... My tdee was higher than I thought it would be because my job is so physical, so I stopped stressing as much about having to raise my intake to compromise. Also it encourages me to walk more to get my steps up!

(ilovethegym; mpa-Thread: „Fitbit/fitness tracker? Has it helped? how? reccomend?")[31]

Aus den eingegebenen Daten – in der Regel Alter, Körpergröße, Gewicht und Geschlecht – berechnet das Armband den Grundumsatz des Stoffwechsels (BMR = Basal Metabolic Rate) der NutzerInnen, d. h. die Energiemenge in Kilokalorien, welche der Körper pro Tag bei völliger Ruhe und nüchtern zur Aufrechterhaltung seiner grundlegenden Funktionen benötigt.[32] Der BMR-Wert, den das Armband ausgibt, informiert die TeilnehmerInnen also über die Kalorienanzahl, welche sie täglich bei körperlicher Inaktivität zu sich nehmen könnten, ohne dabei zu- oder abzunehmen. Der Wert gibt dabei immer auch Auskunft über den Fitnesszustand der NutzerIn des Activity-Trackers. Ein hoher BMR-Wert kann beispielsweise auf eine ausgeprägte Muskelmasse hinweisen, da die Muskelmasse den Grundumsatz erhöht.

Den BMR-Wert zieht das Armband zusammen mit den gemessenen Aktivitäten – Anzahl der Schritte, Messung der Herzfrequenz – heran, um auf den sogenannten *Total Daily Energy Expenditure* (TDEE), das heißt den Gesamtumsatz, zu schließen. Der TDEE stellt damit eine Schätzung des täglichen Energieverbrauchs dar, der sich aus dem Grundumsatz und den zusätzlichen körperlichen Tätigkeiten ergibt. Diese Schätzung wird ebenfalls in Kilokalorien angegeben. Ähnlich wie bereits für den BMR beschrieben, gibt der TDEE-Wert die Anzahl der Kalorien an, die pro Tag konsumiert werden können, ohne eine Gewichtszunahme oder -abnahme zu provozieren. Die TeilnehmerInnen streben, entsprechend ihres auf eine Gewichtsabnahme zielenden Weight-loss-journeys, ein tägliches Kaloriendefizit an, d. h. einen Wert unterhalb ihres errechneten TDEE, um an Körpergewicht zu verlieren. Die erzielte Differenz zwischen TDEE und aufgenommenen Kalorien berechnet das Fitness-Armband bzw. der Activity-Tracker auf Grundlage der eingegebenen Daten. Auf Basis dieser gemessenen

---

[31] URL: https://www.myproana.com/index.php/topic/631162-fitbitfitness-tracker-has-it-hel ped-how-reccomend/; Zugriff: 2.12.2019.

[32] Faktoren, die den Grundumsatz beeinflussen, sind unter anderem Alter, Geschlecht, Körpergewicht, Muskelmasse.

Daten über ihren individuellen Stoffwechsel erstellen (und modifizieren) die TeilnehmerInnen dann ihre Sport- und Ernährungspläne (Abschnitt 5.3.5), mit denen
sie ihr Zielgewicht erreichen wollen.

5.3.3   Der Entwurf des Wunschkörpers

Zur effektiven Durchführung ihres Weight-loss-journeys benötigen die Teil-
nehmerInnen neben dem Ist-Zustand, d. h. ihren aktuellen Körperdaten, eine
Vorstellung von ihrem zu erreichenden Ziel, d. h. ihren gewünschten Körperdaten.
Eine zumindest annähernde Vorstellung ihres Wunschgewichts und dessen visueller Repräsentation bringen die meisten TeilnehmerInnen bereits mit, wenn sie zu
Pro-Ana stoßen. Diese formulieren sie schließlich im Rahmen der Projektplanung
als Zielgewicht mit dazugehörigem BMI-Wert[33], den sie erreichen wollen. Der
BMI-Wert ist auch deshalb von Relevanz, weil die Diagnose Anorexia nervosa –
neben dem Einbezug weiterer Symptome – auf Grundlage dieses Werts gestellt
wird. In der Regel streben die TeilnehmerInnen einen BMI-Wert von gleich oder
kleiner 17,5 an, weil dieser die Diagnose Anorexie erlaubt (Dilling et al., 2011).[34]
    Durch den Bezug auf die Anorexia nervosa ist die Grenze, bis zu der ein Kör-
per bzw. ein Körperbild als Ziel des Weight-loss-journeys innerhalb der sozialen
Welt Pro-Ana gelten kann, nach oben klar umrissen. Nach unten hingegen ist die
Grenze weniger eindeutig bestimmt bzw. gar offen. Diese klare Grenzziehung,
die normalgewichtige und übergewichtige Körper als Zielkörper ausschließt, geht
auf den benannten Bezug der TeilnehmerInnen auf das Krankheitsbild der Anorexie zurück. Gleiches gilt, so ist zu vermuten, für die fehlende Grenzziehung in
Bezug auf ‚zu dünne' Körperziele (siehe hierzu auch Abschnitt 7.2.2): In den Diagnosemanualen findet sich eine BMI-Obergrenze (17,5) bis zu der die Diagnose
Anorexia nervosa gestellt werden kann, jedoch keine Untergrenze. Stattdessen unterscheidet etwa das DSM-5 mittels BMI-Klassen eine milde, gemäßigte,
schwere sowie extreme Form der Anorexia nervosa. Nach diesem liegt eine milde
Form bei einem BMI-Wert gleich oder größer 17 vor, eine gemäßigte bei einem
BMI-Wert zwischen 16,99 und 16, eine schwere Form bei BMI-Werten zwischen

---

[33] Der Body-Mass-Index (BMI) stellt eine Maßzahl für die Bewertung des Körpergewichts
in Relation zur Körpergröße eines Menschen dar. Das Körpergewicht allein reicht zu einer
Einschätzung, ob ein Mensch normal-, unter- oder übergewichtig ist, nicht aus. Während 50
Kilogramm bei einer Körpergröße von 1,50 Meter ein Normalgewicht bedeuten, bezeichnet
die selbe Kilogrammzahl für eine 1,80 Meter große Person wiederum starkes Untergewicht.
[34] Dieser Wert wurde in der 11. Version des Diagnosemanuals ICD, die im Jahr 2022 erschienen ist, auf 18,5 erhöht.

15,99 und 15 und eine extreme Anorexie, wenn der Wert unter 15 fällt (Falkai & Wittchen, 2015). Interessanterweise kann jedem dieser Schweregrade der Anorexia nervosa, wie später in diesem Kapitel nachgezeichnet wird, ein bestimmter Körperbildtyp in Pro-Ana zugeordnet werden, den die TeilnehmerInnen ebenfalls am BMI und an der Prominenz der Knochen am Körper festmachen und auch begrifflich unterscheiden.

Ihren Ziel-BMI und ein entsprechendes Körpergewicht vermerken die TeilnehmerInnen schließlich in ihrem Journey-Plan, zumeist unter dem Begriff „Ultimate Goal Weight" (ultimatives Zielgewicht). Aus der vergleichenden Betrachtung der Projektentwürfe von TeilnehmerInnen an Pro-Ana ließ sich herausarbeiten, dass zwischen dem *Startgewicht* und dem *ultimativen Zielgewicht* vielmals eine große Diskrepanz besteht. Um sich im Angesicht der zurückzulegenden ‚Strecke' im Weight-loss-journey, die oft deutlich mehr als zehn Kilogramm beträgt, nicht bereits im Vorfeld selbst zu entmutigen, setzen sich die TeilnehmerInnen typischerweise eine Reihe von Zwischenzielen, die sie gelegentlich mit kleinen Belohnungen verknüpfen.[35]

Neben der Visualisierung ihres Ziels in Form von Zahlen, entwerfen die TeilnehmerInnen dieses auch mit Hilfe von Bildern bzw. Fotografien, die sie aus den Weiten des Internets zusammensammeln – etwa aus Mode- und Lifestyleblogs, über Internetsuchmaschinen oder aus Modestrecken von Online Shops. Diese Fotografien zeigen typischerweise Personen, die dem anorektischen Ideal in Pro-Ana entsprechen, d. h. deren Körper mager bzw. knochig sind.[36] Wie im vorangegangenen Abschnitt zum Zielgewicht bereits ausgeführt wurde, bezeichnet

---

[35] Diese Motivationstechnik der „kleinen Schritte mit Selbstbelohnung" (Roth 2015, 380) ist keine originäre Erfindung der TeilnehmerInnen an Pro-Ana, sondern findet sich auch in den Techniken der Selbstmotivation, wie sie in psychologisch informierter Ratgeberliteratur, im Coaching, der Selbsthilfe oder in Verhaltenstherapien zur Anwendung kommen. In den folgenden Abschnitten und Kapiteln wird deutlich werden, dass die TeilnehmerInnen an Pro-Ana noch auf eine Reihe weiterer psychologisch informierter Motivationstechniken zurückgreifen, wie etwa Imaginations- und Visualisierungstechniken.

[36] TeilnehmerInnen an Pro-Ana sind in der Regel sehr geübt darin, ihren Zielgewichten entsprechende Zielkörperbilder zuzuordnen. Es steht zu vermuten, dass sie diese Fähigkeit unter anderem aus der wiederkehrenden Betrachtung der Weight-loss-journeys anderer TeilnehmerInnen gewonnen haben, die ihre Körperdaten häufig durch body checks untermalen. Darüber hinaus studieren viele regelmäßig digitale Ausgaben von Frauen- und Lifestylemagazinen sowie Websites von Modelagenturen, in denen Frauenkörpern immer wieder Gewichtsangaben zugeordnet werden. Etwa finden sich auf den Webauftritten von Modelagenturen häufig digitale Setcards von Fashionmodels, auf denen neben einer Fotografie des Models auch ihre Körperdaten, wie Gewicht und Körpergröße, vermerkt sind.

dieses Ideal häufig ein Kontinuum, das unterschiedliche Grade der Magerkeit –
und deren bildliche Repräsentationen – benennt. Da die TeilnehmerInnen die
Bilder nicht nur als Vorbilder für ihre Weight-loss-journeys, sondern vor allem
auch zu dessen Inspiration und Motivation nutzen, sind sie begrifflich entsprechend bestimmt. Eine relativ geläufige Bezeichnung unterschiedlicher Stufen der
Magerkeit ist etwa „Thinspiration", „Thinner Than Thinspiration but not bonespiration" und „Bonespiration".[37] Dabei ähnelt der erste Bildtyp der milden bis
gemäßigten Form der Anorexie, der zweite der gemäßigten bis schweren Form
und der dritte der Extremform. Diese aufgemachte Spanne an Zielkörperbildern lässt den TeilnehmerInnen einen gewissen Spielraum, ihre individuellen
Vorstellungen und Wünsche in Bezug auf ihr Weight-loss-journey unterzubrin-
gen. Während einige TeilnehmerInnen dezidiert angeben, zukünftig ausgemergelt
und krank aussehen zu wollen, geht es anderen vielmehr darum, dem Aussehen
eines Laufsteg- oder Fotomodels nachzueifern und damit nicht nur dünn, sondern
(zumindest äußerlich) auch gesund und fit zu wirken.

> I want to be thin, with my ribs showing a little bit, collar bones pronounced, and a
> thigh gap, but not skin and bones.
>
> Like a healthier high fashion model.
>
> (PorcelainPoppy, mpa-Thread: "What type of "skinny" do you want to look like?")[38]

Die Dünnheit, symbolisiert durch das Hervortreten von Knochen am Körper,
stellt das zentrale Merkmal des inspirierenden Körperbildes in Pro-Ana dar, dem
sich alle TeilnehmerInnen im Feld verpflichtet fühlen, jedoch nicht das einzige.
Die meisten TeilnehmerInnen erkennen, wie beschrieben, im mageren Fashion-
model ihr Körperideal, das sich neben der Dünnheit, durch einen fitten bzw.
straffen Körper auszeichnet, der an Po und Brust leichte Rundungen aufweist.
Neben dem Merkmal *Knochen* sind es also die Merkmale *Muskeln* und *Kurven*,
welche im Feld ebenfalls – wenn auch in ihrer Bedeutung nachgeordnet – als
Zielkörper(bilder) bzw. ausbildbare Körpermerkmale zu finden sind (vgl. die
Abschnitte 5.7.2 und 7.2.2).

Jede TeilnehmerIn verfügt, so konnte über Bildclusteranalysen herausgearbeitet werden, über ihre je eigene Auswahl an Körpervorbildern. Diese Auswahl

---

[37] Beispielhaft sei dies mit dem mpa-Thread „Thinner than thinspo, but not bonespo"
illustriert. URL: https://www.myproana.com/index.php/topic/408550-thinner-than-thinspo-
but-not-bonespo/page-198; Zugriff: 3.12.2019.

[38] URL: http://www.myproana.com/index.php/topic/2126529-what-type-of-skinny-do-you-
want-to-look-like/page-13; Zugriff: 5.11.2017.

steht zumeist in einem engen Zusammenhang mit ihrem eigenen Körper: So wählen TeilnehmerInnen typischerweise Körpervorbilder, deren Körpergewicht unter ihrem eigenen liegt, ablesbar an dem Grad der Sichtbarkeit der Knochen am Körper. Kommt eine TeilnehmerIn beispielsweise mit einem bereits deutlich untergewichtigen Körper, etwa mit einem BMI-Wert von 14, zu Pro-Ana, wird sie in der Regel auf Körpervorbilder der Kategorie *Bonespiration* zurückgreifen. Aber auch relativ unveränderliche Merkmale des eigenen Körpers, wie eine große Brust, spielen immer wieder in die Bildauswahl der TeilnehmerInnen hinein:

> I like thinspo with girls who have bigger tits because I have bigger tits so it gives me some goals that I can actually aspire to rather than flat chested girls, which I'll never be without expensive surgery, and I have big hip bones. So as much as I admire waif girls, it can't be thinspiration for me because I'm not inspired by it, because I am physically unable to look like that. [...].
>
> (anasunn; mpa-Thread "It looks like thinspo but it isn't .")[39]

Ihre Körperbilder sammeln die TeilnehmerInnen typischerweise in selbst erstellten Bilderalben im Rahmen entweder ihres Weblogs, ihres Bildblogs oder aber auch in einem eigens zur Bildersammlung angelegten Thread in Webforen. Sie werden typischerweise zu Beginn des Journeys angelegt und über dessen Verlauf fortgeführt, d. h. durch weitere Bilder ergänzt.

Das wichtigste Kriterium, nach dem Fotografien als Vorbilder bestimmt werden, ist die Prominenz von Knochen am Körper.

> die klassischen Knochen natürlich, Hüftknochen, das in der Mitte hier ist auch immer wichtig [ForeverCherry deutet auf ihr Brustbein; A.S.], wenn man das sieht, ist auch schon mal, das ist ja auch schwierig, das ganze Sternum, bis das hervortritt, muss man ja schon echt ganz schön dünn sein, und dann noch diese anderen Hüftknochen, die so seitlich rausstechen, und dann halt dünne Beine, wahnsinnig viel Abstand zwischen den Oberschenkeln natürlich, super dünne Knöchel, super dünne Handgelenke, dünne Finger, halt auch Arme klassisch ganz dünn, Bauch am besten noch n Stück eingefallen. Rippen sind auch ein super Thema immer, Rippen sind auch ganz wichtig, und dann gibt's natürlich wieder diese Bilder, wo man die ganze Wirbelsäule auch sehen kann (ForeverCherry; Face-to-Face Interview).

Sich deutlich am Körper abzeichnende Knochen stellen ein wesentliches Distinktionsmerkmal zur Ästhetik der sogenannten „Normies" dar. Die einzelnen

---

[39] URL: https://www.myproana.com/index.php/topic/1397818-it-looks-like-thinspo-but-it-isnt/; Zugriff: 3.12.2019. Der zitierte Thread ist zum Zeitpunkt des Verfassens der Arbeit nur für registrierte Mitglieder einsehbar.

Knochen bzw. Körperpartien sind häufig bildlich hervorgehoben, z. B. fotografisch durch eine Detaileinstellung oder einen nachträglichen Bildzuschnitt
(Abbildung 5.13). Kombiniert werden in einem Album oder Blog typischerweise
Bilder von Körperpartien mit Fotografien von Fashionmodels oder Mode- und
LifestylebloggerInnen – zumeist in der Einstellungsgröße „Halbtotale" –, die
sich selbst als anorektisch beschreiben oder von denen die TeilnehmerInnen aufgrund ihres mageren Körpers annehmen, sie seien essgestört. Die Komposition
der Bilder auf Blogs und in Alben informiert dabei auch andere TeilnehmerInnen
darüber, welche Körper- bzw. Knochenpartien eine TeilnehmerIn an sich selbst zu
entwickeln versucht bzw. aktuell noch nicht zeigt und deshalb als Ziel ausweist.

Abbildung 5.13 Thinspiration-Bild aus dem mpa-Thread "Collarbones & Chestbones"

Darüber hinaus werden vor allem Bilder gepostet, die Körper in enganliegen-
der Kleidung oder Unterwäsche zeigen, d. h. deren Figürlichkeit im Bild gut zur
Geltung kommt. Dies ist von Bedeutung, weil die in den Bildern abgebildeten
Körper als Vorbilder bzw. Ziele des Weight-loss-journeys fungieren. Eine Nach-
bildung des Vorbildkörpers kann in diesem Sinne nur gelingen, wenn dieser in
seiner Figürlichkeit auch zu erkennen ist.

Ein weiteres auffälliges Merkmal von Pro-Ana-Bildersammlungen ist, dass
vor allem Bilder junger oder jugendlicher Körper präsentiert werden. Es steht
zu vermuten, dass dies zum einen mit dem Alter der TeilnehmerInnen selbst

zusammenhängt, das typischerweise zwischen 13 und 30 Jahren liegt. Zum anderen orientieren sich die TeilnehmerInnen in ihren Entwürfen aber auch stark am gesellschaftlichen Schönheitsideal, das neben einer schlanken bis mageren Figur auch Jugendlichkeit idealisiert.

5.3.4   Die Bestimmung eines Zieldatums für das Weight-loss-journey

Neben dem Zielgewicht und dem Zielkörperbild legen die TeilnehmerInnen an Pro-Ana zudem in der Regel ein mehr oder weniger konkretes Datum fest, bis zu dem sie ihre Ziele erreicht haben wollen. Dabei handelt es sich zumeist um einen besonderen sozialen Anlass, etwa den eigenen Geburtstag, eine Hochzeit oder den ersten Schultag nach den Ferien, an dem sie dünn aussehen möchten.

> Hi everyone,
>
> I'm a new member and I figured why not introduce myself? I'm Caroline, and I'm 16. I'm 180 cm and my cw is 67 kg. I've been ana since probably a little over a year ago, but it's been sort of on and off. My ugw is 45 kg, but I'd like to be 55 kg before my birthday in July. I haven't had a lot of people to talk to about having an ed, I'm hoping this site will help me not feel so alone. (carolineinthesun; mpa-Thread: „hello?")[40]

Websites, wie zum Beispiel *losertown* (https://www.losertown.org/eats/cal.php), ermöglichen es den TeilnehmerInnen sich exakte Kalenderdaten für ihre Weight-loss-journeys berechnen zu lassen. Hierzu müssen sie die Plattform mit bestimmten Körperdaten, wie Alter, Körpergröße, Gewicht, Geschlecht und Aktivitätsniveau füttern. Bei losertown werden diese Daten noch durch die Angabe der gewünschten Kalorienzahl ergänzt, welche die NutzerInnen täglich zu konsumieren beabsichtigen. Auf der Grundlage der eingegebenen Daten gibt die Plattform schließlich ein genaues Kalenderdatum aus, wann dieses Ziel erreicht sein wird – unter der Bedingung natürlich, dass die NutzerInnen innerhalb des berechneten Zeitraums nicht von ihren eingegeben Daten abweichen. Zudem ist es möglich mithilfe der Website zu bestimmen, wie viele Kalorien täglich zu verzehren sind, um an einem bestimmten Datum, etwa dem eigenen Geburtstag, ein bestimmtes Gewicht erreicht zu haben.

---

[40] URL: https://www.myproana.com/index.php/topic/3677191-hello/?hl=%2Bbirthday; Zugriff: 3.12.2019. Der zitierte Thread ist zum Zeitpunkt des Verfassens der Arbeit nur für registrierte Mitglieder einsehbar.

Auffällig ist, dass derartige Websites relativ unkritisch von den Teilnehme-rInnen genutzt werden. Sie hinterfragen in der Regel nicht, wie die Plattformen zu ihren Vorhersagen bzw. Berechnungen kommen und ob diese wissenschaft-lichen Kriterien entsprechen, was die Website selbst negiert. Vielmehr verlassen sie sich auf die Erfahrungen anderer TeilnehmerInnen, die von einer annähernden Genauigkeit der Vorhersagen berichten.

That app lets u put in whatever calorie amount you want at the beginning..it asks how many cal You will eat in a day and it calculates as if you eat exactly that (not a calorie more not a calorie less no binges no days where you eat less). you could type in 1 calorie and it would do the math for you. It's really good for estimating where you'll be a lot of ppl say it's spot on.

(ixwillxlose; mpa-Tread: „losertown?")[41]

Weichen Vorhersagen von den tatsächlich erzielten Resultaten ab, suchen die TeilnehmerInnen die Fehler häufig bei sich selbst: Sie selbst hätten durch das Abweichen von ihrem Projektplan, etwa durch nachlassende sportliche Aktivi-tät oder eine gesteigerte Kalorienzufuhr, die Vorhersage ad absurdum geführt. Vermutlich ist es die Verlockung, ein konkretes Kalenderdatum für das Projek-tende vor Augen zu haben, welche die TeilnehmerInnen auf derartige Plattformen zurückgreifen lässt.

For me using losertown is so so so helpful and motivating. It tells you an estimation of what you'll weigh and when based on how many calories you eat and how much exercise you do daily.

Knowing when I should statistically reach my goal weight helps keep me on track.

(constantcraving; mpa-Thread: „Pro Ana Tips and Tricks :)")[42]

Ohne derartige Plattformen ist es für die TeilnehmerInnen schwer bis unmöglich abzuschätzen, wie lang ihr Projekt dauern wird. Dies gilt besonders für all jene TeilnehmerInnen, welche auf keinerlei Erfahrungswissen durch etwa eine frü-here Anorexia nervosa oder eine starke Gewichtsabnahme in der Vergangenheit zurückgreifen können.

---

[41] URL: http://www.myproana.com/index.php/topic/2675378-losertown/?hl=losertown#ent ry49813970; Zugriff: 3.12.2019. Der zitierte Thread ist zum Zeitpunkt des Verfassens der Arbeit nur für registrierte Mitglieder einsehbar.

[42] URL: http://www.myproana.com/index.php/topic/1689-pro-ana-tips-and-tricks/page-23; Zugriff: 7.6.2018. Der zitierte Thread ist zum Zeitpunkt des Verfassens der Arbeit nur für registrierte Mitglieder einsehbar.

Die Website losertown etwa ermöglicht es den TeilnehmerInnen zudem mit ihrer Kalorienzufuhr und damit auch mit ihren Projektzeiträumen zu ‚spielen': Durch das Hoch- oder Runtersetzen der Anzahl der zu konsumierenden Kalorien in dem Rechner verlängern oder verkürzen sich die Projektzeiträume oft drastisch. Gibt die Plattform etwa für eine gewählte Zufuhr von 900 Kilokalorien pro Tag einen Projektzeitraum von einem halben Jahr aus, lässt sich dieser Zeitraum mit der Subtraktion von etwa 400 Kalorien täglich, beispielsweise nahezu halbieren.

5.3.5 Der Entwurf eines Sport- und Essensplans

Sind die Ist- und Soll-Zustände des Weight-loss-journeys gesetzt, ist es nun an der Zeit konkrete Pläne für die Umsetzung des Weight-loss-journeys zu entwerfen, d. h. einen Plan wie der Ist-Zustand (möglichst rasch) in den Soll-Zustand überführt werden kann. Typischerweise sind in einem solchen Plan die tägliche Nahrungszufuhr und die körperliche Aktivität vermerkt. Diese Pläne schreiben die TeilnehmerInnen zum Beispiel im Rahmen ihres Journey-Tagebuchs in einem Pro-Ana-Webforum oder einem Pro-Ana-Weblog, in denen sie vermerken, was und wie viel sie täglich zu sich nehmen wollen und welches Maß an sportlicher Aktivität sie anstreben. Einige TeilnehmerInnen schreiben ihren Plan aber auch offline nieder, in einem Notizbuch oder ihrem Mobiltelefon. Wieder andere nehmen an einer Abnehmgruppe teil, in der die GruppenleiterIn in der Regel den Planentwurf übernimmt und diesen allenfalls mit den Gruppenmitgliedern abstimmt.

Die Grundlage, auf der diese Pläne entworfen werden, bildet, wie in Abschnitt 5.3.2 beschrieben wurde, der gemessene Ist-Zustand des Weight-loss-journeys, d. h. die erhobenen Daten über den eigenen Körper (Körpergewicht, Körpergröße, ggf. Energieumsatz). Nicht nur aber die eigenen Körperdaten, sondern auch das Zieldatum, das eine TeilnehmerIn für ihr Journey bestimmt, fließen in den Entwurf der Sport- und Ernährungspläne ein. Ist ihr Weight-loss-journey etwa über eine sehr kurze Zeitspanne angelegt, werden die tägliche Kalorienzufuhr und das Sportprogramm radikaler ausfallen müssen, als wenn sie für das selbe Zielgewicht eine längere Zeitspanne angesetzt hätte.

Wie einleitend in Abschnitt 5.3 bereits erwähnt wurde, unterscheiden sich die Entwürfe der Essens- und Sportpläne zwischen den TeilnehmerInnen in Bezug auf den Grad ihrer Detailliertheit oft stark: Während einige minutiös am Anfang einer jeden Woche oder eines Monats schriftlich festhalten, wann und wie viele Mahlzeiten sie täglich zu sich nehmen wollen, aus welchen Lebensmitteln diese bestehen und welches Maß an sportlicher Aktivität in den Alltag integriert werden soll, entwerfen andere lediglich Richtwerte, etwa eine Kalorienzahl, die am

Tag nicht überschritten oder ein Maß an sportlicher Aktivität, das nicht unter-
schritten werden darf. Ein Beispiel für einen sehr detaillierten und einen weniger
detaillierten Essensplan findet sich nachstehend. Diese Pläne wurden aus dem
Tagebuchbereich des Pro-Ana-Webforums mpa zitiert.

Der erste Plan (Tabelle 5.1) kann als sehr detailliert bezeichnet werden. Er ent-
hält genaue Vorgaben, welche Lebensmittel, in welcher Menge und mit welcher
Kalorienanzahl, wann zu verzehren sind. Zudem hat die Verfasserin des Plans
Mahlzeitenvariationen entworfen, aus denen sie täglich wählen kann. Allerdings
unterscheiden sich die drei Versionen ihres Essensplans bei genauerer Betrach-
tung nur geringfügig, sodass über die Dauer von zwei Monaten, für die der
Plan entworfen wurde, eine gewisse Eintönigkeit der Mahlzeiten zu erwarten ist.
Dies ist jedoch nicht untypisch für TeilnehmerInnen der sozialen Welt Pro-Ana.
Viele von ihnen verfolgen in der Regel keinen besonders abwechslungsreichen
Speiseplan bzw. nehmen über lange Zeiträume täglich das gleiche zu sich. Die
Einseitigkeit der Ernährung, so ist zu vermuten, entlastet die TeilnehmerInnen
von der Aufgabe, sich tagtäglich mit der Essensplanung auseinandersetzen zu
müssen. Zumeist haben sie für sich eine Liste von „sicheren", d. h. hier zumeist
kalorienarmen Lebensmitteln zusammengestellt, welche täglich ihren Speiseplan
bestücken.[43]

Der zweite Plan (Abbildung 5.14) ist im Vergleich zum ersten weniger detail-
liert. In ihm ist nur ein Zeitfenster angegeben, in dem eine zuvor festgelegte
Kalorienanzahl konsumiert werden kann. Bei dieser Zahl handelt es sich in der
Regel um eine Kalorienhöchstgrenze, d. h. ein Verbleiben unterhalb dieser Grenze
wird von den TeilnehmerInnen in der Regel durchaus begrüßt. Der Plan lässt
der TeilnehmerIn ein größeres Maß an täglicher Freiheit zu entscheiden, welche
Lebensmittel sie konsumieren möchte. Allerdings, und das wird in den folgenden
Kapiteln deutlich werden, bringt diese Form des Essensplans die tägliche Aufgabe mit sich zu entscheiden, was gegessen wird und wie viele Kalorien dabei
konsumiert werden.

Essenspläne werden in erster Linie im Rahmen von Journey-Tagebüchern
gepostet. Nur dort werden auch regelmäßige Updates über den Verlauf des Journeys geschrieben, anhand derer die Tagebuchschreibenden selbst, aber auch ihre
FollowerInnen beobachten können, ob die aufgestellten Pläne eingehalten werden.
Ohne einen Vergleichsmaßstab, hier den Essensplan, können die TeilnehmerInnen
rückwirkend zum Beispiel keine kausalen Zusammenhänge feststellen, warum

---

[43] Auch hier zeigen sich erneut Parallelen zur Anorexia nervosa. AnorektikerInnen erstellen
in der Regel ebenfalls (zumindest gedanklich) Listen erlaubter bzw. sicherer Lebensmittel,
sogenannte Safefood-Listen, und verfolgen einen monotonen Speiseplan, der typischerweise
fetthaltige und hochkalorische Nahrungsmittel ausschließt (Legenbauer & Vocks 2014).

sie in einem bestimmten Zeitraum etwa nicht an Gewicht verloren oder gar zugenommen haben. Mit dem Plan und der täglichen Dokumentation der Nahrungsaufnahme werden Kausalanalysen hingegen möglich. Auf diese Analysen wird in Abschnitt 5.6.1 noch einmal zusprechen gekommen.

Viele TeilnehmerInnen greifen im Rahmen ihrer Gewichtsabnahmeprojekte, wie beschrieben wurde, auf bereits existierende Vorlagen für Essenspläne und Rezepte zurück, die zumeist auf Pro-Ana-Weblogs oder in Pro-Ana-Webforen von anderen TeilnehmerInnen hinterlegt worden sind.

Neben Essensplänen legen viele TeilnehmerInnen zudem am Anfang ihres Projekttagebuchs fest, ob sie Sport in ihr Projekt integrieren wollen und wenn ja, wie viel. Einige setzen sich eine bestimmte Schrittzahl als Ziel, in der Regel mindestens 10000 Schritte, die sie am Tag nicht unterschreiten möchten und welche sie oftmals mittels eines Self-Tracking-Geräts kontrollieren.

Tabelle 5.1 Detaillierter Essensplan einer TeilnehmerIn an Pro-Ana

Essensplan Mai & Juni[44]

	Frühstück	Snack	Mittagessen	Abendessen
1. Version	150 g Joghurt 0,1 % Fett + 1 Apfel (100 kcal + 55 kcal)	1 Energydrink (zuckerfrei) (11 kcal)	Kohlrabi und Zucchini (130 kcal + 120 kcal)	500 g Zucchini + 500 g Champignons + 1 ganzer Brokkoli (120 kcal + 110 kcal + 150 kcal)
2. Version	150 g Joghurt 0,1 % Fett + 120 g Trauben (100 kcal + 85 kcal)	1 Energydrink (zuckerfrei) (11 kcal)	1 ganzer Brokkoli (150 kcal)	20 g Gurke + 500 g Zucchini + 500 g Champignons + Sauce (30 kcal + 120 kcal + 110 kcal + 300 kcal)
3. Version	2 Reiswaffeln mit einer ½ Banane (54 kcal + 60 kcal)	1 Energydrink (zuckerfrei) (11 kcal)	500 g Blumenkohl + 230 g Dosenchampignons (125 kcal + 60 kcal)	40 g Gurke + 500 g Champignons + 1 ganzer Brokkoli + Sauce (60 kcal + 110 kcal + 150 kcal + 300 kcal)

[44] Dieser Essensplan wurde aus Gründen der Anonymisierung von der Forscherin selbst erstellt. Er orientiert sich jedoch in Struktur und Inhalt an einem Plan, den eine TeilnehmerIn im Tagebuchbereich eines Webforums für ihr Weight-loss-journey gepostet hat.

Abbildung 5.14 Wenig detaillierter Essensplan einer TeilnehmerIn

Welche Sportarten in den Plan integriert werden, unterscheidet sich dabei zwischen den TeilnehmerInnen oft stark. Einige sind etwa in einem Sportverein aktiv, andere setzen sich das Ziel täglich eine Stunde Joggen oder eine Stunde ins Fitnessstudio zu gehen. Wieder andere versuchen durch gymnastische Übungen in ihrer Wohnung Kalorien zu verbrennen. Auch zum Thema Sport und Sportpläne finden sich in Webforen, in Blogs und Weblogs eine Reihe von Entwürfen, die TeilnehmerInnen selbst kreiert oder aus dem Internet zusammengesammelt haben. Die in der sozialen Welt geteilten Workouts und Sportpläne enthalten in der Regel Kalorienangaben, sodass sie relativ problemlos mit dem Essensplan kombiniert werden können (vgl. Abbildung 5.15).

Abbildung 5.15
Sportplan mit Angabe des
Kalorienverbrauchs
(fat.girl.loves.ana; Weblog:
„sturmwölfin")

In Abnehmgruppen werden Sport- und Essenspläne typischerweise von der GruppenleiterIn entworfen. Diese sind dementsprechend weniger stark auf das einzelne Mitglied zugeschnitten, d. h. etwa auf dessen Vorlieben und Gewohnheiten, versprechen dafür aber ein stärkeres Maß an Gruppendruck, die aufgestellten Pläne auch einzuhalten.

Essens- und Sportpläne haben jedoch in Pro-Ana in der Regel immer nur vorläufige Geltung, da sie von den TeilnehmerInnen fortwährend an die aktuellen Bedingungen ihres Projekts angepasst werden müssen. Auf der Grundlage des in der Regel täglich gemessenen Körpergewichts entscheiden die TeilnehmerInnen, ob ihr Essens- und Sportplan wie gehabt fortgeführt oder aufgrund zum Beispiel einer Gewichtszunahme angepasst werden muss. Ist es etwa zu besagter Gewichtszunahme gekommen, verschärfen TeilnehmerInnen ihren Projektplan typischerweise noch einmal, d. h. sie legen sich ein noch intensiveres Fitness- und Ernährungsregime auf. Erlaubten sie sich beispielsweise bislang 800 kcal pro Tag, beschränken sie ihre Ration für die Folgetage dann zum Beispiel auf 500 kcal.

5.4   Durchführung des Weight-loss-journeys in unterschiedlichen Beziehungskonstellationen

Nachdem die TeilnehmerInnen ihren Projektplan erstellt haben, treten sie typischerweise in die Phase der Durchführung ihres Weight-loss-journeys ein. Dabei versuchen sie den entworfenen Projektplan an ihrem Wohnort umzusetzen. Hier sind sie dann, wie in Abschnitt 5.2.2 dargestellt wurde, zumeist mit einem sozialen Umfeld konfrontiert, das ihrem Weight-loss-journey ablehnend gegenübersteht. Vor allem für minderjährige TeilnehmerInnen, welche noch im Kreis ihrer Familie leben, bedeutet dies häufig, dass sie die Umsetzung ihrer Essens- und Sportpläne immer wieder an das Zusammenleben mit den Eltern anpassen müssen. Das kann zum Beispiel so aussehen, dass sie nicht wie alleinlebende TeilnehmerInnen ihre Lebensmittel und Mahlzeiten jederzeit genau abwiegen und damit die Kalorienanzahl bestimmen können, weil die Eltern auf diese Handlungen in der Regel argwöhnisch reagieren und einen Verdacht auf ein gestörtes Essverhalten hegen könnten. Für diese und andere Probleme der Durchführung ihres Weight-loss-journeys am Wohnort suchen TeilnehmerInnen in der Regel Unterstützung auf Pro-Ana-Websites und in Abnehmgruppen und -partnerschaften über Instant Messenger.

Während die Planumsetzung am Wohnort also typischerweise allein und im Geheimen erfolgt, können TeilnehmerInnen online zur Durchführung ihres Weight-loss-journeys zwischen unterschiedlichen Beziehungskonstellationen wählen. Zur Wahl stehen sowohl Gruppen- als auch Individualangebote. Gruppenangebote basieren in der Regel, wie in Abschnitt 5.3 beschrieben wurde, auf bereits bestehenden Plänen, welche die GruppenleiterIn entwirft. Anders verhält es sich in dyadischen Beziehungskonstellationen, wie den sogenannten Ana-Buddys oder -Twins. Hier legen die AbnehmpartnerInnen in der Regel gemeinsam einen Plan fest, an den sie sich halten wollen. Neben Abnehmgruppen und -partnerschaften besteht die Möglichkeit, das Weight-loss-journey eigenständig mit selbst erstelltem, auf die eigenen Bedürfnisse zugeschnittenem Plan durchzuführen. Auch hier lassen sich zwei Modelle unterscheiden: Während sich einige TeilnehmerInnen dafür entscheiden, ihr Weight-loss-journey öffentlich, d. h. hier vor allem vor einem pro-anorektischen Publikum zu dokumentieren, unternehmen andere dies im Privaten mit Stift und Papier in ihrem Tage- oder Notizbuch (Abbildung 5.16) oder auf ihrem Mobiltelefon.

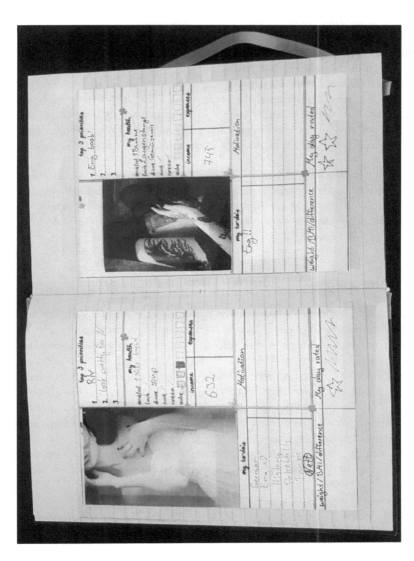

Abbildung 5.16 Projekttagebuch der Teilnehmerin „Mondschaf"

Letztere dokumentieren dann online zumeist nur ihre erreichten Zielgewichte, wenden sich aber hin und wieder auch mit Fragen bezüglich ihres Weight-loss-journeys an ein Pro-Ana-Webforum oder durchstreifen Pro-Ana-Websites nach Tipps und Tricks oder Thinspiration-Bildern. Gleiches gilt auch für die Mitglieder einer Abnehmgruppe oder -partnerschaft und für TeilnehmerInnen, die ihr Weight-loss-journey online dokumentieren. Auch ihr Weight-loss-journey erschöpft sich zumeist nicht in den im Tagebuch dokumentierten Handlungen, d. h. der Umsetzung des aufgestellten Essens- und Sportplans. Häufig engagieren sich TeilnehmerInnen zusätzlich etwa in Webforenthreads oder Chats auf Blogging-Plattformen oder über Instant-Messenger, in denen sie sich mit anderen TeilnehmerInnen über ihre Probleme oder Erfolge mit ihrem Weight-loss-journey austauschen.

Wenden wir uns im Folgenden nun der Durchführung ihrer Weight-loss-journeys in den beschriebenen Beziehungskonstellationen zu. Beginnen werden wir mit dem – im Vergleich zur Abnehmgruppe oder -partnerschaft – eigenständigen Vollzug, bei der ein Onlinetagebuch über den Verlauf des Weight-loss-journeys geschrieben wird.

5.4.1 Das ‚solistische' Journey als digitales Tagebuch

Onlinetagebücher werden in Pro-Ana vor allem im Rahmen von Weblogs und Webforen geschrieben, da diese Websiteformate es TeilnehmerInnen aufgrund ihrer technischen Eigenschaften ermöglichen, längere Texte zu verfassen. Das online geführte Tagebuch gewährt, im Vergleich etwa zum offline geführten Tagebuch oder zur Abnehmgruppe, *anderen* TeilnehmerInnen einen durchaus detaillierten Einblick in den Verlauf eines Weight-loss-journeys. An kaum einem anderen Ort wird der Verlauf des Journeys derart detailliert und für andere sichtbar[45] geschildert.Diese dichten Beschreibungen bilden ein charakteristisches Merkmal des Tagebuchberichts.

Bei einem Tagebuch handelt es sich in der Regel um einen „fortlaufenden, meist von Tag zu Tag geschriebenen Bericht über Dinge, die im Lauf jedes

---

[45] Auf Weblogs etwa kann im Prinzip jede BesucherIn das Onlinetagebuch einsehen, da zumeist keine Zugangsbeschränkungen zu Inhalten bestehen. Tagebücher im Rahmen von Webforen stehen zumindest noch der registrierten Webforen-Community zum Besuch offen. Dementgegen sind Abnehmgruppen und -partnerschaften, die über Instant Messenger geführt werden, wie auch das offline geschriebene Tagebuch, immer nur wenigen, ausgewählten TeilnehmerInnen zugänglich.

einzelnen Tages vorfielen" (Boerner 1969, 11). Diese Berichte zeichnen sich typischerweise durch ihre besondere zeitliche Nähe zum beschriebenen Ereignis aus, sodass „oft nur eine Reihe von Stunden" (ebd., 11) zwischen beiden liegen. Ein Tagebuch kann aus unterschiedlichen Gründen verfasst werden. Im Allgemeinen entscheiden sich Menschen dafür ein Tagebuch zu schreiben, wenn sie bestimmte Zeitspannen oder Ereignisse festhalten möchten, um sich später an diese besser erinnern zu können. Neben dieser konservierenden Funktion kann das Tagebuch auch zur Selbstreflexion eingesetzt werden:

> Indem der Diarist seine Ich-Analysen regelmäßig notiert, hofft er, gemeinhin verborgenes in sich aufspüren, eventuell sogar durch die Synopse der festgehaltenen Einzelbilder das für ihn Charakteristische erfassen [...] zu können (ebd., 21).

Schließlich kann das Tagebuch auch zur gezielten Persönlichkeitsentwicklung herangezogen werden, indem der oder die Tagebuchschreibende sich der eigenen, sonst unreflektierten Schwächen durch die Dokumentation bewusst wird und an diesen arbeiten kann (ebd., 21 f.).

Wie im Folgenden gezeigt werden wird, ist es zum einen die Möglichkeit der Selbstanalyse und -kontrolle durch die langfristige und detaillierte Selbstthematisierung, die TeilnehmerInnen dazu motiviert, ihre Weight-loss-journeys in Form eines Tagebuchs zu begleiten. Zum anderen dient ihnen die *öffentliche* Form der Selbstthematisierung im Weblog oder Webforum als eine weitere Kontrollinstanz ihrer Handlungen, da nicht nur sie selbst ihr Scheitern dokumentiert sähen, sondern auch ihre MitleserInnen. In Abschnitt 5.6.1 wird auf die besondere Bedeutung der anderen im Onlinetagebuch für das Weight-loss-journey noch einmal eingegangen.

Auch im Rahmen meiner Forschung nahm das Onlinetagebuch eine zentrale Rolle ein. Die über längere Zeiträume erfolgende Selbstthematisierung in Form teilweise sehr umfangreicher Berichte zum Weight-loss-journey, die häufig von den TeilnehmerInnen durch Selbst- und Handlungsanalysen ergänzt werden, machte das Onlinetagebuch zu einem wesentlichen Datum, aus dem typische Verläufe von Weight-loss-journeys rekonstruiert werden konnten. Analysiert wurden ca. 15 Onlinetagebücher im Webforum mpa und auf Pro-Ana-Weblogs. Wie in Abschnitt 5.2 ausgeführt, war es sowohl aus forschungsethischen als auch -praktischen Gründen nicht möglich, TeilnehmerInnen an ihrem Wohnort im Rahmen ihrer Weight-loss-journeys zu begleiten, sodass vor allem auf ihre Berichte in Form des Tagebuchs zurückgegriffen wurde.

Wird allerdings in Betracht gezogen, dass auch die TeilnehmerInnen an Pro-Ana in der Regel keinen anderen Zugang zu den Journeys ihrer MitstreiterInnen haben, sind diese Dokumentationen und der Umgang mit ihnen ein äußerst interessantes Datum. Nicht nur erlauben sie Einblicke in die am Wohnort durchgeführten Weight-loss-journeys, sondern auch in die Form der Interaktionsbeziehungen zwischen den TeilnehmerInnen. Die forschungsrelevante Frage, ob die Dokumentationen der Journeys authentische Erzählungen darstellen (s.a. Abschnitt 4.1), d. h. ob sie tatsächlich am Wohnort durchgeführte Handlungen wiederspiegeln, ist dabei auch eine virulente Frage in der sozialen Welt Pro-Ana. Es zeigte sich in meiner Untersuchung, dass die TeilnehmerInnen miteinander webmediale „Ethnomethoden" [members' methods] (Garfinkel 1967, vii) entwickelt haben, um den Zusammenhang zwischen ihren Online- und Offlinehandlungen wechselseitig in Erfahrung bringen zu können. Zu diesen gehören etwa ihre Berichte über Nebenwirkungen des essstörungsbezogenen Handelns oder auch Körperfotografien[46], die body checks, welche TeilnehmerInnen regelmäßig in ihre Onlinetagebücher einbinden. Im Zuge meiner teilnehmenden Beobachtung im Feld als sogenannte „Lurkerin" konnte ich zudem meine eigenen Methoden protokollieren, mit denen ich zu erkennen versuchte, ob die webmedialen Objektivierungen (Bilder, Textbeiträge, Videos) der TeilnehmerInnen authentische Artefakte darstellen. Diese Methoden verglich ich schließlich mit jenen der TeilnehmerInnen, von denen sie auf Pro-Ana-Websites und in Interviews berichteten.

Im Folgenden werden wir nun anhand des exemplarischen Falls von Anna[47] einen typischen Verlauf eines Weight-loss-journeys betrachten, das im Rahmen eines Onlinetagebuchs dokumentiert wurde. Später wird dieser Fall mit anderen Verlaufstypen kontrastiert (Abschnitt 5.5) und typische Phasen und Verläufe eines pro-anorektischen Weight-loss-journeys vorgestellt. In Abschnitt 5.6.1 wird schließlich das Journey-Tagebuch in seiner funktionalen Bedeutung für das Weight-loss-journey diskutiert, wobei vor allem auf seine interaktiven Momente Bezug genommen wird.

---

[46] Die TeilnehmerInnen scheinen im Körper – im Vergleich zum Gesicht oder den Augen – eine geringere Gefahr der Individualisierbarkeit zu sehen. Allerdings muss er ihnen – zumindest im seriellen Bildverlauf – doch genügend individualisierbare Merkmale bereitstellen, um sich als Ausweis von Identität (in Bezug auf den Körper) zu eignen. Neben körperlichen Merkmalen (wie z. B. Muttermale, Tätowierungen, Haare) können zur Feststellung von Identität auch ein sich wiederholender Bildhintergrund oder bestimmte Kleidungsstücke herangezogen werden.

[47] Aus Anonymisierungsgründen wurde der Name des Forenmitglieds geändert und die zitierten Textbeiträge ins Deutsche übersetzt.

Annas Journey-Tagebuch

Anna ist 21 Jahre alt und dokumentiert ihr Weight-loss-journey seit dem 1. August 2018 im Webforum mpa als sogenannten „Accountability-Thread"[48], wie Journey-Tagebücher in diesem Forum typischerweise genannt werden. Anna ist 1,57 m groß und wiegt zum Zeitpunkt ihres Projektbeginns 62 kg. Ihr ultimatives Zielgewicht bestimmt Anna mit 38,55 kg, was einem BMI-Wert von 15,4 entspricht. Als Zwischenzielgewicht gibt sie 45,3 kg an. Diese Zahl hat sie, so steht zu vermuten, nicht zufällig gewählt. Sie entspricht einem BMI-Wert von 18,4. Bei Erwachsenen markiert ein solcher Wert die Grenze zum Untergewicht, weshalb viele TeilnehmerInnen an Pro-Ana die Unterschreitung dieser Grenze als erstrebenswerte Wegmarke festlegen.

Anna arbeitet in ihrem Projekttagebuch mit einem eher vagen Essens- und Sportplan. Sie setzt sich ein täglich zu konsumierendes Kalorienziel von 999 kcal, räumt sich aber zugleich die Möglichkeit ein bis 1400 kcal verzehren zu dürfen, wie sie sagt, „wenn ich wirklich will". Die Zahl 1400 kcal entspricht, wie Anna angibt, dem Energieumsatz (TDEE) ihres Körpers zum Zeitpunkt des Erreichens ihres Zielgewichts. Ein genaues Zieldatum ihres Projekts gibt Anna nicht an. Im Verlauf ihrer Projektdokumentation streut Anna jedoch einige Informationen diesbezüglich, sodass davon auszugehen ist, dass sie plant, ihr Zwischenzielgewicht von 45,3 kg im Dezember erreicht zu haben.

Am ersten August 2018 beginnt sie ihr Projekt. Nach einer kurzen Begrüßung ihrer LeserInnen mit den Worten „Hallo, willkommen in meinem Accountability-Thread", präsentiert Anna in aller Kürze ihren Essensplan und den Ist- und Soll-Zustand ihres Weight-loss-journeys, d. h. im Wesentlichen ihr aktuelles Körpergewicht und ihre Zielgewichte sowie ihre Körpergröße und ihr Alter.

Die ersten beiden Projekttage, so ist Annas Tagebuch zu entnehmen, verlaufen erfolgreich. Sie gibt an, jeweils 999 kcal konsumiert zu haben. Am dritten Tag ihres Projekts erlebt sie jedoch einen ersten Rückschritt, der in der Überschreitung sowohl ihres gesetzten Kalorienziels von 999 kcal als auch des aufgespannten Toleranzbereichs (bis zu 1400 kcal) besteht. Einen Grund für die Überschreitung dieser Grenzen nennt sie in ihrem Tagebuch nicht.

An den darauffolgenden zwei Tagen (Tag fünf und sechs) bewegt sich Anna mit ihrer Kalorienzufuhr im von ihr gesetzten Toleranzbereich. Am sechsten Tag bleibt sie sogar mit 838 kcal unter ihrem Kalorienziel, worauf erneut drei Tage folgen, an denen sie sich in ihrem Toleranzbereich bewegt.

---

[48] Der Begriff „Accountability" geht vermutlich auf das gleichnamige Unterforum im größten internationalen Pro-Ana-Webforum myproana.com zurück.

Am neunten Tag ihrer Planumsetzung beschließt Anna erstmals ihren Essensplan abzuändern. Sie verschiebt ihre Kalorientoleranzgrenze auf 1300 kcal, wofür
sie jedoch keinen Grund benennt. Es ist zu vermuten, dass sie mit diesem Schritt
beabsichtigt, ihre tatsächliche Kalorienaufnahme auf längere Sicht gesehen, zu
verringern. Sie könnte beobachtet haben, dass sie in Bezug auf ihre Kalorienzufuhr zu häufig bis zur Grenze ihres Toleranzbereichs geht, sodass sie diese
herabsetzt, um sich zu zwingen, weniger Kalorien zu sich zu nehmen.

In den nächsten fünf Tagen nach erfolgter Plananpassung kann Anna nur einen
erfolgreichen Tag verbuchen, an dem sie ihr Kalorienziel nicht überschreitet. An
drei von fünf Tagen bewegt sie sich erneut in ihrem Toleranzbereich. Was Anna
erst später in ihrem Tagebuch offenbart, ist, dass sie zu Beginn ihres Projekts
mit Hilfe eines „Gewichtsabnahmerechners" [„weight loss calculators"] ein Zieldatum für ihr Projekt bestimmt hatte, das für eine Kalorienzufuhr von 999 kcal
entworfen war. Damit verschiebt jeder Tag, an dem sie diese Grenze überschreitet,
das errechnete Datum für das Erreichen des Zielgewichts nach hinten.

An Tag vierzehn scheitert Anna erneut, da sie mit 1403 konsumierten Kilokalorien ihren neu bestimmten Toleranzbereich überschritten hatte. Von diesem Tag
an beginnt Anna in immer kürzeren Abständen ihren Essensplan zu verändern:
So beschließt sie etwa an einem Tag alle zwei Wochen einen sogenannten „zählfreien Tag" zu veranstalten, an dem sie ihre konsumierten Kalorien nicht zählen
wird. Solche Tage in den Projektplan einzubauen, ist nicht untypisch für Weight-
loss-journeys im Rahmen der sozialen Welt Pro-Ana. Sie werden zumeist unter
dem Namen „cheat day" verhandelt und bedeuten sozusagen eine Pause in der
Umsetzung des Projektplans. An diesen Tagen erlauben sich die TeilnehmerInnen in der Regel so viele Kalorien zu sich zunehmen, wie sie möchten und diese
nicht zu zählen. Nach ihrem ersten „zählfreien Tag" verändert Anna ihren Plan
erneut. Nun beschließt sie an Wochenenden nur noch 500 kcal zu sich nehmen
zu wollen, was sie jedoch am ersten Tag des Wochenendes wieder verwirft. Stattdessen plant sie nun zu fasten. Auch dieses neue Vorhaben gibt sie am selben Tag
wieder auf und konsumiert 536 kcal, womit sie nicht nur ihren ursprünglichen
Plan maximal 500 kcal an Wochenenden zu konsumieren, sondern auch ihren
Plan zu fasten nicht eingehalten hat. Möglicherweise aus Frustration zählt Anna
ihre konsumierten Kilokalorien für Sonntag gar nicht mehr, stattdessen gibt sie
an, viel Vodka getrunken zu haben.

Nach diesem – mit Blick auf ihre ursprünglichen Pläne für das Wochen-
ende – Misserfolg verläuft der nachfolgende Tag, Montag, wieder erfolgreich.
Anna gibt an 952 kcal konsumiert zu haben, womit sie ihre Kaloriengrenze von
999 kcal unterschreitet. Nachdem sie sich anschließend einen Tag in ihrem Kal-
orientoleranzbereich bewegt, beschließt sie am Folgetag erneut ihren Essensplan

zu verändern. Sie entscheidet sich nun, die „Skinny Girl Diet" durchführen zu wollen und an diese noch eine zweite Diät, die ABC Diet, anzuschließen. Für beide Diäten postet sie einen Diätplan, den sie wahrscheinlich von einer anderen Pro-Ana-Website übernommen hat. Sie stellt dabei die Rechnung auf, dass sie mit diesen Diäten, die sich über einen Zeitraum von 80 Tagen erstrecken würden, 14,36 kg abnehmen könnte. Diese Prognose hat sie erneut auf Grundlage eines Gewichtsabnahmerechners angestellt, den sie mit dem Namen „ultimate weight loss calculator" näher bestimmt. Auf diese Berechnungen folgend formuliert Anna, dass sie vielleicht an die beiden Diäten noch eine dritte anschließen wird, nämlich die „Healthy Skinny Girl Diet", eine Abwandlung der „Skinny Girl Diet", bei der das tägliche Kalorienkontingent um 500 kcal erhöht wird.

Noch bevor Anna jedoch mit ihrer ersten Diät beginnt, überlegt sie bereits einige Änderungen an ihr vorzunehmen, wie etwa die eingeplanten Fastentage durch ihre alte 999 kcal Grenze zu ersetzen. Dass ein solcher Schritt voraussichtlich ihr berechnetes Zieldatum tangieren dürfte, thematisiert Anna nicht. Stattdessen fügt sie ihrem Post, scheinbar nach seiner ersten Veröffentlichung, Editierungen hinzu.[49] Die erste betrifft ihre berechnete Gewichtsabnahme, die sie mit ihren Diäten ursprünglich erzielen sollte. Diese bestimmt sie nun – nach ihren Angaben wieder auf Grundlage des „ultimate weight calculators" – auf 17,05 kg. Mit dieser Gewichtsabnahme könnte sie zum berechneten Zeitpunkt ein Gewicht von 43,65 kg und einen BMI-Wert von 17,7 erreicht haben. Wie diese neue Berechnung zustande kommt, erschließt sich mir als Leserin nicht, ebenso wenig das neue Zieldatum für die Diäten, das sie nun auf den 9. Dezember festlegt. All die eben aufgeführten Berechnungen und Planungen finden innerhalb eines Threadbeitrags statt.

Während der erste Tag Annas „Skinny Girl Diet" noch erfolgreich verläuft, da sie die Kaloriengrenze von 400 kcal einhält, scheitert sie am zweiten Tag. Als Grund ihres Misserfolgs gibt Anna einen McDonalds-Besuch mit FreundInnen an, bei dem sie mehr Kalorien zu sich genommen hat, als es ihr Diätplan für den ganzen Tag vorgesehen hatte. Sie beschließt den misslungenen Diättag dadurch auszugleichen, dass sie die verfehlte Kaloriengrenze am nächsten Tag noch einmal anvisiert. Hier könnte die Lösung für das weiter oben benannte Rätsel des

---

[49] Dies ist daran ersichtlich, dass Anna diese Anmerkungen mit „Edit 1" und „Edit 2" in ihrem Post gekennzeichnet hat. Das System des Webforums „myproana.com" kennzeichnet Editierungen nicht (mehr) automatisch. Markieren also die Mitglieder, die einen Thread eröffnen, bei einer Nachbearbeitung ihrer bereits veröffentlichten Posts, diese nicht eigenständig als Editierungen, sind diese für ihre LeserInnen nur noch beschwerlich, etwa aus der narrativen Struktur des Threads, nachzuvollziehen.

neu entworfenen Zieldatums liegen: Aufgrund nachgeholter Diättage verlängert sich die geplante Gesamtdauer ihrer Diäten.

> Vielleicht mache ich morgen eine Pause, aber ich bin mir da noch nicht sicher. Ich esse eigentlich jeden zweiten Donnerstag Candy Bacon...vielleicht könnte ich ein klein wenig essen und die Kalorien schätzen? Ich fürchte aber, dass das unmöglich viele wären, 2000 Kalorien oder so für 4 Streifen...

Annas Post am darauffolgenden Tag offenbart, dass sie tatsächlich einen Tag Auszeit von ihrer Diät genommen hat. Sie erklärt, dass sie nun plant, jeden zweiten Donnerstag einen Tag Pause zu nehmen, um Alkohol trinken zu können. Darüber hinaus gibt sie an, gerade darüber nachzudenken, die Anzahl an misslungenen Diättagen, d. h. Tagen, an denen sie im Rahmen ihrer Diäten zu viele Kalorien konsumiert oder pausiert hat, am Ende ihrer Diäten als Fastentage anzuhängen.

Nach zahlreichen weiteren Tagen, an denen sie die im Rahmen der „Skinny Girl Diet" erlaubte Kaloriengrenze überschreitet, beschließt Anna die begonnenen und geplanten Diäten – „Skinny Girl Diet", „ABC Diet" und „Healthy Skinny Girl Diet" – abzubrechen:

> Noch ein Fail, ich spiele mit dem Gedanken, die Diäten abzubrechen und weiterzumachen wie vorher. Mein Gewicht ist wieder rauf auf 60. Die SDG [„Skinny Girl Diet"; A.S.] beschleunigt das Abnehmen nicht wirklich, vielleicht könnte sie es, wenn ich nicht so oft versagen würde.

Im selben Beitrag verkündet sie noch, dass sie mit Hilfe ihres „ultimate weight calculators" berechnet hat, dass wenn sie von nun an täglich nicht mehr als 750 kcal zu sich nimmt, sie zumindest noch ein Gewicht von 99lbs (44,9 kg) vor dem Jahresende erreichen könnte. Diesen neuen Plan verfolgt Anna einen Tag lang, bevor sie erneut scheitert, da sie zu viele Kalorien konsumiert.

Nach weiteren Tagen des Scheiterns am neu aufgestellten Plan, entschließt sich Anna einige „kurzfristige Ziele" festzulegen: Für jeden verbleibenden Monat bis zum Jahresende setzt sie sich nun ein konkretes Gewichtsziel, das sie erreichen möchte. Diese Ziele bestimmt sie erneut mit dem benannten Gewichtsrechner. Zwei Tage später gibt Anna an, auch diesen Plan wieder verworfen zu haben, um am „McDonalds Monopoly" in ihrer Stadt teilzunehmen. Sie begründet diesen Schritt wie folgt:

9. September – Noch mehr Zieländerungen

Also, ich weiß ja nicht, ob das eine weltweite Sache ist, aber da wo ich wohne, ist
gerade McDonalds Monopoly angesagt...und ich spiel mit dem Gedanken, die nächsten ~~52~~ 37 Tage für diese heißen Monopolypreise bei McDonalds zu essen (Ich bin von
Natur aus eine suchtgefährdete Persönlichkeit).

Ich habe einen Tagesplan von ungefähr 1200 Kalorien gemacht. Ich werde wohl
langsamer abnehmen als jemals zuvor...vielleicht fange ich mit Sport an.

Ich geh mal davon aus, dass ich nur ein paar kg in der Zeit abnehmen
werde...vielleicht höre ich auch auf, wenn ich was Schönes gewinne. Oder mir
McDonalds zum Hals raushängt.

Ihr neuer Plan besteht nun darin, wie ihrem oben stehenden Threadbeitrag zu
entnehmen ist, für zunächst 52 Tage – später korrigiert sie den Zeitraum auf
37 Tage – täglich bis zu 1200 kcal zu sich zu nehmen. Am ersten Tag ihrer
„McDonalds-Diät", wie ich sie hier nennen möchte, beschließt Anna jedoch am
darauffolgenden Tag doch die „ABC Diet" beginnen zu wollen, nun jedoch auf
Grundlage von McDonalds Menüs. Nachdem dieses Vorhaben am ersten Tag
scheitert, gibt sie die „ABC Diet" wieder auf. Sie kehrt bis zum Ende ihrer
„McDonalds Diät" zu einer Kaloriengrenze von 1300 kcal zurück, die vormals
das Ende ihres Toleranzbereichs markierte.

Die letzten Änderungen ihres Essens- und Sportplans, die in ihrem Tagebuch
vermerkt sind, werde ich nachfolgend kurz zusammenfassen: Anna versuchte
erstmals Sport in ihr Weight-loss-journey zu integrieren. Es gelang ihr jedoch
nicht ihren entworfenen Sportplan einzuhalten, sodass sie sich darauf beschränkte,
ihre McDonalds Menüs von nun an selbst aus der Filiale abzuholen, anstatt
sie sich nach Hause liefern zu lassen. Des Weiteren beschloss Anna bis zum
Ende der McDonalds Monopoly-Aktion keine Gewichtsabnahme mehr anzustre-
ben, sondern zu versuchen, in diesem Zeitraum nicht zuzunehmen. Um dies zu
gewährleisten, versuchte Anna nur so viele Kalorien täglich zu konsumieren, wie
sie verbrauchte. Ihren täglichen Energieumsatz berechnete sie mit Hilfe eines
Fitbit-Armbands. Bevor sie schließlich ihre Projektdokumentation am 26. September 2018 unvermittelt abbricht, verzeichnet Anna noch zwei Tage mit einer
sehr niedrigen Kalorienzufuhr (< 700 kcal). Die Gewichtsabnahme, die Anna in
fast zwei Monaten erzielt hat, beläuft sich zuletzt auf ca. fünf Kilogramm.

Kurze Falldiskussion
Der Fall von Anna verdeutlicht eindrücklich die Diskrepanz zwischen Planung
und Planumsetzung, die sich vielen TeilnehmerInnen an Pro-Ana im Rahmen

ihrer Weight-loss-journeys stellt. Während die Planung einen gradlinigen und vor-
wärts gerichteten Verlauf ihrer diätbezogenen Handlungen entwirft, weicht die
Planumsetzung am Wohnort von diesem Ideal ab. Auf Fortschritte folgen Rückschritte, die das Ziel in weitere Ferne rücken lassen. Eine typische Umgangsweise
mit dem eigenen Scheitern besteht für viele TeilnehmerInnen darin, wie auch das
Beispiel Anna zeigt, ihren Projektplan weiter zu verschärfen, d. h. in der Regel
das erlaubte tägliche Kalorienkontingent noch einmal herabzusetzen, was ein neu-
erliches Scheitern jedoch wahrscheinlich macht. So legt sich Anna etwa immer
wieder Diäten auf, wie die ABC Diet oder die Skinny Girl Diet, die mit extrem
niedrigen täglichen Kalorienkontingenten operieren, obwohl sie bereits an ihrem
Kalorienziel von 999 kcal regelmäßig scheitert.

Die dahinterliegende Strategie könnte zum einen sein, das ursprünglich
berechnete Zieldatum mit der verringerten Kalorienzufuhr doch noch zu erreichen
oder es aber zumindest nur knapp zu verfehlen. So fügt Anna etwa ihrer Ankündigung, ab morgen mit der ABC Diet beginnen zu wollen, eine neue Berechnung
ihres Zieldatums für ihr Journey bei, die kundgibt, dass das Zieldatum mit diesem
Diätplan noch zu erreichen sei.

Zum anderen wählen TeilnehmerInnen die Strategie, ihre Nahrungsaufnahme
nach einem Scheitern am Plan noch weiter einzuschränken, weil sie in der
Vergangenheit die Erfahrung machten, beim Verzehr ihrer „erlaubten", d. h.
geplanten Kalorien in einen Binge zu verfallen. Sie berichten etwa davon, dass
sie häufig aus Hunger oder Appetit zunächst ihren Plan nur minimal überschreiten, d. h. etwa 100 kcal „zu viel" zu sich nehmen. Aus der Frustration heraus,
den Plan nicht eingehalten zu haben, verfallen sie dann jedoch in einen gedanklichen Kreislauf, der besagt, ‚nun ist es auch egal, jetzt kann ich auch noch
mehr essen'. Sie hoffen, diesem Kreislauf zu entgehen, indem sie sich durch
Fasten vom Essen gänzlich fernhalten oder sich durch Monodiäten attraktiver
Essensoptionen berauben.

Zudem kollidieren ihre entworfenen Pläne immer wieder mit den Verpflich-
tungen, denen sich die TeilnehmerInnen in ihrem Alltag gegenübersehen, wie
dem Schulbesuch, dem Studium, dem Beruf, aber auch Unternehmungen mit
Familie und FreundInnen. An Annas Beispiel zeigt sich etwa, dass sie immer
dann, wenn sie sich mit ihren FreundInnen trifft, ihr geplantes Kalorienkontingent
überschreitet.

Ein weiteres Thema in Annas Tagebuch, das sich in vielen Tagebüchern findet,
ist die möglichst exakte Bestimmung der Tageskalorienbilanz. Zu diesem Zweck
greifen viele TeilnehmerInnen auf die bereits in Abschnitt 5.3.2 erörterten Self-
bzw. Activity-Tracker zurück. Diese registrieren die tägliche körperliche Bewegung und informieren NutzerInnen auf diese Weise zu jeder Tages- und Nachtzeit

über die Anzahl bis dato verbrannter Kalorien. Einige Self-Tracker sind darüber hinaus mit einer Funktion ausgestattet, die es NutzerInnen erlaubt, sie mit anderen Self-Trackern (in der Regel Kalorien-Trackern) zu synchronisieren. Auf diese Weise können sich NutzerInnen ihre Tageskalorienbilanz, d. h. die Differenz von aufgenommenen und verbrannten Kalorien, in *einem* Ergebnisprotokoll ausgeben lassen. Anna legt sich im Verlauf ihres Weight-loss-journeys ebenfalls einen Self-Tracker zu, mit dem sie ihren Energieumsatz – Total Daily Energy Expenditure (TDEE) – bestimmt.

Zusammengefasst zeigt sich in dem vorgestellten Fallbeispiel, dass Anna unterschiedliche Phasen im Rahmen ihres Weight-loss-journeys durchläuft. Sie durchlebt einen ständigen Wechsel von erfolgreichen Projektphasen und Phasen, in denen sie scheitert. Trotz der häufigen Misserfolge bricht Anna ihr Projekt zunächst nicht ab, sondern steuert den Projektplan durch Veränderungen an ihrem Essensplan immer wieder nach. Nach 89 Tagen der Projektdokumentation endet ihr Projekttagebuch schließlich doch und zwar abrupt, d. h. ohne vorherige Ankündigung. Dieses abrupte Ende ist typisch für Projekttagebücher im Rahmen Pro-Anas. Es steht auf Grundlage meiner Datenanalysen zu vermuten, dass es zum einen Schamgefühle sind, welche TeilnehmerInnen dazu veranlassen, sich mit dem endgültigen Scheitern ihres geplanten Weight-loss-journeys nicht weiter befassen zu wollen. Sie ziehen im wahrsten Sinne des Wortes weiter und einen Schlussstrich unter ihren Misserfolg. Zum anderen findet sich dieses unvermittelte Verlassen des Tagebuchs offenbar besonders häufig bei solchen Projekttagebüchern, welche kaum bis gar nicht sozial eingebunden sind, d. h. keine FollowerInnen oder AbonnentInnen aufweisen. Anna etwa hatte über den Verlauf ihrer Projektdokumentation keine (technisch registrierten) FollowerInnen gewinnen und nur wenige Kommentierungen ihrer Beiträge erzielen können. Sie musste das Gefühl gehabt haben, die Dokumentation wesentlich für sich selbst anzustellen. Aus diesem Grund wird ihr Gefühl ihren LeserInnen eine Erklärung bzw. Rechenschaft[50] über die Einstellung ihres Tagebuchthreads schuldig zu sein, entsprechend gering ausgeprägt gewesen sein.

---

[50] Eine empfundene Rechenschaftspflicht (Accountability) gegenüber anderen kann für TeilnehmerInnen ein wichtiger Baustein in ihrem Weight-loss-journeys sein, wie in Abschnitt 5.6 eingehend besprochen wird.

5.4.2 Die Abnehmgruppe und die Abnehmpartnerschaft

Nachdem wir uns im vorangegangenen Kapitel dem Weight-loss-journey im Rahmen von Onlinetagebüchern zugewendet haben, wollen wir uns im Folgenden seiner Durchführung in Abnehmgruppen und -partnerschaften widmen. Diese Gruppen und Partnerschaften sind typischerweise nach außen geschlossen, das heißt, sie können nur nach persönlicher Einladung betreten werden. Abnehmgruppen und -partnerschaften werden in der Regel über Instant-Messaging-Dienste, wie WhatsApp oder Kik Messenger, geführt. Diese Dienste bieten mobile Anwendungsprogramme (Apps) für das Smartphone oder stationäre Programme für den Computer oder Laptop an, die sich NutzerInnen in der Regel kostenlos auf ihr privates Endgerät herunterladen und dort installieren können. Anschließend können sie mit anderen NutzerInnen dieser Software in private Chats eintreten. Kommunikativ adressiert werden können jedoch nur NutzerInnen, deren Name oder Telefonnummer der AbsenderIn bekannt sind. Aus diesem Grund kommen Chats über diese Dienste vor allem zwischen Personen zustande, die einander bereits kennen oder, wie es häufig im Fall von Pro-Ana zu beobachten ist, einander einladen. Einladungen werden etwa als Gesuche nach Gruppen, neuen Gruppenmitgliedern oder AbnehmpartnerInnen (Ana-Buddies, Ana-Twins) über Website-Formate, wie Weblogs oder auch Webforen, verschickt. Bei diesen Gesuchen (Abbildung 5.17) geht es in der Regel darum AbnehmpartnerInnen zu finden, die ähnliche Ausgangsbedingungen (Körpergewicht, Alter, Körpergröße) und Ziele teilen. Die Einladung zur Kontaktaufnahme mit der GruppengründerIn stellt jedoch noch keine Aufnahme in die Gruppe dar, sondern oft nur eine Einladung zur Bewerbung um einen Gruppenplatz. Die Gruppenzusammensetzung folgt in der Regel dem Prinzip der Homogenität. Mitglieder sollen einander möglichst ähnlich sein, um füreinander gleichzeitig KonkurrentInnen und SeelentrösterInnen darstellen zu können.

Schauen wir uns im Folgenden nun die Geschichte von Mondschaf an, die mit 19 Jahren beschloss, sich einer Pro-Ana-Abnehmgruppe über den Instant-Messaging-Dienst WhatsApp anzuschließen und später in dieser die Rolle der Gruppenleiterin übernahm.

Mondschafs Pro-Ana-Abnehmgruppe

Mondschaf ist zum Zeitpunkt ihres Eintritts in eine geschlossene Pro-Ana-Abnehmgruppe 19 Jahre alt. Ihr Gewicht beläuft sich damals auf etwa 65 kg bei 1,77 m Körpergröße. Das erste Mal hatte Mondschaf von Abnehmgruppen im Webforum mpa und auf Tumblr gehört, wo sie lange Zeit einen Thinspiration-Blog führte. In diesen Gruppen sollte das Moment der „Accountability", d. h.

Richtig ist das, was du für
richtig hälst.

Ausreden für Freunde &
Familie

Kampf um Perfektion

Twin / Coach Börse

Thin Me sagt:
16. November 2016 um 10:47

Hallo ihr lieben Anas,

ich habe eine tolle und sehr aktive Gruppe in WhatsApp. Es ist eine Gruppe für „ältere" Anas.
Nun sind noch wenige Plätze frei.
Wenn Du also über 21 bist,
einen BMI über 17 hast (wollen ja zusammen Einiges abnehmen ^^)
bist Du hier bei uns vllt richtig.

Es ist aber eine strengere Gruppe, es gibt definitiv Regeln und deren Einhaltung wird auch
kontrolliert.
Wer sich zu viele Schnitzer leistet fliegt.
Dafür sind wir sehr erfolgreich!
Hier sind die wichtigsten Regeln:
- einmal die Woche Waagebild
- jede Woche mind. 500g abnehmen
- unter 800 kcal bleiben, dauerhaft
- regelmäßig schreiben (aktiv sein!) – tägliches melden ist also angesagt

Wenn ihr Lust habt schreibt mir eine Mail mit
-Name
-Alter, ggf erlauben wir uns eine Echtheitskontrolle zu machen
-Gewicht+Waagenbild dann in die Gruppe
-BMI
-Höchstgewicht
-Tiefstgewicht
-Größe
-Wunschgewicht
-Beschreibe Deine Essgewohnheiten
-Therapie ja oder nein. Würdest Du ggf eine in Betracht ziehen?
- Warst Du mal Stationär?
-Sport, wenn ja welcher und wie viel?
-Welche ES hast Du? Und wie lange hast Du die ES schon?
-Was bedeutet Dir Deine ES? -Bist Du Dir über die Folgen im klaren?
-Wohnort
-Partnerschaft? Wohnst Du alleine oder nicht?
-Erzählt etwas über euch und eure Geschichte, vor allem wie ihr zu Ana gefunden habt.
-Bist Du bereit Fotos von Dir zu posten?
-Wären Challenges für Dich ok?
-Wie kommst Du mit strengen Gruppen zurecht?
- Seit wann besteht die ES und was war der Auslöser?
-Was bedeutet die ES für dich? Was ist Deine Motivation?
-Liegen noch andere Diagnosen oder Krankheiten vor?
-Schränkt Deine ES Dich im Alltag ein und wenn ja wie?
-Schreib einen beliebig langen Text über Dich, Deine Hobbys und Vorlieben, damit wir uns
ein besseres Bild von Dir machen können.

Schicke mir eine Email und deine Handy-Nummer an

thin.me@web.de

Liebe Grüße.

Abbildung 5.17 Mitgliedergesuch für eine Pro-Ana-Abnehmgruppe

der Rechenschaftspflicht, das sie bereits aus dem Webforum kannte, ebenfalls
eine zentrale Rolle spielen. Es hieß jedoch, dass diese Gruppen noch intensi-
ver seien in Bezug auf den vorherrschenden Gruppendruck. Das kam Mondschaf
gelegen, empfand sie doch die soziale Kontrolle des Onlinetagebuchs (bzw. der
Accountability-Threads in Webforen) als für sich zu schwach.

> Ja, wenn ich selber einen Forumseintrag mache, dann bin ich auch alleine zuständig,
> dass ich das jeden Tag mache oder einmal die Woche. Und dann hat man Ausre-
> den und dann lässt man es einmal weg und dann macht man es nie wieder und im
> Endeffekt denkt man, »scheiss drauf«, es interessiert halt eh niemanden.

(Mondschaf; Face-to-Face-Interview)[51]

Neugierig geworden auf das Beziehungsmodell Abnehmgruppe, begab sich
Mondschaf im Internet auf die Suche nach Pro-Ana-Abnehmgruppen. Zunächst
stieß sie vor allem auf amerikanische Websites, auf denen Gruppen- und Mitglie-
dergesuche hinterlegt waren. Diese kontaktierte Mondschaf jedoch aufgrund der
zu Deutschland differenten Zeitzone nicht und hielt stattdessen in ihrer Suche nun
Ausschau nach einer deutschen Abnehmgruppe, die sie auch schnell im Gäste-
buchbereich eines Weblogs fand. Die Gruppe war eine sogenannte *strikte* Gruppe,
d. h. eine Gruppe mit einem festen Regelkatalog. Wie Mondschaf berichtete, gibt
es zwei Arten von Gruppen:

> Die, wo Leute wirklich nur in einem Chat chillen und über ihr Leben reden und
> quatschen und alles okay. Und diese Gruppen wo es halt schon ein bisschen strik-
> ter zugeht, mit den Regeln und allem. Und wo dann teilweise auch mini Challenges
> gestartet werden und solche Geschichten. [...] Ich finde beide schon unterstützend,
> weil man ja auch sonst niemanden hat, an den man sich wenden kann. Und man hat
> plötzlich Leute, die einen verstehen.

In den *entspannteren* Gruppen gibt es nach Mondschafs Erfahrung häufig keine
Gruppenleitung, weshalb sie in der Regel nie lange bestünden.

> Die Gruppen, die halt n bisschen entspannter sind, lösen sich immer recht schnell auf,
> werden erstellt mit so zwanzig Mitgliedern und dann ist so die Hälfte irgendwann
> weg. Und dann wird's immer weniger, dann hast du drei Leute und dann meldet sich
> eine nicht mehr und das war's. Aber die anderen Gruppen, dadurch dass man auch

---

[51] Die Zitate in diesem Kapitel entstammen insgesamt dem Face-to-Face-Interview mit
Mondschaf und werden daher im Folgenden nicht mehr einzeln als solche gekennzeichnet.

immer Admins hat und neue Mitglieder reingezogen werden und halt jeder häufig auch, wenn man die Regeln nicht einhält, auch rausgeschmissen wird, dass da halt da auch schon drauf geachtet wird, dass man immer so zwischen acht und sechszehn ungefähr ist.

Mondschafs Gruppe hatte eine Gruppenleiterin und feste Regeln, die vor allem darin bestanden, jeden Montag ein Waagenbild (vgl. Abbildung 5.18)[52] und jeden Freitag ein Körperbild (body check) in die Gruppe hochzuladen. Zudem veranstaltete die Gruppenleiterin regelmäßig Challenges und Abnehmwettbewerbe. Hielten sich Mitglieder dreimal nicht an die Regeln oder nahmen an Challenges und Abnehmwettbewerben ohne triftigen Grund nicht teil, konnten sie der Gruppe verwiesen werden.[53] Es war jedoch in der von Mondschaf besuchten Abnehmgruppe möglich, Fehltritte und Versäumnisse durch andere Challenges wieder auszugleichen.

> Aber man kann auch mit so kleinen Challenges oder so, solche Strikesachen wieder wegbekommen. […] Zum Beispiel einmal hatten wir eine Woche nur vegan zum Beispiel, was ja in dem Sinne auch nicht unbedingt ungesund ist, und die Challenge dann halt mit jeder Person, so halt dass jeder sein Kalorienlimit so wie er es haben wollte, gestalten konnte. Aber die Challenge war nur das. Oder einmal hatten wir auch, dass jede Mahlzeit nur eine Farbe hat, irgendwas random halt teilweise. Teilweise waren es auch Sportchallenges mit Exerciseübungen, die jeder machen musste und solche Geschichten.

Neben der Teilnahme an Challenges und Wettbewerben nimmt auch das Gespräch zwischen den Gruppenmitgliedern viel Zeit im Gruppengeschehen ein. Auch in diesem geht es häufig ums Essen bzw. Nichtessen und wie der Alltag mit wenigen

---

[52] Das Waagenbild stammt nicht aus Mondschafs Abnehmgruppe, sondern aus einem Onlinetagebuch des Pro-Ana-Webforums mpa. Mondschaf hatte zum Zeitpunkt des Interviews alle Daten ihrer Abnehmgruppe bereits von ihrem Smartphone gelöscht. Der zitierte Tagebuch-Thread ist zum Zeitpunkt des Verfassens der Arbeit (9.12.2019) nur noch für registrierte Mitglieder einsehbar.

[53] Interessanterweise wurde für diese Prozedur des Verweisens eine Metapher aus dem Sport bzw. genauer dem Baseball aufgegriffen. Fehltritte werden in der Gruppe als „Strikes" bezeichnet. Ein Strike bezeichnet im Baseball die Spielsituation, in welcher der Schlagmann den Ball verfehlt und dieser vom Fänger gefangen wird. Geschieht ihm das dreimal hintereinander, kommt es zum „Strikeout" und der Schlagmann scheidet aus.

Abbildung 5.18 Waagenbild im Rahmen eines Weight-loss-journeys

Kalorien bestritten werden kann. Aber auch private Themen, wie Konflikte mit der PartnerIn oder den Eltern, werden besprochen.

Mondschaf fühlte sich in ihrer Abnehmgruppe wohl. Sie verstand sich gut mit ihren Mitstreiterinnen und nahm auch die ersten Kilogramm ab. Dann verkündete ihre Gruppenleiterin jedoch, dass sie die Gruppe für eine Zeit wegen eines stationären Klinikaufenthalts aufgrund ihrer Essstörung verlassen müsse. Die Gruppe verlor damit ihre Leitung, was zu einer Krise innerhalb der Gruppe führte.

> Es war einfach ein Drunter und Drüber und es hat, weil ja alles von Anfang an hieß, ja, jeden Freitag dies und jeden Montag das, und dann hat sich einfach niemand drum gekümmert und ich hatte keinen Bock mehr. Und dann hatten wir eine neue in der Gruppe, die war, glaub ich, dreizehn oder vierzehn? Wo ich halt meinte, »ehy, Leute, dass ist zu jung, sowas unterstütze ich nicht!« Dann hab ich halt Admin gemacht und dann auch die Regel eingesetzt, erst ab sechszehn.

Als Gruppenleiterin war Mondschaf nun für die Organisation der Gruppe zuständig, musste sich also Challenges ausdenken, über die Fehltritte der Gruppenmitglieder Buch führen, inaktive Mitglieder der Gruppe verweisen und die Körper- und Waagenbilder der Mitglieder verwalten. Zudem war sie für die Akquise neuer Mitglieder zuständig. Diese warb sie auf ähnlichen Websites (in der Regel Weblogs) an, auf denen sie selbst einst zur Gruppe gestoßen war. Passende Mitglieder schrieb sie schließlich an und stellte sie der Gruppe vor, die dann eine Entscheidung über deren Aufnahme fällte.

> Ja, und dann hab ich auch Leute, die nach solch einer Gruppe gesucht haben, angeschrieben, so von wegen:»Hey, wir haben ne Gruppe, das und das sind die Regeln, du musst sechszehn sein, dies das. Und dann, wenn die halt Interesse hatten, konnte man, hatte ich erst mal die der Gruppe vorgestellt, so von wegen:»ja, das ist«, sagen wir mal,»Laura, sie ist 17, das ist ihr BMI, das macht sie als Sport, das macht sie gerade generell, und die wirkt ganz nett«.»Ja, mach mal dazu« [Antwort der Gruppe; A.S.]. Und dann kommen die halt rein.

Mondschaf blieb für etwa ein Jahr in der Abnehmgruppe. Sie stieg aus, als sie einen längeren Auslandsaufenthalt (work & travel) in Australien antrat. Die Zeitverschiebung und der schlechte Zugang zu Waagen (Personenwaage und Küchenwaage) erschwerte die Teilnahme in der Gruppe für sie zunehmend. Weder konnte sie Waagenbilder posten, noch adäquat an Challenges teilnehmen, geschweige denn diese konzipieren. Mit ihrem Austritt löste sich, wie Mondschaf berichtete, schließlich auch die Gruppe auf, da sich keine neue Gruppenleiterin fand.

5.5 Typische Phasen und Verläufe eines Weight-loss-journeys

In den vorangegangenen Kapiteln haben wir anhand zweier Fallbeispiele unterschiedliche Beziehungskonstellationen kennengelernt, in denen ein Weight-loss-journey in Pro-Ana durchgeführt werden kann. Vor allem am Fall von Anna konnten wir dabei bereits unterschiedliche Phasen eines Journeys mitverfolgen, die von Erfolgen, über Rückschritte bis hin zu Planveränderungen und dem (zeitweiligen) Abbruch der Dokumentation bzw. des Weight-loss-journeys reichten. Diesen Phasen, die in ihrer je spezifischen Kombination unterschiedliche Verläufe eines Weight-loss-journeys kennzeichnen, wollen wir uns nun nachfolgend zuwenden. Die typischen Phasen und Verläufe wurden über vergleichende Analysen von Tagebucheinträgen rekonstruiert.[54]

---

[54] Dabei wurden vor allem Onlinetagebücher untersucht. Zu anderen Beziehungskonstellationen, wie etwa der Abnehmgruppe und -partnerschaft, bestand, wie beschrieben, nur ein indirekter Zugang über Interviews. Die Rekonstruktion unterschiedlicher Phasen und Verläufe aus Interviewdaten hätte jedoch zum einen weit mehr InterviewpartnerInnen mit entsprechender Erfahrung bedurft, zum anderen hätte die Rekonstruktion von Verlaufstypen

Typische Phasen eines Weight-loss-journeys

Es konnten fünf Phasen in pro-anorektischen Weight-loss-journeys herausgearbeitet werden. Die *erste Phase* in einem Weight-loss-journey ist in der Regel durch **anfängliche Fortschritte** gekennzeichnet. Zumeist wird in dieser Zeit der aufgestellte Essens- und Sportplan (weitestgehend) eingehalten und eine erste Gewichtsabnahme erzielt. Diese Phase dauert typischerweise einige Tage bis zu einer Woche an. Danach zeichnen sich in der Regel die ersten Probleme und Rückschritte in der weiteren Umsetzung des Essens- und Sportplans ab. Viele TeilnehmerInnen werden in dieser Zeit von Heißhunger auf Lebensmittel geplagt, die sie sich über die vergangenen Tage und Wochen vorenthalten haben. Andere essen bei einem geselligen Treffen mit ihren FreundInnen mehr, als es ihr Plan ursprünglich vorsah. Wieder andere bemerken, dass sie sich in der Schule, im Studium oder am Arbeitsplatz aufgrund der geringen Nahrungsaufnahme nicht mehr ausreichend konzentrieren können und entscheiden aus diesem Grund, ihren Plan für einige Zeit zu verändern, d. h. in der Regel ihre Kalorienzufuhr leicht zu erhöhen. Diese *zweite Phase* der **ersten Rückschritte** geht zumeist mit einer Gewichtszunahme einher, welche die TeilnehmerInnen typischerweise sehr frustriert und sie veranlasst, ihren Essens- und Sportplan (wieder) zu verschärfen, beispielsweise durch die weiter oben erwähnte ABC Diet. Mit der ersten **Plananpassung** beschreiten sie schließlich die *dritte Phase*, die in der Regel zunächst zu erneuten Projektfortschritten führt. Bald stellen sich den TeilnehmerInnen aber häufig wieder altbekannte Probleme, wie Heißhungergefühle, in den Weg, die **erneute Planabweichungen und Rückschritte** provozieren und die TeilnehmerInnen in die *vierte Phase* ihres Projektes führen können. An dieser Stelle des wiederholten Scheiterns am entworfenen Essens- und Sportplan **unterbrechen** viele TeilnehmerInnen die digitale Dokumentation ihrer Planumsetzung oder verlassen ihre Abnehmgruppe, womit *Phase fünf* markiert ist. Einige nehmen ihre Dokumentation einige Zeit (Tage oder Wochen) später im selben Thread wieder auf, andere lassen ihr Tagebuch sozusagen verweisen, d. h. sie aktualisieren es nicht mehr. Letztere TeilnehmerInnen beginnen nicht selten einige Zeit später ein neues Projekttagebuch, wofür sie zumeist einen neuen Tagebuchthread, vielfach im selben Pro-Ana-Webforum, eröffnen. TeilnehmerInnen an einer Abnehmgruppe suchen sich in dieser Phase häufig eine neue Abnehmgruppe oder -partnerschaft oder versuchen sich in einem Onlinetagebuch in einem Webforum oder Weblog. Diesen **Neuanfang**, der die *fünfte Phase* einläutet, bezeichnen sie in der Regel als einen „clean start", mit dem beabsichtigt

---

biografisch-narrative Interviews vorausgesetzt, die aus Ressourcengründen nicht realisiert werden konnten.

wird, den alten Ballast des Scheiterns (bzw. dessen Dokumentation) abzuwerfen, d. h. hinter sich zu lassen. Vor allem in Pro-Ana-Webforen ist diese Methode des „clean starts" oder auch „fresh starts" weitverbreitet. Täglich finden sich im Tagebuchbereich des Webforums mpa neue Accountability-Threads, die mit den Worten beginnen: 'I had an accountability thread before, but I need a clean start'.

Die beschriebenen Phasen der Planumsetzung markieren in ihrer dargestellten Abfolge einen idealtypischen Verlauf eines Weight-loss-journeys in Pro-Ana, vor dem sich ein konkreter Einzelfall immer wieder abhebt. In einigen Fällen etwa fallen Rückschritte auch vollständig aus oder wiederholen sich seltener. Dementgegen erleben andere TeilnehmerInnen (wenn überhaupt) nur kurze Episoden einer erfolgreichen Gewichtsabnahme, die von langen, vielfach als qualvoll erlebten Phasen des Scheiterns gefolgt werden. Letztere können auch zwischen Phasen des Rückschritts und der Plananpassung sozusagen dauerhaft ‚gefangen' in ihrem Weight-loss-journey stagnieren. Hier deuten sich bereits unterschiedliche Verläufe eines Weight-loss-journeys an, bei denen die beschriebene idealtypische Reihenfolge oder Dauer der Phasen mehr oder weniger stark variieren.

Vier Verlaufstypen des Weight-loss-journeys
Es lassen sich insgesamt vier typische Verläufe unterscheiden, die sich auf einem Kontinuum zwischen *permanent scheiternden* und *bruchlos erfolgreichen* Planumsetzungen bewegen.

Ein häufig im Feld anzutreffender Projektverlauf ist durch ein **permanentes Scheitern** am entworfenen Plan gekennzeichnet. Vielfach erleben diese TeilnehmerInnen bereits am ersten Tag ihrer Planumsetzung ihren ersten Rückschritt, indem sie ihre anvisierte Kaloriengrenze – nicht selten massiv – überschreiten. Aus Scham und Frustration über diesen Fehlstart brechen sie ihr entworfenes Projekt häufig bereits an diesem Punkt wieder ab und kehren typischerweise erst einige Tage oder Wochen später mit einem neuen Entwurf zurück, für den sie nicht selten ein neues Tagebuch beginnen oder eine neue Abnehmgruppe besuchen. Auch die Umsetzung des neuen Plans misslingt ihnen vielfach, sodass sie auch diese Dokumentation nach einigen Tagen beenden. Nicht selten haben „permanent scheiternde" TeilnehmerInnen nach wenigen Wochen bereits eine kleine

Sammlung an verwaisten Projekttagebüchern angehäuft.[55] Ein weiteres charakteristisches Merkmal dieses Projektverlaufs besteht in der Gewichts*zunahme*, d. h. ihr Weight-loss-journey verläuft entgegen ihrer Planungen.

Ein zweiter typischer Projektverlauf zeichnet sich ebenfalls durch ein häufiges Scheitern am gesetzten Essens- und Sportplan aus. Dieser Verlauf, wie er etwa am Fallbeispiel Anna zu beobachten ist (Abschnitt 5.4.1), soll daher hier als **wiederholt scheiternd** bezeichnet werden. Anders als permanent scheiternde TeilnehmerInnen erleben diese jedoch häufiger Phasen des erfolgreichen Vorankommens in ihrem Weight-loss-journey, was dazu führt, dass sie über den Verlauf des Journeys hinweg tatsächlich Körpergewicht verlieren. Typischerweise bleibt ihr erzielter Gewichtsverlust zwar hinter dem entworfenen zurück, d. h. sie verlieren pro Woche in der Regel weniger Gewicht als es ihr Plan vorsah. Ihr Journey-Verlauf steht dennoch insgesamt – im Gegensatz zu einer permanent scheiternden TeilnehmerIn – im Zeichen der Gewichtsabnahme. Durch den aufgrund wiederholten Scheiterns verlangsamten Gewichtsverlust sind wiederholt scheiternde TeilnehmerInnen jedoch fortwährend von Motivationskrisen bedroht, die zu einer Unterbrechung ihres Weight-loss-journeys beitragen können. Wie beschrieben, setzen sich TeilnehmerInnen an Pro-Ana Zieldaten, wie etwa den Eintritt in die Universität oder den eigenen Geburtstag, bis zu denen sie ihr Zielgewicht erreicht haben wollen. Misslingt ihnen dies, unterbrechen sie nicht selten aus Frustration ihr Journey für einige Zeit. Da sich aber ihr Problem, sich in ihrem Körper stark unwohl zu fühlen, in der Zwischenzeit typischerweise nicht gelöst hat, beginnen sie – wie auch permanent scheiternde TeilnehmerInnen – nach einiger Zeit ein neues Projekt mit einem modifizierten Plan.

Das größte Problem, von dem TeilnehmerInnen berichten, welche permanent oder wiederholt scheiternde Projektverläufe aufweisen, ist das sogenannte Bingen, d. h. ein zumeist ungeplantes und als unkontrolliert erlebtes Essen über die vom Projektplan erlaubten Kalorien hinaus. Binges können, nach Angaben von TeilnehmerInnen, durch ganz unterschiedliche Ereignisse ausgelöst werden. Neben stressigen Phasen in der Schule, dem Studium oder in der Beziehung sind

---

[55] Davon zeugen beispielsweise Accountability-Threadtitel wie „Restarting again" [URL: https://www.myproana.com/index.php/topic/3469234-restarting-again/; Zugriff: 22.06.2018], „New month – new start" [URL: https://www.myproana.com/index.php/topic/ 2351050-new-month-new-start-lozzys-accountability-thread/page-1; Zugriff: 5.11.2017] oder „I've Made so Many of These – it's Not Even Funny" [URL: https://www.myproana. com/index.php/topic/3588679-ive-made-so-many-of-these-its-not-even-funny/; Zugriff: 14.09.2018]. Benannte Threads sind heute nur noch für registrierte Webforenmitglieder mit einer bestimmten Anzahl an Posts einsehbar.

es auch Momente der Langeweile oder (Heiß-)Hunger, die Binges provozieren können.

Neben den permanent oder zumindest noch wiederholt scheiternden Journey-Verläufen kommen im Feld auch äußerst erfolgreiche Verläufe vor. Der **erfolgreiche Verlauf** ist wesentlich gekennzeichnet durch seine weitgehende Übereinstimmung von Projektplan und Planrealisierung. Zwar erleben auch erfolgreiche TeilnehmerInnen im Verlauf ihrer Planumsetzung zeitweise Rückschritte, etwa wenn ihre Gewichtsabnahme trotz eingehaltenem Essens- und Sportplan einige Tage stagniert oder ihre Eltern sie, mit der Drohung sie in ein Krankenhaus einzuweisen, zum Essen ‚zwingen'. Die Dauer und Frequenz ihrer Rückschritte ist jedoch im Vergleich zu erstgenannten Projektverläufen deutlich niedriger. Allein die Intervention durch Dritte – zumeist Familienmitglieder – in das Gewichtsabnahmeprojekt stellt für erfolgreiche Projektverläufe eine ernsthafte Bedrohung dar, weil diese nicht selten zu einer erzwungenen Beendigung bzw. längerfristigen Unterbrechung des Projekts führt. TeilnehmerInnen mit erfolgreichen Projektverläufen berichten zudem, dass sie selten bis gar nicht von Heißhungergefühlen geplagt würden, sodass es ihnen in der Regel relativ leicht falle, geplante Kaloriengrenzen einzuhalten. Ebenso würden sie bei Stress eher zu Appetitlosigkeit als zu einer gesteigerten Nahrungsaufnahme neigen.[56]

Ein vierter typischer Verlauf kann – zumindest in Bezug auf die erzielte Gewichtsabnahme – durchaus auch als erfolgreich bezeichnet werden. Die Art und Weise jedoch, in der die Gewichtsabnahme erzielt wird, entspricht nicht dem in Pro-Ana entworfenen Idealbild, weshalb dieser letztgenannte Verlauf hier als **eingeschränkt erfolgreich** bezeichnet werden soll. Er ist durch ein kontinuierliches Bingen gekennzeichnet, auf das ein sogenanntes Purgen folgt, d. h. in der Regel das selbstinduzierte Erbrechen der zuvor aufgenommenen Nahrung. TeilnehmerInnen, welche das Erbrechen von Nahrung soweit ‚perfektioniert' haben, dass sie nahezu alle aufgenommenen Kalorien wieder ausscheiden können und außerhalb ihrer Binges nur wenige Kalorien konsumieren, nehmen auf diese Weise tatsächlich in kurzer Zeit stark ab. Hinsichtlich ihres Gewichts bzw. BMI-Werts entsprechen diese TeilnehmerInnen teilweise bald dem in Pro-Ana erwünschten Körperideal. Ihre Körperführung weicht jedoch vom idealisierten Modellsubjekt der asketischen, selbstkontrollierten AnorektikerIn ab.

Wie später in Abschnitt 7.2.1 ausgeführt wird, sind den unterschiedlichen Journey-Verläufen in der sozialen Welt Pro-Ana „Subjektpositionen" (Keller

---

[56] Ein Beispiel hierfür ist der Accountability-Thread „5'8 and 118–100: 1000kj" des mpa-Mitglieds „tothesea.2" [URL: https://www.myproana.com/index.php/topic/3669819-58-and-11; Zugriff: 6.02.2019]. Dieser Thread ist heute nur noch für registrierte Webforenmitglieder mit einer bestimmten Anzahl an Posts einsehbar.

2011) zugeordnet. Die idealisierte Subjektposition der hungernden AnorektikerIn, im Feld häufig kurz als „Ana" bezeichnet, markiert dabei die Zielposition, deren Einnahme die höchste Anerkennung und den höchsten Status verspricht. Von dieser idealen Subjektposition weichen TeilnehmerInnen ab, die ihren mageren Körper durch ‚Binge Eating/Purging'-Handlungen erworben haben. Sie werden im Feld – erneut orientiert an medizinischen Diagnosemanualen – als *Ana Binge/ Purge* bezeichnet, womit die Differenz zur idealisierten Position *Ana Restrictive* aufgezeigt wird.

Viele TeilnehmerInnen durchleben nicht nur einen der vorgestellten Journey-Verläufe im Zuge ihrer Bemühungen, Körpergewicht zu verlieren. Einige TeilnehmerInnen haben in der Vergangenheit zum Beispiel schon einmal ein Weight-loss-journey sehr erfolgreich durchlaufen und an Gewicht abgenommen. Wie es sich jedoch in meinen Untersuchungen zeigte, können TeilnehmerInnen das erzielte Gewicht häufig nicht dauerhaft halten und nehmen nach einiger Zeit wieder zu. Die Gründe für die erneute Gewichtszunahme variieren zwischen den TeilnehmerInnen: Einige entscheiden sich auf Druck von Familienangehörigen oder aus eigenem Wunsch für eine psychotherapeutische Behandlung oder unternehmen selbständig einen Versuch ihr Essverhalten zu ‚normalisieren'. Andere verfallen nach der langen Zeit deprivierter Ernährung in Phasen des Bingens, in denen sie das verlorene Körpergewicht oder über dieses hinaus zunehmen.

Auf die Gewichtszunahme folgt bei den TeilnehmerInnen typischerweise irgendwann, wie sie berichten, wieder der Wunsch nach einer Gewichtsabnahme, da sie sich mit ihrem neuen, ‚dickeren' Körperbild nicht anfreunden konnten. Sie beginnen ihr Weight-loss-journey von neuem. Mit dem Neubeginn erwarten insbesondere erfolgreiche TeilnehmerInnen, an ihre alten Erfolge anknüpfen zu können. Dies gelingt jedoch nicht allen. Viele haben im zweiten Durchlauf ihres Weight-loss-journeys mit ihnen bisher unbekannten Schwierigkeiten zu kämpfen. Sie berichten, dass sich ihnen die vormals nicht oder nur geringfügig ausgeprägte Neigung zu Bingen nun auch stelle und sie sich in einem *wiederholt scheiternden* Journey-Verlauf wiederfänden. Viele TeilnehmerInnen befürchten daraufhin, ihre Fähigkeit zum Hungern bzw. zur anorektischen Körperführung verloren zu haben und versuchen diese im Zuge ihres neuen Weight-loss-journeys wiederzuerlangen. Sie vermuten, dass sie etwa durch die vergangene (Selbst-)Therapie bzw. die Unterbrechung ihres Journeys in einen anderen „Mindset" geraten seien, der ihnen nun die Wiederholung ihres erfolgreichen Journey-Verlaufs erschwere.[57] Das zweite Journey steht damit für diese TeilnehmerInnen nicht allein im Zeichen einer schnellen und drastischen Gewichtsabnahme, sondern auch der Wiedererlangung der alten, anorektischen Denkweise. Nicht nur aber der Wechsel von einem einst *erfolgreichen* Journey-Verlauf zu einem *wiederholt* oder *permanent scheiternden* findet sich im Feld, auch der umgekehrte Weg lässt sich beobachten. TeilnehmerInnen, die lange Zeit an ihren Plänen scheiterten, beginnen sukzessive ihre erfolgreichen Phasen auszudehnen und an Gewicht abzunehmen. Nicht selten droht diesen TeilnehmerInnen dann aber das weiter oben für einst erfolgreiche TeilnehmerInnen beschriebene Schicksal: Die nun erfolgreichen TeilnehmerInnen geraten in therapeutische Kontexte oder beginnen irgendwann doch wieder mehr zu essen.

5.6 Die Bedeutung der anderen für das Weight-loss-journey

Die im vorangegangenen Kapitel vorgestellten typischen Verläufe von Weight-loss-journeys in Pro-Ana haben noch einmal eindrücklich vor Augen geführt, mit welchen Problemen die TeilnehmerInnen im Prozess ihrer Planumsetzung häufig konfrontiert sind. Eine Lösung oder zumindest Hilfe im Umgang mit diesen Problemen, die ihren Projekterfolg (nachhaltig) vereiteln können, versprechen sich die TeilnehmerInnen durch die Partizipation an spezifischen Beziehungsmodellen, zu denen, wie bereits in Abschnitt 5.4 beschrieben wurde, sowohl die Abnehmgruppe und Abnehmpartnerschaft gehören als auch das online geführte Tagebuch.

Das Tagebuch als sozusagen ‚klassisches‘ Medium der Selbstbespiegelung und -befragung hat sich im Internetzeitalter mit dem Aufkommen etwa des Weblogs nicht nur zu einem öffentlichen, sondern auch zu einem zunehmend interaktiven Medium entwickelt. Zwar überwiegt in Onlinetagebüchern noch immer die Selbstthematisierung, d. h. *eine* Person schreibt über ihr Leben, ihren Alltag oder eben ein bestimmtes Projekt, wie eine Gewichtsabnahme. Dabei aber hat

---

[57] Es finden sich viele mpa-Threads im öffentlichen Diskussionsbereich, die vom Verlust oder der Wiedererlangung des anorektischen „mindsets" handeln. Exemplarisch hierzu: „Back to anorexic mindset?" [URL: https://www.myproana.com/index.php/topic/2284506-back-to-anorexic-mindset/; Zugriff: 5.12.2019] oder "How to get back to a restricting mindset after a year long binge phase?" [URL: https://www.myproana.com/index.php/topic/365265-how-to-get-back-to-a-restricting-mindset-after-a-year-long-binge-phase/; Zugriff: 5.12.2019].

sie heute ZuschauerInnen, welche – je nach eingeräumten Schreibrechten – die
Tagebucheinträge auch kommentieren können. Diese kommunikative Funktion
des Onlinetagebuchs greifen die TeilnehmerInnen an Pro-Ana zur kontinuierlichen Motivation ihrer Weight-loss-journeys auf. Gleiches gilt dabei für die
Abnehmgruppe und -partnerschaft.

5.6.1 ‚Hold me accountable'

In vielen Pro-Ana-Webforen ist dem Onlinetagebuch ein eigener Unterforenbereich gewidmet. Registrierte Mitglieder können dort einen Thread eröffnen, in
dem sie auf täglicher oder wöchentlicher Basis den Verlauf ihres Weight-loss-
journeys schildern. Andere Forenmitglieder können diese Berichte lesen und
kommentieren. Aufgrund der typischerweise großen Anzahl an Threads in diesem
Unterforenbereich nutzen viele Mitglieder zum Verfolgen von Berichten die technische Funktion „Follow" (Verfolgen), mit der sie über die neuesten Aktivitäten
ihrer ‚verfolgten' Tagebücher auf dem Laufenden gehalten werden.

Während einige Mitglieder diese Tagebücher in erster Linie lesend begleiten, nehmen andere an ihnen aktiv durch eine mehr oder weniger regelmäßige
Kommentierung der Tagebuchbeiträge teil. Das regelmäßige Verfolgen und Kommentieren von Journey-Tagebüchern durch andere, so zeigten meine Analysen,
ist von großer Bedeutung für die TeilnehmerInnen. Zu beobachten ist etwa,
dass das Schreiben eines Tagebuches in der Regel schneller aufgegeben wird,
wenn es wenige FollowerInnen und aktive, d. h. kommentierende, TeilnehmerInnen hat. Der Wunsch nach Partizipation durch andere zeigt sich konkret zum
Beispiel an der dezidierten Ansprache des Publikums: Zu Beginn ihres Projekttagebuchs begrüßt die Tagebuchschreibende in der Regel ihr Publikum und stellt
sich ihm vor. Hierzu gehört zumeist, den eigenen Klar- oder Profilnamen sowie
das Alter und gelegentlich den Wohnort (Land) zu nennen. Einige TeilnehmerInnen erzählen zudem, in welchem Ausbildungsabschnitt (Schule, Studium) sie sich
gerade befinden bzw. welchen Beruf sie ausüben und welche Hobbies sie pflegen. Des Weiteren legen die meisten einen kurzen Bericht ab, welche Erfahrungen
sie in der Vergangenheit bereits mit Essstörungen, insbesondere mit der Anorexie, gemacht und/oder welche zusätzlichen medizinischen Diagnosen sie erhalten
haben. Anschließend nennen sie typischerweise die eigenen Körperdaten, wie
Körpergröße und -gewicht, und formulieren ihr anvisiertes Gewichtsziel. Auch
das in ihrem Leben bisher erzielte Höchstgewicht und das niedrigste Gewicht
werden in der Regel angegeben.

Diese Körperdaten ermöglichen es den TagebuchbesucherInnen, die Projektsituation der Tagebuchschreibenden mit ihrer eigenen zu vergleichen. Gefolgt wird typischerweise jenen Tagebüchern, die entweder der eigenen Projektsituation entsprechen oder ihr erfolgreich voraus sind. Im ersten Fall können die TeilnehmerInnen eine Art „Ana-Twin-Verhältnis"[58] miteinander eingehen, bei dem es vornehmlich darum geht, eine AbnehmpartnerIn zu finden, mit der in konkurrierender Gemeinschaft das Gewichtsabnahmeprojekt vollzogen werden kann. Dafür, wie der Name Ana-Twin bereits vermuten lässt, sollte sie ihr in Alter, Körpergröße, Ausgangs- und Zielgewicht ähneln. Im zweiten Fall wird das verfolgte Journey-Tagebuch als Vorbild für das eigene Weight-loss-journey herangezogen. Der Erfolg der Tagebuchschreibenden, etwa eine drastische Gewichtsabnahme, spornt die MitleserInnen dann in der Regel zur Einhaltung ihrer eigenen Pläne an:

Your an actual inspiration, your strenghs keeping me strong

(Emily, mpa-Thread: "CHECK-IN")[59]

In Anbetracht des omnipräsenten Themas des Scheiterns an den gesteckten Abnahmezielen, stellen erfolgreiche TeilnehmerInnen im Rahmen Pro-Anas sozusagen den lebenden Beweis dar, dass anvisierte Ziele tatsächlich zu erreichen sind, egal wie unwahrscheinlich diese zunächst erscheinen mögen.

Durch die wahrnehmbare Partizipation anderer – Follower-Followee-Verhältnis und Kommentierungen – erhöht sich sozusagen der Erfolgsdruck für die TeilnehmerInnen, da situatives Scheitern an gesetzten Zielen nicht mehr nur durch sie selbst, sondern auch durch andere registriert wird. Das in Pro-Ana hochgradig mit Scham besetzte Scheitern, das den TeilnehmerInnen zufolge oft als klarer Ausweis ihrer eigenen Willensschwäche zu lesen ist, soll durch diese

---

[58] Während ein Ana-Twin-Verhältnis, wie im beschriebenen Fall, zwischen TeilnehmerInnen bestehen kann, die wechselseitig ihre Tagebücher verfolgen, denen in der Regel aber auch noch andere TeilnehmerInnen folgen, kann es auch noch stärker dyadisch strukturiert sein. In diesem Fall schalten TeilnehmerInnen typischerweise in Webforen, auf Social Media Sites oder auf Pro-Ana-Weblogs Anzeigen, in denen sie einen ‚Abnehm-Zwilling' suchen. Zumeist verknüpfen sie sich dann über ihr Smartphone miteinander und erstellen gemeinsame Abnehmpläne und -wettbewerbe, in denen sie sich messen und wechselseitig zur Einhaltung ihrer Pläne motivieren wollen. Ein derart gestaltetes Ana-Twin-Verhältnis verläuft dann vornehmlich über Instant Messenger, wie WhatsApp oder Kik Messenger.

[59] URL: https://www.myproana.com/index.php/topic/64-check-in/; Zugriff: 26.07.2017. Dieser Thread ist mittlerweile nur noch für registrierte Webforenmitglieder mit einer bestimmten Anzahl an Posts einsehbar.

permanente Beobachtbarkeit durch andere möglichst bezwungen und letztlich unterbunden werden. Den zumeist über längere Zeiträume am eigenen Journey Anteil nehmenden FollowerInnen wird in der Regel eine Art Rechenschaftspflicht (Accountablility) gegenüber empfunden, was sich etwa darin äußert, dass Tagebuchschreibende ankündigen, wenn sie mehrere Tage nicht zum Schreiben kommen werden oder sich bei Abweichungen vom aufgestellten Plan des Weightloss-journeys ihrer LeserInnenschaft gegenüber erklären. So schreibt ein Mitglied des Webforums mpa etwa in ihrem Tagebuch-Thread, nachdem sie ihren Plan nur 200 Kilokalorien zu sich nehmen zu wollen, nicht einhalten konnte, an ihre LeserInnen:

> well i didnt really try today to follow the plan, im not yet adjusted to these low numbers and soon my period...[…]

> (nextyearillbeskinny, mpa-Thread: „THIS year ill be skinny")[60]

Dabei kommt den FollowerInnen vielmals eine doppelte Funktion zu: Zum einen entfaltet ihre Anwesenheit einen Erfolgsdruck, der die Tagebuchschreibenden zu verstärkter Disziplin anhält, um sich nicht öffentlich selbst zu beschämen.[61] Zum anderen leisten sie bei Krisen, wie einem schwer zu durchbrechenden „binge cycle"[62], bei dem häufig über mehrere Tage hinweg Essanfälle auftreten und die damit das Weight-loss-journey zurückwerfen, typischerweise emotionale und handlungspraktische Unterstützung. Die FollowerInnen können dabei entweder von den Tagebuchschreibenden um Rat gefragt werden oder selbst ihre Unterstützung anbieten. In der Regel – je nach Anzahl der FollowerInnen – erhalten

---

[60] URL: https://www.myproana.com/index.php/topic/617824-this-year-ill-be-skinny/page-2?hl=+this%20+year%20+ill%20+skinny#; Zugriff: 3.07.2016. Dieser Thread ist mittlerweile nur noch für registrierte Webforenmitglieder mit einer bestimmten Anzahl an Posts einsehbar.

[61] Es ließen sich in den Daten keine Hinweise finden, dass Follower eines Tagebuchs die Tagebuchschreibenden bei Fehltritten tatsächlich beschämten. Vielmehr scheint es vor allem die Vorstellung zu sein, die anderen *könnten* sie für willensschwach und undiszipliniert halten, die hier eine Rolle spielt. Es steht zu vermuten, dass die TeilnehmerInnen aufgrund ihrer erlebten Ähnlichkeit – etwa ähnliche Ziele und Motive abzunehmen – davon ausgehen, dass das Bild, das sich die anderen von ihnen machen, dem eigenen Selbstbild entspräche, das heißt, dass auch diese sie als willensschwach erleben müssten.

[62] Exemplarische Beispiele für Threads zum Thema „binge cycle" sind etwa: "How did YOU get out the binge cycle?" [URL: https://www.myproana.com/index.php/topic/2505690-how-did-you-get-out-the-binge-cycle/; Zugriff: 1.10.2018] oder "How do you force yourself out of a binge cycle?" [URL: https://www.myproana.com/index.php/topic/4097601-how-do-you-force-yourself-out-of-a-binge-cycle/; Zugriff: 3.4.2021].

die Ratsuchenden dann von anderen TeilnehmerInnen Tipps, wie sie ihr Problem in den Griff bekommen können.

Während sich TeilnehmerInnen einer Pro-Ana-Abnehmgruppe über einen Instant-Messenger ihrer FollowerInnen sozusagen gewiss sein können und letztere sich in der Regel auch noch durch ein bestimmtes Regelwerk zur wechselseitigen Kommentierung verpflichten, müssen Mitglieder eines großen Pro-Ana-Webforums sich diese (aktive) FollowerInnenschaft allererst erschließen. Dies fällt nicht allen Mitgliedern gleichermaßen leicht. Vor allem jene TeilnehmerInnen, die sich außerhalb ihres Tagebuchthreads im Forum nicht aktiv, d. h. eigene Beiträge schreibend, in die Gemeinschaft einbringen, gehen in der Masse an täglich neu erscheinenden Journey-Tagebüchern oft unter. Im Zuge meiner ethnographischen Untersuchungen konnte ich beobachten, dass viele Webforenmitglieder anderen Mitgliedern bzw. deren Tagebüchern allererst zu folgen beginnen, weil sie diese im Rahmen einer Forendiskussion als interessant, d. h. etwa ihnen selbst ähnlich, erlebt haben. Aus Neugier, wie das Journey der anderen wohl verläuft oder aus der Hoffnung heraus, einige Tipps aus dem Tagebuch für das eigene Journey übernehmen zu können, suchen sie in der Masse der Threads nach dem Namen des Forenmitglieds und beginnen sich in ihr Journey einzulesen und diesem gegebenenfalls zu folgen. Eine andere Strategie TeilnehmerInnen mit ähnlichen Projekttagebüchern in der Masse der Threads ausfindig zu machen, kann auch darin bestehen, einen entsprechenden Gesuch im Forum zu schalten, wie nachfolgendes Zitat aus dem Thread „around 5'5–5'6 with an active accountability thread? i want to follow" illustriert.

> Similar stats right here! Seems I'm a bit bigger than you, though. 170 cm and 75 kg (gross).
>
> Will follow your accountability for motivation! Keep it up! If you'd like to follow mine (I update daily), you'll find it in my signature.
>
> (#ana & mia; mpa-Thread "around 5'5-5'6 with an active accountability thread? i want to follow")[63]

Neben einer bereits bestehenden Bekanntschaft, die zum Verfolgen eines Tagebuchs anregen kann, ist es auch das Tagebuch selbst bzw. dessen Struktur, die einen Einfluss darauf nimmt, ob es gelesen wird oder nicht. Mit Struktur ist dabei etwa gemeint, wie übersichtlich – und damit leserInnenfreundlich – ein Thread gestaltet ist. Während einige Threads eine klare Struktur aufweisen, die

---

[63] URL: https://www.myproana.com/index.php/topic/481621-around-55-56-with-an-active-accountability-thread-i-want-to-follow/; Zugriff: 2.8.2019.

aus Begrüßung, Vorstellung der eigenen Person und des Journey-Plans sowie der
anschließenden zumeist täglichen Berichterstattung über den Verlauf des Journeys
besteht, wirken andere Threads vergleichsweise chaotisch. Mitglieder vergessen
zum Beispiel ihre LeserInnen mit wichtigen Daten, wie ihrer Körpergröße[64] zu
versorgen oder schreiben ihr Tagebuch unregelmäßig fort, was den FollowerInnen den Nachvollzug geschilderter Handlungen oder die Einschätzung ihres
Projekterfolgs erheblich erschwert.

   Nicht nur aber sind TeilnehmerInnen über das Onlinetagebuch für andere
beobacht- und nachvollziehbar, sondern auch für sich selbst. Das Tagebuch
ermöglicht es ihnen über ihre täglichen, auf das Journey bezogenen Handlungen
Buch zu führen. Dokumentiert wird, wie beschrieben, typischerweise die Anzahl
der aufgenommenen Kalorien und, falls ein Self-Tracker zur Verfügung steht, die
Anzahl verbrannter Kalorien. Daneben berichten TeilnehmerInnen häufig in ihren
Tagebüchern über den Alltag mit ihrem Weight-loss-journey, etwa wie ihr Schul-
bzw. Studientag mit niedriger Kalorienzufuhr verläuft oder wie sie durch den
Abend kommen, eine Tageszeit, die für TeilnehmerInnen häufig mit besonders
großen Ängsten in einen Binge zu verfallen, verbunden ist. Durch diese täglichen
Dokumentationen gelingt es den TeilnehmerInnen etwa nachzuvollziehen, ob sie
in ihrem gesetzten Kalorienkontingent geblieben sind oder dieses gegebenenfalls
auch nur um wenige Kalorien überschritten haben. Die Dokumentationen versetzen die TeilnehmerInnen zudem in die Lage, im Weight-loss-journey aufgetretene
Probleme, wie eine Gewichtsstagnation oder -zunahme, deuten zu können. Wie
ich in meiner Untersuchung herausarbeiten konnte, geht der Modifikation eines
Sport- und Essensplans in der Regel eine mehr oder weniger lange und elaborierte Phase der Selbstreflektion voraus, in der TeilnehmerInnen ihr Handeln
beobachten und – häufig unter Zuhilfenahme ihrer FollowerInnen – einer Analyse
unterziehen.

   In einigen Fällen liegt die Ursache für die erzielte Gewichtszunahme recht
deutlich auf der Hand. Die TeilnehmerInnen wissen, dass sie am Vortag zu viel
gegessen haben und deshalb nun ein höheres Gewicht auf die Waage bringen.
Fraglich bleibt für sie aber manchmal, weshalb sie zu viel aßen und wie sie
dies zukünftig verändern können. Zur Beantwortung dieser Fragen rekapitulieren
die TeilnehmerInnen in der Regel auf Grundlage ihrer Tagebucheinträge noch
einmal die Situationen, in denen sie zu viel konsumierten und überlegen, wie

---

[64] Eine fehlende Angabe der Körpergröße erschwert es anderen TeilnehmerInnen einzuschätzen, wie weit die Tagebuchschreibende in ihrem Projekt bereits vorangeschritten ist. Die
alleinige Angabe des Körpergewichts reicht für diese Einschätzung nicht aus, weil in der
Regel nur das Verhältnis von Körpergröße zu -gewicht eine Aussage darüber erlaubt, ob eine
Person normal-, unter- oder übergewichtig ist.

es zu dem Moment der Überschreitung des Kalorienkontingents kam. Stellen sie zum Beispiel fest, dass es in der Regel Appetit war, der vor allem beim Verzehr bestimmter Speisen aufkommt, versuchen sie diese zukünftig von ihrem Speiseplan zu streichen.

Nicht immer aber liegt der Grund für eine Gewichtszunahme so klar vor Augen, wie beim gerade beschriebenen Beispiel. Einige TeilnehmerInnen berichten davon, sich bei der Durchführung ihres Journeys genau an ihren Plan gehalten und trotzdem an Gewicht zugenommen zu haben. Sie stehen also zunächst vor der Aufgabe herauszufinden, wie es überhaupt zu der gemessenen Gewichtszunahme kommen konnte. Erst in einem zweiten Schritt können sie sich der Plananpassung zuwenden. Um herauszufinden, wie es zu der Gewichtszunahme kam, greifen viele TeilnehmerInnen neben ihren Tagebucheinträgen auch auf bereits vorgestellte Hilfsmittel, wie etwa Self- bzw. Activity-Tracker oder Programme zur Tabellenkalkulation zurück, die sie über längere Zeiträume mit ihren Körper- und Aktivitätsdaten füttern. Über die verstärkte Selbstbeobachtung bzw. -überwachung erhoffen sich die TeilnehmerInnen, ‚unbewussten‘ Planabweichungen auf die Schliche zu kommen.

„Blackcoffee“, Mitglied im Webforum mpa und einem kleinen, privaten Pro-Ana-Webforum, greift zur Handlungsanalyse regelmäßig auf ihr Onlinetagebuch und eine Excel-Tabelle zurück.

> Ich hab ein Tagebuch im Forum und auf m Computer noch eine Excel-Tabelle. Auf der, ich habe gerade wieder angefangen zu dokumentieren, weil ich gerade wieder etwas beobachte, was ich gerad spannend finde, […] Momentan habe ich angefangen, weil es irgendwie keinen Sinn ergeben hat, also im letzten Jahr war es, ich konnte sehr genau sagen, wie viele Kalorien ich gegessen habe und wie viel ich voraussichtlich abnehmen werde bis zum nächsten Tag, also ich kann, konnte das immer ziemlich genau vorhersagen, aber das funktioniert gerade nicht mehr, meine Vorhersagen sind nicht mehr akkurat und das stört mich, das stört mich enorm ((lacht)), und deswegen, bisher habe ich immer nur im Forum dokumentiert und kann da auch tatsächlich über Jahre zurücklesen, momentan seit Mitte November, glaube ich, schreibe ich wieder exakt auf, mit Kalorienzahl, ungefähre Kalorienzahl – ich zähle ja nicht jede Kalorie – Gewicht, Gewichtsveränderung und noch ein paar andere Sachen

(black.coffee; Face-to-Face-Interview).

Medien zur digitalen Selbstvermessung und das Tagebuch weisen, wie Gerrit Fröhlich argumentiert, eine gewisse Verwandtschaft auf, indem beide die „Suche nach Mustern“ (Fröhlich 2018, 257) im eigenen Handeln und Verhalten unterstützen, wobei die Selbstanalyse bei den technischen Hilfsmitteln weitgehend automatisiert erfolgt (ebd.).

Im Rahmen der Selbstthematisierung lassen sich Aspekte des Selbst, des eigenen Körpers, des eigenen Verhaltens erzählen oder zählen und damit auf unterschiedliche Weise mit unterschiedlichen Schwerpunkten »in Ordnung« bringen. (Fröhlich 2018, 265, Anführungszeichen i.O.).

Die Ergebnisprotokolle der digitalen Selbstvermessung posten die TeilnehmerInnen dann in der Regel in ihren Onlinetagebüchern. Sie nutzen sie etwa um nachzuvollziehen, wie sie sich an Tagen vor einer Gewichtsabnahme konkret ernährt und sportlich betätigt haben. Damit versetzen sie sich selbst in die Lage, Zusammenhänge zwischen ihrem Handeln und der erfolgten Gewichtszunahme oder -abnahme herzustellen und gegebenenfalls durch eine bewusste Veränderung ihrer Handlungsroutinen einer Zunahme an Gewicht zukünftig entgegenzuwirken.

Self-Tracker werden hier scheinbar vor allem dazu genutzt, die täglichen Handlungen durch technische Registrierung bewusst zu machen und sie in die Maßeinheit von Kilokalorien zu überführen. Jedes Lebensmittel und jede körperliche Aktivität wird dabei von den TeilnehmerInnen sozusagen von etwaigen weiteren Eigenschaften, wie etwa dem Genuss, befreit und auf die in der sozialen Welt Pro-Ana einzig entscheidende Größe, ihren Energiewert, reduziert.

Das öffentliche Posten von Ergebnissen der digitalen Selbstvermessung hat aber auch, wie das Schreiben eines Onlinetagebuchs, einen sozialen Sinn bzw. Effekt, der im Vergleich und der wechselseitigen Handlungskontrolle besteht. Steffen Mau beschreibt dies mit den folgenden Worten:

Menschen begeben sich [...] absichtlich ins Scheinwerferlicht, um die (Selbst-) Steuerungsfähigkeit zu erhöhen und mehr aus sich herauszuholen. Aus der freiwilligen Datenerhebung sowie der Freigabe für die Öffentlichkeit wird so ein Netzwerk wechselseitiger Sozialkontrolle, das die »richtigen« Verhaltensweisen bestärkt und die »falschen« zurückdrängt (Mau 2017, 180; Anführungszeichen i.O.).

Der soziale Vergleich bewirke dann, wie Mau mit Bezug auf Johnson und Stapel (2007) weiter ausführt, eine Leistungssteigerung, da sich Menschen bei schlechtem Abschneiden in Vergleichssituationen häufig abgewertet fühlten, was sie in der Folge zu höheren Leistungen motiviert (Mau 2017, 54).

Für die meisten TeilnehmerInnen an Pro-Ana sind Self-Tracking-Geräte und Onlineplattformen zur Kalorien- und Gewichtskalkulation ein fester Bestandteil ihrer Weight-loss-journeys. Nicht nur vereinfachen sie die ansonsten oft mühevollen Tätigkeiten des Zählens konsumierter oder des Berechnens verbrauchter Kalorien, sie machen auch organismische Prozesse vermeintlich sichtbar und damit kontrollierbar, wie etwa den täglichen Kalorienbedarf, den Fettanteil im Körper oder das nächtliche Schlafverhalten.

Vor dem Aufkommen benannter Self-Tracking-Technologien wäre ein vergleichbares Set an Körperdaten allenfalls über medizinisches Personal zu erhalten gewesen. Die Kosten für derartige privat in Auftrag gegebene Körperanalysen, wie sie etwa im Rahmen des Leistungssports durchgeführt werden, fallen jedoch in aller Regel hoch aus[65] und böten im Rahmen der Abnahmeprojekte zudem die Gefahr in therapeutische Kontexte überführt zu werden, wenn Ärzte eine Essstörung bei ihrer PatientIn vermuteten. Zudem hätten die TeilnehmerInnen voraussichtlich Schwierigkeiten einen Mediziner ausfindig zu machen, der ihnen Ernährungs- und Sportpläne für ihre extremen Körperziele aufstellt. Damit kommt den neuen Selbstvermessungstechnologien auch ein Moment der Selbstermächtigung zu: Sie ermöglichen eine relative Unabhängigkeit von ExpertInnensystemen im Bereich Medizin und Sport, sodass die TeilnehmerInnen die Messdaten über ihren Körper auch für gesundheitsschädigende Ziele und Handlungen einsetzen können.

Moderne Selbstvermessungsgeräte[66] kommen zudem in einem wissenschaftlichen Gewand daher, wie Duttweiler und Passoth bemerken:

> Zum einen verweisen Kurven, Statistiken, Tabellen oder Kuchendiagramme dezidiert auf Wissenschaftlichkeit – auch wenn sie sich an den Maßstäben der Wissenspopularisierung wie Anschaulichkeit, Allgemeinverständlichkeit, fehlendem theoretischem Hintergrund oder wissenschaftlich-theoretischen Anschlüssen orientieren. Und zum anderen suggerieren (stilisierte) Bilder und Grafiken die vermeintlich unmittelbare Repräsentation der Wirklichkeit und erzeugen so eine kaum hinterfragte Evidenz (Duttweiler & Passoth 2016, 13).

Die wissenschaftliche Anmutung der ausgegebenen Daten, gepaart mit Erzählungen von TeilnehmerInnen, welche den Self-Trackern eine hohe Reliabilität bescheinigen, führte vermutlich im Feld zu der augenscheinlich großen Beliebtheit technischer Hilfsmittel zur Projektplanung und -durchführung. Plattformen und Apps zur Selbstvermessung ermöglichen es den TeilnehmerInnen ein Gefühl der Kontrolle über ihren vielmals als eigenwillig erlebten Körper zu gewinnen.

---

[65] Das Institut für Sport- und Bewegungsmedizin berechnet für eine einzige Grundumsatzmessung etwa 55,37 Euro [URL: https://www.sportmedizin-hamburg.com/html/Grundumsatzmessung.html; Zugriff: 6.12.2019].

[66] Die Geschichte der Selbstvermessung hat jedoch nicht erst mit den mobilen, an das Internet geknüpften Self-Tracking Systemen begonnen, sondern reicht zurück bis ins 19. Jahrhundert. Ende des 19. Jahrhunderts wurde etwa die Personenwaage eingeführt, zunächst im öffentlichen Bereich, später auch für den privaten Gebrauch im Haushalt. Der Umfang an Daten, die heutige Self-Tracking Geräte messen und ausgeben, übersteigt jedoch die Möglichkeiten früherer Geräte bei weitem.

Qua Datensammlung versuchen sie ihre körpereigenen Prozesse zu verstehen, um auf dieser Grundlage die Prognose ihrer Projekte zu verfeinern, Fort- wie Rückschritte besser deuten und steuern zu können, um letztlich erfolgreicher abzunehmen.

5.6.2 ,Peer pressure me'

Zur Erfolgssteigerung des individuellen Gewichtsabnahmeprojekts suchen Teil-nehmerInnen immer wieder auch Abnehmgruppen und -partnerschaften auf, von denen sie sich durch die kleine Mitgliederzahl – selten sind es mehr als zehn Mitglieder – und den strengen Regelkatalog eine stärkere soziale Kontrolle ihrer projektbezogenen Handlungen erhoffen.

Die Gruppen- und Partnerschaftsregeln berühren nämlich neben der Mitglie-derstruktur, die wie beschrieben möglichst homogen sein soll, zumeist die Form der kommunikativen Beteiligung in der Gruppe und Partnerschaft. Ein stilles Mitlesen der Beiträge anderer ohne eigene Beteiligung an Diskussionen oder Wettbewerben ist in diesen Beziehungskonstellationen nicht möglich und wird in der Regel mit dem Ausschluss sanktioniert. Die kleine Mitgliederzahl und die mit ihr häufig verbundene wechselseitige Bekanntschaft der TeilnehmerInnen erleichtert es vielen aber, sich in die Gruppe und Partnerschaft einzubringen und auch intime Details ihres Weight-loss-journeys, wie etwa Fotografien ihres nur in Unterwäsche bekleideten Körpers, zu teilen.

Des Weiteren erleben viele Mitglieder das strenge Regelwerk in diesen Bezie-hungskonstellationen als produktiv für ihr Weight-loss-journey. Sie wissen, dass ihnen bei (mehrmaligen) Rückschritten, wie etwa Binges, der Ausschluss aus der Gruppe droht oder sie sich zumindest vor dieser für ihre Fehltritte rechtfertigen müssen. Auch die im Regelwerk festgeschriebenen Termine, an denen Mitglieder Tagesberichte zu ihrem Projektverlauf in die Gruppe hochladen müssen, erle-ben viele als hilfreich, weil diese sie zur verbindlichen Einhaltung ihrer Pläne zwingen. Auch hier zieht ein wiederholter Verstoß gegen diese Vereinbarungen zumeist einen Ausschluss aus der Gruppe nach sich.

Während die Regeln in Abnehmgruppen typischerweise von einer Gruppenlei-terIn aufgestellt werden, entwerfen in Partnerschaften zumeist beide PartnerInnen gemeinsam ihre Essens- und Sportpläne, Beteiligungsregeln sowie Challen-ges und Wettbewerbe. In beiden Beziehungskonstellationen ist es aber in der Regel bereits die wechselseitige Beobachtbarkeit des Journey-Verlaufs, der Mit-glieder motiviert, eine möglichst gute Performance, d. h. einen erfolgreichen Projektverlauf, hinzulegen. Dieses kompetitive Moment in Abnehmgruppen und

-partnerschaften wird zumeist durch die Integration von regelmäßigen Abnehmwettbewerben und Challenges in die Gruppenaktivitäten verstärkt. So werden in
vielen Gruppen Mitglieder regelmäßig entsprechend ihres erzielten Gewichts-
verlusts in eine Rangfolge gebracht, wobei die höchsten Ränge stets jene
Gruppenmitglieder einnehmen, die in einem zuvor bestimmten Zeitraum am
meisten Gewicht verloren haben.

Anders als in Webforen finden sich zudem in Abnehmgruppen oder -
partnerschaften häufig TeilnehmerInnen einer gemeinsamen Zeitzone zusammen,
wie bereits im Interview mit Mondschaf deutlich wurde (vgl. Abschnitt 5.4.2).
Bei einer internationalen Gruppenzusammensetzung müssten einige TeilnehmerInnen ihre Waagenbilder sonst etwa in der Nacht in die Gruppe hochladen, um
festgesetzte Termine einzuhalten. Oder aber die GruppenleiterIn müsste für ihre
Mitglieder unterschiedliche Termine bestimmen, was nicht nur einen organisatorischen Mehraufwand bedeuten, sondern vermutlich auch das für Abnehmgruppen
produktive Moment *eines* verbindlichen Termins, an dem alle Ergebnisse in der
Gruppe vorzuliegen haben, abschwächen würde.

Abnehmgruppen und -partnerschaften können, ähnlich Onlinetagebüchern,
sehr stabile Gebilde darstellen, in denen sich TeilnehmerInnen über Monate oder
gar Jahre engagieren. Wie meine Interviewpartnerin Mondschaf berichtete, verbleiben TeilnehmerInnen häufig jedoch nur wenige Wochen oder Monate in einer
Gruppe, was aber nicht immer die Auflösung der Gruppe zur Folge haben muss.
Neue Gruppenmitglieder werden in der Regel schnell gefunden, sodass es einigen
Gruppen durchaus gelingt, eine gewisse Mitgliederanzahl konstant zu halten.

Diskussion

Die Entscheidung für die eine oder die andere Beziehungskonstellation bemisst
sich für viele TeilnehmerInnen an Pro-Ana vor allem nach ihrem benötigten
Grad an sozialer Kontrolle bzw. Gruppendruck. Während das Gefühl von Kontrolle im Rahmen von Onlinetagebüchern häufig aus der bloßen Vorstellung des
Beobachtetwerdens durch andere erwächst (oder erwachsen muss)[67], ist diese
in Abnehmgruppen und -partnerschaften konkret erfahrbar, etwa, wenn TeilnehmerInnen für nicht erbrachte Leistungen unmittelbar sanktioniert werden. In
Onlinetagebüchern hingegen ist dieses Maß an sozialer Kontrolle in der Regel
nicht – und schon gar nicht automatisch mit dem Aufsetzen eines Onlinetagebuchs – gegeben. Vielmehr müssen TeilnehmerInnen um Aufmerksamkeit für

---

[67] Viele Onlinetagebücher gehen in Webforen häufig, wie beschrieben, in der Masse an (täglich neu erscheinenden) Journey-Tagebüchern unter und finden so kaum BesucherInnen und
FollowerInnen.

ihre Beiträge regelrecht buhlen, denn eine regelmäßige LeserInnenschaft, die sich zudem noch durch Kommentare (Ratschläge, Beistand) aktiv am eigenen Journey beteiligt, ist in großen Webforen und auf Weblogs nicht bereits durch den Eintritt in das Forum oder das Aufsetzen eines Weblogs gesichert, sondern muss selbstständig etwa durch eine ansprechende Gestaltung des Tagebuchs oder Blogs generiert werden.

Trotz der sozialen Kontrolle, welche die TeilnehmerInnen in ihren unterschiedlichen Beziehungskonstellationen erfahren, gelingt es vielen nicht, sich dauerhaft an ihre Pläne zu halten und ihr ultimatives Zielgewicht zu erreichen. Ein Grund dafür, so steht zu vermuten, liegt in der Möglichkeit für TeilnehmerInnen begründet, sich relativ leicht – etwa im Fall einer Krise im Weight-loss-journey – aus ihren nur im Internet bestehenden Sozialbeziehungen herauszulösen und ihr Journey zeitweise zu unterbrechen. Wie beschrieben, reicht es etwa in Abnehmgruppen aus, sich einige Tage nicht zu melden, um aus der Gruppe ausgeschlossen zu werden. Häufig wird in solchen Fällen, wie etwa Mondschaf berichtete, zwar noch einmal bei dem betreffenden Mitglied nachgefragt, warum es gerade inaktiv ist und ob es Hilfe benötigt. Reagiert es aber darauf nicht, wird der Kontakt in der Regel eingestellt und die Person aus der Kontaktliste gelöscht. In Onlinetagebüchern ist die (zeitweise) Unterbrechung des Journeys, wie dargestellt wurde, in der Regel noch einfacher zu vollziehen, insbesondere dann, wenn eine TeilnehmerIn keine LeserInnenschaft gewinnen konnte.

Die unterschiedlichen Beziehungskonstellationen, in welche sich TeilnehmerInnen zur Durchführung ihres Journeys begeben, dienen aber auch nicht allein, wie ausgeführt wurde, der sozialen Kontrolle. TeilnehmerInnen erfahren in ihnen etwa auch handlungspraktische Unterstützung in Form von Tipps und Tricks und emotionalen Beistand im Verlauf der Durchführung ihres Weight-loss-journeys.

5.7   Websites als Wissensarchive und Orte der Thinspiration

In der Regel verbleiben TeilnehmerInnen im Zuge ihres Journeys nicht allein in ihren gewählten Beziehungskonstellationen. Mitglieder einer Abnehmgruppe etwa lesen oder schreiben häufig auch in Pro-Ana-Webforen und Tagebuchschreibende führen nebenbei einen Thinspiration-Blog auf Instagram oder Tumblr. Die unterschiedlichen Websiteformate und Beziehungskonstellationen nehmen für die TeilnehmerInnen dabei unterschiedliche Funktionen in ihrem Weight-loss-journey ein: Während das Betreiben eines Thinspiration-Blogs zum Beispiel in erster Linie der Selbstmotivation dient, das Journey weiterzuführen, kann das Lesen und Schreiben in einem Pro-Ana-Webforum oder einem Weblog zur Aneignung handlungspraktischen Körperwissens genutzt werden. In den vorangegangenen Abschnitten haben wir uns vor allem den unterschiedlichen Beziehungskonstellationen gewidmet, in die TeilnehmerInnen an Pro-Ana ihre Weight-loss-journeys regelmäßig einbetten. Nachfolgend soll es daher nun um Pro-Ana-Weblogs, -Webforen und -Bloggings-Sites als Wissensarchive und Orte der Inspiration und Selbstmotivation gehen.

5.7.1 Webforen und Weblogs

Große Webforen, wie etwa mpa, können mehrere tausend Mitglieder zählen. Mpa zum Beispiel beherbergt mittlerweile über 443235 Mitglieder[68] (Stand Juli 2021). Im Vergleich zu Pro-Ana-Kleingruppen, in die nur Eingang findet, wer eine persönliche Einladung erhält oder sich einem oft aufwendigen Bewerbungsverfahren unterzieht, gestaltet sich die Aufnahme in ein mitgliederstarkes Pro-Ana-Webforum oft weniger schwierig. In der Regel genügt hierfür die einfache Registrierung im Forum. Nicht nur aber Zugang und Mitgliederzahl unterscheiden sich zwischen großen, halböffentlichen Pro-Ana-Webforen und geschlossenen Kleinforen und Abnehmgruppen über Instant Messenger, auch die Anforderungen an die Beteiligung differieren in der Regel stark. In großen Pro-Ana-Foren obliegt es zumeist den Mitgliedern zu entscheiden, wie stark sie sich in die Gemeinschaft einbringen wollen. Aus diesem Grund sind in großen Webforen unterschiedliche Beteiligungsformate zu beobachten:

Zum einen gibt es TeilnehmerInnen, die niemals eigene Beiträge in das Forum einbringen, sondern nur still die Beiträge anderer mitlesen. Sie werden im Rahmen von Webforen typischerweise als Lurker bezeichnet. Durch das Verfolgen von zum Beispiel Projekttagebüchern oder Forendiskussionen sammeln diese Mitglieder zum einen Tipps und Tricks für ihr persönliches Weight-loss-journey. Zum anderen gewinnen sie durch die Anwesenheit der anderen und ihrer Geschichten

---

[68] Darunter sind auch viele inaktive Mitglieder, d. h. Mitglieder, die nur Mitlesen, aber keine Beiträge schreiben und ruhende Accounts, die über längere Zeit nicht mehr eingeloggt waren. Zudem haben einige TeilnehmerInnen Zweit- oder Drittaccounts, weil sie zum Beispiel ihre Zugangsdaten vergessen haben.

das Gefühl, mit ihrem Projekt, ihren Gedanken und Handlungen, nicht allein zu sein.[69]

Neben den stillen TeilnehmerInnen gibt es die sogenannten „Top Poster"[70]. Als „Top Poster" werden im Webforum myproana.com etwa Mitglieder bezeichnet, die sich zumeist täglich schreibend oder Bilder postend in das Forum einbringen. Diese führen auch häufig einen eigenen Tagebuchthread, in dem sie regelmäßig über ihr Weight-loss-journey berichten. Zudem beteiligen sie sich rege an Forendiskussionen, indem sie eigene Threads initiieren oder sich in bestehende Diskussionen einbringen.

Schließlich gibt es noch die Gelegenheitsposter, die hin und wieder eigene Beiträge schreiben, einen großen Teil ihrer Zeit im Forum jedoch auf das Lesen von Threads verwenden.

Die beschriebene Mitgliederstruktur in Pro-Ana-Webforen, die sich aus aktiven Stammmitgliedern, gelegentlich Beitragenden und passiven Mitgliedern zusammensetzt, kann als typisch für Online-Gemeinschaften angesehen werden (Stegbauer & Rausch 2006; Döring 2010). Zu beobachten ist dabei regelmäßig, dass die Präsenz der passiven Mitglieder, der sogenannten Lurker, je nach Größe und Struktur der Gemeinschaft unterschiedlich verhandelt wird. Sie gelten in der Regel in kleinen Gemeinschaften mit intimen und heiklen Themen als störend, wohingegen sie in zahlenmäßig großen Gruppen sogar hilfreich sein können, wie Döring (2010) erklärt:

> Ihr Leseverhalten wird meist im Sinne von Abrufzählungen sichtbar gemacht und ist für andere Nutzer ein Hinweis auf interessante Beiträge sowie ein Motivator für die aktiven Mitglieder. Durch ihre Präsenz, die sich in Abrufstatistiken einzelner Beiträge sowie in der Mitgliederzahl der Community niederschlägt, steigern sie die Relevanz einer Community, ohne sie durch übermäßige eigene Aktivität zu überfluten" (Döring 2010, 177).

Große Webforen werden von vielen TeilnehmerInnen an Pro-Ana auch aufgrund ihrer Eigenschaft als Kommunikations- bzw. Wissensarchive geschätzt, in denen registrierte Mitglieder jederzeit nach Lösungen für ihre Probleme suchen oder ihre Fragen an eine große Forengemeinschaft richten können.

---

[69] Viele Foren sind zudem international besetzt, sodass aufgrund der unterschiedlichen Zeitzonen, aus denen die Mitglieder kommen, stets Aktivität im Forum herrscht und sich Mitglieder immer in Gesellschaft wissen.

[70] Täglich aktualisierte Listen der „Top Poster" finden sich etwa auf der Homepage des Webforums mpa: „Today's Top 20 Posters" [URL: https://www.myproana.com/index.php?app= forums&module=extras&section=stats; Zugriff: 6.12.2019].

Fast alle sind sehr hilfsbereit, und man kann auf einen großen Pool an Wissen und Erfahrungen zurück greifen. [...].

(Roxy the Nobody; Online-Interview)

Die meisten Fragen, welche in diesem Rahmen gestellt werden, drehen sich darum, wie zum Beispiel effektiver – d. h. schneller und nachhaltiger – abgenommen werden kann bzw. warum die eigenen Gewichtsabnahmestrategien nicht greifen. Daraufhin berichten in der Regel andere TeilnehmerInnen von ihren Erfahrungen und werfen mögliche Lösungen für das beobachtete Phänomen in die Diskussion ein. Wird eine Lösungsstrategie von mehreren TeilnehmerInnen aufgebracht bzw. gestützt, probieren die Fragenden diese in der Regel anschließend an sich selbst aus. Bringt die eingesetzte Strategie dabei nicht den gewünschten Erfolg, berichtet die Fragestellerin auch darüber im Webforum und die gemeinschaftliche Suche nach anderen Handlungsstrategien zur Problemlösung setzt sich fort. Im Interview erzählte mir black.coffee zum Beispiel, dass sie regelmäßig Fragen zur Funktion ihres Organismus in die Foren-Community einbringe und in den meisten Fällen auch hilfreiche Antworten bzw. Ratschläge erhalte. So teilte sie einmal etwa, wie sie mir berichtete, eine Beobachtung im Forum, die sie im Rahmen ihres Weight-loss-journeys machte. Diese Beobachtung bezog sich darauf, dass sie mehrere Tage unter ihrer Kaloriengrenze blieb, trotzdem aber nicht an Körpergewicht abnahm. Dieses Problem postete sie schließlich im Forum und erhielt, nach eingehender Befragung durch einige Forenmitglieder zu ihren aktuellen Ernährungsgewohnheiten, die Einschätzung, dass es sich um Wassereinlagerungen aufgrund ihres zu hohen Salzkonsums handeln müsse, welche ihre Gewichtsabnahme hemmten (black.coffee; Face-to-Face-Interview).

5.7.2 Bilderalben und Bildblogs

Nicht nur aber im fehlenden Körperwissen erkennen TeilnehmerInnen eine mögliche Ursache ihres wiederholten Scheiterns, sondern gelegentlich auch in ihrer Einstellung zum Hungern. Sie bemängeln etwa, dass sie das Hungern noch immer vor allem als Verzicht auf Nahrung und Freude statt als Gewinn von Willensstärke und letztlich eines ‚schönen‘ Körpers betrachten würden. Ohne die Veränderung ihrer Einstellung, davon sind sie überzeugt, könnten sie nicht in eine anorektische Handlungsroutine hineinfinden.

Zur Einstellungsänderung dem eigenen Weight-loss-journey gegenüber existieren in Pro-Ana eine Reihe von Handlungsstrategien, die zum Beispiel in „Tipps & Tricks"-Listen auf Pro-Ana-Weblogs gebündelt vorliegen. Dort wird zum Beispiel empfohlen im Verlauf des Journeys auftretende Probleme wie etwa Hunger-gefühle und Magenknurren umzudeuten. Statt sie als lästige und schmerzvolle Nebenwirkungen des Hungerns aufzufassen, sollen sie als Ausdruck eines erfolg-reichen Projektverlaufs interpretiert werden: „Magenknurren ist ein Hilfeschrei der Fettpölsterchen" (Tipps und Tricks; Weblog: Thin with lovely Ana).[71]

Neben Strategien der Umdeutung bestimmter Erlebnisse und Empfindungen, finden sich unter den Tipps und Tricks auch Ratschläge, wie die Motivation für das Weight-loss-journey insgesamt gesteigert werden kann. Diese werden in der Regel unter dem Begriff *Thinspiration* verhandelt.

Thinspiration
Der Begriff „Thinspiration" ist ein Neologismus, der sich aus den englischen Worten *thin* (*dünn*) und *inspiration* (*Inspiration*) zusammensetzt und der sich im Feld selbst etabliert hat. Zumeist bezieht er sich auf Fotografien magerer Körper. Diese Bilder sammeln TeilnehmerInnen zumeist in großer Stückzahl auf Pro-Ana-Websites, in der Regel in Webforen, auf Bildblogs und Weblogs. Bereits in den Anfängen Pro-Anas wurden derartige Bildcluster von TeilnehmerInnen erstellt, zum Beispiel als eigene Rubrik auf Pro-Ana-Websites. Während in den Anfangs-jahren noch in erster Linie Fotografien prominenter, mit Anorexie in Verbindung gebrachter junger Frauen auf den Websites gesammelt wurden, ist im Kontext der Ausweitung und monetären Erschwinglichkeit der Digitalfotografie ein zwei-ter Typus von Thinspiration-Bildern entstanden: die ‚real girl'-Thinspiration. Die Bezeichnung ‚real girls' wurde eingeführt, um den Unterschied zur massenmedial inszenierten Fotografie von Fashionmodels, wie etwa Kate Moss, oder (mageren) Schauspielerinnen, wie Mary Kate Olsen, hervorzuheben. Real-girl-Thinspiration-Bilder stellen heute für viele TeilnehmerInnen den favorisierten Bildtyp dar, weil er ihnen im Rahmen ihrer Weight-loss-journeys als erreichbarer gilt.

> Mich sprechen eher die Fotos von normalen Frauen an als die von Prominenten. Die sind irgendwie realistischer und greifbarer.
>
> (peachplease; Skype-Interview)

Die Bezeichnung „real girl"-Thinspiration findet heute in Pro-Ana kaum mehr Verwendung, da seit dem Aufkommen der Bildblogging-Sites, wie zum Bei-spiel Instagram und Tumblr, überwiegend „real girls" als Thinspirationen genutzt

---

[71] URL: https://web.archive.org/web/20190307091656/http://thin-with-lovely-ana.blogspot. com/p/tipps-und-tricks-c.html; Zugriff: 10.11.2019. Der Weblog ist heute nur noch über archive.org einzusehen.

werden und damit vermutlich die Abgrenzung zu den vormals dominierenden Prominentenbildern hinfällig wurde.[72]

Mit Thinspiration-Bildern, wir erinnern uns, sind wir bereits in Abschnitt 5.3.3 in Berührung gekommen. Dort wurden sie als Körperschablonen besprochen, an denen die TeilnehmerInnen ihr Weight-loss-journey ausrichten. Die Bilder beziehen sie etwa aus digitalen Ausgaben von Mode- und Frauenzeitschriften, über die Google-Suche oder aus Mode- und Lifestyleblogs bei Instagram, Tumblr oder Pinterest. Sie *inspirieren* den TeilnehmerInnen zufolge das Weight-loss-journey, indem sie ihm ein verheißungsvolles „dünnes" (*thin*) Ziel setzen. Während wir uns bisher mit der Frage beschäftigt haben, nach welchen Kriterien diese Bildersammlungen typischerweise zusammengestellt werden, wollen wir im Folgenden auf eine andere Funktion eingehen, nämlich die Motivation des Weight-loss-journeys. Die Bilder *orientieren* also das Weight-loss-journey nicht nur, sie *motivieren* es auch.

Wir haben bisher festgestellt, dass die Bilderalben und -blogs von den TeilnehmerInnen in der Regel am Anfang ihres Weight-loss-journeys angelegt werden, um die Richtung bzw. das Ziel ihrer Reise festzulegen. Die Alben müssten demnach recht stabile Gebilde darstellen, die allenfalls verändert bzw. angepasst werden, wenn sich das Ziel des Weight-loss-journeys ändert. Dies ist jedoch nicht der Fall, wie meine ethnographischen Untersuchungen der Bildersammlungen der TeilnehmerInnen zeigen. Die TeilnehmerInnen erweitern ihre Sammlungen vielmehr fortwährend, d. h. über ihr gesamtes Weight-loss-journey hinweg, und zwar in der Regel durch immer mehr vom Gleichen. Insbesondere letzter Punkt ist interessant, wirft er doch die Frage auf, weshalb die TeilnehmerInnen ihren Bildersammlungen immer gleiche Bilder hinzufügen. Beispielsweise werden immer wieder Bilder von flachen Bäuchen, einer thigh gap oder Schlüsselbeinen gepostet. Viele Bilder unterscheiden sich dabei nur marginal voneinander, wie etwa nachfolgend am Beispiel von Fotografien von Beinen zu sehen ist (Abbildung 5.19).

Ihr Ziel scheint sich durch diese Bildzutaten also nicht bzw. nicht wesentlich zu verändern. Warum aber erweitern die TeilnehmerInnen ihre Sammlungen dann in dieser Form, die doch auf den ersten Blick vor allem Redundanz zu erzeugen

---

[72] Allerdings handelt es sich bei vielen Fotografien auf Instagram heute um kaum minder professionalisierte Aufnahmen, bei denen das eigene Selbst inszeniert und vermeintliche Körpermakel retuschiert werden. Viele Instagram-BloggerInnen arbeiten heute als sogenannte InfluencerInnen, die auf ihren Profilen Werbung für bestimmte Marken und Produkte machen und unter ihren FollowerInnen häufig einen ähnlichen Status genießen, wie prominente Persönlichkeiten aus Film, Fernsehen und Musik (vgl. Lowe-Calverley & Grieve 2021).

Abbildung 5.19 Beine im
Thinspiration-Album des
Weblogs „startananowx"

scheint? Zur Beantwortung dieser Frage müssen wir uns den Bildhandlungen der TeilnehmerInnen erneut zuwenden. Zunächst wollen wir uns anschauen, zu welchen Anlässen sie eigentlich ihre Bildersammlungen typischerweise zu erweitern pflegen.

Aus Interviews mit TeilnehmerInnen an Pro-Ana sowie Untersuchungen von Thread-Diskussionen konnte herausgearbeitet werden, dass TeilnehmerInnen sich häufig ihren Bildersammlungen dann zuwenden und diese auffüllen, wenn sie sich vom Essen ablenken wollen. Wie bereits angesprochen wurde, sind es vor allem die Abendstunden, in denen sie zu Hause vor dem Fernseher oder ihrem Laptopbildschirm sitzen, in denen sie am stärksten versucht sind, über ihre geplanten Kalorien hinaus zu essen. Aus einem Gefühl der Langeweile oder starkem Hunger heraus, so berichten es TeilnehmerInnen, würden sie vermehrt ans Essen denken. Um ihre Gedanken auf etwas anderes zu richten als auf ihren Hunger oder Appetit, beginnen viele zum Beispiel durch Bildblogs zu scrollen, denen sie bei Instagram oder Tumblr folgen. Dabei stoßen sie immer wieder auf Fotografien, die ihrem Zielkörperbild entsprechen und kopieren diese in ihren eigenen Bildblog. Die Beschäftigung mit ihrem Zielkörper – etwa das Suchen, Kopieren und Einpflegen neuer Bilder – hält sie schließlich für den Abend davon ab, mehr als geplant zu essen. Dies funktioniert nicht immer und selbstredend nicht für alle TeilnehmerInnen gleichermaßen erfolgreich. Jedoch zählt das Betrachten und Sammeln von Bildern zu den gängigen Strategien in Pro-Ana, sich vom Essen abzulenken.

Nicht immer aber gehört zur Thinspiration die Suche nach neuen Bildern bzw. die Erweiterung der eigenen Bildersammlung. Häufig werden auch einfach bereits besessene Bilder betrachtet. Diese Strategie hat sogar Eingang in die bereits besprochenen Tipps & Tricks-Listen genommen. Dort heißt es zum Beispiel:

> Carry a picture of your favorite model in you wallet. So when you're tempted to buy something to eat, you open your wallet to get out your money and you see there perfect body so you don't want to eat because if you don't then you could look like them in the end.

(Weblog "Thin Existence"[73])

---

[73] URL: https://eatlessxxsmilemore.tumblr.com/post/161079124092/eating-tips/amp; Zugriff: 9.12.2019.

Bei der Thinspiration scheint es also im Wesentlichen darum zu gehen, sich selbst in Momenten der Versuchung – hier etwas zu essen zu kaufen – das Ziel des Weight-loss-journeys gegenständlich vor Augen zu führen, um auf diese Weise die Lust am Essen zu verlieren.

Thinspiration-Bilder, so wurde in Abschnitt 5.3.3 ausgeführt, werden häufig in Bezug zum eigenen Körper bzw. Weight-loss-journey ausgewählt. TeilnehmerInnen übernehmen etwa Fotografien von einer thigh gap oder einem flachen Bauch in ihre Bildersammlungen, wenn sie diese an ihrem eigenen Körper nachzubilden versuchen. Nicht alle Bilder jedoch, die diesen Eigenschaften entsprechen, eignen sich für die TeilnehmerInnen auch tatsächlich als Thinspiration, wie meine InterviewpartnerIn black.coffee erklärte.

Es muss sich auf mich beziehen lassen, zum Beispiel so ein Strandbild mit 'ner dünnen Frau würd ich mir nicht speichern, weil ich kein gelb mag [Abbildung 5.20; A.S.], weil das nicht meine Lebensqualität ist, ich würd mich nicht in Hotpants an den Strand stellen, was ich schon eher machen würde, ist dann, so was auch eher meinem Style entspricht, so mit Spitzenoberteilen oder so wenn's schwarz ist und deswegen auch ganz viel Felice Fawn [Abbildung 5.21; A.S.], weil die super motivierend ist, weil das auch ein Stil ist, den ich mich gern trauen würde, zu tragen.

(black.coffee; Face-to-Face-Interview)

Abbildung 5.20
Thinspiration-Bild mit
Hotpants am Strand
(Bildblog: „thin_
expectations"). Auf dieses
Bild bezog sich
black.coffee bei der
gemeinsamen Betrachtung
ihres Thinspiration-Blogs

Abbildung 5.21
Thinspiration-Bild im
Gothik-Stil (Webblog:
„Coffee and Bones"). Im
Interview ging black.coffee
auf kein konkretes Bild von
Felice Fawn ein, sodass hier
ein exemplarisches Bild
ausgewählt wurde, das den
genannten Kriterien
entspricht

Nicht nur also muss sich der abgebildete Körper in seiner Figürlichkeit auf den eigenen Körper bzw. das eigene Selbst beziehen lassen, sondern auch in weiteren Merkmalen, wie etwa dem Kleidungsstil oder dem szenischen Motiv, in das er eingebunden ist.

Das punctum im Bild als Trigger

Die Einschätzung darüber, ob ein Bild als ‚thinspirierend' empfunden wird, treffen die TeilnehmerInnen in der Regel auf den ersten Blick.

> [...] And as someone else said/suggested, not every image strikes me, especially the more I look at it; but then all the sudden I hit on one image that really does and I'm at least briefly like, "nope, not eating [X] today; that's gonna be me." (tbh, in that sense I kind of feel like it's similar to looking at porn and/or having orgasms; you get kind of numb if you overdo it, and it takes longer to be "turned on" by an image/fantasy--albeit a very different kind of image/fantasy. ...Hope that makes some sense and doesn't sound crazy? Haha.) [...]
>
> (affamée, mpa-Thread: „The language of thinspo"[74])

Typischerweise scrollen TeilnehmerInnen Bildblogs, Webforen oder Weblogs nach Fotografien ab, die diese Eigenschaften aufweisen, die also aus dem Strom der betrachteten Bilder herausstechen und sie emotional (be)treffen (Barthes

---

[74] URL: http://www.myproana.com/index.php/topic/2684865-the-language-of-thinspo/?hl=%2Bconcrete; Zugriff: 9.12.2019. Der zitierte Thread ist zum Zeitpunkt des Verfassens der Arbeit nur für registrierte Mitglieder einsehbar.

1989, 35). Diese Bilder besitzen in den Worten Roland Barthes ein „punctum"
(Barthes 1989, 36). Dieses punctum muss dabei nicht vom ganzen Bild ausgehen,
vielmehr ist es „[h]äufig [...] ein »Detail«, das heißt ein Teil des Abgebildeten. Beispiele für das *punctum* anzuführen bedeutet daher in gewisser Weise,
sich preiszugeben" (ebd., 53), seine Vorlieben und Eigentümlichkeiten. In diesem
Sinne erklärt eine TeilnehmerIn ihr punctum in Abbildung 5.22:

> Yeaaaaah that slim, childlike sort of form gets me. I realllly want to be lanky and sort
> of boy-shaped, if that makes sense
>
> (Mockingbird; mpa-Thread: "Thinspo "contest" – trigger the person below you
> (TW)"[75])

Abbildung 5.22 Thinspiration-Bild im Thread: "Thinspo „contest" – trigger the person
below you (TW)"

---

[75] URL: https://www.myproana.com/index.php/topic/325470-thinspo-contest-trigger-the-
person-below-you-tw/page-11; Zugriff: 9.12.2019. Der zitierte Thread ist zum Zeitpunkt
des Verfassens der Arbeit nur für registrierte Mitglieder einsehbar.

Eine andere versucht ihr punctum mit den nachfolgenden Worten zu beschreiben:

Yes I have this weird thing for hands x.x

(Donotcover; mpa-Threat "Thinspo "contest" – trigger the person below you (TW)"[76]).

Beide Beschreibungen sind einem Thread aus dem Forum mpa entnommen, der unter dem Titel „Thinspo „contest" – trigger the person below you (TW [Trigger Warning, A.S.])" geführt wird. In diesem fordert ein Forenmitglied die BesucherInnen des Threads dazu auf, ein Körperbild zu posten, dass sie persönlich als motivierend empfinden. Die jeweils nachfolgende PosterIn soll dann zu dem geposteten Bild Stellung nehmen, d. h. erklären, ob sie es als motivierend bzw. triggernd[77] erlebt und möglichst Gründe für ihre Einschätzung angeben. Zum Schluss soll sie dann ebenfalls ein Bild für die nächste TeilnehmerIn posten und so weiter. Dieser Thread fand im Forum rege Beteiligung. Er wuchs im Laufe der Zeit bis auf 81 Seiten an (Stand 9.12.2019).

Wie Barthes beschreibt, kann das punctum eines Bildes aber nicht immer klar benannt werden. Manchmal falle der BetrachterIn nur die eigene innere Unruhe auf, aber nicht unbedingt das Detail des Bildes, das sie hervorbringt (Barthes 1989, 60 f.). Zwar ist die „Wirkung [...] da", so Barthes weiter, „doch läßt sie sich nicht orten, sie findet weder ihr Zeichen noch ihren Namen [...]: sie ist ein dahintreibender Blitz" (ebd., 62).

Im benannten „Thinspo Contest" ist etwa auffällig, dass sich viele TeilnehmerInnen mit der Begründung für die motivierende Wirkung eines Bildes zurückhalten, sei es, weil sie das Detail im Bild, das sie anspricht, nicht genau

---

[76] URL: https://www.myproana.com/index.php/topic/325470-thinspo-contest-trigger-the-person-below-you-tw/page-13; Zugriff: 9.12.2019. Der zitierte Thread ist zum Zeitpunkt des Verfassens der Arbeit nur für registrierte Mitglieder einsehbar.

[77] Der Begriff des Triggers wird in der Psychologie häufig im Zusammenhang mit posttraumatischen Ereignissen verwendet. Eine Minimaldefinition findet sich im Wörterbuch der American Psychological Association: „[A trigger is; A.S] a stimulus that elicits a reaction. For example, an event could be a trigger for a memory of a past experience and an accompanying state of emotional arousal" (APA Dictionary of Psychology 2021). In Pro-Ana wird der Begriff des Triggers auf Artefakte – in der Regel Thinspiration-Bilder – angewendet, welche sie motivieren, ihr Weight-loss-journey fortzuführen. Dabei versuchen sie in der Regel durch die Betrachtung ihres Wunschkörpers im Bild ihr schlechtes Körpergefühl situativ zu verstärken.

ausmachen können oder weil sie keine Lust haben, eine Begründung zu schreiben. In einigen Posts ist aber tatsächlich eine Art von Ratlosigkeit zu vernehmen, wenn beispielsweise eine Forenteilnehmerin schreibt:

> I'm not sure why but no, this doesn't really trigger me. Although, I would like skinny legs.
>
> (Kitten Nuggets)[78]

Eigentlich, so ist diesem Post zu entnehmen, könnte das Bild sie motivieren, weil es dünne Beine zeigt, die sie auch gern hätte. Trotzdem wirkt es auf sie nur mäßig motivierend, berührt sie kaum. Andere TeilnehmerInnen hingegen scheinen eine genaue Vorstellung von ihrem persönlichen punctum zu haben:

> not triggering, arms (unless they're really skinny) don't do anything for me (arachnology)[79]
>
> Hmm...not for me. The pose is a bit too unnatural and can't really see any bones, only relying on thighs, and my taste for thinspo is a bit more extreme I guess. (musicalfailure)[80]
>
> no, she's gorgeous and all but too curvy to be triggering
>
> (afro-dite)[81]

Bilder werden in diesen Beispielen etwa als nicht triggernd beschrieben, weil sie auf Körperpartien fokussieren, die TeilnehmerInnen an sich selbst nicht im Rahmen ihres Weight-loss-journeys zu verändern suchen oder weil ihnen die abgebildeten Personen zu dünn oder nicht dünn genug erscheinen, um als Vorbild zu taugen. Auch hier zeigt sich erneut der enge Zusammenhang von ausgewähltem Körperbild und Weight-loss-journey: Vor allem Bilder, die ‚problematische‘ Stellen am eigenen Körper in idealer Form, d. h. hier vor allem knochig-dünn, präsentieren, werden als das Weight-loss-journey motivierend erlebt.

---

[78] URL: https://www.myproana.com/index.php/topic/325470-thinspo-contest-trigger-the-person-below-you-tw/page-56; Zugriff: 9.12.2019. Der zitierte Thread ist zum Zeitpunkt des Verfassens der Arbeit nur für registrierte Mitglieder einsehbar.

[79] URL: https://www.myproana.com/index.php/topic/325470-thinspo-contest-trigger-the-person-below-you-tw/page-2; Zugriff: 9.12.2019.

[80] URL: https://www.myproana.com/index.php/topic/325470-thinspo-contest-trigger-the-person-below-you-tw/page-2; Zugriff: 9.12.2019.

[81] URL: https://www.myproana.com/index.php/topic/325470-thinspo-contest-trigger-the-person-below-you-tw/page-68; Zugriff: 9.12.2019.

I think everybody has a body part that he likes the least and seeing those parts will trigger the most. For me its also stomachs, hips, legs and ams.

(Peebi; mpa-Thread: "Body part thinspo")[82]

Ob das punctum, wie Barthes es formuliert, nun „deutliche Konturen aufweist oder nicht, es ist immer eine Zutat: es ist das, was ich dem Photo hinzufüge und *was dennoch schon da ist*" (Barthes 1989, 65; Hervorh. im Orig.). Damit betont Barthes, dass das punctum nicht wesentlich dem Bild immanent ist, sondern aus der Beziehung, der Wechselwirkung von BetrachterIn und Betrachtetem resultiert. Nur indem das Betrachtete – sei es ein Detail oder das Abgebildete als Ganzes – auf etwas in der BetrachterIn trifft, eine Erinnerung oder einen Wunsch, kann ersteres letztere „aus dem Gleichgewicht bring[en]" (Barthes 1989, 36), sie (be)treffen, berühren. Das Bild muss das Ziel der betrachtenden TeilnehmerIn also wiederspiegeln, ansonsten ‚tut es nichts für sie‘, wie TeilnehmerInnen immer wieder betonen.

Thinspiration-Blogs als Sammlungen persönlicher Trigger
Thinspiration-Blogs enthalten in der Regel eine Sammlung von Körpervorbildern, welche die TeilnehmerIn inspirieren und motivieren, ihr Weight-loss-journey fortzuführen. In ihnen finden sich typischerweise Fotografien von Körperpartien bzw. Knochen, welche eine TeilnehmerIn an sich selbst entwickeln möchte. Dementsprechend können sich in einzelnen Thinspiration-Blogs Fotografien von dünnen Beinen (einer thigh gap) und flachen Bäuchen häufen, während in anderen Blogs vor allem Schlüsselbeine oder Schulterblätter fokussiert werden. In diesen Bildern wird der dünne Körper bzw. die Körperpartie gelegentlich vor einer Art Leinwand bzw. einfarbigem Hintergrund präsentiert (Abbildung 5.23 und 5.24), was den Bildern den Anschein von „Lehrfotos [...] in medizinischen Unterrichtswerken" (Goffman 1981, 48) verleiht, „bei denen die abgebildeten Personen anonym bleiben" (ebd., 48).
Lehrfotos dienen, wie Goffman bemerkt, nicht nur

zur Illustration dessen, was an einem Menschen objektiv festgestellt werden kann. (In Wirklichkeit sind viele dieser Illustrationen, auch die Abbildungen in den Lexika, zugleich auch Typisierungen, d.h. ein unterschiedliches Gemisch von unausgesprochenen Wertungen hinsichtlich dessen, was als durchschnittlich, als wesentlich und ideal gelten soll.) (ebd., 48).

---

[82] URL: https://www.myproana.com/index.php/topic/1419546-body-part-thinspo/; Zugriff: 9.12.2019. Der zitierte Thread ist zum Zeitpunkt des Verfassens der Arbeit nur für registrierte Mitglieder einsehbar.

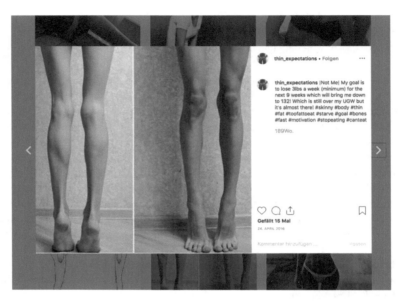

Abbildung 5.23 Thinspiration im Stil einer medizinischen Lehrfotografie (Bildblog: „thin_expectations")

Bei Fotografien des Typus medizinische Lehrfotografie steht der abgebildete Körper in der Regel in einfacher Unterwäsche (im Gegensatz etwa zur Spitzenunterwäsche) und aufrechter, unbewegter Pose vor der Kamera. Zu diesen Fotografien zähle ich hier auch Modefotografien, in denen das Model keine expressive Pose wie etwa ein Aufstützen der Arme auf der Hüfte zeigt, sondern relativ geradlinig vor einer einfarbigen Leinwand steht (Abbildung 5.24).

Abbildung 5.24 Modefotografie im Stil einer medizinischen Lehrfotografie (Bildblog: „thin_expectations")

Häufig sind anatomische Bilder in Thinspiration-Blogs Schwarz-Weiß-Fotografien. TeilnehmerInnen an Pro-Ana legen über ihre im Internet zusammengesammelten Fotografien gelegentlich einen Schwarz-Weiß-Filter und setzen den Bildkontrast hoch (Abbildung 5.25), um Knochenpartien stärker im Bild hervortreten zu lassen.

> Dann sticht alles weiter heraus, es wird viel viel plastischer [...] Und bei den Schwarz-Weiß-Bildern guckst du viel mehr auf Proportionen irgendwie [...]. Markante Sachen stechen mehr raus und du hast irgendwie mehr das Gefühl du kannst es anfassen, es geht dann nicht mehr um die Farben, alles ist dann irgendwie egal, du hast wirklich nur noch die reinen Proportionen da, und das wirkt halt irgendwie noch mal n Stück besser, wenn man's in schwarz-weiß macht. (ForeverCherry; Face-to-Face-Interview).

Kombiniert werden Fotografien vom Typ medizinische Lehrfotografie in Thinspiration-Blogs typischerweise mit Fotografien, in denen der abgebildete

Körper in eine Handlungsszene (Abbildungen 5.26 und 5.27) eingebunden zu
sein scheint. Abgebildete Szenen sind, so beschreibt es Goffman (1981),

Abbildung 5.25   Kontrastreiches Schwarz-Weiß-Bild (Bildblog: „thin_expectations")

Darstellungen von geschehenen »Ereignissen« – ganz gleich ob ungestellt, verfälscht
oder eingestandenermaßen simuliert. Wir können aus dem, was wir sehen, eine narrative Handlung herauslesen; wir können auf ein Vorher und Nachher schließen; und
diese Einordnung in den Fluß der Aktivitäten, nicht minder als die Modelle und die
Requisiten *per se*, liefert uns den Kontext des Geschehens (Goffman 1981, 64).

In Abbildung 5.26 steht eine Frau, der Kamera den Rücken zugewandt, mit auffällig dünnen Beinen vor einem Gewässer. Sie scheint auf das Wasser zu blicken.
Es ist ein wolkenverhangener Tag. Aus dem Abgebildeten lässt sich ein Vorher
und ein Nachher ersinnen: Die Frau könnte einen Spaziergang unternommen und
nun eine kurze Pause eingelegt haben, um auf das Wasser zu schauen. Vielleicht
ist sie gerade auf dem Weg nach Hause oder zu Freunden.

Sie trägt allerdings keine Tasche bei sich, was darauf hindeuten könnte, dass
sie vielleicht mit dem Auto oder Fahrrad unterwegs ist und ihre Sachen dort

verstaut hat. Oder sie macht nur einen kurzen Spaziergang und benötigt deshalb kein Gepäck.

Abbildung 5.26   Szenische Fotografie im Microblog „@fitjourney645"

   In Abbildung 5.27 ist eine Strandszene abgebildet, in der eine schlanke Frau beschwingt aus dem Wasser in Richtung Strand rennt. Sie hat schulterlange, dunkle Haare und trägt einen schwarzen Bikini und eine schwarze Sonnenbrille. Ihre Arme führt sie beim Rennen vom Körper leicht abgespreizt, sodass sie einen freien Blick auf ihren Oberkörper ermöglichen. Auch in diesem Bild lassen sich unterschiedliche Lesarten aus der abgebildeten Szene heraus entwickeln: Die abgebildete Frau könnte gerade zumindest mit den Füßen im Wasser gewesen sein und nun zurück zu ihrem Handtuch oder Strandkorb rennen. Da sie das Foto wahrscheinlich nicht selbst aufgenommen hat, steht zu vermuten, dass sie in Begleitung ist. Ob allerdings ihr Freund, ihre Familie, FreundInnen oder aber ein Kamerateam, das Modefotografien anfertigt, bei ihr sind, bleibt für den Betrachtenden eine offene Frage. Die Körperhaltung der Frau wirkt offen und extrovertiert. Sie versucht ihren leichtbekleideten Körper nicht, etwa durch ihre Arme, zu verstecken. Hingegen sind ihre Schultern leicht zurückgezogen, sodass auch ihre Brust gut sichtbar ist.

Abbildung 5.27 Szenisches Thinspiration-Bild im mpa-Thread: „KIKOMIZUHARA"

Diese bildlichen Darstellungen szenischer Ereignisse erinnern stark an Ausschnitte bzw. Szenen aus schriftlichen Entwürfen des idealen Selbst, welche TeilnehmerInnen an Pro-Ana in Forenthreads und auf Blogging-Plattformen, wie Tumblr, gelegentlich vornehmen. Schauen wir uns einen solchen schriftlichen Entwurf einmal an.

i imagine going to the beach with my boyfriend. and when i go to take off my shorts and shirt, i wont feel extremely self concious. i wont even think twice about it. then I'll be in my cute little bikini and i wont have to be afraid of my fat jiggling when i run down to the water. and then i can get out and sit up and drink my water, not opting to lay back so that my stomach rolls dont show. i want to enjoy beach days without letting my body take over my mind.

(iwnt2lovemyself; mpa-Thread: „The "you" you actually envision?)[83]

---

[83] URL: https://www.myproana.com/index.php/topic/640221-the-you-you-actually-env ision/page-2; Zugriff: 9.12.2019.

Dieses zukünftige Selbst, das „iwnt2lovemyself" hier schriftlich entwirft, könnte als eine mögliche narrative Handlung zu Abbildung 5.27 gelesen werden. Auch wenn an dieser Stelle allenfalls vermutet werden kann, dass die Teilnehmerin tatsächlich dieses Bild in ihre Bildersammlung übernehmen würde, weißt es doch einige Parallelen zu ihrer schriftlich fixierten Vorstellung auf. In beiden Entwürfen steht der weibliche Körper im Fokus der Erzählung: Die Protagonistinnen scheinen sich in ihrem Körper wohl zu fühlen. Sie wissen um ihre schlanke Figur, die kein Fett aufweist, welches sich in bestimmten Posen auffällig rollen oder bewegen könnte. Sie können ihre Strandtage augenscheinlich genießen, ohne sich um ihren (vermeintlich) zu dicken Körper zu sorgen. Die beschriebene Ähnlichkeit zwischen schriftlichen und bildlichen Entwürfen ließe sich mit Walser und Neumann-Braun mit den folgenden Worten fassen:

> Bilder verdichten, bringen etwas unmittelbar auf den Punkt [...]. Was nur mit vielen Worten zu beschreiben ist, erschließt sich im Bild gleichsam ‚auf einen Blick' (Walser & Neumann-Braun 2013, 152).

Zudem wird sowohl in schriftlichen als auch in bildlichen Entwürfen des idealen Selbst häufig eine Brücke zum aktuellen Selbst bzw. Körper geschlagen, indem die TeilnehmerIn beispielsweise beschreibt, wie sie sich zukünftig in ihrem Körper *nicht mehr* fühlen muss: „and when i go to take off my shorts and shirt, i wont feel extremely self conscious". Andere TeilnehmerInnen stellen den Entwürfen ihres Idealselbst konkrete Beschreibungen ihres aktuellen Selbst gegenüber:

> Long bright blonde hair that goes to my hips, slim delicate arms and shoulders, ribcage that is very visible, all the clothes hanging off me because im just too small to fit into adult clothes, even the small sizes. During the summer im very tanned and my hair is lighter than my skin, i look very beachy getting ready to go sailing, during the winter im my pale self with a bit of eyeliner a beanie and a small wooden skateboard to get to art college. I have a cute bag that seems to have everything a girl could need on the go, some tissues, band aids if anyone falls, and even hand sanitizer. I'm super organized and always know what to do next and never procrastinate. I'll sit on my boyfriends lap and everyone will be jealous of him and what we have.

> Reality: im blonde alright but my hair rarely does what i like, super unruly, and not as long as id like. I have huge man shoulders, i fit into small sizes but they dont hang off or anything, I'm working on the tan this summer, and i instruct sailing for spoiled rich kids who squeal and moan and are afraid of a puff of wind, i own only one beanie and I'm too shit lazy to skate anywhere, im the most disorganized goof to ever walk the earth, and I need to work harder at bettering me and my boyfriend's relationship and my weight before anyone could ever be jealous.

(DeadPoppy, mpa-Thread: "The »you« you actually envision?")[84]

Dieser Brückenschlag zwischen Ideal- und Realselbst findet sich häufig auch in den Bildersammlungen auf Blogging-Sites wie Instagram wieder, wenn etwa neben oder hinter den Thinspiration-Bildern das häufig unglamouröse Weight-loss-journey in den schriftlichen Kommentaren durchschimmert (Abbildung 5.28). Gelegentlich fügen TeilnehmerInnen ihren Thinspiration-Blogs auch Fotografien des eigenen Körpers (body checks) bei. Diese Bilder fallen in der Regel im direkten Vergleich mit den anderen Bildern durch ihre divergierende Körpersilhouette sowie ihre unprofessionelle Beleuchtung oder Gestaltung schnell ins Auge. Einige TeilnehmerInnen kennzeichnen zudem ihre Thinspiration-Fotografien mit dem Hinweis „Not Me" (NM), um hervorzuheben, dass es sich bei den abgebildeten Körpern nicht um den eigenen handelt.

Viele TeilnehmerInnen arbeiten in ihren idealen Selbstentwürfen mit stereotypen Frauenbildern, wie sie typischerweise auch in Werbung und Film präsentiert werden. Gezeichnet wird die gut organisierte, fürsorgliche, schöne und äußerst schlanke Frau, die noch dazu als Statussymbol für ihren Partner fungiert. Diese direkte Gegenüberstellung von Ideal- und Realselbst ist auch ein häufiges Sujet in Frauenzeitschriften, Fernsehshows[85] und im Teenage Cinema (vgl. Gilligan 2011; Müller 2011; Sonnenmoser 2010). Dort wird sie zumeist unter dem Stichwort „Makeover" verhandelt, das sich in der Regel nicht allein auf die Arbeit am Körper, sondern auf die „Arbeit am Image" (Sonnenmoser 2010) insgesamt bezieht. Neben Modezeitschriften und Ratgebern werden in Deutschland, wie Sonnenmoser erklärt, „Einzelberatungen, Workshops und Volkshochschulkurse mit dem Ziel der Verbesserung der Selbstdarstellung angeboten" (Sonnenmoser 2010, 316). Dabei greifen die BeraterInnen oder TrainerInnen häufig – ähnlich den TeilnehmerInnen an Pro-Ana – auf mediale Bildvorlagen zurück, anhand der die neuen Eigenschaften und Fähigkeiten eingeübt werden können (ebd., 320 f.).

Die TeilnehmerInnen an Pro-Ana machen sich dabei typischerweise einen Effekt dieser geschönten Werbebilder zu eigen, vor dem Psychologen und Pädagogen regelmäßig warnen: Die Darstellung einer fiktiven, aber perfekten Realität führt bei BetrachterInnen von Werbung, so legen es Untersuchungen in der

---

[84] URL: https://www.myproana.com/index.php/topic/640221-the-you-you-actually-env ision/page-3; Zugriff: 9.12.2019.

[85] Exemplarisch seien hier die Make-Over-Shows „The Swan – Endlich schön!" und „Extrem schön! – Endlich ein neues Leben!" angeführt, in denen KandidatInnen mittels kosmetischer Chirurgie, Fitness- und Ernährungstraining sowie psychologischer Beratung von ihren vermeintlichen Makeln befreit werden.

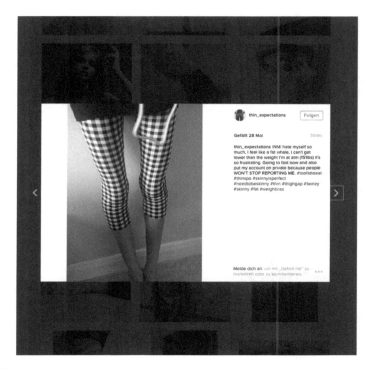

Abbildung 5.28 Bildkommentar im Instagram-Blog „thin_expectations"

Körperbildforschung nahe, immer wieder zu Selbstwertproblemen und Unzufriedenheit (Lobinger 2012, 134). Diese Unzufriedenheit kann sich dabei bis hin zum Auftreten von Essstörungen steigern, wie Lobinger erklärt, „insbesondere angesichts der unerreichbaren Perfektion der Körper und Menschen in der Werbung" (ebd., 134). Wie meine Datenanalysen nahelegen, suchen die TeilnehmerInnen an Pro-Ana diese Wirkung von Werbebildern jedoch strategisch auf, um sich für ihr Weight-loss-journey zu motivieren. Je schlechter sie sich in ihrem Körper fühlen, desto größer erscheint ihnen die Motivation an dieser Situation, etwas handelnd zu verändern und den aufgestellten Journey-Plan einzuhalten (siehe hierzu auch den Abschnitt „Meanspiration" in diesem Kapitel).

Szenische Fotografien können vereinzelt auch Stimmungen im Rahmen des Weight-loss-journeys anzeigen, wie etwa auf Grundlage von Bildclusteranalysen herausgearbeitet werden konnte. Abbildung 5.29 zeigt eine auf Schienen sitzende

Frau, auf die ein Zug zugerollt kommt. Die Frau hat die Arme um ihre Beine gelegt und den Blick gesenkt. Dem anfahrenden Zug widmet sie keine sichtbare Aufmerksamkeit, obwohl sie ihn sicher hören muss. Die Fotografie greift hier als szenisches Motiv augenscheinlich Suizid auf. Derart drastische Bilder werden vor allem im Rahmen von persönlichen Weblogs oder in Pro-Ana-Webforen gepostet, vermutlich, weil sie auf Blogging-Plattformen wie etwa Instagram häufig von anderen Bloggerinnen, welche sich selbst nicht Pro-Ana zugehörig fühlen, als den „Community Guidelines" entgegenstehend gemeldet werden (Abbildung 5.30).

Abbildung 5.29 Düsteres Thinspiration-Motiv aus dem mpa-Thread „dark aesthetic" (Beitrag von ryliee)

Ob diese Bilder auf die Zumutungen des entbehrungsvollen Weight-loss-journeys zurückzuführen sind oder ob sie die allgemeine Gemütslage von TeilnehmerInnen wiederspiegeln, kann im Einzelfall nicht immer abschließend beurteilt werden. Viele TeilnehmerInnen beschreiben ihre psychische Verfassung im Rahmen ihrer Journey-Tagebücher häufig als prekär. Sie leiden, wie sie berichten, oft unter Depressionen oder Angststörungen. Aber auch das Weight-loss-journey selbst, mit seinen vielen Entbehrungen, Rückschlägen und den Strapazen für den Körper, kann Anlass für depressiv anmutende Fotografien im Rahmen eines Thinspiration-Bilderalbums sein.

@skinny_girl_dreams_33

Someone who saw one of your posts thinks you might be going through a difficult time. We've removed the post for not following our Community Guidelines. If you need support, we'd like to help.

See Support Resources

Skip

skinny_girl_dreams_33 If you don't like my account or what I post don't report it, just block me, I'm not making you follow me and reporting my account isn't going to help anyone. ~ 🌙

Alle 9 Kommentare anzeigen

brookiek3 I think people are just concerned "tis all because you seem depressed. I'm here for you if you need someone to talk to

pebble_slimee Me and like 24 of my friends just reported you 💀💀💀💀

skinny_girl_dreams_33 @pebble_slimee wtf why??

pebble_slimee @skinny_girl_dreams_33 because this could make people feel envious about the people in these images this is the sort of thing you keep to yourself but would you please dm me in a min I need

♡ ◯ ⬆ 🔖

Gefällt 56 Mal

9. MAI 2017

Melde dich an, um mit „Gefällt mir" zu markieren oder zu kommentieren. ...

Abbildung 5.30 Instagram-Nachricht, die ein von anderen NutzerInnen gemeldetes und von Instagram gesperrtes Bild ersetzt. Aus dem Bildblog von „skinny_girl_dreams_33"

Ebenfalls finden sich Bilder mit düsterer Thematik (vgl. Abbildung 5.29) in Bilderalben von TeilnehmerInnen wieder, die sich selbst als Goth bezeichnen oder auch nur der Ästhetik der Gothic-Szene zugeneigt sind. Die Gothic-Szene verleiht durch Todessymboliken und -metaphern vor allem „ihrem nach innen gerichteten und Weltschmerz verkörpernden Lebensgefühl" (Ferchhoff 2011, 261) Ausdruck. In der Regel steht hinter der intensiven Beschäftigung mit Tod und Trauer aber keine eigene Todessehnsucht. Suizid wird in der Gothic-Szene „nicht als Lösung der Probleme der eigenen Existenz akzeptiert, sondern als Flucht und eingestandenes Scheitern an Gefühlen von Verlust, Tod und Trauer ausgelegt. Damit hat der Selbstmord eine Faszination, die auf imaginativ-symbolischer Ebene verarbeitet wird" (Schmidt & Neumann-Braun 2008, 77).

Während die Bilder vom Typ ,szenische Darstellung' oft also idealisierte Vorstellungen des zukünftigen Lebens mit dem Körper vermitteln, verweisen die Bilder vom Typ ,medizinische Lehrfotografie' auf den in Pro-Ana florierenden Bauplan des idealen Körpers (siehe Abschnitt 5.3.1). Letzter Bildtyp ähnelt stark der „body check"-Fotografie, welche TeilnehmerInnen zur Planung und Kontrolle ihres Weight-loss-journeys regelmäßig von ihrem Körper anfertigen. Auch diese wird, wie in Abschnitt 5.3.2 beschrieben, mit geradliniger Pose aufgenommen, die Arme seitwärts am Körper herabhängend, die Füße an der Innenseite zusammenstehend. Die ‚anatomische' Thinspiration-Fotografie eignet sich daher besonders gut als Vergleichsmaßstab, an dem der Fortschritt des persönlichen Weight-loss-journeys auch visuell nachvollzogen werden kann. Aufgrund der strukturellen Ähnlichkeit beider Bildtypen werden häufig auch „body check"-Fotografien anderer TeilnehmerInnen in die eigene Bildersammlung übernommen.[86]

Neben den beiden benannten Bildtypen findet sich in Pro-Ana-Bildersammlungen regelmäßig ein dritter Bildtyp, der als eine Mischform aus dem anatomischen und dem szenischen Bildtyp bezeichnet werden kann. Auch hier sind häufig Körperpartien im Bild hervorgehoben. Allerdings befindet sich der Körper hier in der Regel nicht vor einer Leinwand stehend, sondern eingebettet in eine Szene, d. h. etwa auf einem Bett liegend oder in einem Raum (Bad, Küche, Jugendzimmer) stehend. Die im Bild fokussierten Körperpartien sind zumeist unbekleidet, sodass ihre Kontur gut zur Geltung kommt. Nun könnte angenommen werden, dass es sich bei diesen Bildern ebenfalls um „body check"-Fotografien handelt, die typischerweise vor dem Spiegel im eigenen Jugendzimmer oder Badezimmer aufgenommen werden. Was sie jedoch in der Regel von anatomischen Bildern unterscheidet, ist die im Bild gezeigte Körperpose, mit der bestimmte Knochenpartien, wie etwa Rippen (siehe Abbildung 5.31), stärker zum Hervortreten gebracht werden: Werden etwa die Arme über den Kopf gehoben, zeichnen sich zum einen die Rippen deutlicher am Körper ab und zum anderen erscheint der Bauch flacher. Solche Posen gelten im Kontext der „body check"-Fotografie als betrügerisch, da TeilnehmerInnen vorgeben (bereits) dünner zu sein, als sie tatsächlich sind (vgl. Abschnitt 5.3.2). Als Thinspiration-Fotografie werden sie hingegen häufig eingesetzt, vermutlich aufgrund der starken Betonung von Knochen und der Dünnheit im Bild, die in dieser Deutlichkeit sonst allein bei Bildern des Typs „Bonespiration" vorkommen.

---

[86] Es werden jedoch vor allem „body check"-Fotografien von TeilnehmerInnen in die eigene Bildersammlung übernommen, zu denen keine persönliche Beziehung – etwa eine Follower-Followee-Verbindung – besteht. Persönlich bekannten TeilnehmerInnen, die als thinspirierend erlebt werden, wird allenfalls gefolgt, d. h. ihre Journey-Tagebücher oder Blogs werden abonniert.

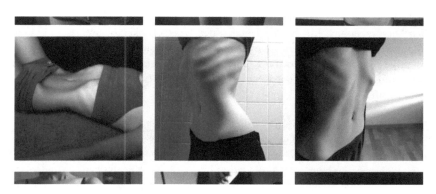

Abbildung 5.31 Thinspiration-Bilder von Rippen aus dem Instagram-Blog „princessskeleton"

Ein weiterer Bildtyp, der sich in Thinspiration-Blogs findet, weist erneut eine Ähnlichkeit zum „body check" auf. In diesen Fotografien umfasst die abgebildete Person zumeist mit ihren Händen eine Körperpartie, wie etwa ihren Oberschenkel, ihre Taille oder ihren Arm (siehe Abbildung 5.32).

Abbildung 5.32 Thinspiration-Bild im Stil eines body checks (Weblog: „loveanamia")

Mit diesen Posen wird die besondere Magerkeit des abgebildeten Körpers bildlich hervorgehoben. Mit beiden Händen den Oberschenkel zu umfassen, gelingt
in der Regel normal- oder übergewichtigen Personen nicht. Auch leicht untergewichtige Menschen können ihren Oberschenkel zumeist nicht an seiner dicksten
Stelle umgreifen, d. h. in der Regel im oberen Drittel des Oberschenkels, wo er
in die Hüfte mündet.

Varianten der Thinspiration
Wie bereits vielfach erwähnt, stellt der außergewöhnlich dünne Körper das Ideal
in Pro-Ana dar, dem sich alle TeilnehmerInnen verpflichtet fühlen. Die Dünnheit ('Thinness') kann dabei bis zur vollständigen Knochigkeit ('Boniness')
gesteigert werden, ohne die symbolische Grenze der sozialen Welt Pro-Ana
zu überschreiten (vgl. Abschnitt 5.3.3). TeilnehmerInnen, welche sich diesem
Körperideal verschrieben haben, bezeichnen in der Regel ihre Bildersammlung
nicht mehr als Thinspiration, sondern als Bonespiration, d. h. als Inspiration
und Motivation möglichst „knochig" zu werden bzw. zu bleiben. Bonespiration-
Bildersammlungen weisen aber grundsätzlich dieselben Bildtypen auf, wie sie
bereits für die Thinspiration-Bildersammlungen beschrieben wurden. Auch in
Bonespiration-Alben finden sich Bilder vom Typus „szenische Darstellung" und
„medizinische Lehrfotografie", wobei letzter Bildtyp zu überwiegen scheint. Werden Szenen abgebildet, spielen diese häufig in einem medizinischen Kontext.
Zu sehen sind dann zumeist bis auf die Knochen abgemagerte AnorekterInnen
im Krankenhaus, die häufig eine Magensonde tragen, über die sie (zwangs-)
ernährt werden. Bilder vom Typ 'medizinische Lehrfotografie' sind in der Regel
„body check"-Fotografien, die häufig durch den Bildhintergrund ebenfalls einen
Krankenhauskontext (Magensonde, Krankenbett) erkennen lassen.[87]
Die meisten TeilnehmerInnen erkennen jedoch, wie bereits beschrieben wurde,
im mageren, mit Anorexie in Verbindung gebrachten Laufstegmodel ihr Körperideal. Dieses zeichnet sich neben der Dünnheit – symbolisiert durch das
Hervortreten von Knochen am Körper –, durch einen fitten bzw. straffen Körper aus, der an Po und Brust häufig leichte Rundungen aufweist. Neben dem
Merkmal 'Knochen' sind es also die Merkmale 'Muskeln' und 'Kurven', welche
im Feld ebenfalls (wenn auch in ihrer Bedeutung nachgeordnet) als ausbildbare
Körperformen bzw. Körpermerkmale zu finden sind. Beim dünnen Körper der
Thinspiration sind die drei Merkmale der Knochigkeit, der Fitness und der Kur-
vigkeit jeweils sozusagen moderat ausgeprägt. Sie können für sich genommen

---

[87] Aus forschungsethischen Gründen wird hier auf die Illustration extremer Beispiele aus
Krankhauskontexten verzichtet.

jedoch stärker in das Ziel des Weight-loss-journeys einfließen und sind damit als Varianten der Thinspiration zu betrachten. Die Bonespiration als eine solche Variante, bei der ein skeletthafter Körper mit dem Weight-loss-journey angestrebt wird, haben wir bereits weiter oben betrachtet. Widmen wir uns nun also den verbleibenden beiden Körpermerkmalen ‚Muskeln' und ‚Kurven' bzw. deren bildlicher Repräsentation.

Typischerweise streben TeilnehmerInnen an Pro-Ana einen möglichst niedrigen Fettanteil ihres Körpers an, dem zum einen durch Knochen Ausdruck verliehen wird und zum anderen durch Muskeln und ein straffes Bindegewebe. Viele befürchten durch eine einfache Reduktionsdiät bzw. Hungern einen zwar dünnen, aber durch seine geringe Muskelmasse schlaffen Körper zu produzieren, für welchen der Begriff „skinny fat"[88] verwendet wird. Aus diesem Grund versuchen sich TeilnehmerInnen an Pro-Ana zum Sporttreiben anzuhalten. Als Motivationshilfe nutzen sie hier erneut Körperbilder, auf denen bestimmte Muskelpartien am Körper besonders definiert sind und/oder sportliche Aktivitäten gezeigt werden. Diese Bilder bezeichnen sie in Anlehnung an die *Thinspiration* häufig als *Fitspiration* bzw. als *Skinny Fitspiration*, um sich vom über Pro-Ana hinausreichenden Körperdiskurs der *Fitspiration*[89] abzugrenzen.

‚Klassische' Fitspiration-Bilder werden von den TeilnehmerInnen an Pro-Ana typischerweise als zu dick bewertet und finden daher keinen Eingang in ihre Bildersammlungen.

> Fitspo looks like Fatspo to me because thighs are too bulky, arms are too big, their asses need skimming and those squats aren't helping. […].
>
> (kiminokokoro; mpa-Thread: "Thinspo vs Fitspo...")[90]

---

[88] Der Begriff „skinny fat" ist ein über Pro-Ana hinausreichender Begriff, der vor allem in Frauenzeitschriften wiederholt definiert und besprochen wird. In der Regel werden diesen Thematisierungen Ratschläge zur Seite gestellt, wie sich einem „skinny fat"-Körper durch sportliche Übungen entgegenwirken lässt (vgl. etwa Elle 2016) [URL: https://www.elle.de/skinny-fat; Zugriff: 7.3.2019].

[89] Unter dem Hashtag #fitspiration firmiert typischerweise auf Bildblogging-Websites die Fitness- und Bodybuildingszene, welche sich einem muskulösen Körper und einem ‚gesunden' Lebensstil verschrieben hat. Talbot et. al haben in ihrer inhaltsanalytischen Untersuchung von Thinspiration-, Fitspiration- und Bonespiration-Fotografien herausgearbeitet, dass der Begriff „Fitspiration" von der Fitness Community wesentlich geprägt wurde: „By contrast, ‚fitspiration' has been coined by the fitness community as an allegedly-healthy alternative to thinspiration and bonespiration" (Talbot et al. 2017, 2).

[90] URL: https://www.myproana.com/index.php/topic/483669-thinspo-vs-fitspo/; Zugriff: 6.1.2017.

Genau genommen geht es also bei der *Skinny Fitspiration* nicht darum einen muskulösen Körper herzustellen, sondern einen straffen („toned") Körper, der weiterhin die relevanten Knochen (Schlüsselbeine, Hüftknochen, thigh gap) zeigt. Dieser straffe Körper wird bildlich vor allem durch die Sichtbarkeit einer Sehnenplatte am Bauch repräsentiert, die in der Medizin als „Linea Alba" und in der Fitness- und Bodybuildingszene auch als „Ab Crack" bezeichnet wird (vgl. Abbildung 5.33). Diese Sehnenplatte zeichnet sich nur dann sichtbar am Körper ab, so erklärt etwa Ingo Froböse von der Sporthochschule Köln in der Frankfurter Allgemeinen Zeitung, wenn gleichzeitig wenig Unterhautfettgewebe und viele Bauchmuskeln vorliegen (Peikert 2016). Beine und Arme dürfen im Rahmen der Skinny Fitspiration hingegen nur leichte Muskeln aufweisen, um nicht wuchtig zu wirken.

Abbildung 5.33 Skinny Fitspiration-Bild mit deutlicher Linea Alba (mpa-Thread: „Skinny Fitspo")

Auch Kurven bzw. weibliche Rundungen, wie eine große Brust oder ein breites Becken, können neben Knochen am Körper für TeilnehmerInnen ein punctum im Bild bilden, das sie motiviert, ihr Weight-loss-journey fortzuführen. Motivierend wirken Kurven vor allem auf jene TeilnehmerInnen, deren eigene Körpersilhouette kurvig ist, d. h. die zum Beispiel eine große Brust haben. Wie eine TeilnehmerIn im bereits weiter oben beschriebenen „Thinspo Contest" erklärt, muss ein inspirierendes Bild für sie einen Körper zeigen, der Kurven hat, aber trotzdem mager ist.

> Nope, sorry. I've always been naturally curvy so I need to see curves AND skinny lol
>
> (Fat-tailed-Gecko; mpa-Thread: "Thinspo „contest" – trigger the person below you (TW)")[91]

Diese Fotografien, in denen neben Knochen weibliche Rundungen im Bild hervorgehoben sind, werden in Pro-Ana gelegentlich als *Curvespiration* bezeichnet. Häufiger jedoch werden sie gar nicht genauer benannt oder durch das Setzen zusätzlicher Hashtags, wie #curves, spezifiziert.

BarbaraSkinny

Don't you sometimes get the feeling : this is not real thinspiration ?

I feel like this when I look at that, for example :

What do you think ? I mean , she IS skinny , but NOT in the THINSPO way .

Abbildung 5.34 Kontrovers diskutierter Webforenbeitrag mit Curvespiration-Bild (mpa-Thread: "It looks like thinspo but it isn't.")

---

[91] URL: https://www.myproana.com/index.php/topic/325470-thinspo-contest-trigger-the-person-below-you-tw/page-39; Zugriff: 9.12.2019. Der zitierte Thread ist zum Zeitpunkt des Verfassens der Arbeit nur für registrierte Mitglieder einsehbar.

Während der Grad der Knochigkeit grundsätzlich, wie bereits dargestellt wurde, bis zur *biologischen* Grenze gesteigert werden kann, ohne die *symbolische* Grenze der pro-anorektischen Welt zu überschreiten, gilt dies für den Bereich der Fitness und der Kurvigkeit nicht in gleicher Weise. Ihnen ist, um die soziale Welt Pro-Ana nicht zu verlassen, eine Grenze ihrer Ausbildung bzw. Ausprägung gesetzt. Zu große Muskeln oder zu viel Fettgewebe an Hüfte, Beinen, Po oder Brust wiedersprechen dem pro-anorektischen Körperideal, das Magerkeit hochpreist. So wurde dem in Abbildung 5.34 zitierten Foto von einigen TeilnehmerInnen bereits abgesprochen, noch als Inspiration zu gelten, da es für sie zu wenig knochig sei und die abgebildete Person vermutlich eine „tricky pose" in Bezug auf die thigh gap eingenommen habe. Für andere TeilnehmerInnen des zitierten Threads zählte das Bild hingegen sehr wohl noch als Inspiration.

Abbildung 5.35 Die drei Subtypen der Thinspiration (links: Bonespiration; mittig: Skinny Fitspiration; rechts: Skinny Curvespiration)

Aus den Bildclusteranalysen ging dabei hervor, dass sowohl für die *Skinny Fitspiration* als auch für die *Curvespiration* das Merkmal des hervorstechenden Knochens weiterhin sichtbar ausgebildet sein muss, um als Inspiration und Motivation zum Abnehmen innerhalb Pro-Anas herangezogen zu werden (Abbildung 5.35). Andernfalls müssen solche Bilder mit Fotografien aus dem Bereich der *Thinspiration* kombiniert werden, wobei letztere deutlich zu überwiegen haben, damit ein Blog noch als Thinspiration-Blog gelten kann. Die deutliche

Prominenz der Knochen im Körperbild grenzt die Bilder von angrenzenden Körperdiskursen ab, die ebenfalls mit Begriffen wie Curvespiration – hier sind die „Body Positive" und die „Fat Acceptance"-Bewegungen zu nennen – oder Fitspiration (Fitness- und Bodybuildingszene) operieren. Interessanterweise lassen sich Ähnlichkeiten zwischen diesen Diskursen feststellen: Bei der Curvespiration im Sinne der „Body Positive"-Bewegung motivieren die TeilnehmerInnen sich und ihr Publikum ihren kurvig-weiblichen Körper zu lieben (Abbildung 5.36). In Pro-Ana stellt die Curvespiration sozusagen eine Variante dieses Prinzips der Inspiration und Motivation dar, das auf das Bewahren bzw. die Annahme von weiblichen Rundungen zielt. Hier geht es also weniger darum, bestimmte Merkmale allererst am Körper auszubilden bzw. freizulegen, wie Muskeln und Knochen, sondern vielmehr darum, bereits vorhandene Merkmale zu erhalten. Um diese Merkmale erhalten zu können, muss jedoch von einer zu starken Ausbildung der anderen beiden Merkmale, Knochen und Muskeln, abgesehen werden, da diese dem Erhalt von Fett am Körper entgegenstehen. Dies gilt jedoch für alle benannten Körpertypen der Inspiration und Motivation.

Abbildung 5.36 Body positive Curvespiration (Bildblog: "mayimbaofficial")

Bei meinen Recherchen stieß ich auf keine reinen Curvespiration-Blogs und nur wenige reine Skinny Fitspiration-Blogs. Auch Bonespiration-Blogs und -Alben fanden sich, zumindest im offenen Netz, vergleichsweise selten. Am häufigsten konnte ich Bilderalben und -blogs beobachten, in denen Thinspiration-Bilder entweder ausschließlich oder gemeinsam mit Bildern vom Typ *Skinny Fitspiration* oder *Curvespiration* präsentiert wurden. Wie bereits für die Bonespiration-Alben beschrieben wurde, weisen auch diese Bildersammlungen erneut anatomische und szenische Bilder auf. In Fitspiration-Bildern werden in der Regel Sportszenen gezeigt, d. h. Personen beim Sporttreiben oder auch einfach in Sportbekleidung. In pro-anorektischen Curvespiration-Bildern hingegen finden sich gehäuft ‚erotische' Posen im Schlafzimmer in Spitzenunterwäsche. In den anatomischen Bildern werden nun aber in diesen Alben nicht nur hervortretende Knochen, eine thigh gap oder ein flacher Bauch fokussiert, sondern auch Muskelpartien oder eine große Brust.

Vor dem Hintergrund der vorangegangenen Ausführungen lassen sich zusammenfassend folgende Kriterien festhalten, nach denen TeilnehmerInnen Körperbilder in ihr Pro-Ana-Bilderalbum oder ihren -blog einfügen: Es werden häufig Körperformen herangezogen, die aus ihrer Perspektive als erreichbar gelten, aber doch als different genug zum eigenen Körper, um als Motivation zu wirken.[92] Dies führt offenbar zunächst dazu, dass im Rahmen eines erfolgreichen Weight-loss-journeys immer dünnere Inspirationen gesucht werden und alte Vorbilder nicht mehr taugen. Hiermit ist die grundsätzliche Richtung der Weight-loss-journeys angesprochen, das auf einen knochigen Körper zielt. Zudem werden bevorzugt Vorbilder genutzt, die in Bezug auf nicht- oder nur eingeschränkt veränderbare körperliche Merkmale, wie den Körperbau (breite Hüfte, große Brust), dem eigenen Körperbild in etwa entsprechen. Dies wird, wie erwähnt, zum Beispiel durch den Begriff der Curvespiration gefasst. Neben der Körpersilhouette, die zwischen dünn, knochig, sportlich oder leicht kurvig variieren kann, ist es ein im Bild etwa durch eine szenische Darstellung oder einen Kleidungsstil zum Ausdruck gebrachter Lebensstil, der für TeilnehmerInnen ebenfalls als punctum wirken kann. Diese Bilder fungieren für sie häufig, wie weiter oben besprochen wurde, als bildliche Vergegenwärtigung ihres zukünftigen Lebens im dünnen Körper.

---

[92] Von diesem Prinzip gibt es jedoch auch intentionale Abweichungen. So fiel bei den Datenauswertungen etwa auf, dass vor allem das Erzählen negativer Ereignisse in Bildblogs, etwa nach einem Binge, also einem „Essanfall", häufiger mit dem Posten nichterreichbarer Körpervorbilder aus dem Bonespiration-Bereich einherging, möglicherweise um sich selbst zu bestrafen oder zu beschämen.

Neben den oben diskutierten Typen fiel noch eine weitere, jedoch anders gelagerte Variante der Thinspiration in den Datenanalysen auf, die sogenannte „Meanspiration" (kurz: „meanspo"). Dieser Begriff ist ebenfalls ein Neologismus, der sich aus den englischen Worten *mean* (gemein) und *inspiration* (Inspiration) zusammensetzt und sich (wie auch der Begriff Thinspiration) in Pro-Ana etabliert hat. Bei der Meanspiration wird in der Regel ebenfalls mit Körperbildern gearbeitet, hier jedoch mit Bildern des *eigenen* Körpers, den bereits erwähnten body checks. TeilnehmerInnen setzen die body check-Fotografie hier zur Motivation ihrer Weight-loss-journeys ein: Wird ein body check von einer TeilnehmerIn beispielsweise mit dem Hashtag #meanspiration versehen, so fordert sie damit zuschauende TeilnehmerInnen zu beschämenden Kommentaren über ihren Körper auf. Das aus den Beschämungen resultierende negative Selbstgefühl, so berichten die TeilnehmerInnen, nutzen sie wiederum als Motivation weiter abzunehmen. Meanspiration wird vor allem in Pro-Ana-Webforen, aber auch über Instant-Messenger oder im Rahmen von Bildblogging- oder Microbloggingplattformen veranstaltet. Wie meine InterviewpartnerIn, black.coffee, erklärt, verläuft meanspo in der Regel reziprok:

> Und die Regel ist halt, wenn jemand meanspo bekommen will, schreibt er den meanspo für den der da drüber gepostet hat und schreibt da drunter seine Daten und dann wird ihm geantwortet, das ist halt so, man gibt einmal, man bekommt einmal.
>
> (black.coffee; Face-to-Face-Interview)

Auf Twitter etwa können sich TeilnehmerInnen an ihre FollowerInnen wenden und unter dem Hashtag #meanspo um Beschämung bitten. Typischerweise posten sie dafür ein Körperbild oder ihre Körperdaten (Körpergröße und aktuelles Gewicht), auf welche die FollowerInnen über die Adressierungsfunktion @username mit gemeinen Kommentaren Bezug nehmen können. Gelegentlich wird Meanspiration aber auch mehr oder weniger ungerichtet in das eigene FollowerInnen-Netzwerk hineingegeben, sodass all jene, die gerade eine Portion Beschämung brauchen, diese für sich produktiv nutzen können.

Das Weight-loss-journey als Handlungsprojekt

6

Zur soziologischen Deutung der oben beschriebenen Weight-loss-journeys eignet sich in besonderer Weise die Handlungstheorie von Alfred Schütz. Mit ihr lassen sich die unterschiedlichen Teilhandlungen, wie etwa das Planen der Weight-loss-journeys, die schrittweise Umsetzung des aufgestellten Plans am Wohnort sowie die Dokumentation dieser Arbeit auf Pro-Ana-Websites genauer in den Blick nehmen. Daher sollen einige ihrer Begriffe und Konzepte an dieser Stelle vorgestellt werden. Die Schütz'sche Theorie des Handelns verknüpft die Weber'sche Handlungstheorie mit der Phänomenologie nach Husserl. Sie ist damit einer der Vorläufer des Sozialkonstruktivismus (Berger & Luckmann 1967) sowie des Kommunikativen Konstruktivismus (Knoblauch 2017).

Ein wichtiger Kern der Schütz'schen Handlungstheorie besteht in der Unterscheidung zwischen Verhalten und Handeln. Wie Schütz formuliert, liegt das „entscheidende Charakteristikum des Handelns [...] darin, daß es durch einen Entwurf, der ihm zeitlich vorausgeht, bestimmt wird" (Schütz 1977, 49). Während das Verhalten nach Schütz lediglich ein „körperliches Geschehen in Raum und Zeit" (Schütz & Luckmann 2003) bezeichnet, ist das Handeln strategisch an einem Ziel ausgerichtet und an einem entworfenen Handlungsablauf orientiert. Den Handlungsentwurf und das -ziel fasst Schütz seiner phänomenologischen Tradition entsprechend als in die Zukunft *vor*gestellte Erfahrungen, die es im anschließenden Handeln zu verwirklichen gilt.

An dieser Stelle berühren wir einen weiteren zentralen Pfeiler der Schütz'schen Handlungstheorie, nämlich seine Theorie der Motivation.[1] Schütz

---

[1] Die Motivation benennt Schütz als eine von drei Relevanzen bzw. Relevanzstrukturen, in denen menschliches Handeln gründet. Neben der Motivationsrelevanz sind dies die thematische und die Interpretationsrelevanz, auf die später in diesem Kapitel noch zu sprechen gekommen wird.

geht davon aus, dass jedes Handeln grundlegend durch zwei Motivlagen bestimmt wird, die er als „Um-zu-" und als „Weil-Motive" bezeichnet:

> Die ersteren beziehen sich auf die Zukunft und sind identisch mit dem Ziel oder dem Zweck, für deren Verwirklichung die Handlung selbst das Mittel darstellt [...]. Die letzteren beziehen sich auf die Vergangenheit, und man könnte sie die Gründe oder Ursachen des Handelns nennen (Schütz 1977, 49).

Hier zeigt sich die besondere Bedeutung des Handlungsziels im Rahmen der Schütz'schen Theorie. Das Ziel, d. h. die *vor*gestellte bzw. in die Zukunft projizierte Erfahrung, motiviert den Handelnden nicht nur zum Entwurf seines Handlungsplans – bestehend aus einer endlichen Kette von Teilhandlungen –, sondern auch zu dessen tatsächlicher Umsetzung. Der Handelnde handelt also, *um* das gesetzte Ziel *zu* erreichen. Dabei können Handlungen aus einigen wenigen oder einer Vielzahl von Teilhandlungen bestehen, je nachdem wie groß die Zeitspanne ist, über welche die Handlungen entworfen wurden. Die Weight-loss-journeys der TeilnehmerInnen an Pro-Ana etwa sind regelmäßig über größere Zeitspannen, in der Regel Monate oder gar Jahre, angelegt.

Die Schütz'sche Handlungstheorie widmet sich minutiös den verschiedenen Phasen menschlichen Handelns, die vom Handlungsziel, über den Handlungsentwurf und den -verlauf bis zur retrospektiven Betrachtung der abgeschlossenen Handlung durch den Handelnden reichen. Damit wird es möglich, die Gewichtsabnahmehandlungen der TeilnehmerInnen mit dem Schütz'schen Theorierahmen noch einmal für eine vertiefende Analyse in den Blick zu nehmen. Zu beachten ist hier jedoch, dass die Gewichtsabnahmehandlungen, die sich der Forscherin präsentieren, durch ihre Dokumentation auf Pro-Ana-Websites zum einen bereits eine *doppelte* Reflexionsschleife durchlaufen haben und zum anderen intentional für den Blick anderer geschrieben wurden. Wie Schütz mit der begrifflichen Unterscheidung von Handeln und Handlung aufzeigt, liegt jeder Handlung – in Abgrenzung zum Handeln – immer bereits eine Reflexion zugrunde, bei der das Bewusstsein das Erlebte rekonstruiert und zu einer sinnhaften Einheit, der Handlung, zusammensetzt (Schütz & Luckmann 2003, 465 ff.). Im Prozess der zumeist schriftlichen Dokumentation des Handelns wird die vollzogene Handlung durch die Handelnden abermals reflektiert und – teilweise mit Hilfe anderer TeilnehmerInnen – im Schreiben ausgedeutet, um etwa aufgetretene Probleme in der Durchführung des Handlungsplans verstehen und lösen zu können.

Die Journey-Tagebücher der TeilnehmerInnen geben dabei nicht nur Einblick in bereits vollzogene Handlungen, sondern auch in ihre Entwürfe und die diesen zugrundeliegenden Ziele. Besonders interessant ist dabei, auf welche Wissensbestände die TeilnehmerInnen beim Entwurf ihrer Pläne zurückgreifen. So ist es vielmals nicht das eigene, d. h. gelebte und erfahrene Körperwissen, aus dem die Entwürfe gebaut werden, sondern sozial abgeleitetes Wissen, das sie den Dokumentationen anderer TeilnehmerInnen entnehmen oder durch den Rückgriff auf digitale Software (zum Beispiel Gewichtsabnahmerechner) erwerben. Dieser Zugriff auf vor allem fremde Wissensbestände wirkt sich sicherlich auch auf die praktische Durchführung der aufgestellten Journey-Pläne aus: Die TeilnehmerInnen wissen in der Regel nicht, ob die aufgestellten Teilhandlungen auch tatsächlich in *ihrem* Möglichkeitsraum liegen, d. h. von ihnen bewerkstelligt werden können. Dies erfahren sie zumeist allererst im Handeln, wenn die Verwirklichung ihres Entwurfs gelingt oder eben misslingt.[2] Zudem sind es, wie weiter oben angerissen, die langen Zeitspannen der Journeys, welche „Durchführbarkeitseinschätzungen" (Schütz & Luckmann 2003, 496), wie sie Schütz bezeichnet, problematisch werden lassen. Wie sich in den dokumentierten Handlungen der TeilnehmerInnen an Pro-Ana zeigt, gelingt es ihnen in der Regel in den ersten Tagen oder sogar Wochen noch sehr gut, ihre Nahrungsaufnahme stark einzuschränken. Erst mit der Zeit erfahren sie körperliche und/oder soziale Reaktionen, die ihnen die weitere Durchführung ihres Journey-Plans erschweren und nicht selten in einer Unterbrechung oder einem Abbruch des Journeys münden. Aufgrund mangelnder Erfahrung neigen viele TeilnehmerInnen vorschnell dazu, anfängliche Erfolge zu überhöhen und von einem „Ich-kann-immer-wieder" (Schütz & Luckmann 2003, 34 f.) auszugehen.

Den Entwürfen der Weight-loss-journeys kommt in Pro-Ana eine herausgehobene Stellung zu. Nicht nur finden sich auf den allermeisten Pro-Ana-Websites Modellentwürfe, etwa Diätpläne, wie die ABC-Diet oder Dokumentationen erfolgreicher Journey-Verläufe, die von TeilnehmerInnen für ihre eigenen Weight-loss-journeys übernommen werden können. Diese Modellentwürfe stellen im Schütz'schen Sinne jedoch keine eigentlichen Handlungsentwürfe dar, sondern vielmehr eine Aneinanderreihung von Zielvorgaben. So werden der Handelnden etwa im Rahmen der ABC-Diet ausschließlich Kalorientagesziele an die Hand gegeben, nicht aber die zum Erreichen dieser Ziele erforderlichen Handlungsschritte. Die in Pro-Ana vorzufindenden Diätpläne entlasten also deren

---

[2] Für Schütz wären solche Entwürfe, bei denen Handelnde nicht wissen, ob sie diese auch umsetzen können, keine eigentlichen Handlungsentwürfe, sondern reines Phantasieren. Kritik an der Schütz'schen Theorie übt hier etwa Knoblauch, der es als „zweckrationale[s] Modell des Handelns" (Knoblauch 2011, 113) bezeichnet, „das von einer entschiedenen Kontrolle über die Situation ausgeht" (ebd., 113).

AnwenderInnen in der Regel nicht von der Aufgabe des eigentlichen Handlungsentwurfs. Die Um-zu-Handlungskette, mit der Tages-, Wochen-, Monatsoder gar Jahresziele umgesetzt werden sollen, muss von den TeilnehmerInnen eigenständig entworfen werden. Zu diesem Zweck, d. h. dem konkreten Handlungsentwurf, greifen sie typischerweise auf Wissensbestände zurück, welche ebenfalls – zumeist unter dem Stichwort „Tipps & Tricks" – auf fast jeder Pro-Ana-Website zu finden sind. Dort heißt es etwa:

> Iss im Stehen, laufe dabei. So verbrennst Du selbst beim Essen Kalorien
>
> (Weblog: „pinkfly")[3]

Diese Empfehlungen können handlungstheoretisch als „Bau-blöcke von Verhaltensabläufen zur Lösung typischer Probleme" (Schütz & Luckmann 2003, 483) gedeutet werden, die Schütz und Luckmann auch als „Rezeptwissen" (ebd., 483) bezeichnen. Ihnen kommt in Pro-Ana – vor allem unter TeilnehmerInnen mit einem geringen gelebt und erfahrenen Körperwissen der Anorexie – der Status einer quasi „beglaubigt[en] [...] Durchführbarkeit" (ebd., 483) zu, da ihnen nachgesagt wird, den Handlungsroutinen von AnorektikerInnen zu entstammen. Bewährt haben sich diese Handlungen jedoch (wenn überhaupt)[4] zunächst vor allem für andere. Sie müssen von den TeilnehmerInnen an Pro-Ana immer noch im praktischen Handeln zu eigen gemacht und auf ihre Tauglichkeit für das eigene Weight-loss-journey hin geprüft werden.[5]

Handlungsentwürfe im Schütz'schen Sinne, die tatsächlich eine vollständige Um-zu-Handlungskette präsentieren, finden sich in den schriftlich dokumentierten Handlungsplänen der TeilnehmerInnen in der Regel nicht. Vielmehr sind die Pläne zumeist auf die anvisierten Handlungs(zwischen)ziele, d. h. grobe

---

[3] URL: https://pinkfly.myblog.de/pinkfly/page/1594723/Tricks-und-Tipps;   Zugriff: 7.11.2018. Der Weblog ist inzwischen gelöscht worden.

[4] Vor allem die umfangreichen „Tipps & Tricks"-Listen, welche insbesondere auf Pro-Ana-Weblogs kursieren, werden von einigen TeilnehmerInnen belächelt. Anstoß genommen wird etwa an Tipps, wie ‚regelmäßig ein kaltes Bad zu nehmen' oder ‚sich nach dem Duschen nicht abzutrocknen, um durch Frieren Kalorien zu verbrennen'. Andere Tipps werden aufgrund ihres besonderen Gefahrenpotentials für Leib und Leben kritisiert, wie etwa der Tipp ‚Watte zu essen, um das Hungergefühl zu unterdrücken'. Letzter Tipp findet sich zum Beispiel auf dem Weblog „Pro Ana/ pro Mia" [URL: http://anafaryprincess.blogspot.com/2015/06/tips.html; Zugriff: 12.12.2019].

[5] Wie meine empirischen Analysen zeigten, hadern TeilnehmerInnen immer wieder mit sich selbst, weil in Pro-Ana als wirksam besprochene Handlungsentwürfe für sie nicht funktionieren wollen.

Eckpfeiler, beschränkt. Allenfalls werden einige Regeln formuliert, welche die TeilnehmerInnen in ihren Weight-loss-journeys zu befolgen beabsichtigen, wie etwa eine vegane Ernährungsweise, keine Mahlzeiten nach 17 Uhr, eine täglich nicht zu überschreitende Kaloriengrenze oder die (zeitweise) Durchführung von Monodiäten oder Fastenkuren. Diese Regeln sind mitunter den erwähnten „Tipps & Tricks"-Listen oder dem Erfahrungswissen anderer TeilnehmerInnen im Rahmen von Webforendiskussionen entnommen. Mit welchen Lebensmitteln die TeilnehmerInnen jedoch auf ihre täglichen Kalorien zu kommen planten oder wann sie diese zu sich nehmen wollten, davon zeugen in der Regel – wenn überhaupt – allein ihre nachträglichen Handlungsdokumentationen, d. h. die schriftlich in der Regel im digitalen Tagebuch fixierten vollzogenen Handlungen. Aber auch diese Dokumentationen sind häufig nur kursorisch und stellen keine vollständigen Um-zu-Handlungsketten dar. So wird zumeist nur beschrieben, was über den Tag hinweg gegessen und wie viele Kalorien dabei konsumiert wurden. Feinheiten, wie der konkrete Verzehr der Mahlzeiten oder deren Zubereitung, werden in der Regel ausgespart. Diese Handlungen gehören weitgehend zum Gewohnheitswissen, wie es Schütz bezeichnet, d. h. zu jenen Wissenselementen, die oft quasi „[automatisch] in Situationen und Handlungen [...] mit einbezogen" werden (Schütz & Luckmann 2003, 159). Ihre Dokumentation würde einerseits eine besondere Herausforderung für die Handelnden darstellen, weil sie sich ihres Gewohnheitswissens allererst durch häufig minutiöse Selbstbeobachtung wieder bewusst werden müssten. Andererseits würden diese detaillierten Handlungsberichte weder den LeserInnen der Berichte noch den Berichtenden selbst einen praktischen Nutzen bringen. Das Gewohnheitswissen stellt sozusagen das *unproblematische* Wissen im Rahmen der Gewichtsabnahmeprojekte dar. Dieses muss nicht mehr entworfen und in eine Handlungsroutine überführt werden. Aus diesem Grund findet es keinen Einbezug in den Handlungsplan (vgl. ebd., 160), auch wenn es natürlich einen elementaren Bestandteil der Um-zu-Handlungskette bildet.

Geplant werden müssen hingegen all jene Handlungen, die dem Handelnden nicht gewohnheitsmäßig leicht von der Hand gehen. Hierzu zählen neue oder in der Vergangenheit bereits als problematisch erfahrene Handlungen. Das extreme Diäthalten etwa, d. h. der Verzicht auf Mahlzeiten und das Aushalten von Hunger, stellt für viele TeilnehmerInnen ein Problem dar – insbesondere, wenn diese Handlungen über lange Zeiträume und auf täglicher Basis vollzogen werden müssen. Auf den ersten Blick scheint es aber gar kein Handeln zu sein, das hier geplant werden muss, sondern vielmehr der Verzicht auf eben jenes, hier das Essen. Es könnte argumentiert werden, so betont Nick Crossley, dass es vor allem ein innerer Dialog ist, welchen Diäthaltende regelmäßig mit sich führen müssen, um trotz Hungergefühlen und Appetit nicht zu essen (Crossley 2006, 106). Mit Schütz würde aber auch dieser Dialog als Handeln gelten, da auch Denken für ihn eine Form des Handelns darstellt, jedoch ein Handeln, „das in seinem Vollzug und vom Entwurf des Handelns her nicht notwendig in die Umwelt eingreift" (Schütz & Luckmann 2003, 459).

In Beiträgen auf Pro-Ana-Websites finden sich immer wieder Beschreibungen solcher inneren Dialoge, die TeilnehmerInnen in der Regel immer dann mit sich führen, wenn beißender Hunger oder Appetit sie soweit einnehmen, dass anderen Tätigkeiten, wie etwa dem Lernen für eine Klausur oder dem Lesen eines Buches, nicht mehr uneingeschränkt nachgegangen werden kann. Schütz bezeichnet diese Momente, in denen sich etwas dem Bewusstsein aufdrängt und hierdurch unfreiwillig thematisch relevant wird, als *auferlegte thematische Relevanzen* (ebd., 258). Sie erzwingen in der Regel einen Wechsel des aktuellen Themas, d. h. im vorliegenden Fall, die Abwendung vom Lernen und die Hinwendung zum Hunger. Der Hunger stellt in diesem Sinne ein Handlungsproblem dar, das gelöst werden muss, um die zuvor vollrichtete Tätigkeit (das Lernen) fortsetzen zu können. In Pro-Ana stellen die beschriebenen Probleme, Hunger und Appetit, typische Handlungsprobleme dar, für die bereits typische Lösungen, d. h. Handlungsentwürfe, auf Pro-Ana-Websites in den Tipps & Tricks-Listen oder in entsprechend betitelten Forenthreads zum Abruf bereitstehen. Aus diesem Grund entfällt für die TeilnehmerInnen an dieser Stelle häufig die Notwendigkeit der selbständigen Auslegung ihres Problems und sie greifen stattdessen auf in benannten „Tipps & Tricks"-Listen hinterlegte Deutungs- und Lösungsschablonen zurück.

Neben Hunger und Appetit stellen sich den TeilnehmerInnen eine Reihe weiterer typischer Handlungsprobleme, welche einer erfolgreichen Durchführung ihres Weight-loss-Journeys im Wege stehen. Zu diesen Problemen gehören etwa soziale Anlässe, die mit dem Konsum von Mahlzeiten verbunden sind. Aber auch Phasen des Motivations- bzw. Sinnverlusts für das entworfene Journey können dieses zeitweise zum Erliegen bringen. Letztere stehen häufig in einem Zusammenhang mit der großen Zeitspanne, über welche die Weight-loss-Journeys angelegt sind. Um trotz dieser erlebten Schwierigkeiten, das Weight-loss-Journey wie geplant durchführen zu können, greifen die TeilnehmerInnen in der Regel erneut auf in Tipps & Tricks-Listen gesammelte Handlungsstrategien zurück. Zu diesen Strategien gehört eben die Thinspiration, also das Betrachten von Bildern dünnerer Menschen (vgl. Abschnitt 5.7.2).

Wird in Pro-Ana von *Motivation* oder *Motivationsproblemen* gesprochen, beziehen sich die TeilnehmerInnen in der Regel auf ihre als mangelhaft empfundene Willenskraft, ihr Weight-loss-Journey erfolgreich ans Ziel zu bringen.

Hey!

I dont know what I should do. Every day I am frustrated, because of eating way to much and sometimes

going over 1200 calories, which makes me gain.

Every night I say to mysekf "tomorrow you will do it"

And guess what? I fail again.

I also hate the weekends.

I cant stop eating and I hate it.

All i can think about is food. i think im going crazy...

I just need more willpower. I really want ´to be skinny.

LIKE REALLY. I dont even know what I hope for with this post.

Maybe tips? Maybe a mind changing sentence (sounds stupid, i know)

(Lovelycat; mpa-Thread: "I have absolutely NO WILLPOWER")[6]

Der Begriff der Willenskraft (Volition) spielt vor allem in psychologischen Handlungsmodellen eine hervorgehobene Rolle. Diese gehen davon aus, dass die Handlungsplanung und -umsetzung entscheidend durch die Willenskraft einer Person bestimmt werden, d. h. deren Vermögen ausdauernd und im Angesicht von Widerständen an der Zielrealisierung zu arbeiten.

Während unter *Motivation* sowohl in der psychologischen als auch in der Schütz'schen Handlungstheorie die Gesamtheit aller Motive verstanden wird, die eine Person zum Handeln bewegen, spielt das Konzept der Willenskraft in der Schütz'schen Theorie keine hervorgehobene Rolle. Zwar bemerkt auch Schütz, dass es „»willensschwache« und »willensstarke« Menschen [gibt]" (Schütz & Luckmann 2003, 515). Er schenkt diesem Punkt aber keine weitere Aufmerksamkeit. Für Schütz hängt die Zielerreichung im Wesentlichen von der Qualität des aufgestellten Handlungsentwurfs ab: Entspricht dieser den eigenen „»Vermöglichkeiten«" für die Durchführung der Handlungsschritte" und den „objektiven […] Bedingungen für die Erreichung eines Ziels" (Schütz und Luckmann 2003, 480, Herv.i.O.), dann kann er in der Regel auch erfolgreich umgesetzt werden.[7]

---

[6] URL: https://www.myproana.com/index.php/topic/2663378-i-have-absolutely-no-willpo wer/; 20.3.2020.

[7] Allerdings scheint Schütz auch von einem idealen Handelnden auszugehen, dem nicht nur Motivationsprobleme fremd sind, sondern der auch in jeder Situation einzuschätzen vermag, was in „seiner aktuellen oder potentiellen Reichweite" (Schütz & Luckmann 2003, 483) liegt.

Es sei denn, das Handlungsziel verliert im Verlauf des Handelns an Relevanz oder äußere Umstände, die vom Handelnden nicht vorauszusehen waren und deshalb nicht bereits im Entwurf berücksichtigt wurden, stören die Entwurfsverwirklichung. Im letzteren Fall werden Handelnde – unter der Voraussetzung weiter bestehender Zielrelevanz – versucht sein, das aufgetretene Problem auszulegen und zu lösen, um anschließend mit der Durchführung ihres eigentlichen Handlungsentwurfs fortzufahren.[8]

Die gehäuft auftretenden Probleme in den Weight-loss-journeys der TeilnehmerInnen wären demnach mit Schütz gedeutet in erster Linie auf schlechte „Durchführbarkeitseinschätzungen" (ebd., 526) zurückzuführen. Zwar erkennen die TeilnehmerInnen ihre Fehlplanungen in der Regel rasch und steuern mit Plananpassungen dagegen. Die neuen Entwürfe sind aber häufig nicht realistischer, sodass sich erneut Misserfolge einstellen (vgl. Abschnitt 5.5). All diese Handlungen (Problemauslegung, Entwurfsmodifikation) zeugen jedoch im Schütz'schen Verständnis durchaus von persistenter Handlungsmotivation der TeilnehmerInnen, da sie durch das selbe Handlungsziel bewegt werden.

Der Bezug auf psychologische Modelle zur Deutung und Veränderung des eigenen Handelns und Verhaltens ist in Pro-Ana immer wieder zu beobachten, etwa wenn die TeilnehmerInnen einander Persönlichkeitstests zum Ausfüllen auf ihre Websites hochladen oder ihr eigenes Essverhalten mit Hilfe psychologischer Diagnosemanuale zu deuten versuchen. Die starke Nähe zu psychologischen Deutungsmustern ist wahrscheinlich auf das ausgezeichnete Thema der Anorexia nervosa in der sozialen Welt Pro-Ana zurückzuführen. Zudem haben viele TeilnehmerInnen bereits psychiatrische Diagnosen – neben Essstörungen sind dies häufig Zwangserkrankungen, Depressionen und Angsterkrankungen – und Erfahrungen mit Psychotherapien, aus denen sie psychologische Begriffe und Theorien vermutlich in Pro-Ana hineintragen, wie auch den Begriff des *Triggers* (siehe Abschnitt 5.7.2).

Die hier angestellten Überlegungen zur Motivation sind vor dem Hintergrund relevant, dass Weight-loss-journeys langfristige Unternehmungen darstellen, die aus einer Vielzahl von Teilhandlungen bestehen, die im Einzelnen durchaus unattraktiv sein können.[9] Zwar stehen auch sie im Motivationszusammenhang des Weight-loss-journeys, d. h. auch sie werden durch das Ziel „magerer Körper"

---

[8] Hier haben wir es schließlich mit der „Interpretationsrelevanz" (Schütz & Luckmann 2003, 272 ff.) zu tun. Wird ein Thema zum Problem und stört die Entwurfsverwirklichung, muss es interpretiert und gelöst werden.

[9] Womöglich spielt die Willenskraft in der Schütz'schen Theorie auch deshalb keine Rolle, weil Schütz vor allem kurze Handlungsketten betrachtet und keine Projekte, die sich über lange Zeitspannen erstrecken.

motiviert. Dieses Ziel ist aber nicht durch eine einzelne Handlung zu erreichen, sondern steht erst am Ende einer langen Kette entbehrungsreicher und häufig wenig lustvoller Handlungen. Diese Einzelhandlungen stehen darüber hinaus in einem täglichen Zielkonflikt mit anderen Handlungen. Schauen wir uns hierzu ein kurzes fiktives Beispiel an, das jedoch in ähnlicher Weise sehr häufig im Rahmen von Weight-loss-journeys zu beobachten ist: Eine TeilnehmerIn möchte sich etwa nach einem stressigen Arbeitstag auf die Couch legen und sich eine Tafel Schokolade gönnen. Dieses Bedürfnis und entsprechender Handlungsentwurf steht nun aber im Konflikt mit dem Essens- und Sportplan ihres Weight-loss-journeys. Letzter sieht vor, noch eine Stunde ins Fitnessstudio zu gehen und einen Salat ohne Dressing zu sich zu nehmen. In solchen Situationen entscheiden sich TeilnehmerInnen gelegentlich für den Entwurf, der ihren Stresspegel (zunächst) unmittelbar zu senken verspricht – auch wenn sie in der Regel wissen, dass sie die Nichteinhaltung ihres Essens- und Sportplans spätestens am nächsten Tag bereuen werden. Hier lässt sich also sagen, die TeilnehmerIn hat ihr Ziel ins Fitnessstudio zu gehen und einen Salat zu essen, aufgegeben, d. h. einen ‚Motivationsverlust' für entsprechenden Handlungsentwurf erfahren. Um sich in solchen Situationen ‚richtig' zu entscheiden, d. h. den Essens- und Sportplan einzuhalten, suchen TeilnehmerInnen häufig die Nähe zum Ziel ihres Weight-loss-journeys. Sie widmen sich ihren Thinspiration-Alben, d. h. sie betrachten ihre Bilder, suchen im Internet nach neuen Bildern und fügen diese in ihr Album ein. Auf diese Weise führen sie sich bildlich vor Augen, wofür sie handeln. Vor allem in Situationen, wenn Heißhungergefühle aufkommen und sie versucht sind, in einen *Binge* zu verfallen, kann die Beschäftigung mit dem Zielkörper nicht nur eine Erinnerung an das ‚leuchtende' Ziel darstellen, sondern auch eine Ablenkung, eine Handlung, die statt dem Essen durchgeführt werden kann.

Mit dem Schütz'schen Theorierahmen lässt sich damit auch die motivierende Wirkung der Körperbilder auf das Weight-loss-journey, von der die TeilnehmerInnen an Pro-Ana typischerweise sprechen, handlungstheoretisch deuten. Zur besseren Veranschaulichung wollen wir uns hierfür Abbildung 6.1 zur Hilfe nehmen, die uns auch in den nachfolgenden Kapiteln in abgewandelter Form begleiten wird. Zu sehen ist hier das Weight-loss-journey als Handlungsprojekt, das sich zwischen Ausgangs- und Zielkörper aufspannt. Der gerade Pfeil, der Ausgangs- und Zielkörper verbindet, markiert dabei den Handlungsentwurf, die Um-zu-Handlungskette, und der gebogene, obere Pfeil die Zielsetzung. Vom Ziel geht, wie die unteren, gebogenen Pfeile bedeuten, die Handlungsmotivation aus. Das Ziel selbst wird durch die biographische Situation der Handelnden motivationsmäßig relevant, d. h. etwa ihre Einstellung zum weiblichen Körper, der in ihren Augen nur schön und liebenswert sein kann, wenn er knochig-dünn ist. Nun wäre das Handlungsprojekt in seinen Grundzügen bereits beschrieben. Eine Besonderheit des pro-anorektischen Handlungsprojekts ist es aber, dass die Motivation eine eigene Handlung im Projekt darstellt.[10]

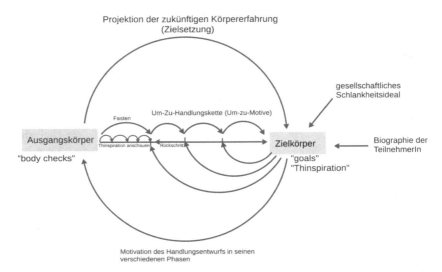

Abbildung 6.1 Das Weight-loss-journey als Handlungsprojekt. (Eigene Darstellung)

Die TeilnehmerInnen sammeln und betrachten strategisch Bilder ihres Zielkörpers, *um* sich *zur* Durchführung der im Projektplan angelegten Handlungen zu motivieren. Zoomen wir zur besseren Veranschaulichung dieses Punktes einmal in Abbildung 6.1 hinein (Abbildung 6.2).

Abbildung 6.2 Die Thinspiration als Handlung der Selbstmotivation. (Eigene Darstellung)

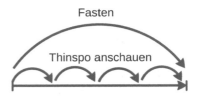

---

[10] Wie beschrieben, kennt die Schütz'sche Handlungstheorie keine Motivationsprobleme, sodass sie an dieser Stelle für den vorliegenden Fall erweitert werden musste.

Indem die TeilnehmerInnen also die Bilder betrachten, *sehen* sie *auf ihre Relevanzen hin* (vgl. Schütz & Luckmann 2003, 300): Der ,dünne Körper' besitzt eine ausgezeichnete thematische Relevanz im Leben der TeilnehmerInnen. Mit ihm verbinden sie in der Regel Erfolg, Zufriedenheit und Lebensglück, wie es im gesellschaftlichen Diskurs um das vor allem weibliche Schlankheitsideal häufig suggeriert wird. Diese Einstellung zum dünnen Körper wird in der Bildbetrachtung dann sozusagen „aktiviert" (ebd., 300), d. h. motivational relevant:

> Eine Einstellung kommt [...] der Bereitschaft gleich, unter typischen Umständen typische Verhaltensweisen, somit auch typische Um-zu-Motivationsketten, in Gang zu setzen (Schütz & Luckmann 2003, 299).

Die Bilder lösen also in den typischen Umständen, in denen sie eingesetzt werden, typische Reaktionen aus.[11] Die TeilnehmerInnen fühlen sich im Angesicht ihres Zielkörpers, wie nachfolgendes Interviewzitat verdeutlicht, besonders schlecht in ihrem eigenen, ,imperfekten' Körper.

> Thinspirations können einen schon stark triggern. Ein Bild von sehr dünnen Beinen zum Beispiel. Da sieht man seine eigenen und denkt sich nur, warum man nicht auch so stark und durchhaltend sein kann, wie diese Person. Wenn man sowieso schon nicht gut drauf war, kann das einen dazu bringen ein bis zwei Tage lang nichts zu essen. Danach geht es einem dann besser.
>
> (peachplease; Skype-Interview)

Die Bildbetrachtung konfrontiert die TeilnehmerInnen mit der Diskrepanz zwischen ihrem eigenen Körper und ihrem Wunschkörper, die, wie weiter oben gezeigt wurde, für viele nicht nur eine körperliche Abweichung darstellt, sondern auch eine mentale. Peachplease etwa geht davon aus, dass es ihre Willensschwäche ist, die sie von dünneren Beinen trennt. Dieses erlebte Gefühl von Unzulänglichkeit im Moment der Bildbetrachtung lässt sie für einige Tage fasten, um möglichst bald so dünn, stark und durchhaltend zu sein, wie die im Bild betrachtete Person. Motivierend im Rahmen eines Weight-loss-journeys wirkt aber häufig nicht nur die Konfrontation mit dem aktuellen Körper, sondern auch mit dem zukünftigen Körper im Bild, dem Handlungsziel. TeilnehmerInnen versetzen sich dabei gedanklich in die Erfahrung ihres Zielkörpers und phantasieren

---

[11] Wie bereits erörtert, bezeichnen die TeilnehmerInnen diesen Effekt mit dem psychologisch-psychotherapeutischen Begriff des „Triggers" bzw. „Trigger-Effekts" (vgl. Abschnitt 5.7.2).

auf diese Weise, wie sich ihr Körper (und ihr Leben) mit weniger Gewicht anfühlen könnte.

Diese bewusste und planvolle Verwendung von Bildern zur Effektivierung der eigenen Gewichtsabnahme lässt sich auch als Technik, hier als Motivationstechnik, im Sinne Max Webers (1980) fassen. Max Weber versteht unter „Technik" den „Inbegriff der verwendeten Mittel" (Weber 1980, 32) im Handeln. Werden die Mittel von AkteurInnen zudem noch „bewußt und planvoll" (ebd.) eingesetzt, bezeichnet er dies als „»rationale« Technik" (ebd.).

Die Motivation durch Bilder ist im Rahmen des Weight-loss-journeys, wie wir in den vorangegangenen Kapiteln festgestellt haben, aber nicht die einzige Form der Selbstmotivation. Weitere Formen sind etwa das Schreiben eines Onlineprojekttagebuchs oder die Teilnahme an einer Abnehmgruppe oder -partnerschaft. Das dahinterstehende Prinzip ist jedoch, wie im nachfolgenden Kapitel ausgeführt werden wird, im Wesentlichen dasselbe. Die Thinspiration stellt damit nicht nur eine Bezeichnung für eine bestimmte Bildgattung dar, sie ist eines der zentralen Strukturprinzipien innerhalb der sozialen Welt Pro-Ana. Sie konstituiert im wesentlichen Maße das soziale Gefüge Pro-Anas und zwar, indem sie die Weight-loss-journeys der TeilnehmerInnen aneinander bindet.

Bevor wir uns im folgenden Kapitel diesem Gefüge zuwenden werden, wollen wir noch kurz auf eine weitere Besonderheit des pro-anorektischen Handlungsprojekts eingehen. Wir hatten in Abschnitt 1.1 mit Giddens die Anorexia nervosa als eine pathologische Form reflexiver Selbstkontrolle bezeichnet, bei der spätmoderne Lebensbedingungen und ontologische Unsicherheit eine unheilvolle Verbindung im Individuum eingehen. Das Weight-loss-journey, das typischerweise im Fokus einer Teilnahme an Pro-Ana steht, ist in seinem Entwurf an eben jener Anorexia nervosa orientiert und so ähneln sich auch ihre Körperregime und Ziele. Dennoch können die Anorexia nervosa und das pro-anorektische Weight-loss-journey nicht einfach gleichgesetzt werden. Während es nämlich für die Anorexia nervosa (bisher noch) als typisch gilt, die Gewichtsabnahme allein durchzuführen und sich damit sukzessive sozial zu isolieren, ist das Weight-loss-journey stets in eine Gemeinschaft Projektierender eingebettet, durch welche es motiviert wird. Es ist damit stärker intersubjektiv verfasst. Darüber hinaus kann das Weight-loss-journey als ein im Vergleich zur Anorexia nervosa stärker *reflexives* Projekt im Giddens'schen Sinne bezeichnet werden, da die TeilnehmerInnen an Pro-Ana die Magersucht gezielt anstreben und sich diese nicht versehentlich, als Nebenfolge etwa einer Diät, zuziehen. Während sich für die ‚klassische' Anorektikerin, Giddens zufolge, ihr Abnahmeprojekt verselbständigt und zwanghafte Züge annimmt, ist es just dieser Zustand, den die TeilnehmerInnen an Pro-Ana ersehnen und doch in der Regel nicht erreichen.

Ein Weight-loss-journey kann jedoch in seinem Verlauf die diagnostischen Kriterien einer Anorexia nervosa erfüllen und damit eine Magersucht im medizinischen Sinne darstellen. Ob und wie sich diese pro-anorektische Form dann von der „klassischen" Anorexia nervosa über die genannten Kriterien hinaus unterscheidet, könnte Gegenstand weiterer Forschung sein. Häufig jedoch weichen realisierte Weight-loss-journeys von der anorektischen Körperführung ab und ähneln anderen Essstörungen (vgl. Abschnitt 7.2.1). Dies zeigt sich auch zum Beispiel daran, dass die Anzahl an stark unterernährten TeilnehmerInnen in Pro-Ana eher gering ist (Yom-Tov et al. 2016).

Die Parallelprojektierung als Sozialform der Pro-Anorexie

Nachdem wir uns in den vorangegangenen Kapiteln angeschaut haben, wie TeilnehmerInnen typischerweise zu Pro-Ana finden und ihre persönlichen Weight-loss-journeys planen und realisieren, wird es in diesem Kapitel noch einmal stärker um Pro-Ana als Interaktionszusammenhang gehen. Wir wollen uns also im Folgenden der Frage zuwenden, wie Pro-Ana als soziales Gefüge (fort-)besteht. Betrachten wir zu diesem Zweck noch einmal die in den vorangegangenen Kapiteln erzielten Ergebnisse:

Die TeilnehmerInnen an Pro-Ana verfolgen typischerweise ein Gewichtsabnahmeprojekt, an dessen Ziel ihr untergewichtiger Körper steht. Orientiert sind ihre Handlungen der Projektplanung und -durchführung dabei wesentlich am massenmedialen Bild der AnorektikerIn. Durch diesen gemeinsamen Bezug auf ein Modell sind die Projekte der TeilnehmerInnen nicht nur wesentlich gleichgerichtet, sondern auch in ihren Handlungsentwürfen und -vollzügen gleichartig. Würden wir versuchen, das soziale Gebilde Pro-Ana auf dieser Grundlage zu beschreiben, würde es einer Menge parallel verlaufender, weitgehend unverbundener Projekte entsprechen (Abbildung 7.1)[1].

---

[1] Die Grafik nimmt Bezug auf Abbildung 6.1. Sie ist aus Gründen der Anschaulichkeit stark vereinfacht. Die einzelnen Pfeile bedeuten, wie bereits in Abbildung 6.1 erläutert, den Handlungsentwurf, mit dem der Ausgangskörper in den Zielkörper überführt werden soll. Empirisch unterscheiden sich vor allem die Ausgangsgewichte und in geringerem Maße auch die Zielgewichte der TeilnehmerInnen teils drastisch voneinander. Während der Anfang eines Weight-loss-journeys häufig noch klar zu bestimmen ist, verhält es sich mit dem Ende anders. Durch Rückschritte und Projektunterbrechungen verschiebt sich das Projektende häufig auf unbestimmte Zeit nach hinten, was durch Pfeile in der Grafik markiert ist. Neben dem zumeist offenen Ende sind in der Grafik des Weiteren durch ein Kreuz der aktuelle Projektfortschritt sowie durch Abstandsmarken auf den Pfeilen die Zwischenziele der TeilnehmerInnen vermerkt. Letztere wurden in unterschiedlichen Abständen auf den drei Pfeilen verortet, um die Differenz der Zwischenziele zwischen den TeilnehmerInnen darzustellen.

A. Schünzel, *„Thinspire me"*, Wissen, Kommunikation und Gesellschaft, https://doi.org/10.1007/978-3-658-42842-6_7

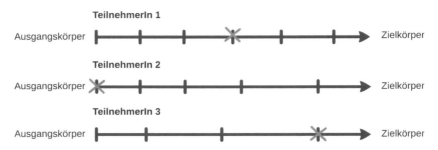

Abbildung 7.1 Die parallele Ausrichtung der Handlungsprojekte unterschiedlich fortgeschrittener TeilnehmerInnen. (Eigene Darstellung)

Dieses Bild ist nicht falsch, denn tatsächlich setzt sich Pro-Ana aus einer Menge von Einzelprojekten zusammen, die jedoch – und das ist entscheidend – durchaus aufeinander bezogen sind. Wie wir in den vorangegangenen Ausführungen gesehen haben, leisten die TeilnehmerInnen einander in Form von zum Beispiel Rezeptwissen („Tipps & Tricks"), emotionalem Beistand und sozialer Kontrolle Unterstützung in ihren Projekten.

Die Handlungsprojekte der TeilnehmerInnen stehen jedoch nicht nur in einem Ähnlichkeitsverhältnis, sondern zugleich auch in einem Differenzverhältnis. Wohingegen ihre Projekte nämlich einander in Ziel und Methodeneinsatz stark ähneln, variieren sie hinsichtlich der Phasen, welche sie je situativ durchlaufen. Nicht alle TeilnehmerInnen beginnen beispielsweise zur selben Zeit ihr Weightloss-journey, noch mit den gleichen körperlichen Voraussetzungen (Körpermaße, Alter) oder einem identischen (Körper-)Wissensstand. Diese Unterschiede ermöglichen es den TeilnehmerInnen nun aber, einander Unterstützung zukommen zu lassen, zum Beispiel in Form eines Erfahrungsaustausches. Gleichzeitig sind sie immer wieder, wie noch in Abschnitt 7.2.1 gezeigt werden wird, Anlass für Konflikte.

Der Begriff der Parallelität bringt also im Wesentlichen zwei Verhältnisse zum Ausdruck, in der die Projekte der TeilnehmerInnen zueinander stehen. Auf der einen Seite stehen die Projekte in einem Ähnlichkeitsverhältnis, welches wir oben bereits mit den Begriffen Gleichgerichtetheit und Gleichartigkeit bezeichnet haben, und auf der anderen Seite in einem Differenzverhältnis. Aus dieser *Parallelprojektierung*, so wird im Folgenden nachgezeichnet, gehen wechselseitige Gefühle und an diesen orientierte Handlungen hervor, die das Bestehen Pro-Anas wesentlich prägen und dauerhaft sichern. Das oben gezeichnete Bild der relativ unverbundenen Handlungsprojekte muss also sowohl um die interaktiven Momente in Pro-Ana als auch um die Differenzen zwischen den TeilnehmerInnen erweitert werden.

7.1   Im Spiegel der Anderen

In Kapitel 6 haben wir die Thinspiration als das zentrale Strukturprinzip Pro-Anas bezeichnet, das nicht nur die Weight-loss-journeys motiviert, sondern auch das soziale Gefüge in Pro-Ana konstituiert. Es bildet sozusagen das verbindende Moment zwischen den parallelen Einzelprojekten. Dieses Prinzip wollen wir uns im Folgenden noch einmal genauer anschauen.

Die Thinspiration haben wir bisher vor allem im Kontext von Bilderalben und -blogs kennengelernt, wenn TeilnehmerInnen zur Motivation ihres Weight-loss-journeys Vorbilder sammelten und betrachteten. Auf einem sehr ähnlichen Prinzip beruht auch ein Großteil der Interaktionen in Pro-Ana, wie wir in den Abschnitten 5.4 und 5.6 verfolgen konnten. TeilnehmerInnen finden sich in unterschiedlichen Beziehungskonstellationen zusammen, um auf diese Weise wechselseitig ihren body checks und Projektverläufen zu folgen. Im Zentrum steht dabei, d. h. bei der Bild- und Projektbetrachtung, stets der soziale Vergleich. Der eigene Körper oder das eigene Handeln wird in einen Vergleich zu einem anderen Körper oder Projekt gesetzt. In dem anderen Körper(projekt) wird dann entweder ein Vorbild oder eine KonkurrentIn gesucht, die das eigene Handeln inspiriert und motiviert.

In SMS-Gruppen finden sich hierfür zumeist TeilnehmerInnen zusammen, die sich möglichst ähnlich sind, d. h. ähnliche Ziele und Ausgangsbedingungen (Alter, Körpergröße, Körpergewicht) mitbringen. Die Ähnlichkeit der Mitglieder stellt dabei sozusagen die Voraussetzung dar, dass Projektverläufe überhaupt miteinander vergleichbar sind und dass um Positionen innerhalb der Gruppe konkurriert werden kann. Auch in Follower-Followee-Netzwerken finden sich in der Regel einander in Bezug auf Ziele und Körpermaße ähnliche TeilnehmerInnen zusammen. Während aber in geschlossenen Abnehmgruppen über Instant-Messaging-Systeme ein ähnliches Ausgangsgewicht zumeist eine Teilnahmevoraussetzung darstellt, können sich in Netzwerken auch im Projekt unterschiedlich weit fortgeschrittene TeilnehmerInnen miteinander verbinden. Es war zum Beispiel regelmäßig zur Zeit meiner ethnographischen Untersuchungen zu beobachten, dass noch übergewichtige TeilnehmerInnen bereits untergewichtigen folgten. Die übergewichtigen TeilnehmerInnen begriffen die untergewichtigen dabei als Vorbilder, was sich etwa daran zeigte, dass sie diese regelmäßig im Rahmen von Kommentaren als ihre „Ziele" („goals") ausweisen:

your legs look sooo good! definitely inspirational you're my goals 💚 and if you're someone's goals then that means you're doing great lol

(kokochi; mpa-Thread: „5'8 and 118 – 100: 1000kj")[2]

Sie folgen den Tagebüchern fortgeschrittener TeilnehmerInnen, um sich mit nützlichen Abnehmtipps und Zuversicht zu versorgen, das eigene Projekt erfolgreich bewerkstelligen zu können. Die ‚verfolgte' TeilnehmerIn, d. h. ihr Vorbild, muss ihnen jedoch typischerweise in anderen Merkmalen, wie etwa Körpergröße, Alter oder biographischer Situation, ähneln, um als Vorbild für das eigene Weight-loss-journey fungieren zu können. Nur so ist es für sie vorstellbar, mit erfolgreich fortschreitendem Journey irgendwann die bewunderte Person zu sein bzw. deren Körper zu haben. Gleichzeitig muss sie ihr aber different genug sein, um sich als Inspiration und damit als Motivation für das projektbezogene Handeln zu eignen.[3]

Wie bereits ausführlich beschrieben wurde, beruht die Thinspiration wesentlich auf einem Prozess des gedanklichen Sichversetzens vom eigenen, zu bearbeitenden Körper in einen Vorbild-Körper. Diese vorgestellte Erfahrung des Vorbild-Körpers motiviert schließlich das projektbezogene Handeln, indem es ihm den Sinn des Handelns – hier das Vor*bild* bzw. zukünftige Handlungsresultat – voranstellt. Die Interaktionen zwischen ‚ungleichen' TeilnehmerInnen sind wesentlich durch diesen Prozess des Sichversetzens bestimmt. Dabei erleben sich die TeilnehmerInnen wechselseitig als „motivierende Element[e]" (Schütz und Luckmann 2003, 292) in ihren Projekten. Abbildung 7.2 soll dieses Prinzip grafisch veranschaulichen. Dargestellt ist ein im Rahmen meiner Studie entwickeltes theoretisches Modell der Thinspiration im Interaktionszusammenhang. Wir erkennen, dass hier Abbildung 6.1 und 7.1 zusammengeführt wurden. Die bisher als vor allem *gleichgerichtet* und *gleichartig* gezeichneten Weight-loss-journeys sind nun in ihrer Reziprozität dargestellt. Indem TeilnehmerInnen sich fortwährend auf Pro-Ana-Websites selbst veröffentlichen, d. h. ihre Ziele, Körperbilder oder Projekttagebücher hochladen (schmale Pfeile), können auch sie füreinander Vorbild (Thinspiration) und damit Inspiration und Motivation sein. Schauen wir uns

---

[2] URL: https://www.myproana.com/index.php/topic/3669819-58-and-11;   Zugriff: 6.02.2019. Der zitierte Thread ist zum Zeitpunkt des Verfassens der Arbeit (Stand: 18.12.2019) nur für registrierte Mitglieder einsehbar.

[3] Vermutlich werden aus diesem Grund in Thinspiration-Blogs typischerweise keine Körperbilder integriert, die „nur" Zwischenziele abbilden.

dieses Interaktionsgeschehen anhand des Modells (Abbildung 7.2)[4] im Folgenden genauer an:

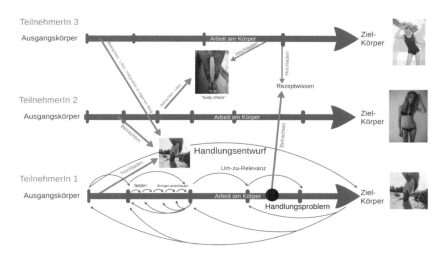

Abbildung 7.2 Die Thinspiration im Interaktionszusammenhang. (Eigene Darstellung)

TeilnehmerIn 2, die eine objektivierte Körpererfahrung – zum Beispiel einen Tagebucheintrag oder einen body check – einer anderen betrachtet und ihre Betrachtung durch Liken, Kommentieren oder Folgen anzeigt, und TeilnehmerIn 3, die ihr eigenes Körperbild (ihren body check) postet, motivieren sich gegenseitig. Motiviert wird erstere, d. h. die *KonsumentIn*, durch die erlebte Differenz zwischen sich selbst und der anderen. Sie versetzt sich gedanklich in eine erwünschte zukünftige Phase ihres Körperprojekts, die durch die andere TeilnehmerIn repräsentiert wird. Durch diese Handlung des gedanklichen Sichversetzens erlebt die betrachtende TeilnehmerIn entweder ein bereits vergangenes Selbst-Gefühl erneut, etwa wie sich ihr Körper mit weniger Gewicht angefühlt hat, oder sie imaginiert ein noch nicht selbst erfahrenes Gefühl des dünneren Körpers. Diese Selbstgefühle motivieren sie, ihr Projekt fortzusetzen, um die vorgestellte, zukünftige Körpererfahrung zu erreichen. Die *ProduzentIn* (TeilnehmerIn 3) hingegen, die ihre eigene Körpererfahrung in Pro-Ana einbringt, erfährt sich selbst motiviert durch den Prozess der Selbstveröffentlichung. Bei diesem stellt sie sich

---

[4] Dieses Modell und die dazugehörige schriftliche Erläuterung sind teilweise, in abgewandelter Form auch in Schünzel (2019) erschienen.

zum einen die Reaktionen der anderen auf ihr situatives Selbst vor und zum anderen nutzt sie die sukzessive eingehenden webmediatisierten Reaktionen in Form von zum Beispiel Likes oder Kommentaren, um ein spezifisches „Selbstgefühl, wie etwa Stolz oder Demütigung" (Cooley 2006, 255, Übers. A.S.) hervorzurufen, das sie zur Fortführung ihres Projekts motiviert. So fühlen sich TeilnehmerInnen etwa geschmeichelt und in ihrem Handeln bestätigt, wenn andere ihnen bezüglich ihres hochgeladenen body checks rückmelden, dass sie für sie eine Thinspiration seien bzw. ihr Ziel repräsentieren würden.

In den gerade diskutierten Konstellation folgten weniger fortgeschrittene TeilnehmerInnen weiter fortgeschrittenen Projektierenden. In meinen webnografischen Streifzügen beobachtete ich jedoch ebenfalls fortgeschrittenere TeilnehmerInnen, die weniger erfolgreiche oder weniger fortgeschrittene Accountability-Tagebücher abonniert hatten. Eine solche Beziehung lässt sich jedoch nicht ohne Weiteres durch die motivierende Vorbildfunktion erklären. Denkbar wäre hier einerseits, dass es sich um freundschaftliche Beziehungen handelt, und diese nicht durch eine zweckrationale Eignung als Thinspiration motiviert sind.[5] Andererseits jedoch könnte auch vermutet werden, dass es sich um eine Spielart der „Reverse Thinspiration" oder der Meanspiration handelt. Wie erster Begriff bereits vermuten lässt, wird bei der „Reverse Thinspiration", die Inspiration und Motivation zum dünn werden oder bleiben, auf andere bzw. entgegengesetzte Weise erzeugt, nämlich durch das Betrachten übergewichtiger Körper.[6] Dabei arbeiten die TeilnehmerInnen dann vor allem mit ihrer Angst selbst dick zu werden. Vorstellbar ist also, dass sich in dieser sozialen Konstellation die fortgeschrittene TeilnehmerIn im Anblick der zurückliegenden an ein eigenes, bereits vergangenes Selbstgefühl mit höherem Körpergewicht (und eventuell mangelnder Selbstdisziplin) erinnert fühlt. Letztere wiederum könnte diese negativen Gefühle der erfolgreichen TeilnehmerIn antizipieren und auf ihren eigenen Körper und ihre Projektperformance übertragen. In diesem Fall würde sie befürchten, bei jedem Scheitern von ihr als willensschwach, dick und als der sozialen Welt Pro-Ana nicht zugehörig betrachtet zu werden. Um eben diesen Eindruck der anderen TeilnehmerInnen zu vermeiden, könnten TeilnehmerInnen mit höherem Körpergewicht motiviert sein, ihren Projektplan einzuhalten. Nachfolgendes Zitat aus

---

[5] Freundschaftliche Beziehungen können natürlich auch zwischen TeilnehmerInnen auftreten, die füreinander Thinspirationen darstellen oder in denen eine TeilnehmerIn als Thinspiration gilt.

[6] Diese Form der Thinspiration scheint jedoch ein Randphänomen in Pro-Ana darzustellen und ist als ‚fat-shaming' inzwischen zum Beispiel in mpa verboten. Aus diesem Grund spielt sie für das Fortbestehen Pro-Anas vermutlich eine eher untergeordnete Rolle.

einem Pro-Ana-Webforenthread verdeutlicht, wie TeilnehmerInnen ihre Schamgefühle bezüglich ihres Körpers für sich in Pro-Ana produktiv, d. h. hier als
Motivationshilfe einsetzen.

> I was browsing the forums and saw some reverse thinspo which I already hate because
> I just think it is mean.
>
> But then I started reading more of it(probably should have just exited) and some of
> the posts definitely seem like they apply to some of us here in the Higher BMI forum.
>
> It made me pretty uncomfortable and anxious thinking I may be someones 'reverse
> thinspo'.
>
> And I guess feeling like that was a sort of thinspo for me. I wanted so badly to avoid
> being their reverse thinspo that it inspired me to not want to eat. […]
>
> (Blær, mpa-Thread: „Terrified of being reverse thinspo")[7]

Es finden sich jedoch in Onlinetagebüchern mit Follower-Followee-Beziehungen
meines Wissens nach keine Beiträge, in denen fortgeschrittene FollowerInnen
ein explizites ‚Bodyshaming' betreiben würden. Dass keine solchen Beiträge
existieren, kann aber auch dadurch erklärt werden, dass unerbetene Fatshaming-
Beiträge in mpa strikt untersagt sind. Was sich jedoch großer Beliebtheit erfreut,
sind Threads, in denen Ekel und Unverständnis über normalgewichtige Personen
und ihre Verhaltensweisen zum Ausdruck gebracht werden, die von normal- oder
übergewichtigen TeilnehmerInnen, wie oben stehendes Zitat vermuten lässt, auf
sich bezogen werden könnten. Beispiele für solche Threads sind etwa „POST
YOUR FRIENDS GROSS EATING HABITS"[8] oder „Things that normal people
do that gross you out"[9].

Nicht nur aber in asymmetrischen, auf Differenz im Bereich des BMI basie-
renden Abnehmbeziehungen erleben sich die TeilnehmerInnen über den sozialen
Vergleich wechselseitig als motivierende Elemente in ihren Projekten. Auch in
Abnehmpartnerschaften zwischen TeilnehmerInnen, die in Bezug auf ihr aktuelles
Körpergewicht („current weight") gleichauf sind, lässt sich dies beobachten. Hier
werden TeilnehmerInnen, die etwa ihre Körper- oder Waagenbilder allabendlich

---

[7] URL: https://www.myproana.com/index.php/topic/2042401-terrified-of-being-reverse-thi
nspo/; Zugriff: 17.12.2019.

[8] URL: https://www.myproana.com/index.php/topic/1404218-post-your-friends-gross-eat
ing-habits/; Zugriff: 17.12.2019.

[9] URL: https://www.myproana.com/index.php/topic/1706553-things-that-normal-people-
do-that-gross-you-out/; Zugriff: 17.12.2019.

in die SMS-Gruppe oder in ihre Tagebuchthreads hochladen, durch die Beobachtbarkeit und Bewertbarkeit ihrer Leistungen motiviert, möglichst hart und
diszipliniert an ihren Körpern zu arbeiten, um in den Augen der anderen keine
schlechte Figur abzugeben. Die tatsächlichen oder auch nur imaginierten Reaktionen der Anderen führen auch bei ihnen zu einem spezifischen Selbstgefühl,
das sich ebenfalls zumeist zwischen Stolz und Scham bewegt. Bei symmetrischen Beziehungen entfällt jedoch in der Regel die Differenz in Bezug auf das
Körpergewicht zwischen den TeilnehmerInnen und damit das Moment des Sichversetzens in eine vergangene oder zukünftige Phase des Körperprojekts, die
durch die andere TeilnehmerIn repräsentiert wird. TeilnehmerInnen, die sich zu
Abnehmpartnerschaften oder -gruppen zusammenfinden, teilen vielmehr bereits
eine spezifische Körpererfahrung, die sie gemeinsam – in der Gruppe oder
Partnerschaft – zu überwinden versuchen.[10] Während Vorbild-Beziehungen aufgrund der großen Differenz zwischen den PartnerInnen in der Regel nicht auf
einem reziproken Austausch von Erfahrung und Wissen beruhen[11], ist dieser
in symmetrischen Beziehungen zumeist die Regel. Die BeziehungspartnerInnen
unterstützen einander, indem sie Tipps und Tricks austauschen oder sich in emotionalen Krisen Beistand leisten. Sie wissen um die Lage der anderen, weil sie
sie selbst gerade durchleben. Trotzdem oder gerade deshalb, so steht zu vermuten, will keine TeilnehmerIn einer Abnehmgruppe oder -partnerschaft im Projekt
hinter den anderen zurückbleiben. Das Scheitern vor den Augen anderer ist,
wie mehrfach benannt wurde, für die TeilnehmerInnen hochgradig schambesetzt.
Sind nun in Abnehmgruppen oder -partnerschaften auch noch Challenges und
Wettbewerbe eingerichtet, bei denen regelmäßig SiegerInnen und VerliererInnen
gekürt werden, erhöht dies den Druck, eine gute Figur abzugeben, noch einmal
beträchtlich. Nun stehen die TeilnehmerInnen einander als KonkurrentInnen um
Gruppenränge gegenüber. Auch in Beziehungen einander ähnlicher Teilneme-
rInnen versetzen sich die Mitglieder also sozusagen fortwährend wechselseitig in
die Rolle der anderen, indem sie deren Reaktionen auf die eigene Performanz
antizipieren. Diese Form des Sichversetzens, bei der das eigene Handeln durch
die Augen der anderen betrachtet wird, unterscheidet sich jedoch wesentlich von
jener Form, bei der eine zukünftige Körpererfahrung antizipiert wird:

---

[10] Auch TeilnehmerInnen an symmetrischen Beziehungen können mit der Zeit füreinander
Vorbild oder Negativfolie werden, wenn beispielsweise einige TeilnehmerInnen schnellere
Fortschritte im Projekt machen als andere.

[11] Die Vorbilder können in der Regel von ihren nacheifernden MitstreiterInnen keine brauchbaren Ratschläge erwarten, weil letzteren in der Regel das gelebt und erfahrene Körperwissen
erfolgreichen Hungerns fehlt.

Im ersten Fall wird das eigene Selbst in seiner *derzeitigen* Gestalt sozusagen im Spiegel der anderen zum Zweck der Handlungsmodifikation betrachtet. Indem das eigene Scheitern etwa durch die Reaktionen der anderen reflektiert wird, empfindet die sich selbst veröffentlichende TeilnehmerIn Schamgefühle und versucht ihre Handlungen daraufhin zukünftig zu verändern, d. h. in der Regel weniger zu essen. Durch den vorgehaltenen sozialen Spiegel entwickelt sie ein Selbstbild als etwa willensstarke und disziplinierte oder aber als willensschwache Person. Dieses „Spiegel-Selbst" (Cooley 1902) versucht sie dann entweder weiter auszubauen oder zu verändern.

Im zweiten Fall wird im Spiegelbild der anderen nicht das aktuelle Selbst gesucht, sondern das zukünftige. Hier spiegeln sich die TeilnehmerInnen nicht in den Reaktionen der anderen auf ihre eigenen Handlungen, sondern sie versetzen sich buchstäblich in das Spiegelbild einer anderen TeilnehmerIn. Hier werden die body checks erneut bedeutsam. Body checks werden stets als sogenannte „mirror shots" aufgenommen und auf Pro-Ana-Websites und in Abnehmgruppen hochgeladen. Eine Besonderheit des mirror shots liegt dabei darin, dass er den Spiegelblick der Fotografin sozusagen fotografisch fixiert. Diese eigentlich private Erfahrung des in den Spiegel Schauens – vor allem in Unterwäsche, wie es beim body check die Regel ist – wird durch den Akt des Hochladens auf Pro-Ana-Websites öffentlich gemacht. Auf diese Weise wird es TeilnehmerInnen an Pro-Ana möglich, an der Spiegelerfahrung anderer teilzuhaben, zu sehen, was auch die Person vor dem Spiegel sieht. Sie können nun dem Spiegelbild der anderen ihren eigenen mirror shot vergleichend gegenüberstellen oder aber sich zum Zweck der Thinspiration selbst in den Körper der anderen bzw. deren Spiegelbild gedanklich hineinversetzen. Indem sich TeilnehmerInnen typischerweise Vorbilder suchen, die ihnen in Bezug auf ihre Körperproportionen (breite Schultern, Körpergröße, Größe der Brust) ähneln, könnte das betrachtete Spiegelbild tatsächlich ihren eigenen zukünftigen Körper wiederspiegeln.[12]

---

[12] Hier gewinnt ein weiteres Datum, auf das ich im Verlauf meiner Forschung gestoßen bin, an Bedeutung. Viele body checks und Thinspiration-Bilder sind in der Regel gesichtslos, d. h. der Kopf bzw. das Gesicht der abgebildeten Person wurde aus dem Bild entfernt. Dies mag häufig aus Gründen der Anonymisierung geschehen. Darüber hinaus wird die Gesichtslosigkeit der Thinspiration von TeilnehmerInnen geschätzt, da sie sich auf diese Weise leichter in ihr Gegenüber, d. h. die fotografierte Person, versetzen können, wie etwa das mpa-Mitglied Zelandoni mir gegenüber im Online-Interview erklärt: „I personally prefer faceless thinspo because it allows me to focus on their body and not their face. A thin body is achievable but you can't change much about your face" (Zelandoni; Online-Interview).

Die beschriebenen Spiegelhandlungen stellen in Pro-Ana strategische Handlungen dar, welche die Thinspiration und damit die Motivation des Weight-loss-journeys zum Ziel haben. Viele TeilnehmerInnen, die sich beispielsweise einer Abnehmgruppe oder -partnerschaft anschließen, wissen sowohl um ihre Schwierigkeiten, sich selbst langfristig für eine restriktive Ernährung zu motivieren, als auch um ihre Schamgefühle bezüglich ihres vermeintlich zu dicken Körpers oder ihrer Willensschwäche. Aus diesem Grund exponieren sie ihre Handlungen und ihren Körper vor den Augen der anderen TeilnehmerInnen: Etwa laden sie ihren mirror shot in ihre Abnehmgruppe hoch oder teilen ihn in einem Pro-Ana-Webforum, um bewundernde oder tröstende Kommentare der anderen zu erheischen, aus denen sie ein situatives Selbstverständnis formen, das sie motiviert, (weiter) hart an ihrem Körper zu arbeiten. Dabei bilden die Reaktionen der anderen sozusagen den sozialen Spiegel, in dem sich die Person erblickt.

Das Spiegel-Selbst bleibt aber in Pro-Ana nicht auf den aktuellen Körper und damit die Gegenwart beschränkt, sondern kann auch, wie gezeigt, sozusagen in die Zukunft transferiert werden. In diesem Fall formen, anders als bei Cooley, nicht die Reaktionen der anderen, welche die eigene Person spiegeln, das Selbstbild. Vielmehr sieht sich die BetrachterIn eines mirror shots oder eines Tagebuchs in den Beiträgen der anderen TeilnehmerIn reflektiert bzw. durch den unterschiedlichen Stand im Projekt in die Zukunft projiziert. Aus dieser Projektion erfährt die TeilnehmerIn nun ebenfalls ein Selbstgefühl, das sie zur Motivation ihres projektbezogenen Handelns einsetzen kann. Diese Form des Selbstgefühls haben wir bereits im Rahmen der Schütz'schen Handlungstheorie kennengelernt (Kapitel 6). Es resultiert aus der vorgestellten Erfahrung des dünnen Körpers, in den sich im Rahmen des Handlungsprojekts strategisch versetzt wird.

7.2   Die Binnenstruktur Pro-Anas

Die im vorangegangenen Kapitel beschriebenen Formen der Interaktion zwischen den TeilnehmerInnen lassen sich auf allen Pro-Ana-Websiteformaten wiederfinden. In ihrer Durchgängigkeit und besonderen Systematik bilden sie das dominierende Strukturprinzip der sozialen Beziehungen innerhalb der sozialen Welt Pro-Ana.

Die Voraussetzung für diese Spiegelhandlungen bildet jedoch das besondere Verhältnis von Ähnlichkeit und Differenz, in dem die Handlungsprojekte zueinander stehen. Wie aber muss dieses Verhältnis strukturiert sein, damit die Parallelprojektierung weitgehend reibungslos verlaufen kann? Wie viel Differenz darf etwa zwischen den Projekten bestehen und wie wird die Gleichgerichtetheit und Gleichartigkeit der Projekte in Pro-Ana dauerhaft gesichert?

In diesem Kapitel soll es um die Binnenstruktur Pro-Anas gehen. Hierfür werden wir das Verhältnis von Ähnlichkeit und Differenz der Projekte noch einmal genauer in den Blick nehmen. Beginnen werden wir mit der für die Spiegelung notwendigen Ähnlichkeit.

7.2.1 Gleich und Gleich gesellt sich gern

Nach der Schütz'schen Handlungstheorie ist jedes Handlungsprojekt durch ein spezifisches System an Relevanzen definiert. Zwar hat Schütz dieses in erster Linie am Beispiel individuellen Handelns erläutert, dies jedoch, wie er selbst bemerkt, vor allem aus Gründen der „vereinfachten Darstellung der vorhandenen Probleme" (Schütz 2016, 111). Es lässt sich jedoch auch auf intersubjektive Handlungszusammenhänge anwenden. Auch sie gründen in Relevanzstrukturen, die zum Zweck gemeinschaftlichen Handelns „substanziell ähnlich" (Schutz 1971a, 323, Übers. A.S.) sein sollten.

In dieser Arbeit konnten drei Strategien herausgearbeitet werden, über welche die TeilnehmerInnen versuchen, ein einheitliches Relevanzsystem innerhalb der sozialen Welt Pro-Ana herzustellen und zu sichern. Zu nennen sind hier erstens das Setzen von Disclaimern und Definitionen, zweitens ein „Boundary-Work" (Gieryn 1983) und drittens die weitgehende Standardisierung ihrer projektbezogenen Kommunikation. Die erste Strategie dient dabei vor allem dazu, TeilnehmerInnen mit ähnlichen thematischen Relevanzen an einem Ort zu versammeln und Außenstehende von einem Besuch pro-anorektischer Websites abzuhalten. Die zweite Strategie setzt an den Motiven der TeilnehmerInnen zur Partizipation in der sozialen Welt Pro-Ana an und bezieht sich in der Regel auf die Ingroup, d. h. auf bereits an Pro-Ana partizipierende Personen. Sie werden hierarchisch geordnet oder der sozialen Welt durch gezielte Grenzarbeit verwiesen. Die dritte Strategie hat vor allem zum Ziel, einen ähnlichen Wissensstand unter den TeilnehmerInnen zu sichern, d. h. ein gemeinsames Deutungsschema und damit Verständnis der zentralen Gegenstände und Konventionen der Kommunikation herzustellen.[13]

---

[13] Die vorgestellten Strategien lassen sich im Kontext der Forschung zu Online-Communities auch als Maßnahmen lesen, mit denen Gemeinschaften ihr Überleben zu sichern versuchen. Zu diesen gehört etwa die Etablierung von Normen, die Verhaltenskontrolle und die Bestrafung derjenigen TeilnehmerInnen, die abweichen (Honeycutt 2005; Yeshua-Katz 2015).

Definitionen und Disclaimer als Grenzarbeit nach außen

Definitionen und Disclaimern kommt in der sozialen Welt Pro-Ana vor allem die Funktion zu, bestimmte Personengruppen auszuschließen und andere zur kommunikativen Beteiligung einzuladen. Aus diesem Grund werden sie typischerweise an exponierter Stelle, zumeist der Homepage einer Website, gesetzt.

In den späten 1990er Jahren, der Gründungsphase Pro-Anas, gehörten zum Außen vor allem Personen ohne Anorexiebezug, d. h. in der Regel die sogenannten ‚Normies' (siehe Abschnitt 5.2.2) sowie Personen mit einem differenten Anorexieverständnis, wie zum Beispiel Psychologen, Pädagogen oder AnorektikerInnen in Psychotherapie bzw. mit Therapiewunsch. Zu all diesen Gruppen wird bis heute kein Kontakt gesucht.

Die Definitionen dienen aber nicht nur dazu, bestimmte Personengruppen auszugrenzen, sondern auch, Gleichgesinnte zur Teilnahme zu gewinnen. Auf unterschiedlichen Websites werden zu diesem Zweck Definitionen zentraler Begriffe, wie Anorexie, Pro-Ana und der Thinspiration, hinterlegt, d. h. archiviert. Diese Praxis ist vor allem auf Weblogs und klassischen Websites sowie in Webforen anzutreffen, weniger jedoch auf Bildblogging- und Microblogging-Sites. Solche Definitionen zentraler Begriffe werden in der Regel durch eine Art „copy & paste"-Verfahren in Pro-Ana distribuiert, bei dem etwa auf einer Website befindliche Beiträge kopiert und auf anderen Websites wieder eingepflegt werden.

Wie die Mitglieder des Pro-Ana-Webforums mpa *Relityreflux* und *Nyx Tartarus* erklären, war es in den späten 1990er äußerst schwierig, andere Leute mit einer Essstörung im Internet kennenzulernen, geschweige denn Leute mit einer affirmativen Einstellung zur Anorexie.

> […] I first found the internet ED world in the late 90s (like 1995ish, which is when my rich grandma got a computer and internet, so fancy!!!) and hung out on the AOL ED boards an chat rooms. But tere were always the rules about NO NUMBERS and NO TRIGGERS over there. Every once in awhile a chat room would pop up named Anorexia-NOT Recovery and I really wonder if that was like the first pro-ED-internet community. It was years before the terms "pro-ana" or anything like that came up. But I might be wrong […]

(Realityreflux, mpa-Thread: "History of pro-ed internet communities")[14]

---

[14] URL: https://www.myproana.com/index.php/topic/348635-history-of-pro-ed-internet-communities/?hl=%20return2darkness2; Zugriff: 18.07.2016. Der zitierte Thread ist zum Zeitpunkt des Verfassens der Arbeit (Stand: 18.12.2019) nur für registrierte Mitglieder einsehbar.

Es brauchte, so beschreibt es Nyx Tartarus weiter, einen Ort, an dem sie zueinan-
derfinden und sich austauschen konnten. Um dies zu ermöglichen, vermutet sie,
wurden Pro-Ana-Websites schließlich initiiert.

> [...] the fact that it was hard to find people online with eating disorders which is why
> those sites were even invented (Nyx Tartarus, mpa-Thread: "Do You Miss Old Pro Ed
> Sites? [...]")[15]

Im Zuge dessen wurden, so ist auf Grundlage der Daten begründet anzunehmen,
auch die ersten Begriffsdefinitionen vorgenommen. Der Neologismus „Pro-Ana"
etwa, als zentraler Begriff um Gleichgesinnte, d. h. AnorektikerInnen ohne Therapiewunsch, im Internet zu versammeln, bedurfte bereits früh der Erläuterung.
Schließlich bezog sich der Begriff auf den medizinischen Terminus „Anorexia
nervosa", der bereits als psychosomatisches Leiden eine Bestimmung besaß, von
der sich die AnhängerInnen Pro-Anas jedoch dezidiert abgrenzen wollten. Letztere begriffen (und begreifen auch heute noch) die Anorexie als eine willentliche
Entscheidung, wie es eine TeilnehmerIn auf einer der ersten ins Leben gerufenen
Pro-Ana-Websites ausdrückt:

> The core praxis of anorexia involves control over oneself: denial of appetite, restric-
> tion of food intake, discipline in exercise, etc. and we recognize it would be a joke
> to suggest mastering these skills could be the product of anything other than the
> continual, diligent execution of volition. – (Ana's Underground Grotto[16])

Während anfänglich also vor allem die Differenz zu AnorektikerInnen, welche
sich selbst als krank erleben, in den Definitionen gesucht wurde, stand später
die Abgrenzung zu Personen im Vordergrund, welche die Anorexie bzw. die mit
ihr verbundenen Körperregime zwar als Entscheidung begriffen, jedoch nicht die
„Fähigkeit" zu deren Ausübung – im Sinne o.g. Merkmale – mitbrachten. Für
sie wurde die abschätzige Bezeichnung der ‚Wannabe Ana' oder ‚Wannarexic'
eingeführt. Mit dieser sollte zum Ausdruck gebracht werden, dass sie sich zwar
den dünnen, anorektischen Körper wünschten, die anorektische Lebensführung
mitsamt der dazugehörigen Willensstärke jedoch nicht über einige Tage hinausgehend umzusetzen im Stande waren. Letztgenannter Personenkreis bildete sich

---

[15] URL: https://www.myproana.com/index.php/topic/69292-do-you-miss-old-pro-ed-sites/
page-5#entry1107213; Zugriff: 18.07.2016. Der zitierte Thread ist zum Zeitpunkt des
Verfassens der Arbeit (Stand: 18.12.2019) nur für registrierte Mitglieder einsehbar.
[16] URL: https://web.archive.org/web/20060715044732/http://www.plagueangel.net/grotto/
id1.html; Zugriff: 18.12.2019. Die Website ist archiviert bei archive.org. Die Webseite, von
der das Zitat stammt, wurde am 15.7.2006 bei archive.org erfasst.

im Zuge der veränderten Öffentlichkeit heraus, die Pro-Ana mit Beginn des 21. Jahrhunderts zuteilwurde: JournalistInnen entdeckten das Phänomen und stellten es in Zeitungsartikeln und Fernsehshows einem massenmedialen Publikum vor. In der Folge begannen nicht nur Jugendschutzorganisationen und Verbände gegen Pro-Ana vorzugehen, indem sie Webprovider veranlassten, Pro-Ana-Websites zu schließen. Die massenmediale Aufmerksamkeit führte zudem zu einem massiven Anstieg der Anzahl an TeilnehmerInnen. Vorhandene Pro-Ana-Clubs und -Foren wuchsen, neue wurden gegründet. Das eigene Handeln musste von diesem Zeitpunkt an verstärkt nach außen hin legitimiert werden, um Interventionsmaßnahmen, wie die Schließung von Websites, abzuwenden. Insbesondere galt es nun nach *außen* deutlich zu machen, dass man nicht *für* die *Anorexie* (Pro-Ana) warb (vgl. auch Cobb 2017). So wurden etwa Disclaimer auf den Homepages geschaltet, in denen die WebsitebetreiberInnen BesucherInnen, die nicht essgestört oder in Therapie befindlich waren, zum Verlassen der Website aufforderten.

> This is a pro-ana and pro-mia blog.
>
> I do not promote eating disorders, I simply support people with them.
>
> Some images, texts and thinspiration found may be considered triggering to some people.
>
> Please, do not enter this website if you are recovering. LEAVE NOW.
>
> If you are currently not anorexic and only want to lose a small amount of weight, LEAVE NOW. (Weblog "Your Friend Ana")[17]

Diese an Außenstehende gerichtete Grenzarbeit, die sicherstellen sollte, dass nur Personen ähnlicher, pro-anorektischer Einstellung die Websites betreten, wurde jedoch sukzessive auch nach innen angewendet, wie im Folgenden ausgeführt wird.

Positionierung und Hierarchiebildung als Grenzarbeit nach Innen
In Pro-Ana Ana machte sich mit zunehmender Größe des Phänomens ein Unmut gegenüber den vielen neuen TeilnehmerInnen breit, welche über kein selbst erfahrenes Körperwissen der Anorexie verfügten.[18] Wannarexics wohnten in diesem

---

[17] https://yourfriendana.weebly.com/disclaimer.html; Zugriff: 18.12.2019.

[18] Konkrete Zahlen über das Wachstum Pro-Anas liegen meines Wissens nicht vor. Auf der Grundlage der Forschungsliteratur, von mir geführter Interviews, aber auch einschlägiger mpa-Threads zur Geschichte Pro-Anas kann jedoch die These formuliert werden, dass ab den frühen 2000er Jahren ein starker Wachstumsprozess einsetzte, der auch neue, unerfahrene Interessierte anzog. Vgl. etwa Giles (2006, 464) und Bachmann (2012, 68).

Sinne Pro-Ana in nahezu ‚parasitärer Manier' bei, indem sie an dem Diät-Wissen der alteingesessenen Mitglieder partizipieren wollten, ohne eine relevante Gegenleistung anbieten zu können. Es steht zu vermuten, dass die GründerInnen Pro-Anas diese neue Personengruppe aus thematisch Gleich*gesinnten*, aber *praktisch* scheiternden TeilnehmerInnen, nicht vorhergesehen hatten, als sie ihre Definitionen der sozialen Welt formulierten. Diese waren vor allem auf die Abgrenzung zum herkömmlichen Verständnis der Anorexie, wie es etwa Psychologen und AnorektikerInnen teilten, ausgerichtet. Nicht-essgestörte Personen, davon gingen sie wohl aus, würden kein Interesse an ihren Aktivitäten haben und Pro-Ana allenfalls ablehnend gegenüberstehen.

Die erwünschten Motive an Pro-Ana teilzunehmen mussten in den Definitionen in der Folge nachgeschärft und Zugangskontrollen eingeführt werden. TeilnehmerInnen, welche sich die Anorexie allererst aneignen wollten, sollten auf diese Weise ausgegrenzt bzw. zumindest von den wahren AnorektikerInnen unterschieden werden.

Der verstärkte Zustrom unerfahrener Neulinge veranlasste demnach vor allem mit der Anorexie erfahrene TeilnehmerInnen, neue Formen der Grenzarbeit, wie etwa die Errichtung von umfangreichen Bewerbungsverfahren als Eintrittsschwelle für Pro-Ana-Webforen, zu entwickeln (Abbildung 7.3). In der Folge begannen sich also vor allem alteingesessene TeilnehmerInnen in geschlossene Webforen zurückzuziehen, deren Tore sie nur noch erfahrenen AnorektikerInnen *ohne* Therapiewunsch öffneten. Die sogenannte Spreu vom Weizen trennten sie dabei häufig über benannte Bewerbungsverfahren, in denen sie AnwärterInnen auf einen Forenplatz auf deren Erfahrung mit und Einstellung zur Anorexie prüften. Einige Webforen verlangten zudem einen Bildnachweis über aktuell bestehendes starkes Untergewicht, zumeist in Form eines mirror shots des Körpers.

Als Beispiel für einen einschlägigen mpa-Thread kann hier der Thread „First wave of pro-ana..." [URL: https://www.myproana.com/index.php/topic/479406-first-wave-pro-ana/, Zugriff: 19.12.2019] angeführt werden.

Abbildung 7.3 Bewerbungsverfahren des deutschsprachigen Pro-Ana-Webforums „Way of Perfection"

Wie bereits auf den Pro-Ana-Websites der Anfangsjahre fand sich auch in diesen neugegründeten Webforen in der Regel eine Rubrik auf der Homepage, die über die Ausrichtung des Webforums informierte (Abbildung 7.4).

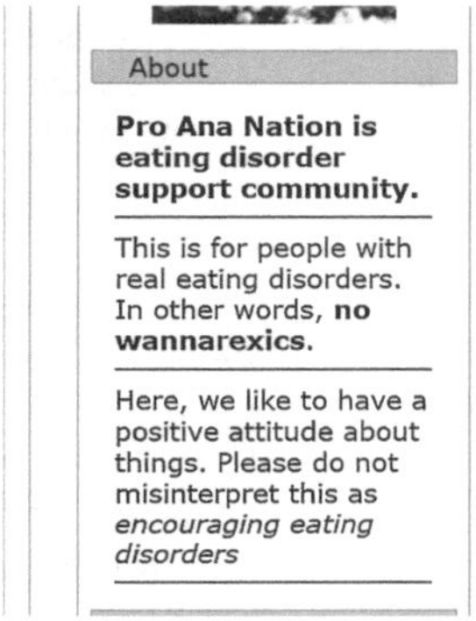

Abbildung 7.4 Kurze
Stellungnahme bezüglich
der Ausrichtung des
Webforums „Pro Ana
Nation"

About

**Pro Ana Nation is
eating disorder
support community.**

This is for people with
real eating disorders.
In other words, **no
wannarexics.**

Here, we like to have a
positive attitude about
things. Please do not
misinterpret this as
*encouraging eating
disorders*

Diesmal diente sie aber vermutlich eher dazu, die Anzahl eingehender Bewer-
bungen zu *beschränken* sowie einer Forenschließung durch den Jugendschutz
vorzubeugen. In den Definitionen wurde sich nun in der Regel dezidiert von
Personen abgegrenzt, die zum Zeitpunkt ihres Besuchs nicht anorektisch waren,
sondern sich die anorektischen Körperregime allererst durch die Teilnahme an
Pro-Ana aneignen wollten.

Vor dem Hintergrund der besonderen Bedeutung der wechselseitigen Spiegelung lassen sich die beschriebenen Absetzbewegungen von TeilnehmerInnen mit
Anorexieerfahrung von jenen ohne auf die nachfolgende Deutung hin zuspitzen:
Wir hatten in den vorangegangenen Kapiteln festgestellt, dass es für die Weight-
loss-journeys der TeilnehmerInnen produktiv ist, sowohl leuchtende Vorbilder als
auch Negativfolien, von denen sie sich absetzen können, im Rahmen Pro-Anas
vorzufinden. Vor allem von den Vorbildern geht, im Sinne der Schütz'schen Handlungstheorie, eine besondere Zugkraft im Projekt aus, weil diese immer wieder
die Durchführbarkeit und den Wert des projektbezogenen Handelns bestätigen.
Verschiebt sich nun die TeilnehmerInnenstruktur ‚ungünstig' in Richtung der
negativen Beispiele, leidet darunter, so steht zu vermuten, auch der Glaube an
die tatsächliche Machbarkeit des mageren Körpers.

Um neuen, permanent scheiternden TeilnehmerInnen die Vergeblichkeit ihrer
Bemühungen einen mageren Körper herzustellen aufzuzeigen und sie auf diese
Weise zum Verlassen Pro-Anas zu bewegen, bemühen viele erfolgreich projektie-
rende TeilnehmerInnen heute verstärkt das medizinische Konzept der genetischen
Prädisposition zur Anorexie.

Most crash dieters are not genetically predisposed to developing a mental illness called anorexia nervosa. Could you be among those who are? Possibly. But statistically speaking, odds are better that you are not. […].

(CrazyDoc, mpa-Thread: "Will I become anorexic if i eat 300 cals a day or do ABC diet?")[19]

Derartige Kommentare erhalten Mitglieder des Pro-Ana-Webforums mpa häufig, wenn sie nach „Tipps & Tricks" fragen, anorektisch zu werden oder möglichst schnell 50 Kilogramm abzunehmen. Zudem wird ihnen typischerweise nahegelegt, mit ihrem Anliegen besser in ein Diätforum zu wechseln, weil das Pro-Ana-Webforum nur für Personen mit einer tatsächlichen Essstörung gedacht sei (vgl. auch Giles 2006, 473).

Diese Form der kommunikativen Grenzziehung zwischen sozusagen „wahren" und „falschen" AnorektikerInnen kann als „boundary work" (Gieryn 1983), d. h. Grenzarbeit, gelesen werden, über das eine spezifische Gruppenidentität gesichert bzw. (wieder)hergestellt werden soll. Wannarexics werden demnach, wie auch David Giles (2006) zeigen konnte, aus Pro-Ana ausgegrenzt, um den Ruf bzw. die Glaubwürdigkeit Pro-Anas nicht (weiter) zu beschädigen (Giles 2006, 472). Die Anwesenheit von Wannarexics leiste vielen TeilnehmerInnen zufolge einen wesentlichen Beitrag zur negativen Medienberichterstattung über Pro-Ana. Nicht nur entstünde durch sie der Eindruck, dass TeilnehmerInnen an Pro-Ana gesunde Kinder und Jugendliche in die Anorexie führten, sondern auch, dass die Anorexie etwas sei, was sich jede(r) aneignen könne, wenn sie bzw. er sich nur dafür entscheide.

Wannarexics neigen in der Regel dazu, sich selbst zu einem Zeitpunkt als anorektisch zu bezeichnen, an dem weder ihr Körper noch ihre „reflexiven Körpertechniken" (Crossley 2006, 104 f.) dies nahelegen. Allein ihre kommunikative Teilnahme an Pro-Ana sowie der Entwurf ihres Abnahmeprojektes veranlassen sie typischerweise bereits zu dieser Einschätzung, was in Pro-Ana regelmäßig zu Konflikten zwischen TeilnehmerInnen führt. Anorektisch zu sein, sei insbesondere den erfolgreich projektierenden TeilnehmerInnen zufolge eine besondere Leistung, die nur von Menschen mit einer spezifischen Prädisposition vollbracht werden könne.

Damit wäre es gar nicht in erster Linie das permanente Scheitern der neuen TeilnehmerInnen an der anorektischen Körper- und Lebensführung, an dem

---

[19] URL: https://www.myproana.com/index.php/topic/660008-will-i-become-anorexic-if-i-eat-300-cals-a-day-or-do-abc-diet/#; Zugriff: 20.12.2019.

Anstoß genommen wird, sondern vielmehr deren illegitime Aneignung der Subjektposition[20] *Ana* bzw. AnorektikerIn. In Pro-Ana finden sich nämlich durchaus auch andere Subjektpositionen bzw. Identitätsschablonen, mit denen der sozialen Welt beigewohnt werden kann. Diese werden, wie bereits für die Subjektposition Ana dargestellt wurde, ebenfalls in Rekurs auf psychiatrische Diagnosen entworfen, sodass letztlich folgende vier Positionen zu unterscheiden sind: Ana (AnorektikerIn), Mia (BulimikerIn), EDNOS (Eating Disorder Not Otherwise Specified) und Binge Eater bzw. BED (Binge Eating Disorder).

Die Grundlage für eine Einschätzung über die Subjektpositionen von TeilnehmerInnen bilden deren im Projektverlauf gezeigte Körper und Körpertechniken. Wie in Abschnitt 5.3.2 und 5.4 beschrieben wurde, dokumentieren die TeilnehmerInnen ihre am Wohnort durchgeführte Arbeit an ihrem Körper regelmäßig etwa in Form eines öffentlichen Projekttagebuchs oder im Rahmen einer Abnehmgruppe und machen auf diese Weise ihr Projekt und ihren Körper auch für andere sichtbar. Zusätzlich stellen sie ihr selbsterfahrenes Wissen über Essstörungen zum Beispiel in Form von Berichten über Nebenwirkungen der essstörungsbezogenen Lebensführung zur Schau (Boero und Pascoe 2012, 48). Diese Techniken dienen den TeilnehmerInnen als Möglichkeit, ihre rechtmäßige Teilnahme an Pro-Ana zu behaupten, indem sie den Zusammenhang zwischen Online- und Offlineaktivitäten, d. h. von online entworfenem Projektplan und seiner Durchführung am Wohnort, aufzeigen. Ausgenommen der Subjektposition *Ana* sind alle Positionen von den TeilnehmerInnen typischerweise als *transitorische* Positionen bestimmt: Sie bilden für viele entweder den Ausgangspunkt ihres Abnahmeprojekts, mit dem sie zu Pro-Ana stoßen, oder ein (unerwünschtes) Moment bzw. eine Phase des *Aus-der-Spur-Geratens* im Verlauf des Projekts, bei dem Körpertechniken in der Arbeit am Körper gezeigt werden, welche nicht den Modelltechniken der AnorektikerIn entsprechen.

Wie ausgeführt, ist es bereits im Namen der sozialen Welt angelegt, welche Subjektposition die TeilnehmerInnen als Vorbild ihrer Weight-loss-journeys begreifen: die AnorektikerIn, die im Feld typischerweise mit **Ana** bezeichnet wird. Die AnorektikerIn verkörpert für die TeilnehmerInnen typischerweise nicht nur den idealen Körper, sondern auch das Ideal einer gelungenen Körper- und Lebensführung. Aus diesem Grund hat sich im Feld eine erneut an den Diagnosemanualen der Medizin orientierte Unterscheidung etabliert zwischen der AnorektikerIn, welche ihren mageren Körper mittels restriktiver Ernährung und exzessivem Sport hervorbringt und jener, die ihn durch Binge Eating/Purging-Handlungen erreicht (vgl. Tabelle 1.1, Abschnitt 1.1. sowie Abschnitt 5.5). Unter

---

[20] Siehe zum Begriff der „Subjektposition" Abschnitt 3.2.

Binge Eating/Purging-Handlungen werden vor allem das regelmäßige Essen und Erbrechen von Nahrungsmitteln sowie die Einnahme von Abführmitteln verstanden. Letztere Körpertechniken, welche dem in Abschnitt 5.5 als *eingeschränkt erfolgreich* beschriebenen Verlaufstyp eines Journeys entsprechen, widersprechen in den Augen vieler TeilnehmerInnen an Pro-Ana dem benannten Idealbild der selbstkontrollierten und willensstarken Frau, die in der Lage ist, nicht nur ihren Körper, sondern ihr gesamtes Leben kontrolliert und selbstdiszipliniert zu gestalten. Aus diesem Grund wird auch die Subjektposition Ana Binge/Purge in der Regel im Feld als transitorisch bestimmt.

Ein weiteres Identitätsangebot, das in Pro-Ana vorzufinden ist, ist die Position der **Mia**. Diese bezieht sich auf die psychiatrische Diagnose Bulimia nervosa, d. h. Ess-Brech-Sucht. Die Mia-Position ist charakterisiert durch Körpertechniken, wie sie bereits für die Subjektposition Ana Binge/Purge beschrieben wurden. TeilnehmerInnen, die als Mia bestimmt werden, durchlaufen in der Regel Phasen, die im Feld als Binge/Purge- bzw. Ess-Brech-Phasen bezeichnet werden. Dabei werden vielfach große Mengen an Nahrungsmitteln konsumiert und anschließend wieder erbrochen. Aber auch andere Maßnahmen, wie die Einnahme von Abführmitteln, exzessiver Sport oder Hungern werden von BulimikerInnen unternommen, um die aufgenommen Kalorien wieder auszuscheiden. Im Gegensatz zur Position der Ana Binge/Purge weisen Mias jedoch in der Regel keinen (stark) untergewichtigen Körper auf. Sie sind häufig normal- oder übergewichtig. TeilnehmerInnen, die der Position Mia zuzurechnen sind, weisen damit typischerweise *wiederholt* oder *permanent scheiternde* Weight-loss-journey-Verläufe auf.

Die Subjektposition **EDNOS** definieren die TeilnehmerInnen an Pro-Ana entsprechend der psychiatrischen Diagnosemanuale ICD-10 und DSM-5 als *Eating Disorder Not Otherwise Specified*. Damit werden in Pro-Ana TeilnehmerInnen bezeichnet, die sich aktuell keiner anderen Position zuordnen lassen, womit EDNOS als eine Art Sammelbecken fungiert, für all jene TeilnehmerInnen, die beispielsweise die Körper- und Lebensführung einer Ana bereits recht gut beherrschen, jedoch noch nicht im typisch anorektischen Untergewicht angekommen sind, das einen BMI-Wert von $\leq 17{,}5$ voraussetzt. Hinter der Subjektposition EDNOS können also sowohl *erfolgreiche*, als auch *wiederholt scheiternde* Journey-Verläufe stehen. Letztere bewegen sich typischerweise zwischen erfolgreichen Phasen der Gewichtsabnahme und Phasen des Bingens, wodurch ihr Journey langfristig eher stagniert.

Die Subjektposition **Binge Eater** hat mit den Positionen Mia und Ana Binge/Purge die Aufnahme zumeist großer und hochkalorischer Nahrungsmengen gemein, wobei Binge Eater keine kompensatorischen Maßnahmen, wie das nachgängige Erbrechen oder die Einnahme von Abführmitteln, ergreifen. Aus diesem Grund weisen Binge Eater in der Regel einen übergewichtigen Körper auf. Auch ihr Journey-Verlauf ist häufig durch ein *wiederholtes oder permanentes Scheitern* am gesetzten Plan gekennzeichnet.

Alle TeilnehmerInnen, die sich benannten Subjektpositionen zuordnen (lassen), werden zwar für ihre geteilte Erfahrung eine Essstörung zu haben, weitgehend respektiert und in der sozialen Welt akzeptiert (vgl. hierzu auch Giles 2006, 471). Jedoch sind die Subjektpositionen hierarchisch geordnet, mit Ana an der Spitze, Mia direkt darunter und EDNOS und Binge Eater am Rande, wie ein Mitglied des Webforums mpa formuliert:

> Yeah...sometimes it feels like anorexia is what makes the special-club here, then comes bulimia and after that the rest (Pica[21], BED,...). People diagnosed with EDNOS seem to be the lowest, because we can't do anything 100 %? At least thats what it feels like sometimes.
>
> But its also about other things. Like: High restrictors are so much less than low restrictors and people who have no problem spending their daily calories on a chocolate bar aren't even disordered enough. Same goes if you don't exercise, if you can deal with a binge or overeating without having a breakdown and if you don't care for being beautiful. [...]
>
> (Thyalie, mpa-Thread: Eating Disorder "Heirarchy")[22]

Viele TeilnehmerInnen durchlaufen, wie in Abschnitt 5.5 dargestellt wurde, im Verlauf ihres Weight-loss-journeys verschiedene Subjektpositionen. Die transitorischen Positionen sind für die meisten TeilnehmerInnen mit Gefühlen der Scham verbunden. Sie werden in der Regel als Ausdruck individuellen Unvermögens betrachtet, sich selbst langfristig zu disziplinieren.

> my fucked head rather be a full on anorexic and I do think I'm some sort of failure when I go into bulimia or BED territory because to me, both of these symbolize a lack of control while fully restricting symbolizes full control. [...].
>
> (black sheep; Thread: Eating Disorder "Heirarchy")[23]

---

[21] Bei Pica bzw. dem Pica-Syndrom handelt es sich um eine seltene Form der Essstörung, bei der Personen Substanzen zu sich nehmen, die eigentlich nicht für den Verzehr geeignet sind, wie z. B. Erde, Exkremente oder Kreide.

[22] Der zitierte Thread ist zum Zeitpunkt des Verfassens der Arbeit (Stand: 2.1.2020) nur für registrierte Mitglieder einsehbar. https://www.myproana.com/index.php/topic/1618186-eating-disorder-heirarchy/page-3; Zugriff: 2.1.2020.

[23] URL: https://www.myproana.com/index.php/topic/1618186-eating-disorder-heirarchy/;

It's about power and control, the low weight thing just rides into that. Like AN [Anorexia nervosa; A.S.] is resisting, control over food and appetite, not giving in, and "succeeding" in your "weight loss goals" Whereas BN [Bulimia nervosa; A.S.]/ EDNOS/BED represent a loss of control, a 'giving in', power being taken away.

(wtfat; Thread: Anorexia is the Cool ED.)[24]

Eine explizite Zuweisung bzw. Differenzierung der TeilnehmerInnen nach Subjektpositionen findet vor allem im Rahmen von Pro-Ana-Webforen sowie Abnehmgruppen und -partnerschaften statt. In Webforen finden sich zum Beispiel häufig gleichnamige Unterforen („Anorexia Discussion", „Bulimia Discussions", „EDNOS Discussions" und „BED Discussions"), in welche sich TeilnehmerInnen mit ähnlichen Projektverläufen zum Zweck des Erfahrungsaustauschs und der wechselseitigen Hilfestellung im Projekt zusammenfinden können. Es steht zu vermuten, dass sich überall dort, wo der Erfahrungsaustausch im Fokus steht, einander ähnliche TeilnehmerInnen zusammentun, weil diese mit ähnlichen Problemlagen konfrontiert sind.

Anders verhält es sich häufig auf Bildblogging-Sites und in Thinspiration-Threads. Dort scheint die Differenzierung in verschiedene Subjektpositionen eine vergleichsweise untergeordnete Rolle zu spielen. So engagieren sich häufig TeilnehmerInnen unterschiedlicher Subjektpositionen gemeinsam innerhalb eines Thinspiration-Threads. Hier spielt der Erfahrungsaustausch und damit das Wissen der TeilnehmerInnen keine hervorgehobene Rolle, da es in erster Linie um die Körperziele (Thinspirationen) der Abnahmeprojekte geht, die innerhalb Pro-Anas weitgehend einheitlich sind.

Nicht immer fühlen sich TeilnehmerInnen mit ihrer eingenommenen Position wohl bzw. adäquat verortet. Vor allem TeilnehmerInnen, die sich der Subjektposition EDNOS zuordnen, wünschen sich gelegentlich aufgrund ihrer teilweise durchaus erfolgreichen Projektverläufe bereits in AnorektikerInnen-Diskussionsgruppen mitzumischen, getrauen sich aber nicht, weil sie befürchten aufgrund ihres noch normalgewichtigen Körpers von den *Anas* als „Wannabes" oder „fakes" diffamiert zu werden.

[…] I'm always worried that I offend people by being on the AN forum, but I also realize that I do relate to most of the topics […].

Zugriff: 4.05.2017. Der zitierte Thread ist zum Zeitpunkt des Verfassens der Arbeit (Stand: 2.1.2020) nur für registrierte Mitglieder einsehbar.

[24] URL: https://www.myproana.com/index.php/topic/650982-anorexia-is-the-cool-ed/ page-2; Zugriff: 2.1.2020.

(JanJan; Thread: EDNOS People On The AN Forum)[25]

> I do NOT mean that they're somehow unwelcoming there at all, it's just that because I'm at a higher weight, I feel like I don't deserve to be on there. Like I need to „earn it" somehow. Anybody else feel that way?

(JustRide; Thread: Anyone else feel like they don't deserve to surf the anorexia forum?)[26]

Tatsächlich finden sich derartige Herabwürdigungen von TeilnehmerInnen, deren Körper noch nicht stark im Untergewicht sind oder die ihren (Heiß-) Hungergefühlen nachgeben, gehäuft in Pro-Ana-Webforen, in denen zur Teilnahme nur eine Registrierung erforderlich ist. Dort treffen in der Regel TeilnehmerInnen mit sehr unterschiedlichen Projektverläufen aufeinander. Im Pro-Ana-Webforum mpa wurde im Jahr 2013 deshalb die Regel eingeführt, dass Diskussionen, in denen allein die Abgrenzung zwischen Anas und EDNOS bzw. ‚wahren' und ‚falschen' Anas im Vordergrund steht, strikt untersagt sind.[27]

> As part of our continued "No Judging" policy of this site, please do not post any threads related to discussing "Real Ana" v "Fake Ana" discussions (Wannarexic vs anorexic etc).
>
> This also means no "Ana v EDNOS" discussions. (Administrators; mpa-Thread: "No Real Ana v Fake Ana discussions")[28]

Die Existenz eines expliziten Verbots im Forum deutet dabei die Vehemenz an, mit der derartige Auseinandersetzungen zwischen TeilnehmerInnen unterschiedlicher Subjektpositionen zumindest zeitweise geführt worden sein müssen.

---

[25] URL: https://www.myproana.com/index.php/topic/1260385-ednos-people-on-the-an-forum/; Zugriff: 7.1.2019. Das mpa-Mitglied JanJan hat inzwischen seinen Forennamen in „Maybe_I'm_CraJay" [Stand: 30.07.2021] geändert.

[26] URL: https://www.myproana.com/index.php/topic/3609045-anyone-else-feel-like-they-dont-deserve-to-surf-the-anorexia-forum/; Zugriff: 9.1.2019.

[27] Die Regel wurde zunächst allein in den „General Announcements" hinterlegt. Im Jahr 2017 wurde sie schließlich noch einmal im Unterforum „General ED Discussions" verlinkt, weil sich dort seit längerer Zeit ein sogenanntes „Neulinge schikanieren" („Newbie Hazing") etabliert hatte, in dessen Zuge neue Mitglieder, welche nach Tipps und Tricks zu fragen wagten, als Wannabe Anas diffamiert und beschimpft wurden. [URL: https://www.myproana.com/index.php/topic/1606626-newbie-hazing-the-bullshit-ritual-that-stops-now/; Zugriff:5.8.2019]. Der zitierte Thread ist zum Zeitpunkt des Verfassens der Arbeit (Stand: 3.1.2020) nur noch für registrierte Mitglieder einsehbar.

[28] URL: https://www.myproana.com/index.php/topic/10554-no-real-ana-v-fake-ana-discussions/; Zugriff: 6.1.2020.

Ein Beispiel für entsprechende Diskussionen stellt etwa der Thread „This is an Ana message board…" dar, der im Unterforum „Anorexia Discussions" gepostet wurde. Darin äußern Forenmitglieder ihren Unmut darüber, dass ihrer Ansicht nach zu viele TeilnehmerInnen mit Normal- und Übergewicht das Ana-Forum frequentierten, für die es doch ausgewiesene eigene Forenbereiche gebe.

If you are exhibiting anorexic tendencies at a higher weight, you'll be diagnosed EDNOS (Or OSFED now), and there is a separate board for that. So why post here?

(ChristinaBallerina; mpa-Thread: „This is an Ana message board…")[29]

TeilnehmerInnen, die sich selbst als ‚wahre Ana' begreifen, stören sich zudem an den Themen, welche von normal- und übergewichtigen Mitgliedern regelmäßig in das Forum eingebracht werden, weil diese zum einen ihren eigenen Erfahrungen nicht entsprechen und zum anderen den Eindruck vermitteln, dass das Webforum mpa nur aus Leuten bestehe, „[…] die wünschten dünner zu sein, aber nicht genug, um sich tatsächlich einzuschränken und dafür zu hungern. […]" (Reneeroni; mpa-Thread: „This is an Ana message board…", Übers. A.S.).[30] Nicht nur zeigt sich in solchen Aussagen der Ärger über die ihrer Ansicht nach falsche Selbsteinschätzung mancher Mitglieder, sondern auch eine grundsätzlich herablassende Haltung gegenüber Menschen, die dem anorektischen „Modellsubjekt" (Keller 2013, 40) nicht entsprechen.

Die hierarchische Ordnung in der sozialen Welt Pro-Ana kann, auch wenn sie von einigen TeilnehmerInnen als degradierend wahrgenommen wird, eine durchaus motivierende Wirkung auf das Weight-loss-journey haben. TeilnehmerInnen könnten sich im Angesicht des „special clubs" der Anas, wie es das mpa-Mitglied Thyalie formulierte, motiviert fühlen, sich an ihren Projektplan zu halten, um mit der Zeit in der pro-anorektischen Hierarchie aufzusteigen.

Konventionalisierung der Kommunikation
Für die Zugehörigkeit zur Ingroup bedarf es jedoch nicht nur, wie am Beispiel der wannarexics deutlich wird, eines essstörungsbezogenen Wissens, sondern auch eines Wissens über die Konventionen der Kommunikation in Pro-Ana: TeilnehmerInnen müssen beispielsweise wissen, wie nach Ratschlägen zum Abnehmen zu fragen ist oder welche Hashtags einem Thinspiration-Bild zuzuordnen sind, damit

---

[29] URL: https://www.myproana.com/index.php/topic/247861-this-is-an-ana-message-board/; Zugriff: 7.1.2020.
[30] URL: https://www.myproana.com/index.php/topic/247861-this-is-an-ana-message-board/page-2; Zugriff: 7.1.2020.

es seinen gewünschten Adressatenkreis findet. Dieses Wissen soll im Folgenden
in Anlehnung an Knoblauch als „kommunikatives Wissen" (Knoblauch 2008, 86)
bezeichnet werden. Es dient den TeilnehmerInnen als Grundlage ihrer Kommunikation und damit als „Voraussetzung [...] für die Selbstverständlichkeiten ihrer
Themen, Objektivierungen und Gattungen" (Knoblauch 2008, 86). Dieses kommunikative Wissen erwerben TeilnehmerInnen in der Regel sukzessive mit ihrer
Teilnahme an Pro-Ana.

Für die meisten TeilnehmerInnen beginnt der Wissenserwerb mit einer stillen
Beobachtung der sozialen Welt Pro-Ana, die wir in Abschnitt 4.2 auch als „Er-
kundungsphase" bezeichnet haben. Diese setzt typischerweise nach dem ersten
Kontakt mit Pro-Ana ein. Wie beschrieben wurde, klicken sich die Teilnehme-
rInnen zumeist Schritt für Schritt durch die soziale Welt, d. h. sie folgen zum
Beispiel auf Websites hinterlegten Hyperlinks, über die sie von einer Website
auf die nächste gelangen oder suchen über Internet-Suchmaschinen gezielt nach
Begriffen wie Pro-Ana oder Thinspiration. In der Regel vergehen einige Tage,
Wochen oder sogar Monate bis sie ihren ersten eigenen Beitrag in einem Pro-
Ana-Webforum verfassen oder einen Blog eröffnen. In dieser Zeit gewinnen sie
zumeist durch ein stilles Verfolgen der Beiträge anderer einen ersten Eindruck
der Konventionen der Kommunikation auf den unterschiedlichen Websites. Zu
vermuten ist dies etwa, weil TeilnehmerInnen typischerweise ihre ersten Beiträge bereits mit sehr elaborierten Profilen bzw. Websites beginnen, die auf ein
breites Wissen über die Selbstverständlichkeiten der Themen und Objektivationen der sozialen Welt Pro-Ana schließen lassen. Setzen TeilnehmerInnen zum
Beispiel einen Thinspiration-Blog oder einen Webforenbeitrag auf, weisen ihre
Profilköpfe oder Signaturen in der Regel bereits die pro-ana-typischen Elemente
auf, wie etwa den persönlichen Projektentwurf in Form von Start-, (Zwischen-)
Zielgewicht(en) sowie der Körpergröße.

Einige dieser beobachteten Konventionen können dabei als pro-ana-typisch
bezeichnet werden, andere wiederum in erster Linie als plattformspezifisch. In
Webforen etwa ist es im Allgemeinen üblich, d. h. unabhängig vom im Webforum verhandelten Thema, dass neue Mitglieder brüsk angegangen werden, wenn
sie vor dem Absenden einer Frage nicht zuvor das Webforenarchiv nach ähnlichen
Fragen durchsucht oder keine Zeit auf das Kennenlernen der Gepflogenheiten des
Forums verwendet haben. Dieses Wissen gilt in erster Linie als Teil einer allgemeinen Forennetiquette[31] und wird auch bei neuen Mitgliedern, den sogenannten
„Newbies", in der Regel vorausgesetzt. Damit kann die barsche Adressierung

---

[31] Die Netiquette bezeichnet „vor allem diejenigen Regeln [...], die sich bereits weitgehend
etabliert und bewährt haben, entfalten aber gerade gegenüber neuen Nutzern und bei Streit-
fällen auch präskriptive Steuerungsfunktionen. Ihre Wirkung basiert nicht auf Gesetzen und

neuer TeilnehmerInnen, die es wagen, etwa in den „Anorexia Discussions" nach Tipps und Tricks zum schnellen Abnehmen zu fragen, sowohl als Verstoß gegen eine Forennetiquette gelesen werden, als auch als Verstoß gegen die hierarchische Ordnung in Pro-Ana.

Netiquetten haben sich mittlerweile für die meisten Websiteformate etabliert. Wie ich aus Interviews mit TeilnehmerInnen an Pro-Ana und aus Forendiskussionen herausarbeiten konnte, scheint ein großer Teil der TeilnehmerInnen bereits vor ihrer Teilnahme an der sozialen Welt mit Websiteformaten und Chatsystemen in Berührung gekommen zu sein, die sich auch in Pro-Ana hoher Beliebtheit erfreuen. Dies überrascht nicht, betrachtet man die NutzerInnenzahlen etwa für Bildblogging-Sites und Instant-Messenger (WhatsApp, Kik Messenger, Telegramm) für die in Pro-Ana relevante Altersgruppe: Laut der JIM-Studie 2018 zählen der Instant-Messenger *WhatsApp* und die Bildblogging-Site *Instagram* zu den meistgenutzten Onlineangeboten in der Altersgruppe der 12- bis 19-Jährigen (Feierabend et al. 2018, 38). Viele TeilnehmerInnen führen zum Beispiel neben ihrem Thinspiration-Blog mindestens einen weiteren Instagram- oder Tumblr-Blog, auf dem sie etwa Bilder aus ihrem persönlichen Nahfeld (Freunde, Familie) sammeln und ausstellen. Damit sind viele TeilnehmerInnen bereits vor ihrer Partizipation an Pro-Ana mit den technischen Funktionen und der Netiquette entsprechender Plattformen vertraut, sodass es vor allem das Pro-ana-spezifische kommunikative Wissen zu sein scheint, welches sie für den weitgehend reibungslosen Ablauf ihrer projektbezogenen Interaktionen erlernen müssen.

Die weitgehende Standardisierung der Kommunikation, die sich sowohl an den einheitlichen Inhalten als auch dem Aufbau der Pro-Ana-Websites und der NutzerInnenprofile zeigt (vgl. hierzu auch Abschnitt 5.2.1), steht vermutlich zu großen Teilen mit dem mediatisierten Kontext in einem Zusammenhang, in dem Pro-Ana stattfindet. Mit der Mediatisierung nämlich, so konstatiert Knoblauch, geht eine „*Entkontextualisierung* der Kommunikation" (Knoblauch 2008, 82; Hervorh. im Orig.) einher, womit gemeint ist, dass Handelnde nicht mehr einfach durch ihre raumzeitliche Kopräsenz eine gemeinsame Umwelt bzw. Situation

---

rechtlichen Sanktionen, sondern auf der Macht der Überzeugung, das heißt es lassen sich für alle Regeln ‚gute' Gründe im praktisch-moralischen Sinne finden. Verstöße gegen die Netiquette können nur sozial sanktioniert werden, also durch die anderen Nutzer und ggf. auch durch Moderatoren (Chat) oder Systemoperatoren. Die Mittel der Wahl sind Hinweise auf Verstöße, auch das öffentliche Anprangern, die Androhung der ‚Exkommunikation' und der zeitweilige oder dauerhafte Ausschluss aus der Nutzergemeinschaft durch Ignorieren der Beiträge oder gar durch das technische Löschen des Accounts" (Beck 2010a, 148).

vorfinden und teilen. Diese muss von den Handelnden vielmehr selbst herge-
stellt werden, indem „eine gewisse Einheitlichkeit für die Kontexte mediatisierter
Kommunikation geschaffen wird" (ebd., 82 f.). Dies geschieht häufig nicht durch
„eine bewusste, rationale Aushandlung" (ebd., 83), bei der TeilnehmerInnen sich
zusammenfinden und bestimmte Konventionen festlegen, sondern in den meisten
Fällen durch ein allmähliches „»Einspielen« von Formen und Mustern" (ebd.) im
Laufe der Geschichte der Interaktionsgemeinschaft.

Nicht nur aber müssen TeilnehmerInnen wissen, in welchem Kontext sie sich
befinden, sondern auch, wie sie sich in diesem im Sinne der Parallelprojektierung
zu bewegen haben. Hierzu zählt etwa, den eigenen Körper auf Pro-Ana-Websites
sozial sichtbar zu machen, indem dem persönlichen Profil Daten des eigenen
Körpers beigefügt werden, wie etwa die Körpergröße, das Start- und Zielgewicht sowie häufig noch das bisher erreichte Niedrigst- und Höchstgewicht. Diese
Körperdaten bzw. mediatisierten Projektverläufe dienen den TeilnehmerInnen
wechselseitig, wie bereits in Abschnitt 7.1 ausgeführt wurde, als soziale Spiegel, in denen sie ihr zukünftiges, derzeitiges oder vergangenes verkörpertes Selbst
betrachten können. Für diesen Spiegel-Effekt benötigen die TeilnehmerInnen mindestens jedoch oben genannte Informationen übereinander. Ein Pro-Ana-Profil,
auf dem diese Angaben fehlen, kann dann schnell als ärgerlich erlebt werden, weil
nun etwa Daten, wie die Körpergröße oder das Startgewicht dieser TeilnehmerIn
selbst zusammengesucht oder erfragt werden müssen.

If you're gonna list your weight in your signature, PLEASE also list your height

I'm sick of seeing shit like "sw: 185lbs cw: 180lbs ugw: 100lbs xxx"

how tall are you. ????

are you 5'2" or 5'9". or 4'11" or 6'3" or 184cm or 163cm

?????

because 100lbs and 5'0" is almost a normal/healthy weight but 100lbs and 6'0" is
very, very, extremely, deathly skinny

(Party PoiSon; Thread: Say something you always think but can't say on here)[32]

Ähnlich verhält es sich mit unkonventionellen body checks und Thinspiration-
Bildern. Weichen diese Fotografien von dem in Abschnitt 5.3.2 und 5.3.3
beschriebenen Standard ab, erzeugt auch das typischerweise Kritik. Im Falle des

---

[32] URL: https://www.myproana.com/index.php/topic/1505194-say-something-you-always-
think-but-cant-say-on-here/page-7?; Zugriff: 8.1.2020.

body checks werden TeilnehmerInnen zumeist mehr oder weniger freundlich darauf hingewiesen, dass sie eine Position vor dem Spiegel einnehmen, die es den BetrachterInnen nicht erlaubt, ihren tatsächlichen Projektstand einzuschätzen. Für Thinspiration-Bilder konnte ich die direkte Kritik am hochgeladenen Bild vergleichsweise selten beobachten, was vermutlich mit der größeren Bandbreite an akzeptierten Bildtypen zusammenhängt, wie sie in den Abschnitten 5.3.3 und 5.7.2 beschrieben wurden. Hier wird Zustimmung zu Körperbildern vor allem durch Abonnieren, Folgen und Liken ausgedrückt. Die Kritik erfolgt in der Regel durch den Entzug entsprechender Zustimmung.

Eine weitere Form, in der TeilnehmerInnen einander anzeigen, dass Konventionen der Kommunikation verletzt wurden, ist die Beschämung oder Beschimpfung von KonventionsverletzerInnen. Diese Weise der Adressierung richtet sich sehr häufig an Mitglieder von Pro-Ana-Webforen, die etwa durch ihre Wortwahl oder ihr Frageverhalten in Threads als Wannarexics auffallen. Sie werden entweder zum Verlassen des Forums aufgefordert oder es wird sich über ihre Naivität mokiert, anzunehmen eine Anorexie könne eine jede entwickeln. In letztem Fall werden die Wannarexics mit hämischen und ironischen Kommentaren überzogen, wie etwa dem folgenden:

If you remove your brain you'll lose several pounds instantly! (...) (dyingdarling; mpa-Thread: „How can I become anorexic faster?")[33]

Andere Forenmitglieder versammeln sich in solchen Threads regelmäßig als Publikum, um die über die mutmaßliche Wannarexic hereinbrechende Häme live mitverfolgen zu können. Bonyballerina bringt dies mit den folgenden Worten zum Ausdruck:

i'm highkey excited to watch the shit rain down on you. lemme get some popcorn (bonyballerina; mpa-Thread: „How can I become anorexic faster?")[34]

---

[33] URL: https://www.myproana.com/index.php/topic/661875-how-can-i-become-anorexicfaster/#; Zugriff: 29.11.2019.
[34] URL: https://www.myproana.com/index.php/topic/661875-how-can-i-become-anorexicfaster/page-2#; Zugriff: 29.11.2019.

Diese harschen, oft beleidigenden Reaktionen auf TeilnehmerInnen, welche die Konventionen der Kommunikation im Webforum missachten, stehen sehr häufig im Zusammenhang mit der Figur der Wannarexic, die, wie wir in den vorangegangenen Kapiteln erfahren haben, vielen als Teil der Outgroup gilt.[35]

Für den weitgehend reibungslosen Verlauf der Parallelprojektierung bedarf es folglich einer Ingroup, welche nicht nur um die relevanten Themen in Pro-Ana weiß, sondern diese auch kompetent, d. h. im Sinne der wechselseitigen Spiegelung, einzusetzen vermag.

Die Konventionalisierung der Kommunikation kann, wie Knoblauch beschreibt, auch als Ausbildung kommunikativer Traditionen bezeichnet werden (Knoblauch 2008, 83), die neue TeilnehmerInnen, um ihre Zugehörigkeit auszuweisen, übernehmen und performativ zum Ausdruck bringen müssen. Damit ist es neben der Darstellung eines essstörungsbezogenen Wissens der elaborierte Umgang mit den pro-ana-typischen Objektivationen und Themen, mit dem Zugehörigkeit in der sozialen Welt angezeigt wird.

7.2.2 Gegensätze ziehen sich an

Nachdem wir uns im vorangegangenen Kapitel der Herstellung der für die Parallelprojektierung notwendigen Ähnlichkeit zwischen den TeilnehmerInnen gewidmet haben, gilt es nun ihre Differenzen noch einmal genauer in den Blick zu nehmen. Wie in Abschnitt 7.1 aufgezeigt wurde, gibt es Differenzen zwischen TeilnehmerInnen, die für die Parallelprojektierung von zentraler Bedeutung sind. Hierzu zählen etwa Unterschiede im Projektfortschritt. Sie ermöglichen es den TeilnehmerInnen nicht nur *einander* als Visualisierungen ihrer Projektziele zu nutzen. Sie stützen auch ganz entscheidend den Glauben an die Machbarkeit des pro-anorektischen Körperprojekts in der sozialen Welt. In diesem Sinne können die unterschiedlichen Subjektpositionen, die in Abschnitt 7.2.1 vorgestellt wurden, als funktionale Elemente der Parallelprojektierung bezeichnet werden.

Diese Anziehung gegensätzlicher TeilnehmerInnen bleibt aber nicht auf die Subjektpositionen beschränkt, sondern gestaltet sich grundsätzlicher, wie für die Thinspiration bereits ausführlich besprochen wurde. Im Folgenden wollen wir uns

---

[35] Wie ich aus Interviews mit TeilnehmerInnen an Pro-Ana und aus Forenthreads herausarbeiten konnte, gibt es jedoch Orte, an denen das Kommunikationsverhalten der sogenannten Wannarexics nicht bzw. weniger auf Kritik stößt. Dies sind vor allem Social Media Sites, wie Tumblr, auf denen vorwiegend Thinspiration-Bilder und Thinlines ge*rebloggt* werden und es weniger um die Performanz eines essstörungsbezogenen Wissens geht.

einem Aspekt der Thinspiration zuwenden, dessen Wirkung auf die Parallelprojektierung wir bisher noch nicht in den Blick genommen haben: die Bandbreite an unterschiedlichen Zielkörpervorstellungen.

Bislang wurden aus Gründen der besseren Anschaulichkeit die Zielvorstellungen der TeilnehmerInnen im Rahmen der Parallelprojektierung als relativ einheitlich beschrieben. Wie aber bereits in Abschnitt 5.7.2 ausgeführt wurde, gibt es eine akzeptierte Bandbreite an Zielkörpervorstellungen innerhalb der sozialen Welt Pro-Ana. Zur Frage steht nun, wie bzw. ob diese sich auf die Parallelprojektierung auswirkt? Schauen wir uns zunächst diese Bandbreite noch einmal etwas genauer an: Wir hatten festgestellt, dass nicht nur unterschiedlich dünne bzw. knochige Körper von den TeilnehmerInnen zum Ziel genommen werden können, sondern auch Körper, die Muskeln oder weibliche Rundungen aufweisen. Jedes Körpermerkmal (Knochen, Rundungen, Muskeln) kann dabei jedoch immer nur auf Kosten der jeweils anderen Merkmale ausgebildet bzw. bewahrt werden. Ein skelettöser Körper, welcher im Rahmen der *Bonespiration* zum Ziel genommen wird, kann physiologisch keine ausgeprägten Muskeln oder weibliche Rundungen mehr zeigen und vice versa. Die Bandbreite an Zielkörpervorstellungen bezeichnet also nicht einfach ein Kontinuum, auf dem dünne, knochige, sportliche und kurvige Körper in einer Art Entwicklungslogik zu verzeichnen sind, sondern vielmehr ein Dreieck (siehe Abbildung 7.5), dessen drei Extrempole einander ausschließende Körpermerkmale markieren. Zwischen den Extrempolen können aber durchaus Mischformen aus den drei Körpertypen vorkommen, da das Dreieck eine graduell abgestufte Fläche bezeichnet. Ein in der Mitte des Dreiecks verorteter Körper kann dementsprechend stark untergewichtig sein, aber dennoch Ansätze von zum Beispiel Bauchmuskeln und einer weiblichen Brust aufweisen.

Das beschriebene Dreieck steht auf der Spitze, die den Extrempol ‚Knochen' markiert. Das Körpergewicht nimmt also nach oben hin zu, was die Möglichkeit für Muskeln und Rundungen überhaupt erst eröffnet. Es kann dabei über den Bereich der pro-anorektischen Projektziele hinaus nach oben erweitert werden, sodass es die Körperformen und -gewichte der Gesamtgesellschaft zwischen den drei Extrempolen – Fett, Muskeln, Knochen – abbildet (Abbildung 7.6).

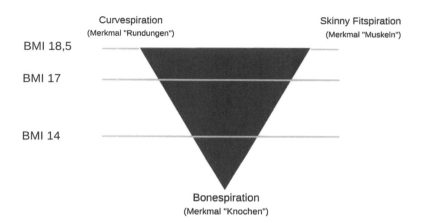

Abbildung 7.5 Dreieck der Weight-loss-journeys in Pro-Ana. (Eigene Darstellung)

Oberhalb der pro-anorektischen BMI-Grenze[36] verlaufen nun die Bereiche des Normal- und Übergewichts. Während der Pol ‚Knochen' in dieser Anordnung noch immer das unterste (biologisch mögliche) Körpergewicht markiert, bezeichnen die anderen Pole nun Varianten übergewichtiger Körper.[37]

Pro-anorektische Körperprojekte nehmen ihren Ausgangspunkt häufig im normal- oder übergewichtigen Bereich des Dreiecks und zielen auf den untergewichtigen bzw. anorektischen Bereich ausbildbarer Körperformen. Diese Projekte können idealtypisch in das Dreieck eingezeichnet werden: Je nach Ausgangs- bzw. Startgewicht der TeilnehmerIn und angestrebtem Zielgewicht ergeben sich dabei zum einen unterschiedlich lange Projektverläufe[38] und zum anderen unterschiedliche Projektrichtungen. Die allgemeine Richtung pro-anorektischer

---

[36] Die pro-anorektische BMI-Grenze wurde hier mit 18,5 bestimmt. Dieser Wert wird von den TeilnehmerInnen an Pro-Ana in der Regel als erster Meilenstein auf dem Weg zu einem anorektisch-dünnen Körper betrachtet, da er die Grenze zum Untergewicht bestimmt. Im 2022 erschienenen Diagnosemanual ICD-11 wurde der Wert zudem als neue Gewichtsgrenze für die Anorexia nervosa eingeführt. Diese neue Grenzziehung wurde zur Zeit der Datenerhebung in Pro-Ana bereits zur Kenntnis genommen, wodurch auch der Grenzbereich zwischen 18,5 und 17,5 eine gewisse Aufwertung unter den TeilnehmerInnen erfahren zu haben scheint.

[37] Auch diese Pole können das Ziel von Körperprojekten werden, etwa bei BodybuilderInnen oder bei „FatgainerInnen". Letztere streben zum Beispiel bewusst durch eine hochkalorische Ernährung einen (häufig stark) übergewichtigen Körper an (vgl. Kapitel 8).

[38] In Abbildung 7.6 sind die Projektverläufe erneut durch Pfeile gekennzeichnet.

Fett   Muskeln

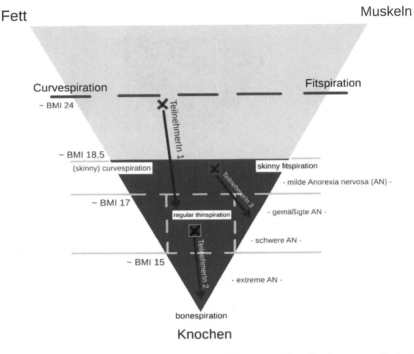

Abbildung 7.6 Dreieck der Körperformen und Körpergewichte der Gesamtgesellschaft. (Eigene Darstellung)

Körperprojekte weist jedoch stets nach unten in Richtung ‚Knochen', was ihre Gleichgerichtetheit markiert. Ob ein Projekt jedoch entlang des rechten oder linken Dreieckschenkels diagonal nach unten führt oder eher gerade durch die Dreieckmitte, wird durch unterschiedliche Bedingungen bestimmt: Zunächst einmal markiert der Ausgangskörper den Startpunkt im Dreieck. Liegt dieser beispielsweise im oberen Bereich des Dreiecks links, d. h. über einem BMI-Wert von 24, hat die TeilnehmerIn einen übergewichtigen Körper mit einem hohen Fettanteil und einer geringen Muskelmasse. Ihr Projektverlauf wird dementsprechend langwierig sein, da sie auf ihrem Weg ins Untergewicht noch den Bereich des Normalgewichts zu durchschreiten hat. Ob ihr Projektentwurf nun aber entlang des linken Dreieckschenkels nach unten führt oder durch die Mitte des Dreiecks nach rechts unten – und damit Sport integriert –, hängt entscheidend von ihrer Zielkörpervorstellung ab. Diese lässt sich, wie in Abschnitt 5.3.3 und 5.7.2 gezeigt wurde, an den Zielkörperbildern ablesen, welche eine TeilnehmerIn im Rahmen ihres Bildblogs, Bilderalbums oder Bild-Threads sammelt: Weisen diese Sammlungen zum Beispiel viele Vorbilder aus dem Bereich der *Skinny Fitspiration* auf, strebt eine TeilnehmerIn vermutlich einen durch Muskeln und straffes Bindegewebe definierten, untergewichtigen Körper an. Überwiegen hingegen Bilder, die sehr dünne Körper zeigen, die jedoch keine sichtbaren Bauch-, Arm- oder Beinmuskeln aufweisen, strebt sie eher einen untrainierten, untergewichtigen Körper an und wird sich vermutlich entlang des linken Dreieckschenkels bewegen.

Wie aber wirken sich nun die dargestellten Differenzen zwischen den Körperprojekten, die auf die unterschiedliche Ausrichtung auf einen entweder untergewichtig-sportlichen oder einen untergewichtig-kurvigen Körper zurückgehen, auf die Parallelprojektierung aus?

Zunächst einmal ist festzuhalten, dass es vergleichsweise wenige TeilnehmerInnen sind, die ihre Ziele in der Nähe der Extrempole ‚Muskeln‘ oder ‚Rundungen‘ verorten. Dies ist vermutlich der Fall, weil diese Merkmale den Körperumfang und das -gewicht insgesamt erhöhen und damit dem pro-anorektischen Ideal entgegenstehen. Die meisten TeilnehmerInnen streben, wie bereits dargestellt wurde, den Körper eines Laufstegmodels an, bei dem die Körpermerkmale ‚Muskeln‘, ‚Knochen‘ und ‚Kurven‘ jeweils nur moderat ausgeprägt sind. Sie bewegen sich also auf einen Bereich im Dreieck zu, der sozusagen zwischen den Extrempolen und damit in der Mitte des pro-anorektischen Dreiecks angesiedelt ist. Dieser wird von den TeilnehmerInnen gelegentlich als „regular thinspiration" bezeichnet, was vermutlich auf die Häufigkeit des Vorkommens dieses Typs von Inspirations- und Motivationsbildern zurückzuführen ist.[39]

Die aufgezeigten Unterschiede zwischen den Weight-loss-journeys der TeilnehmerInnen sind also vor allem gradueller Natur: Um den idealisierten Körper eines Laufstegmodels herstellen zu können, müssen sich TeilnehmerInnen wenigstens gelegentlich sportlich betätigen. Um sich hierfür zu motivieren, posten sie Inspirationsbilder vom Typ *Skinny Fitspiration*. Auch TeilnehmerInnen, die Inspirationsbilder in ihre Bildersammlungen integrieren, in denen neben Knochen eine große Brust oder ein breiteres Becken fokussiert sind, greifen hin und wieder auf *Skinny Fitspiration*-Bilder zurück, da auch sie zumeist einen „skinny

---

[39] Der dazugehörige BMI-Wert wird dabei in der Regel bei ca. 17 verortet, wie etwa „FruitWhore" im Webforum mpa erklärt: „[…] regular thinspo is usually no lower than 17 or 18 […]" (FruitWhore; mpa-Thread: "Thinner than thinspo, but not bonespo" [URL: https://www.myproana.com/index.php/topic/408550-thinner-than-thinspo-but-not-bonespo/page-125#entry9298702; Zugriff: 9.1.2020].

fat"-Körper vermeiden wollen (vgl. Abschnitt 5.7.2). Das heißt, auch in diesem
Punkt ähneln sich die TeilnehmerInnen in der Regel stark. Ob die „nach unten",
d. h. auf das Merkmal „Knochen" gerichteten Projekte stärker mittels exzessiven Sports oder durch Fasten vorangetrieben werden, spielt daher zunächst eine
untergeordnete Rolle.

Die Körper der TeilnehmerInnen sind, wie bereits ausgeführt wurde, prinzipiell über das gesamte Dreieck verteilt, wobei extrem muskulöse Körper in
meiner Untersuchung nicht vorkamen. Diese Verteilung im Dreieck spiegelt dabei
das hierarchische Verhältnis zwischen den TeilnehmerInnen wieder: Die transitorischen Subjektpositionen Mia, EDNOS und Binge Eater bewegen sich in
der Regel aufgrund ihrer zumeist normal- oder übergewichtigen Körper oberhalb des anorektischen BMI-Bereichs, wohingegen TeilnehmerInnen mit den
Positionen Ana Binge/Purge und Ana Restrictive bereits den pro-anorektischen
Zielbereich erreicht haben. Prinzipiell können letztere damit Thinspirationen für
ihre MitstreiterInnen sein, wohingegen die body checks der Subjektpositionen
Mia, EDNOS oder Binge Eater sich vor allem als Reverse Thinspiration eignen
(vgl. Abschnitt 7.2.1) und damit auch ihre Abweichung vom Ideal markieren.

7.3   Translokale Sozialbeziehungen und ihr Einfluss auf die Parallelprojektierung

Während ein Weight-loss-journey typischerweise online auf unterschiedlichen
Pro-Ana-Websites *und* offline am jeweiligen Wohnort der TeilnehmerInnen
durchgeführt wird, sind die Sozialbeziehungen in der sozialen Welt Pro-Ana in
der Regel ausschließlich digital geknüpft. Dies ermöglicht ihnen auf der einen
Seite zu jeder Zeit und prinzipiell von jedem Ort der Welt aus an Pro-Ana teilzunehmen. Auf der anderen Seite obstruieren die digitalen Sozialbeziehungen
bestimmte Handlungsabläufe im Rahmen der Parallelprojektierung, wie etwa den
sozialen Vergleich. TeilnehmerInnen an Pro-Ana können ihre Körper(projekte)
nicht unmittelbar miteinander vergleichen, sondern müssen diese erst, wie Boero
und Pascoe es formulierten, *online bringen* (Boero & Pascoe 2012, 31). Dies
geschieht etwa fotografisch als body check oder über eine (kontinuierliche)
Berichterstattung zum Weight-loss-journey in Form eines Onlinetagebuchs.

Der authentischen Erzählung des Weight-loss-journeys kommt, wie in den
vorangegangenen Kapiteln deutlich wurde, eine wichtige Rolle in Pro-Ana zu.
Sie stützt den Glauben an die tatsächliche Machbarkeit eines pro-anorektischen
Weight-loss-journeys. Nun ließe sich fragen, warum die TeilnehmerInnen miteinander aufwendige Ethnomethoden entwickeln, mit denen sie den Zusammenhang

von Online- und Offlineaktivitäten sicherstellen, wenn sie sich doch auch offline treffen könnten. Prinzipiell bestünde zumindest in Ballungsräumen die Möglichkeit, andere TeilnehmerInnen auch offline zu treffen. Diese Frage ist auch vor dem Hintergrund interessant, dass in der Forschungsliteratur Treffen außerhalb des Internets eine stabilisierende Wirkung auf die dauerhafte Existenz von Online-Communities zugeschrieben wird (Schimkowsky 2020; Iriberri & Leroy 2009; Heintz 2003). Es könnte also vermutet werden, dass ihr Fehlen in Pro-Ana grundsätzlich ein Problem darstellt. Auf der Grundlage meiner Forschung zeigte sich jedoch ein anderes Bild, das sogar die gegenteilige These nahelegt: Die ausschließliche Nutzung digitaler Kommunikation scheint für das Fortbestehen dieser sozialen Welt geradezu förderlich zu sein.

In den vorangegangenen Kapiteln haben wir bereits einige Gründe für die fast ausschließlich digital erfolgende Kommunikation zwischen den TeilnehmerInnen herausgearbeitet, wie etwa ihre starke Körperscham, ihre Translokalität oder die Notwendigkeit der Geheimhaltung des Gewichtsabnahmeprojekts am Wohnort. Diese Gründe werden von den TeilnehmerInnen zum einen selbst immer wieder angeführt, wenn sie etwa miteinander diskutieren, warum sie sich nicht offline treffen. Zum anderen wurden sie in Interviews, die ich mit TeilnehmerInnen führte, benannt.

Die angegebenen Gründe zeigen aber in erster Linie auf, warum sich TeilnehmerInnen nicht bzw. kaum außerhalb des Internets treffen, nicht aber, wie sich dieser Verzicht auf das Fortbestehen Pro-Anas auswirkt. Dieser Frage wollen wir uns im Folgenden zuwenden. Ihre Beantwortung schließt an den Abschnitt 7.2.1 an, in dem es um die Herstellung einer für die Spiegelung notwendigen Ähnlichkeit zwischen den TeilnehmerInnen ging. Dort hatten wir ausgeführt, wie TeilnehmerInnen einander auf ein bestimmtes, der sozialen Spiegelung zuträgliches kommunikatives Wissen verpflichten. Indem TeilnehmerInnen etwa lernen, in erster Linie bestimmte, das Körpergewicht betreffende Informationen und Geschichten in ihren Profilen und auf ihren Websites zu teilen, ähneln sie sich auf diese Weise auch untereinander immer stärker an. Dieser Effekt der Anähnlichung wird durch die webmediale Kommunikation zwischen den TeilnehmerInnen, so möchte ich mit Bezug auf Shanyang Zhao (2004) nachfolgend zeigen, grundsätzlich gestützt.

Im Internet Kommunizierende machen sich, wie Zhao zeigen konnte, in der Regel nur ein verkürztes Bild voneinander, da sie sich physisch an verschiedenen Orten befinden, aus denen sie immer nur einen kleinen Teil in die gemeinsame Kommunikationssituation im Internet einbringen (Zhao 2004, 100). Sie erleben einander also nicht, wie in der Begegnung von Angesicht zu Angesicht in ihrer „größten Symptomfülle" (Schütz & Luckmann 2003, 112), sondern *verkürzt* auf eben das, was sie einander auf ihre Websites hochladen – und das sind im Fall Pro-Ana eben in erster Linie Informationen und Geschichten zu ihren Weight-loss-journeys. Folglich müssten die TeilnehmerInnen also einander vor allem in ihren typischen Eigenschaften als Pro-Ana erfahren. Verstärkt werden könnte dieser Effekt noch einmal durch die asynchrone Kommunikation, die in Pro-Ana vorherrscht. Zwar begegnen TeilnehmerInnen einander auch immer wieder synchron, etwa in Abnehmgruppen, die sie über Instant Messenger bilden. Häufiger jedoch erfahren sie einander allein über ihre archivierten Handlungsdokumentationen, wie zum Beispiel das online geführte Projekttagebuch. Diese Form der sozialen Beziehung, in der Personen einander nicht unmittelbar, sondern in erster Linie mittels Typisierungen erfahren, bezeichnen Schütz und Luckmann als „Ihr-Beziehung" (Schütz & Luckmann 2003, 120). Diese Typisierungen von TeilnehmerInnen können, anders als in der tatsächlichen Begegnung, jedoch kaum „modifiziert" bzw. der „lebendigen Wirklichkeit ein- und untergeordnet" (ebd., 121) werden.

Während Schütz und Luckmann für die Ihr-Beziehung jedoch davon ausgehen, dass Personen aufeinander „vermittels einer sinnadäquaten komplementären Typisierung [orientiert]" (ebd., 129) sind, muss bei Pro-Ana hingegen von einer *gleichen* Typisierung gesprochen werden (Schünzel 2019, 186). Die TeilnehmerInnen unterstellen einander Gleichheit, d. h. sie erwarten voneinander nicht ein zu ihrem eigenen komplementäres Verhalten, wie es Schütz und Luckmann etwa im Fall von Schaffner und Reisendem beschreiben, sondern das gleiche. In beiden Fällen, der komplementären und der gleichen Typisierung, kann eine soziale Beziehung zustande kommen, wenn erstens die Wissensvorräte der Beteiligten die entsprechenden Typen enthalten und sie zweitens „unter bestimmten zweck- und situationsgebundenen Umständen" (Schütz & Luckmann 2003, 129) das eigene „Verhalten an diesem Typus orientiere[n]" (ebd.).

Wie wir in Abschnitt 7.1 und 7.2 erfahren haben, orientieren die TeilnehmerInnen ihr eigenes Verhalten zum Zweck der Durchführung ihres Weight-loss-journeys regelmäßig an der anderen. Dabei erwarten sie voneinander *typisches* Verhalten, das bei Ausbleiben eingefordert wird. Es ist also im Wesentlichen die Ihr-Beziehung, die das Miteinander der TeilnehmerInnen kennzeichnet, egal ob dieses Miteinander in einer Abnehmgruppe, einem Onlinetagebuch oder einem Thinspiration-Blog besteht.

Über ihre Eigenschaft als Pro-Ana hinaus bleiben sich die TeilnehmerInnen hingegen häufig weitgehend fremd. „Im Endeffekt", so konstatierte meine Interviewpartnerin Mondschaf nach etwa einjähriger Mitgliedschaft in einer Online-Abnehmgruppe, „kenn ich die [anderen TeilnehmerInnen der Abnehmgruppe, A.S.] ja auch nicht" (Mondschaf, Face-to-Face-Interview), auch wenn ihr diese – sie war Moderatorin der Gruppe – regelmäßig Körperbilder schickten und von ihren Schwierigkeiten beim Abnehmen berichteten. So hielt Mondschaf auch nach ihrem Austritt aus der Gruppe keinen Kontakt zu ihren ehemaligen ProjektpartnerInnen.

Für die hier angestellten Überlegungen zum Zusammenhang von Sozialform und Beziehungsarrangement der TeilnehmerInnen spielt es jedoch eine untergeordnete Rolle, ob die TeilnehmerInnen die unmittelbare Erfahrung voneinander bewusst meiden, um ihre für die Spiegelung zentrale Typizität aufrechtzuerhalten oder ob sie lediglich ein Nebeneffekt ihrer beschriebenen Körperscham und der Geheimniskrämerei am Wohnort darstellt. Entscheidend ist vielmehr der Effekt, den dieser weitgehende Verzicht auf körperliche Kopräsenz auf die Parallelprojektierung hat. Fassen wir noch einmal zusammen: Im Kontext der Parallelprojektierung ist es äußert nützlich, dass die Teilnehmerinnen einander vor allem als Träger bestimmter typischer Eigenschaften erfahren. Damit stellen sie füreinander sozusagen Variationen ihres Modellsubjektes dar und werden auf diese Weise zu einem bedeutsamen Bestandteil des jeweils anderen Weight-loss-journeys, indem sie etwa selbst zur Thinspiration werden. Und auf diese können sie durch den dokumentierenden Charakter der Website permanent zugreifen, was Mary Chayko auch als „portable community" (Chayko 2008, 9) bezeichnet. Immer wenn die Projektdurchführung problematisch wird, aus welchen Gründen auch immer, kann Hilfe über das Internet gesucht werden. Hierzu können etwa andere TeilnehmerInnen in der Abnehmgruppe oder über das Webforum persönlich angeschrieben werden oder es können Projekttagebücher anderer zur eigenen Motivation und Inspiration gelesen oder deren Thinspirationen durchscrollt werden.

FatgainerInnen als Kontrastfall 8

Im vorangegangenen Kapitel konnten wir die Parallelprojektierung als die soziale Form herausarbeiten, in der Pro-Ana seit nunmehr über 20 Jahren (fort)besteht. Sie wird von den TeilnehmerInnen zum Zweck der kontinuierlichen Motivierung ihrer Weight-loss-journeys aufgesucht und frequentiert. Wir hatten bereits skizziert, dass viele Bausteine der Parallelprojektierung, wie etwa die Selbstmotivation durch leuchtende Ziele oder die Selbstbelohnung, keine originären Erfindungen der TeilnehmerInnen an Pro-Ana darstellen. Zu diesen kann auch die Durchführung eines Gewichtsabnahmeprojekts in der Gruppe gezählt werden, in der emotionale Unterstützung, aber auch Wettkampf und Gruppendruck auf die eigene Motivation wirken (sollen).

Die Form, in der diese Bausteine bzw. Aktivitäten im Rahmen der Parallelprojektierung ausgeführt und miteinander verwoben werden, kann allerdings zumindest als besonders bezeichnet werden. Als Beispiele können hier etwa die (strategische) Ihr-Beziehung, in der die TeilnehmerInnen zueinander stehen, oder die Weise, wie sie ihre Handlungsprojekte digital verknüpfen, angeführt werden. Zur Frage steht nun aber, ob diese Parallelprojektierung im Wesentlichen Pro-ana-spezifisch ist oder vielmehr eine typische Form mediatisierter, gruppenförmiger Körperprojekte darstellt. Um diese Frage zu beantworten, wollen wir im Folgenden Pro-Ana einen ähnlich gelagerten Fall vergleichend gegenüberstellen. Bei diesem handelt es sich um die FatgainerInnen-Community. Sie bildet einen besonders aufschlussreichen Vergleichsfall, da sie Pro-Ana in wesentlichen Merkmalen gleicht, wie etwa der sozialen Formierung über das Internet oder dem (projekthaften) Streben der TeilnehmerInnen nach einer extremen Körperform, die medizinisch und gesellschaftlich als hochgradig problematisch gilt. FatgainerInnen allerdings – und darin unterscheiden sie sich zunächst von Pro-Ana – wollen an Körpergewicht bzw. -fett zunehmen.

A. Schünzel, *„Thinspire me"*, Wissen, Kommunikation und Gesellschaft, https://doi.org/10.1007/978-3-658-42842-6_8

Ein vollständiger Fallvergleich kann und soll hier nicht geleistet werden. Vielmehr wird im Rahmen des Vergleichs punktuell beleuchtet, ob die FatgainerInnen eine mit Pro-Ana vergleichbare soziale Ordnung (Parallelprojektierung) und Formen der Selbstdarstellung ausgebildet haben. Als Grundlage für den Fallvergleich dienen bereits bestehende Studien zu FatgainerInnen, die durch eigene webnografische Begehungen ergänzt wurden. Es wurden über einen Zeitraum von etwa einem halben Jahr verschiedene FatgainerInnen-Websites besucht, darunter zwei Webforen und zwölf Bildblogs, die auf den Blogging-Sites Instagram und Tumblr hinterlegt waren. Ähnlich der Untersuchung Pro-Anas wurde auch hier eine – allerdings auf o.g. Punkte fokussierte – Analyse über die vier Ebenen Kontext, Sequenz, Format und Sozialform durchgeführt.

Pro-Ana im Spiegel der FatgainerInnen

Als FatgainerInnen sollen im Folgenden all jene Personen bezeichnet werden, welche sich im Internet auf sogenannten FatgainerInnen-Websites zusammenfinden, um gezielt an Körperfett zuzunehmen. Zu unterscheiden sind sie etwa von BodybuilderInnen, die zwar in der Regel ebenfalls eine Gewichtszunahme anstreben, diese aber vor allem durch gezielten Muskelaufbau erreichen. FatgainerInnen wollen (massiv) an Körperfett zunehmen, mitunter sogar bis zur vollständigen Immobilität. Im medizinischen Sinne streben FatgainerInnen demnach, wie auch die TeilnehmerInnen an Pro-Ana, einen „pathologischen" Körperzustand an. Massives Übergewicht, im medizinischen Fachterminus auch als Adipositas bezeichnet, und massives Untergewicht werden nicht nur als hochgradige Risiken für die individuelle Gesundheit betrachtet, sondern auch als gesellschaftliche Gefahren, weil die mit ihnen verbundenen Folgeerkrankungen das Gesundheitssystem stark belasteten. Nicht nur der Anorexia nervosa wird immer wieder eine epidemische Ausbreitung – zumindest unter Mädchen und jungen Frauen – nachgesagt, auch die Adipositas gilt in vielen Ländern gar als Epidemie. Die WHO fasst diesen Punkt, wie folgt, zusammen:

At the other end of the malnutrition scale, obesity is one of today's most blatantly visible – yet most neglected – public health problems. Paradoxically coexisting with undernutrition, an escalating global epidemic of overweight and obesity – "globesity" – is taking over many parts of the world. If immediate action is not taken, millions will suffer from an array of serious health disorders. (WHO 2021)

Obwohl beide Gemeinschaften also mit ihren Körperprojekten gegen die gesellschaftliche Norm einer präventiven Körperführung[1] verstoßen, sieht sich vor allem Pro-Ana von staatlicher Stelle einer Reglementierung ihrer Kommunikation gegenüber, die auch Websiteschließungen umfasst. Wie bereits mehrfach in dieser Arbeit angesprochen, kontrolliert etwa in Deutschland der Jugendschutz regelmäßig die Webauftritte der TeilnehmerInnen an Pro-Ana bezüglich jugendgefährdender Inhalte. In einem Gespräch mit Mitarbeiterinnen des Jugendschutzes, erfuhr ich, dass auch die FatgainerInnen-Community dort bereits bekannt ist, jedoch anders als Pro-Ana nicht als jugendschutzrelevantes Phänomen eingestuft wird. Begründet wurde dies zum einen durch den vorrangig sexuellen Fetisch-Charakter der Community und zum anderen durch die eher erwachsen geprägte TeilnehmerInnenstruktur – beide Merkmale markieren zentrale Unterschiede zu Pro-Ana.

Die Gewichtszunahme ist bei vielen TeilnehmerInnen tatsächlich auch oder vor allem sexuell motiviert. FatgainerInnen ziehen besondere Lustgewinne sowohl aus dem Essen, als auch aus dem Besitz und dem Umgang mit ihrer besonderen Körperfülle. Ihren dicker werdenden Körper stellen sie auf unterschiedlichen FatgainerInnen-Websites, wie Webforen und Bildblogging-Sites, aus. Dort berichten sie über ihre Körperprojekte und tauschen sich über diese untereinander aus.[2] Ihre Websites sind häufig durch einschlägige Titel, wie zum Beispiel *Fantasy Feeder* oder *fattiegainergirl,* als FatgainerInnen-Websites gekennzeichnet.

---

[1] Zur Norm der präventiven Körperführung siehe zum Beispiel Eichinger (2011) oder Wehling et al. (2007).

[2] Die Ursprünge der FatgainerInnen-Community reichen jedoch über das Zeitalter des kommerziellen Internets hinaus. Bereits in den 1980er Jahren organisierten FatgainerInnen etwa über Zeitungsanzeigen kleine, lokale Treffen (Textor 1999, 219). Aber auch für sie bedeutete das Internet, wie bereits für Pro-Ana beschrieben, einen deutlichen TeilnehmerInnenzuwachs, da eine Partizipation nun weniger an den Wohnort gebunden war und Gleichgesinnte leichter gefunden werden konnten (Prohaska 2014, 272; Textor 1999, 219–220). Siehe hierzu auch die „Geschichte der Gainer" („Gainer History") der Website „grommr" [URL: https://www.grommr.com/de-DE/Home/Community; Zugriff: 13.10.2021].

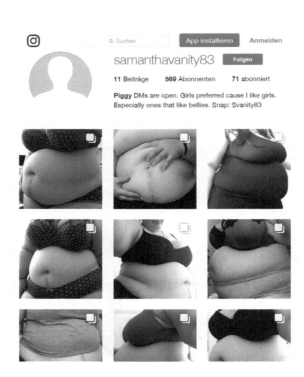

Abbildung 8.1 Bildblog der TeilnehmerIn "samanthavanity83"

FatgainerInnen-Websites lassen sich nach ihrer sexuellen Ausrichtung unterscheiden, d. h. ob sie sich vornehmlich an einen homosexuellen, in der Regel
männlichen Teilnehmerkreis richten, oder allen Geschlechtern und sexuellen Ori-
entierungen offen stehen. Je nachdem welchem Kreis sie sich zugehörig fühlen,
bezeichnen sich FatgainerInnen auch als entweder Gainer oder Feedees.[3] Das
in dieser Arbeit untersuchte Webforum „Grommr" richtet sich zum Beispiel

---

[3] Die Bezeichnung „Fatgainer" bzw. „FatgainerIn", welche sich die TeilnehmerInnen in der
Regel in Form von Hashtags oder Profilnamen selbst geben, kann als verbindendes Element
beider sozialen Kreise angesehen werden.

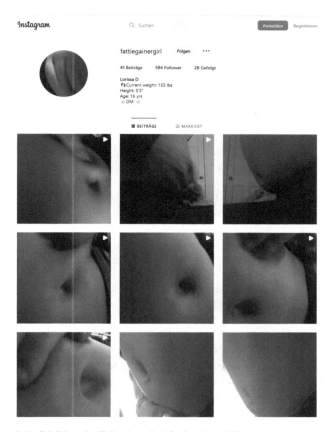

Abbildung 8.2 Bildblog der TeilnehmerIn "fattiegainergirl"

vornehmlich an Gainer, d. h. an (homosexuelle) Männer, und wird vor allem als Kontaktbörse genutzt, um Gleichgesinnte zu finden und offline-Treffen zu organisieren. Die Website „Fantasy Feeder" hingegen steht auch Frauen und heterosexuellen Männern offen, die sich online über ihre Gewichtszunahme austauschen oder zu offline-Treffen verabreden wollen. Sie bezeichnen sich in der Regel als Feedees.

Auf Bildblogging-Sites stellen die FatgainerInnen anders als die TeilnehmerInnen an Pro-Ana in der Regel ihre *eigenen* dicken Körper bzw. bestimmte

Körperpartien aus, wie ihren Fettrollen werfenden, über die Hose hängenden Bauch (vgl. Abbildung 8.1 und 8.2).
  Zumeist zeigen diese Bilder keine Gesichter bzw. Köpfe. Der Fokus liegt allein auf dem Körper bzw. einer Körperpartie, die häufig in Serie fotografiert ist. Zu sehen ist dann etwa der Bauch aus unterschiedlichen Blickwinkeln, eingezwängt in Leggings, Bikini oder Jeans, bekleidet oder unbekleidet. Häufig sind diesen Bilderserien auch Videos beigefügt, in denen der Bauch zum Beispiel mit den Händen zusammengekniffen wird, um die Speckrollen zu betonen oder auf und ab bewegt wird, um das Bauchfett zum Schwingen zu bringen. Derartige Videos finden sich in großer Stückzahl auch auf Videosharing- und Videohostingplatt-formen[4] wie You-Tube, dort häufig unter dem Namen „Belly play". Der dicke Bauch gehört in der FatgainerInnen-Community zu den erotischsten Körperpartien, sodass dieser in der Regel die meisten Bilderalben und -blogs füllt. Auf der Website „grommr.com" wird dies etwa mit den folgenden Worten beschrieben:

> Among the body parts we like, bellies rank as the clear winner (almost 50 percent), with asses trailing a distant second (38 %).[5]

Durch diese serielle Bildfolge, in der das immer gleiche Motiv gezeigt wird, ein dicker Bauch, entsteht für BetrachterInnen bereits *visuell* der Eindruck einer Gemeinschaft: FatgainerInnen erschaffen eine visuelle Identität – im Sinne des Selben –, die eine Identität des eigenen Körpers mit dem anderer darstellt. Alle FatgainerInnen sind dick bzw. haben einen dicken Bauch, der ähnliche Eigenschaften aufweist, wie (mehrere) Speckrollen, eine Ausdehnung über die Hose sowie die Fähigkeit nachzuschwingen, wenn er in Bewegung versetzt wird.
  Ähnlich den FatgainerInnen erzeugen auch die TeilnehmerInnen an Pro-Ana durch ihre Bilderserien nach außen eine Einheitlichkeit bzw. Identität ihrer Gemeinschaft. Diese Identität ist bei Pro-Ana jedoch wesentlich mit Differenz verbunden, die visuell zwischen dem eigenen Körper und der idealen Körperbildvorlage (Thinspiration) besteht, in die sich hineingehungert werden soll. Diese Differenz wird in der Regel deutlich markiert, indem den idealen Vorlagen zum Beispiel der schriftliche Hinweis, dass es sich bei dem abgebildeten Körper nicht

---

[4] Auch Pro-Ana frequentiert Videosharing- und Vidoehostingplattformen. Dort präsentieren sie aber in der Regel nicht sich selbst, sondern erneut Thinspiration-Bilder, die sie in einer Art Audio-Slideshow abspielen. Diese dient ihnen ähnlich der Thinspiration-Bilder und -Alben als Motivation und Inspiration zum Abnehmen (Traue & Schünzel 2014).

[5] Das Zitat stammt von der Website „Grommr" (URL: https://www.grommr.com/Home/Com munity; Zugriff: 7.8.2019).

um den eigenen handelt („Not me"), beigefügt wird (vgl. Abbildung 8.3 sowie Abschnitt 5.7.2).

Abbildung 8.3   Beitrag im Bildblog "thin_expectations"

   Zwar besitzen auch FatgainerInnen eine Vorstellung ihres idealen Körpers bzw. Gewichts. Diese suchen sie aber nicht, wie die Pro-Anas, in der anderen. Ihre Projekte scheinen damit im Vergleich zu den Projekten der Pro-Anas als deutlich weniger stark am (idealen) Entwurf orientiert zu sein. Gemeinsam haben die FatgainerInnen und die TeilnehmerInnen an Pro-Ana jedoch typischerweise den Wunsch, der Erfahrung ihres zukünftig dicken bzw. mageren Körpers zeitlich vorzugreifen. Anders als die TeilnehmerInnen an Pro-Ana nutzen die FatgainerInnen hierfür aber, wie erwähnt, keine medialen Bildvorlagen, sondern stecken sich zum Beispiel Kissen unter ihre Kleidung, um die Erfahrung extremer Körperfülle im Hier und Jetzt erfahrbar zu machen (Hard Fat; Dokumentarfilm[6]).

---

[6] Der Dokumentarfilm „Hard Fat" ist auf Vimeo abrufbar unter der URL: https://vimeo.com/ 10307976; Zugriff: 20.9.2019.

Auf Grundlage der beschriebenen Bilderserien der FatgainerInnen und der TeilnehmerInnen an Pro-Ana lassen sich Vermutungen bezüglich ihres Verhältnisses zum eigenen Körper anstellen. Auffällig ist, dass die FatgainerInnen ihre Körper bereits vor dem Erreichen ihres Zielgewichts regelmäßig auf ihren Bildblogs präsentieren. Sie scheinen ihren Körper also auch mit weniger Gewicht typischerweise nicht abzulehnen. Eine vergleichbare Einstellung zum Körper findet sich innerhalb der sozialen Welt Pro-Ana nicht. Die TeilnehmerInnen an Pro-Ana leiden in der Regel stark unter ihrem Startgewicht, ein Leiden, das auch mit den ersten purzelnden Kilogramm Körpergewicht kaum abnimmt. Solange sie ihrem idealen Vorbild nicht entsprechen, fühlen sie sich in ihrem Körper unwohl. Auch der Weg zu ihrem Ziel ist für sie häufig qualvoll, weil sie über lange Zeitspannen Verzicht üben müssen und häufig Hunger leiden. Sie ziehen nur selten Lustgewinne aus dem Akt des Hungerns, ein Grund, so steht zu vermuten, weshalb so viele TeilnehmerInnen immer wieder Phasen des Scheiterns im Projekt durchlaufen.

FatgainerInnen hingegen vollziehen ihr Projekt, den untersuchten Websites und der einschlägigen Literatur zufolge, typischerweise lust- und freudvoll.[7] Sie lieben es, mehr zu essen, ihre Mahlzeiten im Voraus zu planen und besonders hochkalorische Lebensmittel zu sich zu nehmen. Zudem erleben sie ihren vollen bzw. vollgestopften, sich vorwölbenden Bauch als sexuell erregend, was ihnen auch unmittelbare Lustgewinne beschert und somit auch über Durststrecken hinweghilft, in denen die Gewichtszunahme nicht so schnell voranschreiten will. Sie befühlen und streicheln ihren Bauch dann gern und masturbieren dabei gelegentlich. Lisa, ein Mitglied der FatgainerInnen-Website FantasyFeeder, die im Rahmen einer von Terry & Vasey (2011) durchgeführten Einzelfallstudie „Feederism in a Woman" interviewt wurde, beschreibt ihr viermonatiges Weight-gaining-journey, in dem sie insgesamt 35 Pfund zunahm, als sexuell sehr erregend.

> Lisa described this active weight gain as very sexually arousing. She singled out specific activities, such as weighing and measuring herself, as well as taking pictures to document her progressive weight gain as being particularly sexually arousing. She stated that "While I was actively gaining, I really enjoyed weighing myself and found it very sexually arousing. The arousing part was finding out how much I had gained and, after a certain weight, knowing that I was bigger than ever before." (Terry & Vasey 2011, 642)

---

[7] Allerdings gibt es auch Fälle, in denen die Gewichtszunahme unter Zwang durch einen Partner geschieht. Wie Ariane Prohaska (2014) jedoch zeigen konnte, bilden solche Fälle in der FatgainerInnen-Community eher die Ausnahme (Prohaska 2014, 268).

Demzufolge erscheint es auch nicht verwunderlich, dass FatgainerInnen-Bildblogs zumeist durch positive Kommentare der BlogbetreiberIn („Yay!! Fatter"[8]) und ihrer FollowerInnen („Nice rolls!)))"[9]) auffallen, in denen in erster Linie der Freude über und Bewunderung für die Gewichtszunahme Ausdruck verliehen wird.[10]

Vergleichbare Gefühle erleben die TeilnehmerInnen an Pro-Ana ihrem Körper gegenüber nicht. Auch sie erfreuen sich zwar an ihren mit erfolgter Gewichtsabnahme prominenter hervortretenden Schlüsselbeinen oder Hüftknochen, wenn sie ihren Körper betasten. In der Regel finden sie aber immer wieder Körperpartien, wie etwa ihren Po oder ihre Oberschenkel, die sie weiterhin als defizitär und schambesetzt erleben. So konnte ein erfolgreicher Abschluss eines pro-anorektischen Projekts in meinen Untersuchungen auch nicht beobachtet werden. In der Regel radikalisieren die TeilnehmerInnen ihre Zielgewichte bei Zielerreichung oder erreichen diese erst gar nicht, weil sie sich in Kreisläufen aus Gewichtsabnahme und anschließender -zunahme verlieren.

Bei FatgainerInnen erscheinen die Körperprojekte darüber hinaus nicht in gleicher Weise existentiell drängend wie bei den TeilnehmerInnen an Pro-Ana, d. h. sie können diese in der Regel zeitlich zurückstellen, wenn ihre Lebenssituation es nicht anders zulässt (vgl. Terry & Vasey 2011, 642). Die TeilnehmerInnen an Pro-Ana hingegen passen häufig relativ kompromisslos ihren Alltag an ihre Projekte an, d. h. sie sagen etwa Verabredungen ab, um nicht essen zu müssen. Ihnen erscheint jeder Tag in ihrem ungeliebten, weil zu ‚dicken' Körper als leidvoll. Dies spiegelt sich auch in den selbstabwertenden Kommentaren wieder, die auf Pro-Ana-Websites regelmäßig und überwiegend zu finden sind.

Diese Beobachtungen zusammen mit der Feststellung, dass FatgainerInnen keine idealen Vorbilder als Ansporn für ihre Gewichtszunahme verwenden, sondern stattdessen ihre Motivation aus ihrem eigenen Körper(gefühl) und der Lust am Essen ziehen, lässt ein zu Pro-AnorektikerInnen differentes Selbst- und

---

[8] Instagram-Blog von „fattiegainergirl"; URL: https://www.instagram.com/p/_hHme1T C3k/; Zugriff: 1.3.2017.

[9] Instagram-Blog von „fattiegainergirl"; URL: https://www.instagram.com/p/_fybfWTCz_/; Zugriff: 1.3.2017.

[10] Es finden sich aber gelegentlich unter den Beiträgen von FatgainerInnen ablehnende Kommentare Außenstehender, die den abgebildeten Körper und/oder die Gewichtszunahme als zum Beispiel „verflucht ekelhaft" [„That is fucking disgusting"; URL: https://www.instag ram.com/p/BAYKxX3zC3c/; Zugriff: 1.3.2017] beschimpfen. Dies ist womöglich auch ein Grund dafür, dass viele FatgainerInnen ihre Blogs auf Instagram mittlerweile in den privaten Modus geschaltet haben, sodass Außenstehende diese nicht mehr beim ‚Vorbeiklicken' einsehen und kommentieren können.

Körperverhältnis der FatgainerInnen vermuten. Dieses ist nicht in erster Linie durch Scham und das Gefühl defizitär zu sein geprägt, sondern häufig durch Selbstakzeptanz und (sexuelle) Lust.

In diesem Zusammenhang ist auch der thematische Überbau, den sich die beiden Vergleichsfälle geben, interessant. Während die TeilnehmerInnen an Pro-Ana ihre Projekte unter dem Label einer Krankheit, der Anorexia nervosa, praktizieren, verstehen die FatgainerInnen ihre Körperprojekte typischerweise als sexuell motiviert. Dieser Überbau nimmt, wie wir bereits in den vorangegangenen Kapiteln am Fall Pro-Ana nachvollziehen konnten, einen wesentlichen Einfluss auf die Projektdurchführung und die Form der Sozialbeziehungen der TeilnehmerInnen: In das Körperprojekt der Pro-AnorektikerInnen ist das Scheitern von vornherein mehr oder weniger eingeschrieben, da die Anorexia nervosa als Suchtkrankheit (Magersucht) nur die fortwährende Zielradikalisierung kennt. Das zufriedene Verweilen im Zielgewicht ist nicht Teil des Krankheitsbildes und wird von den TeilnehmerInnen an Pro-Ana in der Regel bereits im Rahmen der Zielbestimmung ihrer Projekte in Frage gestellt. Trotzdem aber brauchen sie diese Ziele als Orientierung und Motivation (vgl. Abschnitt 5.3.3 und 5.7.2).

> I have a gw [goal weight; A.S.] that I want to reach, but I'm never happy with myself so that ugw [ultimate goal weight; A.S.] is there to just be a challenge for me..
>
> (hvcaulfield; mpa-Thread: „GW vs UGW")[11]

Die FatgainerInnen hingegen vermeiden, obwohl auch sie häufig einen im medizinischen Sinne pathologischen Körperzustand anstreben, jeglichen Bezug zur Pathologie.[12] Sie betonen die „körperliche und sexuelle Befriedigung"[13], welche ihnen ihre Körperprojekte als FatgainerInnen bescheren. Ihre Projekte bringen FatgainerInnen in der Regel auch nicht in Verbindung mit vergangenen traumatischen Erfahrungen, wie etwa gewichtsbezogenen Hänseleien, von denen

---

[11] https://www.myproana.com/index.php/topic/674104-gw-vs-ugw/; Zugriff: 12.6.2020.

[12] Extremes Übergewicht gilt als Ernährungs- und Stoffwechselkrankheit, die häufig mit Begleiterkrankungen, wie Diabetes mellitus oder Bluthochdruck, einhergeht.

[13] Das Zitat stammt von der FatgainerInnen-Website „grommr.com"; https://www.grommr.com/Home/FAQ; Zugriff: 12.08.2019.

TeilnehmerInnen an Pro-Ana regelmäßig berichten. Vielmehr scheinen sie Ausdruck ihrer besonderen sexuellen Orientierung[14], die sie als Teil ihrer Selbst begreifen.

Erstmals aufmerksam auf ihr besonderes Interesse an Fett und einer Gewichtszunahme werden FatgainerInnen typischerweise bereits in ihrer Kindheit:

> With regard to Lisa's sexuality, she experienced erotic thoughts about weight gain and fat from a very young age. When she was approximately 7 or 8 years old, she became fascinated with larger people and would pretend her Barbie dolls were gaining weight. [...] Lisa also fantasized about being forced to gain weight and being teased for being overweight (Terry & Vasey 2011, 640).

Neben FatgainerInnen, d. h. jenen TeilnehmerInnen die durch eine gesteigerte Kalorienzufuhr versuchen am eigenen Leib zuzunehmen, gibt es in der FatgainerInnen-Community auch andere Subjektpositionen. Zu diesen gehören etwa „Admirer" und „Encourager" bzw. „Feeder". *Admirer* sind TeilnehmerInnen, die übergewichtige Menschen sexuell besonders anziehend finden. Sie wohnen der FatgainerInnen-Community bei, um Bilder Übergewichtiger zu betrachten oder Kontakt zu ihnen aufzunehmen. Anders als *Encourager* oder *Feeder* ziehen Admirer in der Regel wenig sexuelle Befriedigung daraus, andere zur Gewichtszunahme anzuhalten. *Feeder* hingegen nehmen eine aktive Rolle im Gewichtszunahmeprojekt einer anderen Person ein, häufig dem der eigenen Partnerin.[15] Sie bereiten ihr hochkalorische Mahlzeiten zu und füttern sie mit diesen oder halten sie zum Verzehr der Speisen an. Die Kontaktaufnahme zwischen einem Feeder und einer „Feedee" (Gefütterte) verläuft häufig über das Internet, d. h. über FatgainerInnen-Websites.[16] *Encourager* sind häufig ebenfalls „Fütterer", allerdings zumeist in homosexuellen Beziehungen. Der an Gewicht

---

[14] Auch wenn ein Großteil der FatgainerInnen die eigene sexuelle Orientierung als ursächlich für den Wunsch und die tatsächliche Umsetzung der Gewichtszunahme bestimmt, muss das nicht für alle TeilnehmerInnen gelten. FatgainerInnen-Websites betonen in der Regel die große Offenheit und Akzeptanz ihrer Community, die allen Personen offen steht, welche ein besonderes Verlangen nach Essen und Gewichtszunahme empfinden und dieses mit anderen teilen wollen.

[15] Häufig nehmen Männer in heterosexuellen Beziehungen die Rolle des Feeders an und Frauen die der Feedee.

[16] Aus diesem Grund fungieren FatgainerInnen-Websites für viele TeilnehmerInnen auch als Kontaktbörse, auf der sie ProjektpartnerInnen finden können, mit denen sie realweltliche Treffen eingehen oder über das Internet kommunizieren. Über das Webforum FantasyFeeder wurde ich, nachdem ich mich mit einem Account registriert hatte, des Öfteren zum Zweck einer Kontaktaufnahme angeschrieben. Im Webforum mpa passierte mir dies über die gesamte Projektlaufzeit nicht.

zunehmende Beziehungspartner wird in diesen Konstellationen in der Regel als „Gainer" bezeichnet. In der Regel haben *Encourager* und *Gainer* bzw. *Feeder* und *Feedees* auch außerhalb des Internet Kontakt, d. h. sie treffen einander oder leben sogar miteinander als Paar. Die Bilder der an Gewicht zunehmenden Partnerin bzw. des Partners veröffentlichen sie dann häufig auf FatgainerInnen-Websites oder engagieren sich in den Community-Webforen durch die Vergabe oder Suche nach Ratschlägen, wie schneller an Gewicht zugelegt werden kann. Encourager/Gainer-Beziehungen und Feeder/Feedee-Beziehungen zeichnen sich in der Regel dadurch aus, dass sie im wechselseitigen Einvernehmen geschlossen werden und beide BeziehungspartnerInnen aus ihr sexuelle Befriedigung ziehen. Insgesamt zeichnet sich die FatgainerInnen-Community also durch eine große Offenheit und Diversität ihrer TeilnehmerInnen aus. Wie Terry und Vasey formulieren, gibt es viele unterschiedliche Weisen einer Beteiligung in der FatgainerInnen-Community:

> Involvement in this community […] exits on a continuum; some members simply enjoy reading fantasy stories and viewing images of others' progressive weight gain while, at the other extreme, some individuals actively gain weight with goal of achieving immobility (Terry & Vasey 2011, 639).

Die soziale Welt Pro-Ana gestaltet sich im Vergleich dazu deutlich exklusiver. Zwar werden in der Regel auch TeilnehmerInnen akzeptiert, die nicht anorektisch dünn sind. Diese sind aber in der Hierarchie der sozialen Welt, wie in Abschnitt 7.2.1 dargestellt wurde, in der Regel niedriger gestellt.

FatgainerInnen treffen vergleichbare Unterscheidungen zwischen ihren TeilnehmerInnen nicht, wie auch auf der FatgainerInnen-Website „grommr" hervorgehoben wird:

> Gainer gibt's in allen Größen, und ihre Fantasien, Ziele und Traumtypen sind auch völlig verschieden – von Studenten mit den ersten 10 Kilos extra bis hin zu extrem übergewichtigen Superchubs. Wir sind ein ziemlich bunter Haufen. Es gibt nicht nur eine Art und Weise, ein Gainer zu sein. Einige Männer auf dieser Seite haben bereits gewaltig zugenommen oder sind gerade dabei. Andere überlegen noch oder warten auf einen Moment in ihrem Leben, wo es ihnen besser paßt. Wieder andere werden wahrscheinlich nie zunehmen, aber sich Kissen unters Hemd zu stopfen oder den Bauch aufzublähen oder so viel zu trinken, dass der Ranzen riesig wird, finden sie geil. Es gibt keine ‚echten' und ‚unechten' Gainer, also folge einfach Deinem Herzen ... äh ... Deinem Bauch.[17]

---

[17] Dieses Zitat entstammt der Website „grommr.com"; URL: https://www.grommr.com/Home/FAQ; Zugriff: 8.8.2019.

Die Projekte von FatgainerInnen sind zudem häufig partnerschaftlich organisiert, da sie als sexuelle Akte in der Regel eine SexualpartnerIn benötigen.
Diese kann – muss aber nicht – offline zugegen sein. Encourager und Gainer
können auch über das Internet miteinander kommunizieren, etwa über Chats,
Webforen oder Blogging-Websites. Einigen FatgainerInnen reicht es schließlich
auch aus, sich ihren Feeder bzw. Encourager nur gedanklich vorzustellen, um
sexuell erregt zu werden. Andere fantasieren, wie skizziert, sogar ihre eigene
Gewichtszunahme bloß oder engagieren sich in weniger permanenten Maßnahmen der Gewichts- und Körperumfangszunahme, wie dem Ausstopfen der
eigenen Kleidung mit Kissen oder dem Bloaten[18]. Die nur in der eigenen Fantasie stattfindende Gewichtszunahme ist in der Regel, wie etwa in Lisas Fall, auf
eine Angst vor realweltlichen Konsequenzen zurückzuführen. Lisa etwa befürch-
tet von ihrem Ehemann, der nichts von ihrer besonderen Neigung weiß, mit
zunehmendem Körperumfang als weniger attraktiv empfunden zu werden. Zudem
scheut sie die Gesundheitsrisiken, die mit einer starken Gewichtszunahme ein-
hergehen oder Veränderungen in ihrem privaten oder beruflichen Umfeld, das sie
mit Übergewicht anders behandeln könnte. Es sind, resümierend gesprochen, vor
allem das lokale soziale Umfeld und die möglichen gesundheitlichen Folgen einer
Gewichtszunahme, welche die Projekte von FatgainerInnen stören bzw. vereiteln
und diese in ihre Fantasie zurückdrängen.

TeilnehmerInnen ohne eigenes, aktives Körperprojekt konnten in der sozialen Welt Pro-Ana hingegen nicht beobachtet werden, was daran liegen könnte,
dass der Teilnahme an Pro-Ana in der Regel ein starkes Leiden am als defizitär erlebten Körper vorausgeht und dieses durch das Projekt beendet werden
soll. Zwar werden auch pro-anorektische Körperprojekte immer wieder durch das
lokale soziale Umfeld beeinflusst und z. T. sogar temporär zum Erliegen gebracht,
häufiger jedoch scheitern die TeilnehmerInnen an den Zumutungen ihrer Projekte
selbst.

Ein weiterer Unterschied zwischen TeilnehmerInnen der FatgainerInnen-
Community und TeilnehmerInnen an Pro-Ana besteht bezüglich des Vorkommens
bzw. der Häufigkeit von Treffen außerhalb des Internets. Viele FatgainerInnen-
Websites organisieren regelmäßige Treffen ihrer TeilnehmerInnen, wie etwa die

---

[18] Beim Bloaten „[..]blähen" Personen ihren „Bauch […] mit Wasser, kohlensäurehalti-
gen Getränken, Essen oder Luft [auf]", sodass er „deutlich hervorsteh[t]" („grommr.com";
https://www.grommr.com/Home/FAQ; Zugriff: 12.08.2019).

jährlich stattfindende „EuroGrom" der Website „grommr.com".[19] Diese Veranstaltungen dienen vor allem der Kontaktaufnahme und -pflege zwischen TeilnehmerInnen. Feste Bestandteile sind in der Regel die Einnahme gemeinsamer
Mahlzeiten, zumeist im Rahmen von „All-you-can-eat"-Buffets, sowie gemeinsame Unternehmungen, wie Sight-Seeing-Touren oder der Besuch von Partys.
Auch das gegenseitige Präsentieren des dicken Bauchs oder das einvernehmliche
Reiben anderer Bäuche ist häufig Bestandteil von FatgainerInnen-Treffen. Sexuelle Kontakte zwischen TeilnehmerInnen sind jedoch bei vielen Veranstaltungen,
wie etwa der EuroGrom, untersagt bzw. sollen nicht öffentlich ausgelebt werden. In den Verhaltensregeln der EuroGrom steht hierzu etwa folgende Passage
geschrieben:

> **No public sex:** At all official EuroGrom activities no sexual contact is allowed that
> would not be appropriate in a typical gay bar. If you would like to have sex, you
> MUST do it in the privacy of your own hotel room or home. EuroGrom is a social
> event, not a sex party.[20]

Neben diesen institutionalisierten Treffen, die häufig eine mehrjährige Tradition haben und teilweise TeilnehmerInnen aus unterschiedlichen Ländern oder
sogar Kontinenten zusammenbringen, werden insbesondere im Rahmen von
FatgainerInnen-Webforen auch kleine, wohnortnahe Treffen organisiert, wie
Fotodokumentationen[21] erfolgter Zusammenkünfte zeigen sollen.

Vergleichbare Veranstaltungen oder Treffen zwischen TeilnehmerInnen finden
sich bei Pro-Ana nicht. Zwar existieren in einigen Pro-Ana-Webforen ebenfalls
Kontaktbörsen, welche TeilnehmerInnen die Gelegenheit bieten sollen, einander (wohnortnah) zu treffen. Tatsächliche Zusammenkünfte werden über diese
Börsen aber häufig nicht realisiert. Zu beobachten sind zwar hin und wieder allgemeine Interessensbekundungen und erste Planungsanläufe. Über diese
Phase gehen jedoch die meisten Kontakte, wie meine InterviewpartnerInnen mir
berichteten, typischerweise nicht hinaus. So erklärt etwa ForeverCherry:

---

[19] Auf der Website grommr.com werden regelmäßig Veranstaltungshinweise gepostet, wie
etwa die EuroGrom; https://www.grommr.com/Event/Eurogrom2020; Zugriff 29.1.2020.

[20] Dieses Zitat ist der Website EuroGrom entnommen; https://info384419.wixsite.com/eur
ogrom/code-of-conduct; Zugriff: 20.9.2019.

[21] Siehe hierzu z. B. die URL: https://web.archive.org/web/20170704044135/https://fantas
yfeeder.com/forum/posts?topicId=18574; Zugriff: 4.10.2021.

[...] also es gibt bestimmt, na ich würde sagen, es sind nicht mehr als fünf Prozent, die sich wirklich dann im echten Leben tatsächlich treffen und auch wirklich beide auftauchen [...].

(ForeverCherry; Face-to-Face-Interview)

Die Offenheit der FatgainerInnen gegenüber offline-Treffen könnte in einem Zusammenhang mit der besonderen Orientierung ihrer Körperprojekte stehen. FatgainerInnen fühlen sich, wie bereits beschrieben wurde, mit jedem zurückgelegten Projekttag und dem Zugewinn an Körpergewicht und -umfang, wohler in ihrer Haut und sexuell begehrenswerter. Sie zeigen ihren Körper gern, in erster Linie jedoch Gleichgesinnten, d. h. anderen FatgainerInnen, Encouragern/Feedern und Admirern. Während FatgainerInnen untereinander, wie erinnern uns, ihre Gemeinsamkeiten (z. B. dicke Bäuche) betonen und diese im anderen suchen, konzentrieren sich die Pro-Anas auf ihre körperlichen Unterschiede. Letztere stellen fortwährend Vergleiche zwischen ihrem eigenen Körper und dem der anderen an und bemessen daran auch ihre Projekterfolge: ‚Bin ich dünner als mein Gegenüber und damit vielleicht ihr zukünftiges Spiegel- und Vorbild, so bin ich erfolgreicher. Bin ich noch dicker, ist sie mir voraus und schaut auf mich und meinen dicken Körper herab, wie sie es zuvor wahrscheinlich auf ihren eigenen tat'. Während FatgainerInnen also in erster Linie auf ihre Vorzüge schauen, d. h. etwa auf die am eigenen und anderen Körper vorhandenen Speckrollen, betrachten sich Pro-Anas vor allem defizitorientiert: ‚Welche Körperpartien sind noch nicht knochig, wo muss ich noch weiter abnehmen?' In Interviews äußerten TeilnehmerInnen an Pro-Ana häufig körperbezogene Schamgefühle als Grund, sich nicht offline mit anderen TeilnehmerInnen treffen zu wollen.

[...] Ich fände es interessant mich mit wem aus dem Forum zu treffen, hätte aber Angst als zu fett empfunden zu werden. [...]

(peachplease; Online-Interview)

Zwar träfen auch die Pro-Anas bei solchen Zusammenkünften auf Gleichgesinnte, die ihre Gefühle und Einstellungen sicherlich nachvollziehen könnten. Gerade aber aus diesem Grund nehmen sie vermutlich an, dass ihr Gegenüber ihren Körper genau beäugen und sich mit ihnen vergleichen würde. Paradoxerweise suchen die TeilnehmerInnen an Pro-Ana aber genau diesen Vergleich, den sie offline meiden, im Internet und geben ihre Körperbilder sogar anderen ausdrücklich zur Kritik bzw. Beschimpfung frei. Womöglich liegt ein Grund dafür in der Mittelbarkeit der Darstellung des eigenen Körpers auf Pro-Ana-Websites,

die von den TeilnehmerInnen als kontrollierbarer empfunden werden könnte.
Auf Pro-Ana-Websites bekommen andere immer nur jene Körperbilder zu sehen,
die TeilnehmerInnen zuvor unter Ausschluss der Öffentlichkeit in der eigenen
Wohnung produziert und als vorzeigbar bestimmt haben. Auch kann die für TeilnehmerInnen bedeutsame Anonymisierung von Körperbildern im Internet besser
geleistet werden als offline. In der körperlich ko-präsenten Situation würde der
schambesetzte Körper immer unausweichlich mit ihnen assoziiert werden. Ebenfalls ist zu bedenken, dass der soziale Vergleich in Pro-Ana in hohem Maße
instrumentell gebaut ist, d. h. er wird aufgesucht, um das eigene Körperprojekt
zu motivieren. Offline-Treffen lassen sich jedoch kaum auf diesen rein technischen Gehalt reduzieren bzw. bedürfte dies einer vorgängigen Kultivierung. In
diesem Zusammenhang ist auch von Bedeutung, dass offline-Treffen vermutlich
nicht in gleicher Weise spontan bzw. situativ einberufen werden können, wenn
TeilnehmerInnen entsprechender Motivation bedürfen, da sie sich hierfür stets
körperlich ko-präsent zusammenfinden müssten. Damit sind offline-Treffen, in
denen TeilnehmerInnen in erster Linie dem sozialen Vergleich frönen, um ihre
Körperprojekte zu motivieren, nicht nur schwer vorstellbar, sie kommen empirisch meines Wissens nach auch nicht vor. Zusammenkünfte, in denen der soziale
Vergleich *keine* übergeordnete Rolle zwischen den TeilnehmerInnen spielt, sondern etwa der Erfahrungsaustausch oder das gesellige Beisammensein, sind mit
Bezug auf die vorangegangenen Ausführungen ebenfalls kaum denkbar. Die Körperscham nimmt eine so übergeordnete Rolle im Leben der TeilnehmerInnen ein,
dass sie andere Ereignisse und Erlebnisse einfärbt. Ein sich selbst genießen im
Beisein anderer, im Speziellen anderer, deren kritischer Blick antizipiert wird,
erscheint zwischen TeilnehmerInnen an Pro-Ana kaum möglich.

Steht bei den TeilnehmerInnen an Pro-Ana also die eigene Gewichtsabnahme
im Zentrum ihrer sozialen Welt und haben hier Beziehungen einen primär instru-
mentellen Charakter, erscheint die FatgainerInnen-Community stärker an den
sozialen und erotischen Beziehungen zwischen ihren TeilnehmerInnen selbst
orientiert bzw. interessiert. So verweilen die TeilnehmerInnen Pro-Anas häufig
auch nur solange in ihrer sozialen Welt, wie sie sich in ihrem *eigenen* Projekt engagieren. Pausiert dieses oder findet es gar ein Ende – aus welchen
Gründen auch immer – endet in der Regel auch ihre Partizipation und damit
jegliche Kommunikation und Interaktion zwischen den TeilnehmerInnen. Die
FatgainerInnen hingegen können auch Phasen durchleben, in denen sie ihr Projekt ruhen lassen, und trotzdem in der FatgainerInnen-Community verbleiben
und andere TeilnehmerInnen zum gemeinsamen Essen oder Bauchreiben treffen. Es ist die gemeinsame sexuelle Orientierung, so steht zu vermuten, welche

die TeilnehmerInnen auch über das je konkrete Körperprojekt hinaus zusammenbringt. Damit ist die Teilnahme an Pro-Ana grundsätzlich temporär, d. h. für die Dauer des Projektes angelegt, während die sexuelle Orientierung der FatgainerInnen keine unmittelbare zeitliche Beschränkung ihrer Gemeinschaft kennt. Salopp könnte an dieser Stelle formuliert werden, dass die Lust, wie sie die FatgainerInnen im Rahmen ihrer Projekte empfinden, kein Ende braucht, das Leid der Pro-AnorektikerInnen aber durchaus. Während die TeilnehmerInnen der FatgainerInnen-Community die Lust aneinander und an ihren Körpern verbindet, ist es bei den Pro-AnorektikerInnen das Leid bzw. das Leiden an ihrem vermeintlich zu dicken Körper und ihrem durch Verzicht gekennzeichneten Körperprojekt. Können oder wollen TeilnehmerInnen dieses Projekt nicht mehr weiterführen, müssen sie, eigenen Angaben zufolge, die soziale Welt Pro-Ana verlassen. Dies begründen sie in der Regel mit dem Trigger-Effekt, den Pro-Ana-Websites auf sie ausüben. Die Abkehr vom Körperprojekt bedeutet für die TeilnehmerInnen in der Regel nämlich noch keine unmittelbare Veränderung ihrer Einstellung zum dünnen Körper, die ihr Projekt als Weil-Motiv bewegte. Aus diesem Grund versuchen viele TeilnehmerInnen zunächst Abstand zu Themen zu nehmen, die im „Horizont" (Schütz 2016, 59) des Kernthemas der Anorexie stehen. Hierzu gehört etwa ganz wesentlich das Thema „Diät" und damit auch Personen, die versuchen an Körpergewicht abzunehmen und den dünnen Körper idealisieren. Vielen gelingt diese Abkehr jedoch nicht dauerhaft. Sie kehren nach einigen Wochen oder Monaten erneut zu Pro-Ana zurück, da sie sich zu dick fühlen und abnehmen wollen.

Wäre es aber tatsächlich nur das Leid, dass die TeilnehmerInnen aneinander bindet, würde sich Pro-Ana vermutlich nicht bereits über zwei Jahrzehnte im Internet halten. Zieht man nämlich in Betracht, dass ein pro-anorektisches Handlungsprojekt häufig nicht mit dem entworfenen Wunschkörper abschließt, wäre das gemeinsame Verharren im Leid wahrscheinlich kein tragendes Motiv einer fortgesetzten Teilnahme. Vielmehr gibt es auch in Pro-Ana ein durchaus lustvolles Moment im Rahmen ihrer Körperprojekte, das sie aneinander bindet: die Vorstellung ihres zukünftig dünnen Körpers, den sie über Thinspiration-Bilder und die soziale Spiegelung vital halten. Diese Vorstellung ist aber keine reine Phantasie, wie sie von FatgainerInnen phasenweise gelebt wird. Zur pro-anorektischen Vorstellung gehört vielmehr stets ein aktives Abnahmeprojekt, das die TeilnehmerInnen hoffnungsvoll stimmt, in naher Zukunft selbst ihre entworfene Vorstellung zu sein. In Pro-Ana ist damit eine Art von Heilsversprechen angelegt, das aus dem sozialen Gefüge erwächst: Es *gibt* TeilnehmerInnen, die sich ins starke Untergewicht gehungert haben, es *gibt* das untergewichtige Laufstegmodel und die AnorektikerIn ihrer Thinspirations. Ihr Projekt müsste also erfolgreich ans Ziel

zu bringen und der als leidvoll empfundene normal- oder übergewichtige Körper
zu überwinden sein. Welche Schlussfolgerungen lassen sich nun aus dem hier angestellten Fallvergleich bezüglich der Frage nach der Verallgemeinerbarkeit der Parallelprojektierung für mediatisierte, gruppenförmige Körperprojekte ziehen?
Die FatgainerInnen-Community stellt sich im Fallvergleich mit Pro-Ana als
wesentlich anders strukturiert dar. Zwar sind die Körperprojekte der FatgainerInnen ebenfalls gleichgerichtet (auf den fettleibigen Körper) und einander in ihren
Methoden ähnlich, sodass sich auch hier eine parallele Struktur ergibt. Die soziale
Bezugnahme bzw. die Beziehungen zwischen den FatgainerInnen unterscheiden
sich jedoch von jenen der TeilnehmerInnen Pro-Anas deutlich. Ihre Beziehungen sind in der Regel partnerschaftlich organisiert. Anders aber als etwa beim
partnerschaftlichen Ana-Twin-Verhältnis im Rahmen Pro-Anas, arbeiten die ProjektpartnerInnen am selben Körper(projekt). Nicht beide PartnerInnen verändern
also ihren Körper, sondern nur der Gainer bzw. Feedee, während der Feeder oder
Encourager die Gewichtszunahme durch füttern oder Anleitung unterstützt.

Zwischen FatgainerInnen selbst bestehen hingegen kaum *projektbezogene*
Interaktionen. Sie treten weder in Konkurrenz zueinander noch kämpfen sie um
Rangplätze oder erheben einander zu Vorbildern. Allenfalls tauschen sie untereinander Ernährungsratschläge aus, mit denen effektiv und rasch an Körpergewicht
zugenommen werden kann. Die vielen anderen FatgainerInnen sind folglich kein
unabdinglicher Bestandteil eines Weight-gaining-journeys, wie es im Fall Pro-
Ana für das Weight-loss-journey herausgearbeitet wurde. Sie brauchen einander
nicht zur Motivierung ihrer Körperprojekte.

Dennoch brauchen auch FatgainerInnen ihre Gemeinschaft und das nicht nur
zum geselligen Miteinander. Vor allem für gesellschaftliche Minderheiten und von
Stigmatisierung betroffene Personen stellt die Online-Vergemeinschaftung auch
eine Möglichkeit dar, zusammen zu kommen und einander zu unterstützen (siehe
z. B. Döring 2010, 178–179). FatgainerInnen gelten aufgrund ihrer sexuellen Orientierung und ihrer willentlich herbeigeführten Fettleibigkeit als stigmatisierte
Individuen, da sie gegen gesellschaftliche Normen und Werte bezüglich Gesundheit und Schönheit verstoßen (Monaghan 2005; Charles & Palkowski 2015).[22]
Ihre Websites und offline-Treffen sind für sie damit auch Gelegenheiten, sich
über Erfahrungen mit Diskriminierung im Alltag auszutauschen.

---

[22] Wie etwa Yeshua-Katz herausarbeiten konnte, können auch TeilnehmerInnen an Pro-Ana,
als Personen mit einer Essstörung, von Stigmatisierung betroffen sein (Yeshua-Katz 2015,
1351). Ihre Erfahrungen mit Stigmatisierung bilden jedoch, wie sich in meiner Untersuchung
zeigte, nur ein nachrangiges Motiv ihrer Teilnahme an Pro-Ana.

Nicht alle mediatisierten, gruppenförmigen Körperprojekte bilden also, wie der hier angestellte Fallvergleich zeigt, die Parallelprojektierung als Sozialform aus. Da ihr zentrales Moment die kontinuierliche, wechselseitige Handlungsmotivation aller Beteiligten darstellt, kann jedoch vermutet werden, dass sie vor allem in Projektgemeinschaften vorkommt, in denen eben diese gebraucht wird. Hierzu zählen etwa, ersten Recherchen zu anderen internetgestützten Körperprojektgemeinschaften zufolge, bodybuilding und fitness communities. Ihre Projekte sind häufig, wie die der Pro-Anas, durch eine starke Vorbild- und Wettbewerbsorientierung gekennzeichnet (Ploderer et al. 2008; Ploderer et al. 2010; Jong & Drummond 2016). Auch diese äußert sich etwa durch den Einsatz sogenannter Inspirationsbilder, hier sind es Fitspiration-Bilder, die unter gleichnamigem Hashtag auf Bildblogging-Sites geteilt werden (Jong & Drummond 2016), sowie durch einen ausgeprägten Aufwärts- und Abwärtsvergleich zwischen TeilnehmerInnen, der typischerweise ebenfalls bildbasiert über „progress pictures" erfolgt (Ploderer et al. 2010, 430). Inwieweit diese Communities aber tatsächlich eine Parallelprojektierung im Sinne Pro-Anas ausbilden, kann auf Grundlage der hier gesammelten fragmentarischen Daten nicht bestimmt werden. Dazu bedürfte es weiterer Forschung, die hier aus Zeit- und Ressourcenmangel nicht durchgeführt werden konnte.

Schlussbetrachtung 9

Diese Untersuchung hatte sich zum Ziel genommen, das Internet-Phänomen „Pro-Ana" aus einer sozial- bzw. kommunikativ konstruktivistischen Perspektive zu beleuchten, welche in besonderer Weise die Handlungen und Deutungen der TeilnehmerInnen im Untersuchungsfeld in den Fokus der Forschung stellt. Hierzu gehörte es ganz wesentlich, das Phänomen nicht von vorneherein durch die Perspektive der Anorexia nervosa zu betrachten, wie es in Studien zu Pro-Ana häufig unternommen wurde, sondern zunächst die alltäglichen Handlungen und Diskurse der FeldteilnehmerInnen nachzuzeichnen. Erst in einem zweiten Schritt sollten diese Feldkonstruktionen mit theoretischen Konzepten zusammengebracht werden. Das Erkenntnisinteresse zielte zunächst sehr allgemein auf die Frage, was Pro-Ana eigentlich ist. Rekonstruiert wurden insbesondere die alltäglichen Routinen, Wissensbestände und Wirklichkeitsmodelle der AkteurInnen im Feld sowie deren interaktive Bezugnahmen aufeinander. Letzter Punkt war von besonderem Interesse, da von Internetgemeinschaften ohne lokalen Rückbezug häufig angenommen wird, dass diese kurzlebig seien. Meine forschungsleitende Frage war also, wie Pro-Ana als soziales Gebilde zusammengehalten wird und dauerhaft – zum Ende meiner Forschung floriert Pro-Ana seit etwas mehr als zwei Jahrzehnten im Internet – bestehen kann.

Nachfolgend werden die zentralen Erkenntnisse meiner Untersuchung zum sozialen Phänomen Pro-Ana noch einmal in aller Kürze entlang der Forschungsfragen vorgestellt und Möglichkeiten für weiterführende Forschung aufgezeigt.

Bei Pro-Ana handelt es sich um eine soziale Welt, genauer um eine mediatisierte soziale Welt, deren Konstitution und Fortbestehen ganz wesentlich durch digitale Medien geprägt ist. Im Zentrum dieser Welt steht der Körper bzw. die Arbeit am Körper. TeilnehmerInnen an Pro-Ana verfolgen das Ziel, ihren Körper soweit abzumagern, das er den Gewichtskriterien einer Anorexia nervosa

A. Schünzel, *„Thinspire me"*, Wissen, Kommunikation und Gesellschaft, https://doi.org/10.1007/978-3-658-42842-6_9

entspricht. Dabei nutzen sie die soziale Welt in erster Linie als eine Motivationstechnik, die sie bei ihrem Vorhaben der drastischen Gewichtsabnahme
unterstützen soll. Diese besteht in der Parallelprojektierung, bei der die TeilnehmerInnen ihre Gewichtsabnahmeprojekte wechselseitig als Inspiration und
Motivation zum Abnehmen verwenden. Die Interaktion zwischen den TeilnehmerInnen findet dabei weitgehend nur über das Internet statt, über Websites
und Instant Messenger. Auf diesen bilden sie zum Beispiel Abnehmgruppen und
Follower-Followee-Netzwerke, um sich selbst bzw. ihr projektbezogenes Handeln
für ihre MitstreiterInnen beobachtbar und damit bewertbar zu machen. Sie suchen
in der anderen ein Vorbild, aber auch eine KritikerIn und bestrafende Instanz, die
sie bei Fehltritten im Projekt beschämt. Die dabei erlebten Gefühle nutzen sie
in strategischer Weise, um sich zur Einhaltung ihrer Projektpläne zu bewegen.
Treffen zwischen TeilnehmerInnen außerhalb des World Wide Web gibt es dabei
kaum. Trotzdem hat Pro-Ana eine ausgeprägte realweltliche Seite, die vor allem
in der Arbeit am eigenen Körper zum Zweck der raschen und drastischen Kör-
pergewichtsabnahme besteht. Mitnichten nämlich ist Pro-Ana ein rein virtuelles
Phänomen, wie es für andere netzgestützte Welten, wie zum Beispiel Second
Life[1], gilt. Zwar wird auch sie von „virtuellen" Sozialbeziehungen getragen, die
Projekte und Aktivitäten, um die sich diese Beziehungen knüpfen, sind jedoch
fundamental körperlich. Die digital in Thinspiration-Bild und Text konstruierte
‚Avatar'-Identität „Ana" ist keine Spielfigur, sondern dient den TeilnehmerInnen vielmehr als Schablone, in die sie ihren eigenen realen Körper einzupassen
versuchen. Darüber legen sie in der Kommunikationsgruppe regelmäßig Beleg
ab, etwa indem sie Fotografien ihres Körpers posten oder über die körperlichen,
emotionalen und sozialen Nebeneffekte ihres Weight-loss-journeys berichten.

   Der räumlichen Distanz steht die prinzipiell permanente Erreichbarkeit der
anderen über das Internet gegenüber. Immer wenn die Projektdurchführung problematisch wird, aus welchen Gründen auch immer, kann Hilfe über das Internet
gesucht werden. Hierzu können etwa andere TeilnehmerInnen in der Abnehmgruppe oder über das Webforum persönlich angeschrieben werden oder es können
Projekttagebücher anderer zur eigenen Motivation und Inspiration gelesen oder
deren Thinspirationen durchscrollt werden.

   TeilnehmerInnen ohne aktives Gewichtsabnahmeprojekt, die der sozialen Welt
etwa nur als ZuschauerInnen beiwohnen, gibt es meines Wissens nicht. Ebenso

---

[1] Bei Second Life handelt es sich um eine virtuelle Spielwelt, durch die Akteure mittels eines
Avatars navigieren. Dieser stellt dabei eine Form des digitalen Doppelgängers dar, häufig in
Form eines Ideal-Ichs.

wenig traf ich auf TeilnehmerInnen, welche sich ihr Projekt nur vorstellen, wie es zum Beispiel die in Kapitel 8 beschriebenen FatgainerInnen gelegentlich tun. Dennoch spielt die Vorstellung auch in der sozialen Welt Pro-Ana eine bedeutende Rolle. Nicht nur motiviert sie nämlich das individuelle Körperprojekt, sondern sie sichert auch den sozialen Zusammenhalt der TeilnehmerInnen: Wie in Abschnitt 7.1 ausgeführt, nutzen die TeilnehmerInnen einander immer wieder als Projektionen ihrer Projekt(zwischen)ziele und werden auf diese Weise füreinander selbst zur Vorstellung im Rahmen ihrer Handlungsprojekte.

Darüber hinaus ist die Vorstellung streckenweise das einzig lustvolle und motivierende Element im Weight-loss-journey. Die meisten pro-anorektischen Körperprojekte kennen die erfolgreiche Zielerreichung nämlich nicht, wie in Abschnitt 5.5 beschrieben wurde, da selbst bei erreichtem Idealkörper alsbald die Unzufriedenheit mit dem eigenen Körper wieder einsetzt und das Projektziel weiter radikalisiert wird. Häufig wird das gesetzte Ziel aber erst gar nicht erreicht, sondern TeilnehmerInnen verlieren sich in Schleifen aus Gewichtsabnahme und -zunahme. Über die Vorstellung der Erfahrung des anorektisch-dünnen Körpers können sich die TeilnehmerInnen an Pro-Ana nun aber auch bereits *vor* erfolgreich abgeschlossenem Gewichtsabnahmeprojekt in das Leben mit dem dünnen Körper bzw. als AnorektikerIn hineinfühlen. So überrascht es auch nicht, dass die Beschäftigung mit dem *vorgestellten* Zielkörper eine besondere Rolle in der sozialen Welt Pro-Ana einnimmt: Die TeilnehmerInnen sammeln und teilen Bilder ihres Zielkörpers, lesen Romane und Autobiografien über das Leben von AnorektikerInnen, schauen Filme und Reportagen zum Thema und schreiben sogar eigene (Bilder-)Geschichten über das Leben mit der Anorexie. Diese Vorstellungen scheinen dabei durch die tatsächliche Durchführung ihres Projekts noch einmal intensiviert bzw. gefestigt zu werden, da sie die Erfahrungen, von denen sie in ihren Romanen und Filmen lesen, auch wirklich am eigenen Leib durchleben.

Der Vorstellung kommt in Pro-Ana noch eine weitere gemeinschaftsfördernde Rolle zu: Während nämlich die einzelnen Weight-loss-journeys sehr unterschiedlich verlaufen (können), was etwa Ausdruck in verschiedenen Subjektpositionen (vgl. Abschnitt 7.2.1) findet, in die sich TeilnehmerInnen einordnen können bzw. sollen, erscheint die Vorstellung ihres Ziels vergleichsweise einheitlich. Hier greifen die TeilnehmerInnen größtenteils auf die massenmediale Vorstellung einer typischen AnorektikerIn zurück, die nur noch Haut und Knochen ist und nur wenige Hundert Kilokalorien pro Tag zu sich nimmt. Auch wenn sie dieses Bild auch immer wieder kritisch auf seinen Bezug zur Realität hinterfragen, arbeiten sich die meisten trotzdem in ihren Projekten an ihm ab. Auch sie wollen so kontrolliert und willensstark sein, dass sie mit einer besonders niedrigen täglichen Kalorienzufuhr auskommen und sich Knochen an Stellen ihres Körpers abzeichnen, die typischerweise nur bei starkem Untergewicht sichtbar werden. In der betont absichtsvollen Aneignung oder Aufrechterhaltung der Anorexia nervosa durch die TeilnehmerInnen an Pro-Ana zeichnet sich ein wesentlicher Unterschied zur Anorexie ab, die außerhalb Pro-Anas gelebt wird. Diese ist in der Regel dadurch gekennzeichnet, dass Betroffene keine Krankheitseinsicht zeigen. Ihr Weg in die Anorexie ist zumeist ungeplant und entwickelt sich häufig aus einer Diät heraus. Pro-AnorektikerInnen hingegen planen ihre Magersucht, auch wenn es, wie es in dieser Arbeit deutlich geworden sein sollte, nicht allen gelingt, am Ende tatsächlich dem klinischen Bild einer AnorektikerIn zu entsprechen. Viele gleiten ihren dokumentierten Projektverläufen nach zu urteilen, in andere Essstörungen ab, die jedoch in ihren Auswirkungen auf den Körper nicht weniger problematisch sind. Obgleich nämlich einige Weight-loss-journeys für Außenstehende durchaus kuriose Züge annehmen mögen, wenn etwa TeilnehmerInnen Kartoffelchips in ihre Diät integrieren, weil diese den unbegrenzten Verzehr von Gemüse erlauben, sind die Projekte alles andere als seicht oder fröhlich. Die Konsequenzen für den Körper und die Psyche der TeilnehmerInnen können mitunter drastisch sein. So können TeilnehmerInnen nicht nur an den Folgen ihrer Abnahmeprojekte versterben[2], sondern sich auch gravierende gesundheitliche Probleme zuziehen, wie etwa Herz-Rhythmus-Störungen oder Verletzungen der Speiseröhre oder des Magens. Wie weiter oben beschrieben wurde, ist Pro-Ana eben ein fundamental körperliches Projekt, das die Imagination – bzw. deren Explikation in Bild, Text und Video – vor allem zur Motivation des projektbezogenen Handelns braucht.

Die offline durchgeführte Arbeit am eigenen Körper im Rahmen des proanorektischen Gewichtsabnahmeprojekts wird, wie in Kapitel 5 dargestellt wurde, regelmäßig auf Pro-Ana-Websites dokumentiert. Auf diese Weise machen die TeilnehmerInnen nicht nur ihr Projekt für andere sozial sichtbar und damit kommunikativ adressierbar, sondern belegen auch, dass ihren Onlineaktivitäten eine entsprechende Körperführung zugrunde liegt. Für die Parallelprojektierung scheint die Authentizität bzw. der Glaube an eine authentische Erzählung des Weight-loss-journeys eine wesentliche Rolle zu spielen (vgl. Kapitel 7). Nur

---

[2] Ein Mitglied des Webforums, dessen Beiträge ich über meine Projektlaufzeit hinweg regelmäßig mitgelesen hatte, verstarb 2019 scheinbar an den Folgen ihrer Essstörung. Davon berichteten TeilnehmerInnen im Webforum mpa (mit bildlichem „Beweis"), welche die Instagram-Blogs ihrer Familienangehörigen zu kennen schienen.

auf diese Weise kann der Glaube an die tatsächliche Machbarkeit eines pro-anorektischen Gewichtsabnahmeprojekts im Interaktionszusammenhang gesichert und die andere als verlässliche Quelle von Rat und Solidarität angesehen werden. In Abschnitt 7.3. haben wir schließlich die Frage gestellt, warum die TeilnehmerInnen miteinander zum Teil aufwendige Ethnomethoden entwickeln, mit denen sie den Zusammenhang von Online- und Offlineaktivitäten sicherstellen, wenn sie sich doch auch offline treffen könnten. Neben offensichtlicheren Gründen, wie etwa der stark ausgeprägten Körperscham der TeilnehmerInnen und dem geheimen Charakter ihrer Projekte, scheint auch hier die weiter oben beschriebene besondere Bedeutung der Vorstellung in der sozialen Welt Pro-Ana eine Rolle zu spielen. Die Vorstellung im Rahmen der Parallelprojektierung setzt sozusagen, wie ich argumentiert habe, die körperliche Distanz der TeilnehmerInnen zueinander voraus. Um nämlich die andere verlässlich als motivierendes Element im eigenen Handlungsprojekt nutzen zu können, sollte sie möglichst nicht in ihrer Eigentümlichkeit, sondern bestenfalls in ihrer Typizität als Pro-Ana erfahren werden. Nun ist es aber ein Merkmal der Begegnung von Angesicht zu Angesicht, das sie diese Typizität allmählich aufzuheben vermag, indem sie sie mit „vielfältigen, lebendigen Symptomen »auf[.]füllt« [...], in denen sich ein leibhaftiger Mensch anzeigt" (Berger & Luckmann 2009, 35). Sicherlich haben auch Begegnungen in webmedialen Umgebungen das Potential diesen Prozess in Gang zu setzen, vor allem, wenn sich TeilnehmerInnen in Video-Chats begegnen, da diese eine größere Symptomfülle versprechen als untereinander ausgetauschte Textnachrichten. In der sozialen Welt Pro-Ana wird jedoch hauptsächlich über Text- und Bildnachrichten kommuniziert. Zudem stellt die soziale Begegnung in Kopräsenz, hier „Telekopräsenz" (Zhao 2004, 98, Übers. A.S.), nicht die Regel dar. Vielmehr kommunizieren die TeilnehmerInnen häufig asynchron, indem sie die Tagebucheinträge ihrer MitstreiterInnen lesen oder durch deren Thinspiration-Alben scrollen. Hinzu kommt, dass diese Kommunikationsbeiträge unter dem Eindruck pro-anorektischer Gewichtsabnahmeprojekte und der rigiden Grenzarbeit stehen, mit der kommunikative Konventionen in der sozialen Welt durchgesetzt werden (vgl. Abschnitt 7.2.1). All dies führt nun dazu, dass TeilnehmerInnen einander vor allem in ihrer Rolle als Pro-Ana erfahren und damit als einander prinzipiell ähnlich. Die andere TeilnehmerIn kann auf diese Weise jederzeit eine zukünftige Erfahrung bzw. Projektion des dünnen Körpers der anderen sein.

Die Parallelprojektierung scheint also das Fortbestehen einer Internetgemeinschaft grundsätzlich stützen zu können, was schließlich im Rahmen meiner Studie die Frage aufwarf, ob sie sich auch in anderen Gemeinschaften, die sich ebenfalls online um ein gewichtsbezogenes Körperprojekt formieren, wiederfinden lässt.

Als Vergleichsfall wurde die FatgainerInnen-Community ausgewählt. FatgainerInnen sind Männer und Frauen, die ähnlich den TeilnehmerInnen an Pro-Ana
das Projekt verfolgen, ihren Körperumfang durch besondere Ernährungs- und
Bewegungsgewohnheiten in der Regel radikal zu verändern. Im Gegensatz zu
den TeilnehmerInnen an Pro-Ana wollen FatgainerInnen jedoch an Körperfett
zunehmen. Auch sie setzen dabei auf die Unterstützung ihrer Community, die
sie in selbstgestalteten Webforen und auf Bildblogs treffen. Dabei suchen sie
aber ineinander keine Vorbilder oder KonkurrentInnen, sondern in erster Linie
ProjektpartnerInnen, die sie ermuntern, mehr zu essen, oder sogar in körperlicher Kopräsenz füttern. Die Ermunterung und das Füttern erleben sie, wie auch
das Essen und Zunehmen, als sexuell hochgradig erregend. Hier zeichnet sich
ein entscheidender Unterschied zu Pro-Ana ab. Zwar sind auch die Projekte
der FatgainerInnen durch ihre Orientierung auf den fettleibigen Körper durchaus
gleichgerichtet. Sie weisen jedoch keine mit Pro-Ana vergleichbare Interakti-
onsstruktur auf. Projektbezogene Interaktionen finden in erster Linie zwischen
(komplementären) ProjektpartnerInnen statt, d. h. hier zwischen einem Fatgainer bzw. einer Fatgainerin und seinem Encourager bzw. ihrem Feeder. Beide
PartnerInnen erfahren dabei in der Regel eine sexuelle Befriedigung, die sie
zur Fortsetzung des *gemeinsamen* Gewichtszunahmeprojekts motiviert. FatgainerInnen bilden also keine Parallelprojektierung im hier beschriebenen Sinne
aus.

Mit Pro-Ana vergleichbare Formen einer Parallelprojektierung, so wurde in
Abschnitt 7.3 skizziert, scheinen eher in Gemeinschaften aufzutreten, deren Zielkörper eine stärkere Nähe zu gesellschaftlichen Schönheitsidealen aufweisen. In
diesen Gemeinschaften, für die hier beispielhaft die bodybuilding und fitness
communities stehen, ist erneut der Einsatz von Inspirationsbildern, hier sind es
Fitspiration-Bilder, zu beobachten. Zudem scheinen die TeilnehmerInnen dieser
Communities untereinander einen ausgeprägten Aufwärts- und Abwärtsvergleich
zu pflegen, der ähnlich Pro-Ana häufig bildbasiert erfolgt. Um jedoch feststellen zu können, ob diese Communities tatsächlich eine Parallelprojektierung im
Sinne Pro-Anas ausbilden, bedürfte es weiterer Forschung, die hier aus Zeit- und
Ressourcenmangel nicht geleistet werden konnte.

Der Mangel an Zeit und Ressourcen führte auch dazu, dass einige Aspekte
des Phänomens Pro-Ana, die durchaus von Relevanz gewesen wären, nicht mehr
behandelt werden konnten.

Zunächst betrifft dies die Auswahl der untersuchten Orte bzw. Websites des
Phänomens. Neben den untersuchten Orten existieren noch weitere Websites mit
pro-anorektischer Thematik. Von besonderer Relevanz erscheinen dabei neuartige

Plattformen, wie etwa „TikTok", die nach dem Erhebungszeitraum an Bedeu-
tung im Feld gewannen, jedoch aus Gründen des Umfanges nicht mehr in die
Analyse miteinbezogen werden konnten. So berichteten TeilnehmerInnen, wie
die dortige Einbettung sehr kurzer Videos für sie besonders motivierend auf ihr
Weight-loss-journey wirkten. Grundsätzlich muss dabei angemerkt werden, dass
Plattformen mit neuer Funktionalität in der Regel raschen Eingang in die soziale
Welt finden. Es ist zwar durchaus offen, ob diese im Einzelfall auch zu neuen
Formen der Thinspiration führen und damit Einfluss auf die Parallelprojektierung
nehmen. Jedoch zeigt ein Blick in die Geschichte des Phänomens, dass beim
Einbezug neuer Plattformen in die soziale Welt Pro-Ana die Grundprinzipen der
Thinspiration und der Parallelprojektierung beibehalten wurden.

Ein weiterer Bereich des Internets, der keinen Eingang in die Analyse fand,
ist das sogenannte Darknet, das verschlüsselt nur mittels des Tor-Browsers betreten werden kann. Es kann jedoch vermutet werden, dass das Darknet für das
Phänomen keine große Rolle spielt, da bereits im öffentlichen oder auch pass-
wortgeschützten Internet auch extremere Inhalte geteilt werden können, wie etwa
Bilder von Zwangsernährung und extrem abgemagerten Körpern oder extreme,
gesundheitsgefährdende Ratschläge zum Abnehmen. Extreme Inhalte werden
dabei zum Beispiel hinter Passwortschranken in verborgenen Webforenbereichen
abgelegt, sodass zumindest technisch eine Nutzung des Darknets als unnötig
erscheint. Falls Pro-Ana-Websites im Darknet existieren, ist unklar, in welcher
Weise sie sich von ihren Counterparts im normalen Netz unterscheiden.

Ein Desiderat, welches bezüglich des Phänomens bis heute besteht, liegt
in quantifizierenden Analysen zum Umfang Pro-Anas, d. h. der Anzahl an
entsprechenden Websites, Social Media Accounts und Profilen auf Kurznach-
richtendiensten. Interessant wäre zudem eine quantifizierende Prüfung der hier
aufgestellten These der Parallelprojektierung. Diese ist durchaus denkbar, auch
wenn hierfür große Hürden bestehen, die insbesondere die Datenstruktur und
-qualität sowie den Datenschutz betreffen. Weder sind die prozessgenerierten
Daten der Websites in der Regel vollständig, noch ihr automatisiertes Einlesen
(„scraping") mit aktuellen Datenschutzbestimmungen vereinbar.

Ein thematischer Bereich, der in der Analyse nicht vollumfänglich aus-
gearbeitet werden konnte, betrifft die Lebensstile der TeilnehmerInnen. In
Abschnitt 5.7.2 wurde bereits kurz angerissen, wie die unterschiedlichen Körperformen im Thinspiration-Bild fotografisch mit unterschiedlichen Lebensstilen
verknüpft sind: Sportliche Strandfotografien werden etwa für die skinny fitspiration herangezogen, während Fotografien im Gothikstil häufiger im Kontext von
Bonespiration-Alben gepostet werden. So gut wie nie jedoch konnten sportbezo-
gene Strandfotografien im Rahmen der Bonespiration-Alben beobachtet werden

oder Skinny Fitspiration-Alben im Gothikstil. Es kann also ein Zusammenhang zwischen dem präferierten Lebensstil und dem Zielkörper vermutet werden. Ebenfalls im Kontext der Lebensstile, jedoch nochmals darüber hinausgehend, stellt sich die Frage nach der sozialen Herkunft der TeilnehmerInnen. Wird die Anorexie in der Fachliteratur zu Essstörungen weitgehend als Mittel- und Oberschichtsphänomen beschrieben, ist dies für Pro-Ana nicht gleichermaßen anzunehmen. Viele der Tagebucheinträge zeichnen ein Bild vom Alltag der TeilnehmerInnen, das eher auf eine weniger privilegierte soziale Herkunft schließen lässt. Dies steht möglicherweise im Zusammenhang damit, dass es sich bei vielen TeilnehmerInnen nicht um AnorektikerInnen im klinischen Verständnis handelt. Der Aspekt der sozialen Ungleichheit ist deswegen interessant, da sich die TeilnehmerInnen an Pro-Ana mit der AnorektikerIn ein Modellsubjekt ausgesucht haben, das als diszipliniert, ehrgeizig und erfolgreich beschrieben wird – Merkmale, die der (oberen) Mittelschicht zugeordnet werden (Hradil 2015, 21–22). Viele TeilnehmerInnen empören sich zudem regelmäßig über das undisziplinierte Essverhalten und das mangelnde Wissen ihrer Eltern über Ernährung. Inwieweit die schichtspezifische Lebensführung jedoch jener Aspekt ist, an dem sich die TeilnehmerInnen besonders orientieren, erscheint auf Grundlage der bisherigen Datenlage unklar. Zwar wünschen sich TeilnehmerInnen häufig die Selbstkontrolle, die im Zusammenhang mit der Gewichtsabnahme steht, auch auf andere Lebensbereiche wie Schule und Beruf übertragen zu können. Ob dies aber ein allgemeines Merkmal pro-anorektischer Handlungsprojekte ist, kann auf Grundlage der hier analysierten Daten nicht hinreichend beantwortet werden. Notwendig wäre es hierfür entweder, das alltägliche Handeln der Teilnehmerinnen am Wohnort zu beobachten oder Tiefeninterviews zu führen, da die Onlinekommunikation hierfür keine verlässliche Datengrundlage bietet.

Ein weiteres interessantes Datum, das in meiner Studie auftauchte, aber aus Zeit- und Ressourcenmangel nicht weiter verfolgt werden konnte, ist das für viele TeilnehmerInnen häufig unbefriedigende und beschämende Arzt-PatientInnengespräch im Rahmen diagnostischer oder therapeutischer Prozesse. Viele TeilnehmerInnen berichten davon, sich mit ihren Essproblemen bzw. -störungen im klinischen und familiären Umfeld häufig nicht ernstgenommen zu fühlen, wenn sie nicht untergewichtig sind. Um trotzdem die Hilfe (und „Anerkennung“) zu bekommen, die sie sich wünschen, versuchen sie sich möglicherweise den Status der AnorektikerIn anzueignen, wofür Pro-Ana ein probates Mittel zu sein scheint. In meiner Analyse zeigte ich, wie die Subjektpositionen in der sozialen Welt Pro-Ana den Diagnosen in medizinischen Diagnosemanualen weitgehend entsprechen. Die Vorbildfunktion der AnorektikerIn könnte daher möglicherweise auch durch eine nicht gelungene ärztliche oder psychologische

Kommunikation verstärkt worden sein. Inwieweit dies zutrifft, müsste jedoch Gegenstand weiterer Untersuchungen sein.

Zuletzt könnte die hier vorgelegte Studie in Teilen auch als eine „Subjektivierungsanalyse" (Bosančić 2016) gelesen werden, da sie die Handlungsprojekte nachzeichnet, durch die Pro-AnorektikerInnen versuchen, sich die Subjektposition der Ana bzw. AnorektikerIn anzueignen. Für eine solche Analyse hätte aber der Fokus noch stärker auf den Diskursen über die Anorexia nervosa und den unterschiedlichen Subjektivierungsagenten, die Subjektpositionen vermitteln, liegen müssen. Die Subjektivierungsprojekte der TeilnehmerInnen bildeten in dieser Arbeit aber nur einen Teil der Untersuchung bzw. des Erkenntnisinteresses, das in erster Linie auf der Sozialform und den Interaktionsbeziehungen zwischen den TeilnehmerInnen lag.

Abschließen möchte ich diese Arbeit noch mit einer Bemerkung zum Verhältnis von Pro-Ana und der Anorexia nervosa, da dieses einleitend immer wieder thematisch wurde. Das Weight-loss-journey, das typischerweise im Zentrum einer Teilnahme an Pro-Ana steht, kann symptomatisch einer Anorexia nervosa entsprechen, tut es in vielen Fällen aber nicht (vgl. Abschnitt 5.5 und 6). Häufig ähnelt sein Verlauf anderen Essstörungen, nach denen es dann von den TeilnehmerInnen bezeichnet und hierarchisch geordnet wird (vgl. Abschnitt 7.2.1). Wie in Kapitel 6 pointiert wurde, besteht jedoch eine wesentliche Differenz zwischen dem pro-anorektischen Weight-loss-journey und seinen außerhalb Pro-Ana gelebten Pendants. Während es nämlich bis heute etwa für die AnorektikerIn als typisch gilt, ihre Gewichtsabnahme allein zu bestreiten und sozial isoliert zu sein, ist die Gewichtsabnahme im Rahmen eines pro-anorektischen Weight-loss-journeys zum Zweck der wechselseitigen Handlungsmotivation wesentlich interaktiv.

Quellenverzeichnis der Abbildungen

1. URL: https://www.myproana.com/index.php/topic/3744905-what%E2%80%99s-the-most-anorexic-thing-you%E2%80%99ve-done-today/page-4 (Das Webforenmitglied „OzMed" hat sich in der Zwischenzeit in „Zenthereal" umbenannt.)
2. URL: https://butterfliesunited.forumotion.com/
3. URL: https://web.archive.org/web/20161211021418/http://keepingallourse crets.blogspot.com/; URL: https://starvingelephant.blogspot.de (inzwischen entfernt); URL: https://web.archive.org/web/20171012041057/http://thininten tionsforever.blogspot.com/
4. URL: https://www.instagram.com/thin_expectations/ (inzwischen entfernt)
5. URL: https://web.archive.org/web/20150817225151/http://focus-on-your-dream.tumblr.com/
6. URL: https://web.archive.org/web/20181122090814/https://beingthinismy-goal.tumblr.com/
7. URL: https://weightlexs.tumblr.com/post/185064424437/lily-rose-depp-thi nspo (inzwischen entfernt)
8. URL: https://twitter.com/phatavas (inzwischen entfernt)
9. URL: https://twitter.com/waterandana/status/619264181242564608
10. URL: https://www.myproana.com/index.php/forum/4-diets/
11. URL: http://youmaywanttotakenotes.blogspot.com/2012/11/abc-diet.html

Alle Onlinequellen wurden das letzte Mal am 12.10.2021 abgerufen. Einige Quellen sind inzwischen nicht mehr im World Wide Web vorhanden und wurden entsprechend gekennzeichnet.

12. URL: https://tothebonesmylove.music.blog/author/tothebonesmylove/; URL: https://www.myproana.com/index.php/topic/1808145-thigh-gaps-skinny-legs/page-8 (nur für registrierte Mitglieder einsehbar)

13. URL: https://www.myproana.com/index.php/topic/1808105-collarbones-che stbones/page-4 (nur für registrierte Mitglieder einsehbar; Bild wurde aus dem Thread entfernt)

14. URL: https://www.myproana.com/index.php/topic/1703457-fail-%E2%80%94-sirena%E2%80%99s-accountability/?p=30903033 (nur für registrierte Mitglieder einsehbar, die eine bestimmte Anzahl an Post im Webforum getätigt haben)

15. URL: http://sturmwoelfin.blogspot.com/

16. Fotografie des Projekttagebuchs von Mondschaf, das sie mir im Rahmen des Face-to-Face-Interviews als Datum überließ.

17. URL: https://mein-leben-pro-ana-mia.myblog.de/mein-leben-pro-ana-mia/art/7449040/WhatsApp-Gruppe-9829- (inzwischen entfernt)

18. URL: https://www.myproana.com/uploads/monthly_04_2016/post-118122-0-94068900-1461856656.jpeg

19. URL: https://startananowx.wordpress.com/thinspiration/

20. URL: https://www.instagram.com/p/BF_q7puOyvY/ (inzwischen entfernt)

21. URL: https://lilly-roseandlilac.tumblr.com/post/178561068036/felice-fawn-thinspo

22. URL: https://www.myproana.com/index.php/topic/325470-thinspo-contest-tri gger-the-person-below-you-tw/page-11 (nur für registrierte Mitglieder einsehbar)

23. URL: https://www.instagram.com/p/BEmJHRGOyjK/ (inzwischen entfernt)

24. URL: https://www.instagram.com/p/BGOxHpsuymB/ (inzwischen entfernt)

25. URL: https://www.instagram.com/p/BFMV5qROyuv/ (inzwischen entfernt)

26. URL: https://twitter.com/fitjourney645/status/760910969165996032/photo/3

27. URL: https://www.myproana.com/index.php/topic/2404746-k-i-k-o-m-i-z-u-h-a-r-a/?hl=kiko+mizuhara#entry44924257 (nur für registrierte Mitglieder einsehbar)

28. URL: https://www.instagram.com/p/BGjNlgrOykm/ (inzwischen entfernt)

29. URL: https://www.myproana.com/index.php/topic/3664481-+ (nur für registrierte Mitglieder einsehbar)

30. URL: https://www.instagram.com/skinny_girl_dreams_33/?hl=de (Account inzwischen privat geschaltet)

31. URL: https://www.instagram.com/princessskeleton/?hl=de (inzwischen entfernt)

32. URL: http://loveanamia.weebly.com/thinspo

33. URL: https://www.myproana.com/index.php/topic/307473-skinny-fitspo/
    page-6 (nur für registrierte Mitglieder einsehbar)
34. URL: https://www.myproana.com/index.php/topic/1397818-it-looks-like-thi
    nspo-but-it-isnt/ (nur für registrierte Mitglieder einsehbar)
35. URL: https://www.instagram.com/p/BDeo92FNmWr/ (inzwischen entfernt);
    URL: https://www.myproana.com/index.php/topic/307473-skinny-fitspo/
    page-4?hl=%20fitspo (nur für registrierte Mitglieder einsehbar); *URL:*
    https://www.myproana.com/index.php/topic/74692-so-what-kind-of-skinny-
    do-you-want-to-be-tw/page-12 (nur für registrierte Mitglieder einsehbar)
36. URL: https://www.instagram.com/p/BtBWPe1ALdH/
37. Das Weight-loss-journey als Handlungsprojekt (eigene Darstellung)
38. Die Thinspiration als Handlung der Selbstmotivation (eigene Darstellung)
39. Die parallele Ausrichtung der Handlungsprojekte unterschiedlich fortge-
    schrittener TeilnehmerInnen (eigene Darstellung)
40. Die Thinspiration im Interaktionszusammenhang (eigene Darstellung)
41. URL: https://web.archive.org/web/20150917220917/http://wayofperfection.
    org:80/mitgliedwerden_wie.php
42. URL: https://pro-ana-nation.livejournal.com/
43. Dreieck der Weight-loss-journeys in Pro-Ana (eigene Darstellung)
44. Dreieck der Körperformen und Körpergewichte der Gesamtgesellschaft
    (eigene Darstellung)
45. URL: https://www.instagram.com/samanthavanity83/ (inzwischen entfernt)
46. URL: https://www.instagram.com/fattiegainergirl/?hl=de
47. URL: https://www.instagram.com/p/BE1733xuyhx/ (inzwischen entfernt)

Literaturverzeichnis

Abbate Daga, Giovanni; Gramaglia, Carla; Pierò, Andrea & Fassino, Secondo (2006): Eating disorders and the Internet: cure and curse. *Eating and Weight Disorders, 11*(2), 68–71.

Abels, Heinz (1993): *Jugend vor der Moderne: Soziologische und psychologische Theorien des 20. Jahrhunderts.* Wiesbaden: VS Verlag für Sozialwissenschaften.

American Psychological Association (o. J.): APA Dictionary of Psychology: trigger. https://dictionary.apa.org/trigger. Zugegriffen: 13. Oktober 2021.

Arold, Marliese (1997): *Völlig schwerelos: Miriam ist magersüchtig.* Bindlach: Loewe-Verlag.

Autenrieth, Ulla P. & Herwig, Jana (2011): Zwischen begrenzten Mitteln und komplexen Strukturen: Gemeinschaftsorientierte Kommunikation und Interaktion auf Microblogging-Plattformen am Beispiel Twitter. In: Klaus Neumann-Braun & Ulla Autenrieth (Hrsg.), *Freundschaft und Gemeinschaft im Social Web: Bildbezogenes Handeln und Peergroup-Kommunikation auf Facebook & Co.* Baden-Baden: Nomos, 211–232.

Ayaß, Ruth & Meyer, Christian (Hrsg.) (2012): *Sozialität in Slow Motion: Theoretische und empirische Perspektiven.* Wiesbaden: Springer VS.

Bardone-Cone, Anna M. & Cass, Kamila M. (2007): What does viewing a pro-anorexia website do? An experimental examination of website exposure and moderating effects. *The International Journal of Eating Disorders, 40*(6), 537–548.

Barthes, Roland (1989): *Die helle Kammer: Bemerkung zur Photographie.* Frankfurt am Main: Suhrkamp.

Baur, Nina & Blasius, Jörg (Hrsg.) (2014): *Handbuch Methoden der empirischen Sozialforschung.* Wiesbaden: Springer VS.

Baur, Nina & Blasius, Jörg (Hrsg.) (2019): *Handbuch Methoden der empirischen Sozialforschung.* Wiesbaden: Springer VS.

Beck, Klaus (2010a): Ethik der Online-Kommunikation. In: Wolfgang Schweiger & Klaus Beck (Hrsg.), *Handbuch Online-Kommunikation.* Wiesbaden: VS Verlag für Sozialwissenschaften, 130–155.

Beck, Klaus (2010b): Soziologie der Online-Kommunikation. In: Wolfgang Schweiger & Klaus Beck (Hrsg.), *Handbuch Online-Kommunikation.* Wiesbaden: VS Verlag für Sozialwissenschaften, 15–35.

Beck, Ulrich (1986): *Risikogesellschaft: Auf dem Weg in eine andere Moderne.* Frankfurt am Main: Suhrkamp.

Berger, Peter L.; Luckmann, Thomas (1966): *The social construction of reality: A treatise in the sociology of knowledge.* Garden City, NY: Doubleday.

Berger, Peter L.; Luckmann, Thomas (1969): *Die gesellschaftliche Konstruktion der Wirklichkeit.* Frankfurt am Main: Fischer Verlag.

Bilden, Helga & Diezinger, Angelika (1992): Historische Konstitution und besondere Gestalt weiblicher Jugend — Mädchen im Blick der Jugendforschung. In: Heinz-Hermann Krüger (Hrsg.), *Handbuch der Jugendforschung.* Opladen: Leske + Budrich, 201–222.

Blumer, Herbert (1954): What is Wrong with Social Theory? *American Sociological Review, 19*(1), 3–10.

Boerner, Peter (1969): *Tagebuch.* Stuttgart: Metzler.

Boero, Natalie & Pascoe, C. J. (2012): Proanorexia Communities and Online Interaction: Bringing the Pro-ana Body Online. *Body & Society, 18*(2), 27–57.

Bosančić, Saša (2016): Subjektivierung – ein neuer Name für alte Denkweisen? Zum Stellenwert von Re-Signifikation in einer wissenssoziologischen Subjektivierungsanalyse. In: Jürgen Raab & Reiner Keller (Hrsg.), *Wissensforschung – Forschungswissen: Beiträge und Debatten zum 1. Sektionskongress der Wissenssoziologie.* Weinheim, Basel: Beltz Juventa, 36–46.

Bosančić, Saša & Keller, Reiner (Hrsg.) (2016): *Perspektiven wissenssoziologischer Diskursforschung.* Wiesbaden: Springer VS.

Brotsky, Sarah R. & Giles, David (2007): Inside the "Pro-Ana" Community: A Covert Online Participant Observation. *Eating Disorders, 15*(2), 93–109.

Bruch, Hilde (1962): Perceptual and Conceptual Disturbances in Anorexia Nervosa. *Psychosomatic Medicine, 24*(2), 187–194.

Bruch, Hilde (1978): *The Golden Cage: The Enigma of Anorexia Nervosa.* Cambridge, Mass.: Harvard Univ. Press.

Brumberg, Joan J. (1992): From Psychiatric Syndrome to "Communicable" Disease: The Case of Anorexia Nervosa. In: Charles E. Rosenberg & Janet Golden (Hrsg.), *Framing Disease: Studies in Cultural History.* New Brunswick, NJ: Rutgers University Press, 134–154.

Brumberg, Joan J. (1994): *Todeshunger: Die Geschichte der Anorexia nervosa vom Mittelalter bis heute.* Frankfurt/Main: Campus-Verlag.

Bundeszentrale für Politische Bildung (Hrsg.) (2015): *Oben – Mitte – Unten: Zur Vermessung der Gesellschaft.* Bonn: Bundeszentrale für Politische Bildung.

Casilli, Antonio A.; Tubaro, Paola & Araya, Pedro (2012): Ten years of Ana: Lessons from a transdisciplinary body of literature on online pro-eating disorder websites. *Social Science Information, 51*(1), 120–139.

Charles, Kathy; Palkowski, Michael (2015): *Feederism: Eating, Weight Gain, and Sexual Pleasure.* Houndmills, Basingstoke, Hampshire: Palgrave Macmillan.

Chayko, Mary (2008): *Portable Communities: The Social Dynamics of Online and Mobile Connectedness.* Albany: State University of New York Press.

Choate, Laura H. (2014): *Adolescent Girls in Distress: A Guide for Mental Health Treatment and Prevention.* New York: Springer Publishing Company.

Cobb, Gemma (2017): "This is *not* pro-ana": Denial and disguise in pro-anorexia online spaces. *Fat Studies, 6*(2), 189–205.

Cohrdes, Caroline; Göbel, Kristin; Schlack, Robert & Hölling, Heike (2019): Essstörungssymptome bei Kindern und Jugendlichen: Häufigkeiten und Risikofaktoren: Ergebnisse aus KiGGS Welle 2 und Trends. *Bundesgesundheitsblatt – Gesundheitsforschung – Gesundheitsschutz, 62*(10), 1195–1204.

Cooley, Charles H. (1902): *Human nature and the social order.* New York: Scribner.

Cooley, Charles H. (2006): Looking-Glass Self. In: Jodi O'Brien (Hrsg.), *The Production of Reality: Essays and Readings on Social Interaction.* Thousand Oaks, London, New Delhi: Pine Forge Press, 255–257.

Corsten, Michael & Herma, Holger (2015): Internetbasierte Daten als sprachsoziologische Rätsel. In: Dominique Schirmer, Nadine Sander & Andreas Wenninger (Hrsg.), *Die qualitative Analyse internetbasierter Daten: Methodische Herausforderungen und Potenziale von Online-Medien.* Wiesbaden: Springer VS, 199–226.

Crossley, Nick (2006): *Reflexive Embodiment in Contemporary Society.* Maidenhead: Open University Press.

Csipke, Emese & Horne, Outi (2007): Pro-eating disorder websites: users' opinions. *European Eating Disorders Review, 15*(3), 196–206.

Davis, Caroline & Scott-Robertson, Lori (2000): A psychological comparison of females with anorexia nervosa and competitive male bodybuilders: body shape ideals in the extreme. *Eating Behaviors, 1*(1), 33–46.

Davis, Jennifer (2008): Proanorexia sites – A patient's perspective. *Child and Adolescent Mental Health, 13*(2), 97.

Day, Katy & Keys, Tammy (2008): Starving in cyberspace: a discourse analysis of pro-eating-disorder websites. *Journal of Gender Studies, 17*(1), 1–15.

Delforterie, Monique J.; Larsen, Junilla K.; Bardone-Cone, Anna M. & Scholte, Ron H.J. (2014): Effects of Viewing a Pro-Ana Website: An Experimental Study on Body Satisfaction, Affect, and Appearance Self-Efficacy. *Eating Disorders, 22*(4), 321–336.

Denzin, Norman K. (Hrsg.) (1978): *Studies in Symbolic Interaction.* Greenwich: Jai Press.

Derenne, Jennifer L. & Beresin, Eugene V. (2006): Body Image, Media, and Eating Disorders. *Academic Psychiatry, 30*(3), 257–261.

Dilling, Horst, Mombour, Werner & Schmidt, Martin H. (Hrsg.) (2011): *Internationale Klassifikation psychischer Störungen: ICD-10 Kapitel V (F). Klinisch-diagnostische Leitlinien.* Bern: Huber.

Döring, Nicola (2010): Sozialkontakte online: Identitäten, Beziehungen, Gemeinschaften. In: Wolfgang Schweiger & Klaus Beck (Hrsg.), *Handbuch Online-Kommunikation.* Wiesbaden: VS Verlag für Sozialwissenschaften, 159–183.

Drews-Sylla, Gesine, Dütschke, Leontiy, Halyna & Polledri, Elena (Hrsg.) (2010): *Konstruierte Normalitäten – normale Abweichungen.* Wiesbaden: VS Verlag für Sozialwissenschaften.

Duncan, James M. (1889): Clinical Lecture ON HYSTERIA, NEURASTHENIA, AND ANOREXIA NERVOSA. *The Lancet, 133*(3429), 973–974.

Duttweiler, Stefanie, Gugutzer, Robert, Passoth, Jan-Hendrik & Strübing, Jörg (Hrsg.) (2016): *Leben nach Zahlen: Self-Tracking als Optimierungsprojekt?* Bielefeld: transcript.

Duttweiler, Stefanie & Passoth, Jan-Hendrik (2016): Self-Tracking als Optimierungsprojekt? In: Stefanie Duttweiler, Robert Gugutzer, Jan-Hendrik Passoth & Jörg Strübing (Hrsg.), *Leben nach Zahlen: Self-Tracking als Optimierungsprojekt?* Bielefeld: transcript, 9–42.

Eco, Umberto (2011): *Über Spiegel und andere Phänomene.* München: Dt. Taschenbuch-Verl.

Eichenberg, Christiane (2014): Online-Foren für junge Menschen mit selbstschädigenden Problematiken: Pro-Ana-Blogs, Suizid-Boards und Foren zu selbstverletzendem Verhalten. In: Torsten Porsch & Stephanie Pieschl (Hrsg.), *Neue Medien und deren Schatten: Mediennutzung, Medienwirkung und Medienkompetenz.* Göttingen u.a.: Hogrefe, 245–274.

Eichenberg, Christiane & Brähler, Elmar (2007): „Nothing tastes as good as thin feels..." – Einschätzungen zur Pro-Anorexia-Bewegung im Internet. *Psychotherapie, Psychosomatik, medizinische Psychologie, 57*(7), 269–270.

Eichenberg, Christiane; Flümann, Andrea & Hensges, Kristin (2011): Pro-Ana-Foren im Internet. *Psychotherapeut, 56*(6), 492–500.

Eichinger, Tobias (2011): Ausweitung der Kampfzone: Anti-Aging-Medizin zwischen Prävention und Lebensrettung. In: Willy Viehöver & Peter Wehling (Hrsg.), *Entgrenzung der Medizin: Von der Heilkunst zur Verbesserung des Menschen?* Bielefeld: transcript, 195–228.

Einspänner-Pflock, Jessica & Reichmann, Werner (2014): »Digitale Sozialität« und die »synthetische Situation« – Konzeptionen mediatisierter Interaktion. In: Friedrich Krotz, Cathrin Despotović & Merle-Marie Kruse (Hrsg.), *Die Mediatisierung sozialer Welten: Synergien empirischer Forschung.* Wiesbaden: Springer VS, 53–72.

Eisewicht, Paul & Kirschner, Heiko (2015): Giving in on the field: Localizing life-world analytic ethnography in mediatized fields. *Journal of Contemporary Ethnography, 44*(5), 657–673.

Falkai, Peter & Wittchen, Hans-Ulrich (Hrsg.) (2015): *Diagnostisches und statistisches Manual psychischer Störungen DSM-5®.* Göttingen: Hogrefe.

Feierabend, Sabine; Rathgeb, Thomas; Reutter Theresa (2018): *JIM-Studie 2018. Jugend, Information, Medien: Basisuntersuchung zum Medienumgang 12- bis 19-Jähriger.* Stuttgart: mpfs.

Ferchhoff, Wilfried (2011): *Jugend und Jugendkulturen im 21. Jahrhundert: Lebensformen und Lebensstile.* Wiesbaden: VS Verlag für Sozialwissenschaften.

Ferchhoff, Wilfried & Olk, Thomas (Hrsg.) (1988): *Jugend im internationalen Vergleich: Sozialhistorische und sozialkulturelle Perspektiven.* Weinheim: Juventa.

Ferguson, Christopher J.; Muñoz, Mónica E.; Garza, Adolfo & Galindo, Mariza (2014): Concurrent and Prospective Analyses of Peer, Television and Social Media Influences on Body Dissatisfaction, Eating Disorder Symptoms and Life Satisfaction in Adolescent Girls. *Journal of Youth and Adolescence, 43*(1), 1–14.

Fröhlich, Gerrit (2018): *Medienbasierte Selbsttechnologien 1800, 1900, 2000: Vom narrativen Tagebuch zur digitalen Selbstvermessung.* Bielefeld: transcript.

Fülscher, Susanne (1998): *Nie mehr Keks und Schokolade.* Freiburg Breisgau, Wien, Basel: Kerle.

Fumi, Markus; Naab, Silke & Voderholzer, Ulrich (2020): Diagnostik und Therapie von Essstörungen. *gynäkologie + geburtshilfe, 25*(2), 27–34.

Gale, Leigh; Channon, Sue; Larner, Mike & James, Darren (2016): Experiences of using pro-eating disorder websites: a qualitative study with service users in NHS eating disorder services. *Eat Weight Disord, 21*(3), 427–434.

Garfinkel, Harold (1967): *Studies in ethnomethodology.* Englewood Cliffs: Prentice Hall.

Garner, David M.; Garfinkel, Paul E.; Schwartz, Donald & Thompson, Michael (1980): Cultural Expectations of Thinness in Women. *Psychological Reports, 47*(2), 483–491.

Ghaznavi, Jannath & Taylor, Laramie D. (2015): Bones, body parts, and sex appeal: An analysis of #thinspiration images on popular social media. *Body Image, 14*, 54–61.

Giddens, Anthony (1991): *Modernity and Self-Identity: Self and Society in the Late Modern Age*. Stanford: Stanford University Press.

Giddens, Anthony; Fleck, Christian; Egger de Campo, Marianne (2009): *Soziologie*. Graz u.a.: Nausner & Nausner.

Gieryn, Thomas F. (1983): Boundary-Work and the Demarcation of Science from Non-Science: Strains and Interests in Professional Ideologies of Scientists. *American Sociological Review, 48*(6), 781–795.

Giles, David (2006): Constructing identities in cyberspace: The case of eating disorders. *The British Journal of Social Psychology, 45*(3), 463–477.

Giles, David C. (2016): Does ana=Anorexia? Online Interaction and the Construction of New Discursive Objects. In: Michelle O'Reilly & Jessica N. Lester (Hrsg.), *The Palgrave Handbook of Adult Mental Health*. London: Palgrave Macmillan, 308–326.

Gilligan, Sarah (2011): Performing Postfeminist Identities: Gender, Costume, and Transformation in Teen Cinema. In: Melanie Waters (Hrsg.), *Women on screen: Feminism and Femininity in Visual Culture*. Basingstoke: Palgrave Macmillan, 167–181.

Goffmann, Erving (1964): The Neglected Situation. *American Anthropologist, 66*(6), 133–136.

Goffmann, Erving (1972): *Relations in Public: Microstudies of the Public Order*. Harmondsworth: Penguin.

Goffmann, Erving (1981): *Geschlecht und Werbung*. Frankfurt am Main: Suhrkamp.

Goffmann, Erving (2009): *Interaktion im öffentlichen Raum*. Frankfurt am Main: Campus Verlag.

Gorwood, Philip; Bouvard, Manuel; Mouren-Siméoni, Marie-Christine; Kipman, Amélie & Adès, Jean (1998): Genetics and anorexia nervosa: a review of candidate genes. *Psychiatric Genetics, 8*(1), 1–12.

Gotthelf, Michelle (2001): Sick world of pro-anorexia internet sites. *New York Post*. https://nypost.com/2001/05/07/sick-world-of-pro-anorexia-internet-sites/. Zugegriffen: 10. November 2021.

Gugutzer, Robert (2005): Der Körper als Identitätsmedium: Eßstörungen. In: Markus Schroer (Hrsg.), *Soziologie des Körpers*. Frankfurt am Main: Suhrkamp, 323–355.

Gull, William W. (1997): Anorexia nervosa (apepsia hysterica, anorexia hysterica).1868. *Obesity Research, 5*(5), 498–502.

Gwizdek, Anna; Gwizdek, Katarzyna & Koszowska, Aneta (2012): Pro-ana, murderous face of the Internet. *Prog Health Sci, 2*(1), 158–161.

Hall, Jeffrey A. & Valente, Thomas W. (2007): Adolescent Smoking Networks: The Effects of Influence and Selection on Future Smoking. *Addictive Behaviors, 32*(12), 3054–3059.

Hammersley, Martyn & Treseder, Peggy (2007): Identity as an analytic problem: who's who in 'pro-ana' websites? *Qualitative Research, 7*(3), 283–300.

Harring, Marius, Böhm-Kasper, Oliver, Rohlfs, Carsten & Palentien, Christian (Hrsg.) (2010): *Freundschaften, Cliquen und Jugendkulturen: Peers als Bildungs- und Sozialisationsinstanzen*. Wiesbaden: VS Verlag für Sozialwissenschaften.

Heibges, Maren; Mörike, Frauke; Feufel, Markus A. (2019): *Wann braucht Ethnografie eine Einverständniserklärung? Praktische Antworten auf ethische Fragen zu ethnografischen*

Methoden in der HCI-Forschung (Mensch und Computer 2019 – Workshopband). Bonn: Gesellschaft für Informatik e.V.

Heintz, Bettina (2003): Gemeinschaft ohne Nähe? Virtuelle Gruppen und reale Netze. In: Udo Thiedeke (Hrsg.), *Virtuelle Gruppen: Charakteristika und Problemdimensionen.* Wiesbaden: Westdt. Verlag, 180–210.

Herpertz-Dahlmann, B.; Bühren, Katharina & Seitz, Jochen (2011): Kindliche und adoleszente Anorexia nervosa: Verlauf und Bedeutung für das Erwachsenenalter. *Der Nervenarzt, 82*(9), 1093–1099.

Hine, Christine (2000): *Virtual Ethnography.* London: SAGE Publications Ltd.

Hitzler, Ronald & Honer, Anne (1988): Der lebensweltliche Forschungsansatz. *Neue Praxis, 18*(6), 496–501.

Hitzler, Ronald, Honer, Anne & Pfadenhauer, Michaela (Hrsg.) (2008): *Posttraditionale Gemeinschaften: Theoretische und ethnografische Erkundungen.* Wiesbaden: VS Verlag für Sozialwissenschaften.

Holtkamp, Kristian & Herpertz-Dahlmann, Beate (2002): Anorexia und Bulimia nervosa im Kindes- und Jugendalter. *Monatsschrift Kinderheilkunde, 150*(2), 164–171.

Honer, Anne (1993): *Lebensweltliche Ethnographie: Ein explorativ-interpretativer Forschungsansatz am Beispiel von Heimwerker-Wissen.* Wiesbaden: Deutscher Universitätsverlag.

Horstkemper, Marianne & Zimmermann, Peter (Hrsg.) (1998): *Zwischen Dramatisierung und Individualisierung: Geschlechtstypische Sozialisation im Kindesalter.* Wiesbaden: VS Verlag für Sozialwissenschaften.

Hotta, Mari; Horikawa, Reiko; Mabe, Hiroyo; Yokoyama, Shin; Sugiyama, Eiko; Yonekawa, Tadato, et al. (2015): Epidemiology of anorexia nervosa in Japanese adolescents. *BioPsychoSocial medicine, 9*(17), 1–6.

Hradil, Stefan (2015): Die wachsende soziale Ungleichheit in der Diskussion. Eine Einführung. In: Bundeszentrale für Politische Bildung (Hrsg.), *Oben – Mitte – Unten: Zur Vermessung der Gesellschaft.* Bonn: Bundeszentrale für Politische Bildung.

Illouz, Eva (2009): *Die Errettung der modernen Seele: Therapien, Gefühle und die Kultur der Selbsthilfe.* Frankfurt am Main: Suhrkamp.

Inch, Rebecca & Merali, Noorfarah (2006): A Content Analysis of Popular Magazine Articles on Eating Disorders. *Eating Disorders, 14*(2), 109–120.

Iriberri, Alicia & Leroy, Gondy (2009): A Life Cycle Perspective on Online Community Success. *ACM Computing Surveys, 41*(2), 1–29.

Johnson, Camille S. & Stapel, Diederik A. (2007): No pain, no gain: The conditions under which upward comparisons lead to better performance. *Journal of Personality and Social Psychology, 92*(6), 1051–1067.

Jong, Stephanie T. & Drummond, Murray J.N. (2016): Exploring online fitness culture and young females. *Leisure Studies, 35*(6), 758–770.

Keller, Reiner (2011): *Wissenssoziologische Diskursanalyse: Grundlegung eines Forschungsprogramms.* Wiesbaden: VS Verlag für Sozialwissenschaften.

Keller, Reiner (2012): Der menschliche Faktor. In: Reiner Keller, Werner Schneider & Willy Viehöver (Hrsg.), *Diskurs – Macht – Subjekt: Theorie und Empirie von Subjektivierung in der Diskursforschung.* Wiesbaden: VS Verlag für Sozialwissenschaften, 69–107.

Keller, Reiner (2013): Zur Praxis der Wissenssoziologischen Diskursanalyse. In: Reiner Keller & Inga Truschkat (Hrsg.), *Methodologie und Praxis der wissenssoziologischen*

Diskursanalyse: *Band 1: Interdisziplinäre Perspektiven*. Wiesbaden: VS Verlag für Sozialwissenschaften, 27–68.

Keller, Reiner (2016): Die komplexe Diskursivität der Visualisierungen. In: Saša Bosančić & Reiner Keller (Hrsg.), *Perspektiven wissenssoziologischer Diskursforschung*. Wiesbaden: Springer VS, 75–93.

Keller, Reiner, Knoblauch, Hubert & Reichertz, Jo (Hrsg.) (2013): *Kommunikativer Konstruktivismus: Theoretische und empirische Arbeiten zu einem neuen wissenssoziologischen Ansatz*. Wiesbaden: Springer VS.

Keller, Reiner & Meuser, Michael (Hrsg.) (2011): *Körperwissen*. Wiesbaden: VS Verlag.

Keller, Reiner & Meuser, Michael (2011): Wissen des Körpers – Wissen vom Körper: Körper- und wissenssoziologische Erkundungen. In: Reiner Keller & Michael Meuser (Hrsg.), *Körperwissen*. Wiesbaden: VS Verlag, 9–27.

Keller, Reiner, Schneider, Werner & Viehöver, Willy (Hrsg.) (2012): *Diskurs – Macht – Subjekt: Theorie und Empirie von Subjektivierung in der Diskursforschung*. Wiesbaden: VS Verlag für Sozialwissenschaften.

Keller, Reiner & Truschkat, Inga (Hrsg.) (2013): *Methodologie und Praxis der wissenssoziologischen Diskursanalyse: Band 1: Interdisziplinäre Perspektiven*. Wiesbaden: VS Verlag für Sozialwissenschaften.

Keski-Rahkonen, Anna & Mustelin, Linda (2016): Epidemiology of eating disorders in Europe: prevalence, incidence, comorbidity, course, consequences, and risk factors. *Current opinion in psychiatry, 29*(6), 340–345.

Knapton, Olivia (2013): Pro-anorexia: Extensions of ingrained concepts. *Discourse & Society, 24*(4), 461–477.

Knoblauch, Hubert (2001): Fokussierte Ethnographie: Soziologie, Ethnologie und die neue Welle der Ethnographie. *Sozialer Sinn, 2*(1), 123–141.

Knoblauch, Hubert (2008): Kommunikationsgemeinschaften. In: Ronald Hitzler, Anne Honer & Michaela Pfadenhauer (Hrsg.), *Posttraditionale Gemeinschaften: Theoretische und ethnografische Erkundungen*. Wiesbaden: VS Verlag für Sozialwissenschaften, 73–88.

Knoblauch, Hubert (2011): Alfred Schütz, die Phantasie und das Neue. Überlegungen zu einer Theorie des kreativen Handelns. In: Norbert Schröer & Oliver Bidlo (Hrsg.), *Die Entdeckung des Neuen: Qualitative Sozialforschung als Hermeneutische Wissenssoziologie*. Wiesbaden: VS Verlag für Sozialwissenschaften, 99–116.

Knoblauch, Hubert (2013): Grundbegriffe und Aufgaben des kommunikativen Konstruktivismus. In: Reiner Keller, Hubert Knoblauch & Jo Reichertz (Hrsg.), *Kommunikativer Konstruktivismus: Theoretische und empirische Arbeiten zu einem neuen wissenssoziologischen Ansatz*. Wiesbaden: Springer VS, 25–47.

Knoblauch, Hubert (2014): Ethnographie. In: Nina Baur & Jörg Blasius (Hrsg.), *Handbuch Methoden der empirischen Sozialforschung*. Wiesbaden: Springer VS, 521–528.

Knoblauch, Hubert (2017): *Die kommunikative Konstruktion der Wirklichkeit*. Wiesbaden: Springer VS.

Knoblauch, Hubert & Löw, Martina (2017): On the Spatial Re-Figuration of the Social World. *Sociologica, 11*(2), 1–27.

Knorr Cetina & Karin (2014): Scopic media and global coordination: the mediatization of face-to-face encounters. In: Knut Lundby (Hrsg.), *Mediatization of Communication*. de Gruyter Mouton, 39–62.

Knorr Cetina, Karin (2009): The Synthetic Situation: Interactionism for a Global World. *Symbolic Interaction, 32*(1), 61–87.

Knorr Cetina, Karin (2012a): Die synthetische Situation. In: Ruth Ayaß & Christian Meyer (Hrsg.), *Sozialität in Slow Motion: Theoretische und empirische Perspektiven*. Wiesbaden: Springer VS, 81–110.

Knorr Cetina, Karina (2012b): Skopische Medien: Am Beispiel der Architektur von Finanzmärkten. In: Friedrich Krotz & Andreas Hepp (Hrsg.), *Mediatisierte Welten: Forschungsfelder und Beschreibungsansätze*. Wiesbaden: Springer VS, 167–195.

Kothgassner, Oswald D. & Felnhofer, Anna (Hrsg.) (2018): *Klinische Cyberpsychologie und Cybertherapie*. Wien: Facultas.

Kozlowski, MaryAnn (2018): *Fat Girls: Sexuality, Transgression, and Fatness in Popular Culture*. University of Kentucky Libraries.

Kreuzenbeck, Nora (2015): Nothing to Lose: *Fat Acceptance*-Strategien und Agency als Widerstand und Unterwerfung in den USA von der Mitte der 1960er bis in die frühen 1980er Jahre. *Body Politics, 3*(5), 111–134.

Kring, Anne M.; Johnson, Sheri L.; Hautzinger, Martin (2019): *Klinische Psychologie*. Weinheim: Beltz.

Krotz, Friedrich (2014): Einleitung: Projektübergreifende Konzepte und theoretische Bezüge der Untersuchung mediatisierter Welten. In: Friedrich Krotz, Cathrin Despotović & Merle-Marie Kruse (Hrsg.), *Die Mediatisierung sozialer Welten: Synergien empirischer Forschung*. Wiesbaden: Springer VS, 7–32.

Krotz, Friedrich, Despotović, Cathrin & Kruse, Merle-Marie (Hrsg.) (2014): *Die Mediatisierung sozialer Welten: Synergien empirischer Forschung*. Wiesbaden: Springer VS.

Krotz, Friedrich & Hepp, Andreas (Hrsg.) (2012): *Mediatisierte Welten: Forschungsfelder und Beschreibungsansätze*. Wiesbaden: Springer VS.

Krüger, Heinz-Hermann (Hrsg.) (1992): *Handbuch der Jugendforschung*. Opladen: Leske + Budrich.

Legenbauer, Tanja; Vocks, Silja (2014): *Manual der kognitiven Verhaltenstherapie bei Anorexie und Bulimie*. Berlin, Heidelberg: Springer Berlin Heidelberg.

Lobinger, Katharina (2012): *Visuelle Kommunikationsforschung: Medienbilder als Herausforderung für die Kommunikations- und Medienwissenschaft*. Wiesbaden: Springer VS.

Lowe-Calverley, Emily & Grieve, Rachel (2021): Do the metrics matter? An experimental investigation of Instagram influencer effects on mood and body dissatisfaction. *Body Image, 36*, 1–4.

Lundby, Knut (Hrsg.) (2014): *Mediatization of Communication*. de Gruyter Mouton.

Marcus, George E. (1995): Ethnography in/of the World System: The Emergence of Multi-Sited Ethnography. *Annual Review of Anthropology, 24*(1), 95–117.

Mau, Steffen (2017): *Das metrische Wir: Über die Quantifizierung des Sozialen*. Berlin, Frankfurt am Main: Suhrkamp.

Maurer, Donna & Sobal, Jeffery (1999): The Social Management of Fatness and Thinness. In: Jeffery Sobal & Donna Maurer (Hrsg.), *Interpreting Weight: The Social Management of Fatness and Thinness*. New York: de Gruyter, 3–8.

Mauss, Marcel (1975): *Soziologie und Anthropologie: Gabentausch, Soziologie und Psychologie, Todesvorstellung, Körpertechniken, Begriff der Person*. München: Hanser.

Meuser, Michael (2005): Frauenkörper – Männerkörper: Somatische Kulturen der Geschlechterdifferenz. In: Markus Schroer (Hrsg.), *Soziologie des Körpers*. Frankfurt am Main: Suhrkamp, 271–294.

Mikos, Lothar & Wegener, Claudia (Hrsg.) (2017): *Qualitative Medienforschung: Ein Handbuch*. Konstanz, München: UVK.

Miller, Shari; Loeber, Rolf & Hipwell, Alison (2009): Peer Deviance, Parenting and Disruptive Behavior among Young Girls. *Journal of Abnormal Child Psychology, 37*(2), 139–152.

Monaghan, Lee F. (2005): Big Handsome Men, Bears and Others: Virtual Constructions of 'Fat Male Embodiment'. *Body & Society, 11*(2), 81–111.

Müller, Michael R. (2011): Das Körperbild als Selbstbild. In: Michael R. Müller, Hans-Georg Soeffner & Anne Sonnenmoser (Hrsg.), *Körper Haben: Die symbolische Formung der Person*. Weilerswist: Velbrück, 87–106.

Müller, Michael R. (2012): Figurative Hermeneutik: Zur methodologischen Konzeption einer Wissenssoziologie des Bildes. *Sozialer Sinn, 13*(1), 129–161.

Müller, Michael R. (2016): Bildcluster: Zur Hermeneutik einer veränderten sozialen Gebrauchsweise der Fotografie. *Sozialer Sinn, 17*(1), 95–141.

Müller, Michael R., Soeffner, Hans-Georg & Sonnenmoser, Anne (Hrsg.) (2011): *Körper Haben: Die symbolische Formung der Person*. Weilerswist: Velbrück.

Müller-Heisrath, Angelika & Kückmann-Metschies, Hedwig (1998): Aufwachsen in der Familie. In: Marianne Horstkemper & Peter Zimmermann (Hrsg.), *Zwischen Dramatisierung und Individualisierung: Geschlechtstypische Sozialisation im Kindesalter*. Wiesbaden: VS Verlag für Sozialwissenschaften, 47–67.

Neckel, Sighard & Wagner, Greta (2014): Burnout. Soziales Leiden an Wachstum und Wettbewerb. *WSI-Mitteilungen, 67*(7), 536–542.

Neumann-Braun, Klaus & Autenrieth, Ulla (Hrsg.) (2011): *Freundschaft und Gemeinschaft im Social Web: Bildbezogenes Handeln und Peergroup-Kommunikation auf Facebook & Co.* Baden-Baden: Nomos.

Norris, Mark L.; Boydell, Katherine M.; Pinhas, Leora & Katzman, Debra K. (2006): Ana and the Internet: a review of pro-anorexia websites. *The International Journal of Eating Disorders, 39*(6), 443–447.

O'Brien, Jodi (Hrsg.) (2006): *The Production of Reality: Essays and Readings on Social Interaction*. Thousand Oaks, London, New Delhi: Pine Forge Press.

Oinas-Kukkonen, Harri, Hasle, Per, Harjumaa, Marja, Segerståhl, Katarina & Øhrstrøm, Peter (Hrsg.) (2008): *Persuasive Technology: Third international conference, PERSUASIVE 2008, Oulu, Finland, June 4–6, 2008 ; Proceedings*. Berlin: Springer.

Olwig, Karen F.; Hastrup, Kirsten (1997): *Siting Culture: The shifting anthropological object*. London, New York: Routledge.

O'Reilly, Michelle & Lester, Jessica N. (Hrsg.) (2016): *The Palgrave Handbook of Adult Mental Health*. London: Palgrave Macmillan.

Peikert, Denise (2016): Sehnsucht nach Sehnen. Körpertrend „AB CRACK". *Frankfurter Allgemeine Zeitung*. https://www.faz.net/aktuell/gesellschaft/menschen/schoenheitstrend-ab-crack-kann-gefaehrlich-werden-14343990.html. Zugegriffen: 5. Juli 2021.

Philipp, Julia; Wagner, Gudrun & Karwautz, Andreas (2018): Verbreitung von Psychopathologien durch neue Medien am Beispiel von Pro-Ana und Pro-Mia. In: Oswald D.

Kothgassner & Anna Felnhofer (Hrsg.), *Klinische Cyberpsychologie und Cybertherapie.* Wien: Facultas, 141–153.

Ploderer, Bernd; Howard, Steve & Thomas, Peter (2010): Collaboration on Social Network Sites: Amateurs, Professionals and Celebrities. *Computer Supported Cooperative Work, 19*(5), 419–455.

Ploderer, Bernd; Howard, Steve; Thomas, Peter & Reitberger, Wolfgang (2008): "Hey World, Take a Look at Me!": Appreciating the Human Body on Social Network Sites. In: Harri Oinas-Kukkonen, Per Hasle, Marja Harjumaa, Katarina Segerståhl & Peter Øhrstrøm (Hrsg.), *Persuasive Technology: Third international conference, PERSUASIVE 2008, Oulu, Finland, June 4–6, 2008 ; Proceedings.* Berlin: Springer, 245–248.

Podoll, Klaus; Mörth, Dina; Saß, Hanna & Rudolf, H. (2002): Selbsthilfe im Internet. Chancen und Risiken der Kommunikation in elektronischen Netzwerken. *Der Nervenarzt, 73*(1), 85–89.

Pollack, Deborah (2003): Pro-eating Disorder Websites: What should be the Feminist Response? *Feminism & Psychology, 13*(2), 246–251.

Porsch, Torsten & Pieschl, Stephanie (Hrsg.) (2014): *Neue Medien und deren Schatten: Mediennutzung, Medienwirkung und Medienkompetenz.* Göttingen u.a.: Hogrefe.

Prohaska, Ariane (2014): Help Me Get Fat! Feederism as Communal Deviance on the Internet. *Deviant Behavior, 35*(4), 263–274.

Raab, Jürgen & Keller, Reiner (Hrsg.) (2016): *Wissensforschung – Forschungswissen: Beiträge und Debatten zum 1. Sektionskongress der Wissenssoziologie.* Weinheim, Basel: Beltz Juventa.

Rammert, Werner (1999): Weder festes Faktum noch kontingentes Konstrukt: Natur als Produkt experimenteller Interaktivität. *Soziale Welt, 50*(3), 281–296.

Rammert, Werner (2008): Die Techniken der Gesellschaft: in Aktion, in Interaktivität und in hybriden Konstellationen. In: Karl-Siegbert Rehberg (Hrsg.), *Die Natur der Gesellschaft: Verhandlungen des 33. Kongresses der Deutschen Gesellschaft für Soziologie in Kassel 2006.* Frankfurt am Main: Campus Verlag, 208–234.

Rammert, Werner & Schubert, Cornelius (Hrsg.) (2006): *Technografie: Zur Mikrosoziologie der Technik.* Frankfurt am Main: Campus Verlag.

Rauchfuß, Katja (2008): *Abschlussbericht der Recherche zu Pro-Anorexie-Angeboten: 2006/2007.* Mainz. https://www.jugendschutz.net/fileadmin/download/pdf/bericht_pro-ana.pdf. Zugegriffen: 12. August 2021.

Reaves, Jessica: Anorexia Goes High Tech. *Time.* http://content.time.com/time/health/article/0,8599,169660,00.html. Zugegriffen: 18. März 2021.

Rehberg, Karl-Siegbert (Hrsg.) (2008): *Die Natur der Gesellschaft: Verhandlungen des 33. Kongresses der Deutschen Gesellschaft für Soziologie in Kassel 2006.* Frankfurt am Main: Campus Verlag.

Reich, Günter & Cierpka, Manfred (Hrsg.) (2010): *Psychotherapie der Essstörungen: Krankheitsmodelle und Therapiepraxis – störungsspezifisch und schulenübergreifend.* Stuttgart: Thieme.

Reichertz, Jo (Hrsg.) (2010): *Die Macht der Worte und der Medien.* Wiesbaden: VS Verlag für Sozialwissenschaften.

Reichertz, Jo & Marth, Nadine (2010): Abschied vom Glauben an die Allmacht der Rationalität? oder: Der Unternehmensberater als Charismatiker. In: Jo Reichertz (Hrsg.), *Die*

Macht der Worte und der Medien. Wiesbaden: VS Verlag für Sozialwissenschaften, 243–269.

Riley, Sarah; Rodham, Karen & Gavin, Jeff (2009): Doing weight: Pro-ana and recovery identities in cyberspace. *Journal of Community & Applied Social Psychology, 19*(5), 348–359.

Rosenberg, Charles E. & Golden, Janet (Hrsg.) (1992): *Framing Disease: Studies in Cultural History.* New Brunswick, NJ: Rutgers University Press.

Roth, Gerhard (2015): *Persönlichkeit, Entscheidung und Verhalten: Warum es so schwierig ist, sich und andere zu ändern.* Stuttgart: Klett-Cotta.

Russell, Gerald F.M. (1985): The changing nature of anorexia nervosa: An introduction to the conference. *Journal of Psychiatric Research, 19*(2–3), 101–109.

Scherr, Albert (2010): Cliquen/informelle Gruppen: Strukturmerkmale, Funktionen und Potentiale. In: Marius Harring, Oliver Böhm-Kasper, Carsten Rohlfs & Christian Palentien (Hrsg.), *Freundschaften, Cliquen und Jugendkulturen: Peers als Bildungs- und Sozialisationsinstanzen.* Wiesbaden: VS Verlag für Sozialwissenschaften, 73–90.

Schimkowsky, Christoph (2020): Seeking Seclusion, Embracing Decline: A Qualitative Enquiry Into the Long-Term Development of a Private Online Community. *Social Media + Society, 6*(1), 1–10.

Schirmer, Dominique, Sander, Nadine & Wenninger, Andreas (Hrsg.) (2015): *Die qualitative Analyse internetbasierter Daten: Methodische Herausforderungen und Potenziale von Online-Medien.* Wiesbaden: Springer VS.

Schmidbauer, Wolfgang (2012): Mehr Hofnarr als Hofrat. *Kursbuch, 48*(170), 150–173.

Schmidt, Axel & Neumann-Braun, Klaus (2008): Die Gothics — posttraditionale „Traditionalisten". In: Ronald Hitzler, Anne Honer & Michaela Pfadenhauer (Hrsg.), *Posttraditionale Gemeinschaften: Theoretische und ethnografische Erkundungen.* Wiesbaden: VS Verlag für Sozialwissenschaften, 228–247.

Schmidt, Jan-Hinrik & Taddicken, Monika (Hrsg.) (2017): *Handbuch Soziale Medien.* Wiesbaden: Springer VS.

Schroer, Markus (Hrsg.) (2005): *Soziologie des Körpers.* Frankfurt am Main: Suhrkamp.

Schröer, Norbert & Bidlo, Oliver (Hrsg.) (2011): *Die Entdeckung des Neuen: Qualitative Sozialforschung als Hermeneutische Wissenssoziologie.* Wiesbaden: VS Verlag für Sozialwissenschaften.

Schünzel, Anja & Knoblauch, Hubert (2017): Videographie und Videoanalysen. In: Lothar Mikos & Claudia Wegener (Hrsg.), *Qualitative Medienforschung: Ein Handbuch.* Konstanz, München: UVK, 546–554.

Schünzel, Anja & Traue, Boris (2019): Websites. In: Nina Baur & Jörg Blasius (Hrsg.), *Handbuch Methoden der empirischen Sozialforschung.* Wiesbaden: Springer VS, 1001–1013.

Schünzel, Anja (2019): "Thinspire me" – Zur Bedeutung des sozialen Imaginären in Pro-Ana. *Österreiche Zeitschrift für Soziologie, 44*(2), 179–193.

Schutz, Alfred (Hrsg.) (1971): *Collected Papers 1: The problem of social reality.* The Hague: Nijhoff.

Schutz, Alfred (1971a): Symbol Reality and Society. In: Alfred Schutz (Hrsg.), *Collected Papers 1: The problem of social reality.* The Hague: Nijhoff, 287–356.

Schütz, Alfred (1971b): Begriffs- und Theoriebildung in den Sozialwissenschaften. In: Alfred Schütz (Hrsg.), *Gesammelte Aufsätze 1: Das Problem der sozialen Wirklichkeit*. Den Haag: Nijhoff, 55–76.

Schütz, Alfred (Hrsg.) (1971): *Gesammelte Aufsätze 1: Das Problem der sozialen Wirklichkeit*. Den Haag: Nijhoff.

Schütz, Alfred (1977): Normative Werte und Motive. In: Alfred Schütz & Talcott Parsons (Hrsg.), *Zur Theorie sozialen Handelns: Ein Briefwechsel*. Frankfurt am Main: Suhrkamp, 46–53.

Schütz, Alfred (Hrsg.) (2016): *Das Problem der Relevanz*. Frankfurt am Main: Suhrkamp.

Schütz, Alfred; Luckmann, Thomas (2003): *Strukturen der Lebenswelt*. Stuttgart: UVK.

Schütz, Alfred & Parsons, Talcott (Hrsg.) (1977): *Zur Theorie sozialen Handelns: Ein Briefwechsel*. Frankfurt am Main: Suhrkamp.

Schweiger, Wolfgang & Beck, Klaus (Hrsg.) (2010): *Handbuch Online-Kommunikation*. Wiesbaden: VS Verlag für Sozialwissenschaften.

Shorter, Edward (1988): Jugend, Gewalt und soziale Kontrolle in drei Jahrhunderten. In: Wilfried Ferchhoff & Thomas Olk (Hrsg.), *Jugend im internationalen Vergleich: Sozialhistorische und sozialkulturelle Perspektiven*. Weinheim: Juventa, 45–51.

Simmel, Georg (1992): *Soziologie: Untersuchungen über die Formen der Vergesellschaftung*. Frankfurt am Main: Suhrkamp.

Simmel, Georg (2008): *Individualismus der modernen Zeit: Und andere soziologische Abhandlungen*. Frankfurt am Main: Suhrkamp.

Sobal, Jeffery & Maurer, Donna (Hrsg.) (1999): *Interpreting Weight: The Social Management of Fatness and Thinness*. New York: de Gruyter.

Soeffner, Hans G. (Hrsg.) (2013): *Transnationale Vergesellschaftungen: Verhandlungen des 35. Kongresses der Deutschen Gesellschaft für Soziologie in Frankfurt am Main 2010*. Wiesbaden: Springer VS.

Sonnenmoser, Anne (2010): Arbeit am Image. Zur gesellschaftlichen Bedeutung zeitgenössischer Darstellungsnormen. In: Gesine Drews-Sylla, Dütschke, Halyna Leontiy & Elena Polledri (Hrsg.), *Konstruierte Normalitäten – normale Abweichungen*. Wiesbaden: VS Verlag für Sozialwissenschaften, 313–323.

Sontag, Lisa M.; Graber, Julia A. & Clemans, Katherine H. (2011): The Role of Peer Stress and Pubertal Timing on Symptoms of Psychopathology During Early Adolescence. *Journal of Youth and Adolescence, 40*(10), 1371–1382.

Stegbauer, Christian; Rausch, Alexander (2006): *Strukturalistische Internetforschung: Netzwerkanalysen internetbasierter Kommunikationsräume*. Wiesbaden: VS Verlag für Sozialwissenschaften.

Stewart, Maureen (1998): *Essen? Nein, danke!* Ravensburg: Ravensburger.

Strauss, Anselm L. (1978): A Social World Perspective. In: Norman K. Denzin (Hrsg.), *Studies in Symbolic Interaction*. Greenwich: Jai Press, 119–128.

Strauss, Anselm L.; Corbin, Juliet M. (1996): *Grounded Theory: Grundlagen qualitativer Sozialforschung*. Weinheim: Beltz.

Strübing, Jörg (2006): Webnografie? Zu den methodischen Voraussetzungen einer ethnografischen Erforschung des Internets. In: Werner Rammert & Cornelius Schubert (Hrsg.), *Technografie: Zur Mikrosoziologie der Technik*. Frankfurt am Main: Campus Verlag, 249–274.

Taddicken, Monika & Schmidt, Jan-Hinrik (2017): Entwicklung und Verbreitung sozialer Medien. In: Jan-Hinrik Schmidt & Monika Taddicken (Hrsg.), *Handbuch Soziale Medien*. Wiesbaden: Springer VS, 1–20.

Talay, Saskia (2014): Feminism and Social Media: The Dilemma of Pro-Ana Websites. *The Proceedings of GREAT Day, 2013*(4), 21–35.

Talbot, Catherine V.; Gavin, Jeffrey; van Steen, Tommy & Morey, Yvette (2017): A content analysis of thinspiration, fitspiration, and bonespiration imagery on social media. *Journal of Eating Disorders, 40*(5), 1–8.

Terry, Lesley L. & Vasey, Paul L. (2011): Feederism in a Woman. *Archives of Sexual Behavior, 40*(3), 639–645.

Textor, Alex R. (1999): Organization, Specialization, and Desires in the Big Men's Movement: Preliminary Research in the Study of Subculture-Formation. *Journal of Gay, Lesbian and Bisexual Identity, 4*(3), 217–239.

Thiedeke, Udo (Hrsg.) (2003): *Virtuelle Gruppen: Charakteristika und Problemdimensionen*. Wiesbaden: Westdt. Verlag.

Thoms, Ulrike (2000): Körperstereotype: Veränderungen in der Bewertung von Schlankheit und Fettleibigkeit in den letzten 200 Jahren. In: Clemens Wischermann & Stefan Haas (Hrsg.), *Körper mit Geschichte: Der menschliche Körper als Ort der Selbst- und Weltdeutung*. Stuttgart: Steiner, 281–307.

Traue, Boris (2013): Visuelle Diskursanalyse. Ein programmatischer Vorschlag zur Untersuchung von Sicht- und Sagbarkeiten im Medienwandel. *Zeitschrift für Diskursforschung, 1*(2), 117–136.

Traue, Boris & Schünzel, Anja (2014): Visueller Aktivismus und affektive Öffentlichkeiten: Die Inszenierung von Körperwissen in „Pro Ana"- und „Fat Acceptance"-Blogs. *Österreichische Zeitschrift für Soziologie, 39*, 121–142.

Tuma, René; Schnettler, Bernt; Knoblauch, Hubert (2013): *Videographie: Einführung in die interpretative Videoanalyse sozialer Situationen*. Wiesbaden: Springer VS.

Unruh, David R. (1980): The Nature of Social Worlds. *The Pacific Sociological Review, 23*(3), 271–296.

Viehöver, Willy & Wehling, Peter (Hrsg.) (2011): *Entgrenzung der Medizin: Von der Heilkunst zur Verbesserung des Menschen?* Bielefeld: transcript.

Walser, Rahel & Neumann-Braun, Klaus (2013): Freundschaftsnetzwerke und die Welt ihrer Fotoalben – gestern und heute. In: Christine W. Wijnen, Sascha Trültzsch & Christina Ortner (Hrsg.), *Medienwelten im Wandel: Kommunikationswissenschaftliche Positionen, Perspektiven und Konsequenzen*. Wiesbaden: Springer VS, 151–166.

Waters, Melanie (Hrsg.) (2011): *Women on screen: Feminism and Femininity in Visual Culture*. Basingstoke: Palgrave Macmillan.

Weber, Max (1980): *Wirtschaft und Gesellschaft. Grundriss der verstehenden Soziologie*. Tübingen: Mohr-Siebeck.

Wehling, Peter; Viehöver, Willy; Keller, Reiner & Lau, Christoph (2007): Zwischen Biologisierung des Sozialen und neuer Biosozialität: Dynamiken der biopolitischen Grenzüberschreitung. *Berliner Journal für Soziologie, 17*(4), 547–567.

Whitehead, Krista (2010): Hunger Hurts but Starving Works: A case study of gendered practices in the online pro-eating-disorder community. *Canadian Journal of Sociology, 35*(4), 595–626.

WHO (2021): Controlling the global obesity epidemic. World Health Organization. https://www.who.int/activities/controlling-the-global-obesity-epidemic. Zugegriffen: 15. Oktober 2021.

Wietersheim, Jörn von; Wünsch-Leiteritz, Wally & Bunz, Beate (2010): Gruppentherapie bei Patientinnen mit Essstörungen. In: Günter Reich & Manfred Cierpka (Hrsg.), *Psychotherapie der Essstörungen: Krankheitsmodelle und Therapiepraxis – störungsspezifisch und schulenübergreifend.* Stuttgart: Thieme, 214–231.

Wijnen, Christine W., Trültzsch, Sascha & Ortner, Christina (Hrsg.) (2013): *Medienwelten im Wandel: Kommunikationswissenschaftliche Positionen, Perspektiven und Konsequenzen.* Wiesbaden: Springer VS.

Wischermann, Clemens & Haas, Stefan (Hrsg.) (2000): *Körper mit Geschichte: Der menschliche Körper als Ort der Selbst- und Weltdeutung.* Stuttgart: Steiner.

Yeshua-Katz, Daphna (2015): Online Stigma Resistance in the Pro-Ana Community. *Qualitative Health Research, 25*(10), 1347–1358.

Yom-Tov, Elad & Boyd, Danah M. (2014): On the Link between Media Coverage of Anorexia and Pro-anorexic Practices on the Web. *International Journal of Eating Disorders, 47*(2), 196–202.

Yom-Tov, Elad; Brunstein-Klomek, Anat; Hadas, Arie; Tamir, Or & Fennig, Silvana (2016): Differences in physical status, mental state and online behavior of people in pro-anorexia web communities. *Eating Behaviors, 22,* 109–112.

Zhao, Shanyang (2004): Consociated Contemporaries as an Emergent Realm of the Lifeworld: Extending Schutz's Phenomenological Analysis to Cyberspace. *Human Studies, 27*(1), 91–105.

Zifonun, Dariuš (2013): Soziale Welten erkunden: Der methodologische Standpunkt der Soziologie sozialer Welten. In: Hans G. Soeffner (Hrsg.), *Transnationale Vergesellschaftungen: Verhandlungen des 35. Kongresses der Deutschen Gesellschaft für Soziologie in Frankfurt am Main 2010.* Wiesbaden: Springer VS, 235–248.